河海大学社科青年文库

新兴产业企业家创业
胜任力的政策供给研究

黄永春　　徐军海　　李光明　　陈思蒙◎著

国家社会科学基金重点项目（16AGL005）
河海大学中央高校基本科研业务经费（B210207001）

科 学 出 版 社

北 京

内 容 简 介

本书针对我国新创企业存活率和成功率较低问题,从供需匹配的视角,基于"供给侧改革"和"大众创业、万众创新"的背景,围绕如何提升新兴产业企业家创业胜任力的核心命题展开。运用胜任力理论,研究新兴产业企业家创业胜任力特征、创业驱动和决策机理,以及创业模式生成机理;基于全球创业观察指标,解析创业胜任力对创业行为与风险投资的影响机制;借鉴创业MOS模型,分析创业政策与创业胜任力匹配对创业绩效的影响机制。构建政策供需匹配模型,探析创业政策的供需匹配度;剖析我国创业政策供需缺口,探寻扶持新兴产业企业家创业的政策工具。

本书适合管理学专业的大学生、创新创业研究方向的研究人员与专家学者,以及对我国新兴产业企业家感兴趣的读者参考阅读。

图书在版编目(CIP)数据

新兴产业企业家创业胜任力的政策供给研究 / 黄永春等著. —北京:科学出版社,2021.6
ISBN 978-7-03-066402-0

Ⅰ.①新… Ⅱ.①黄… Ⅲ.①新兴产业-企业管理-研究-中国
Ⅳ.①F279.244.4

中国版本图书馆 CIP 数据核字(2020)第 198276 号

责任编辑:魏如萍 / 责任校对:杨 赛
责任印制:张 伟 / 封面设计:无极书装

科学出版社 出版
北京东黄城根北街 16 号
邮政编码:100717
http://www.sciencep.com

北京虎彩文化传播有限公司 印刷
科学出版社发行 各地新华书店经销
*
2021 年 6 月第 一 版 开本:720×1000 B5
2021 年 6 月第一次印刷 印张:24 3/4
字数:498 000

定价:258.00 元
(如有印装质量问题,我社负责调换)

前　言

供给侧改革的"加法"是补齐短板，即扩大要素供给，提高经济增长质量与效益。因此，我国正着力推进"大众创业、万众创新"，尤其在力推新兴产业的创新创业，旨在鼓励全社会勇于创造、打造发展新引擎，从而化解新常态下的经济增长压力。在此背景下，我国从中央政府到地方政府都高度关注和积极鼓励企业家的创业行为，出台了多项支持创新创业的政策举措，旨在激发全社会的创业动力，助推创业者的创业实践。

然而，目前我国新创企业存活率不足 5%，一年内创业失败率是全球创业观察（Global Entrepreneurship Monitor，GEM）成员国的 2 倍。这是因为我国的创业环境不够完善，创业政策比较滞后，尤其匮乏胜任新兴产业创新创业的企业家。鉴于企业家是创新创业的主导者，其能推动新兴技术成果跨越"达尔文之海"。故而，据人民网报道，习近平总书记在 2015 年 11 月的亚太经合组织工商领导人峰会上指出："要解决世界经济深层次问题，单纯靠货币刺激政策是不够的，必须下决心在推进经济结构性改革方面做更大努力，使供给体系更适应需求结构的变化。"①

中国的早期创业活动指数为 9.87%，高于日本、英国等发达国家。随着创业活动的深入践行，我国涌现出越来越多的创业者，诸如以大学生创业者、企业高管创业者、科技人员创业者、海归创业者为代表的"新四军"。然而，我国新创企业的创业成功率仍然较低，新创企业存活率也较低。这是因为，一方面，我国匮乏能够胜任创业机会开发与利用的创业者；另一方面，我国现有的创业政策供给不够体系化、精准化，供需匹配度不高，部分扶持政策落地过程中门槛过多、过高，且政策评估工作滞后。

因此，亟须培养企业家的创业胜任力，提高企业家创业机会的识别评估及开发利用能力，从而推进新兴技术成果的研发速度和产业化进程；亟须挖掘新兴企业家的创业政策需求，结合异质性创业者的胜任力特征，采取差异化、针对性的

---

① 结构性改革，解决世界难题的良方. http://www.chinatoday.com.cn/chinese/sz/news/201608/t20160815_800064859.html[2016-08-15].

政策扶持，为新兴产业企业家创业胜任力的自我塑造提供指引，以促进我国新兴产业企业家创新创业。

故而，本书针对新兴产业企业家的创业活动实况，从供需匹配的视角，基于"供给侧改革"和"大众创业、万众创新"的时代背景，围绕如何提升新兴产业企业家创业胜任力的核心命题展开。运用胜任力理论，研究新兴产业企业家创业胜任力的结构模型与特征，分析我国新兴产业企业家创业驱动和决策机理，进而探究新兴产业企业家创业模式的生成机理；基于 GEM 指标体系，解析企业家创业胜任力特征对创业行为与风险投资的影响机制；进而借鉴经典的创业政策环境（moments of service，MOS）模型，通过建模与 Matlab 软件仿真法，分析创业政策与创业胜任力匹配对创业绩效的影响机制。在此基础上，构建政策的供需匹配模型，从结构性创业政策和异质性创业政策两方面探析我国创业政策的供需匹配度情况；进而采用跨案例研究方法进行比较分析，揭示新兴企业家创业胜任力的政策供给，从政策供给体系本身和异质性企业家政策需求两方面探析我国创业政策供需缺口，探寻扶持新兴产业企业家创业的政策工具。

本书解析了新兴产业企业家的创业胜任力结构与特征；挖掘了新兴企业家的创业政策需求；进而剖析了创业政策与新兴产业企业家创业胜任力的匹配对创业绩效生成的影响机制；所形成的研究成果将开拓新兴产业企业家创业的研究领域，推动创业政策理论研究的完善，促进该前沿问题的深化发展。

与此同时，本书不仅能为我国新兴产业企业家创业胜任力的培养提供理论指导，而且能为企业家创业模式的选择提供行动指南，从而有助于企业家提升其创业绩效，还能为我国培育新兴产业企业家政策的制定提供指引和参考，从而提高我国新兴产业企业家的创业成功率，进而提高我国供给体系的质量和效率。

本书的出版得到国家社会科学基金重点项目（16AGL005）、江苏省"青蓝工程"、江苏社科英才、江苏社科优青，以及江苏省"333 工程"、河海大学社科文库（河海大学中央高校基本业务经费，B210207001）的资助，也是"世界水谷"与水生态文明协同创新中心的标志性成果。

由于作者水平有限，书中难免存在不足，还请各位专家、学者批评指正，以便共同推动新兴产业企业家创新创业领域的深入研究。

黄永春

2020 年 3 月

目　录

第一篇　概　述

第二篇　理　论　基　础

第三篇　机　制　分　析

第四篇　匹　配　分　析

第五篇　政　策　供　给

第六篇　研　究　结　论

第一篇 概 述

　　供给侧改革的"加法"是补齐短板，即扩大要素供给，发展新兴产业，提高经济增长质量与效益。因此，我国正着力推进"大众创业、万众创新"，尤其力推新兴产业的创新创业，旨在化解"新常态"的经济增长压力。然而，目前我国新创企业存活率不足 5%，一年内创业失败率是 GEM 成员国的 2 倍。鉴于企业家是创新创业的主导者，其能推动新兴技术成果跨越"达尔文之海"。因此，迫切需要研究新兴产业企业家的创业胜任力结构与特征，并探讨扶持我国新兴产业企业家创业的政策供给，从而加快我国新兴产业的创新创业，进而提高我国供给体系的质量和效率。

第一章　绪　　论

当前，中国经济发展正处于新常态阶段，为开辟经济增长源泉，李克强[①]总理在 2015 年大连达沃斯开幕式致辞中，再次强调"双创"（以下"双创"即指"大众创业、万众创新"）这一战略举措，旨在充分释放市场活力，推动经济发展水平的提高（央广网报道）。然而，我国创业环境仍不够完善，再加上初创企业的"新生劣势"和创新能力较薄弱，因而初创企业存活率较低。因此，探讨扶持我国新兴产业企业家创业的政策供给，加快我国新兴产业的创新创业，具有重要的研究意义。

第一节　研究背景及意义

本节阐述本书的研究背景、研究目的及研究的理论意义和应用价值，旨在厘清本书研究的紧迫性、必要性和创新性。

一、研究背景

（1）"创业型经济"成为中国新常态背景下新的经济增长点，是经济可持续发展的不竭动力。当前，中国经济发展步伐放缓，呈现一定的疲软态势，故而需要政府找准新的经济增长点，促进中国经济走上可持续、平稳增长的道路。新常态背景下，"创业型经济"对我国经济增长的贡献率不断上升，对世界经济格局的变迁也产生了重要影响。例如，马云创立的阿里巴巴网络技术有限公司（以下简称阿里巴巴）在美国上市，是中国经济高速增长的一个缩影，并且表明了世界资本市场对中国互联网市场的信心和认可。鉴于创业者的创业活动能促进经济水平的快速提高，促使提量增质目标的实现，帮助国家实现创业型经济的转型。自 2015

[①] 李克强在 2015 夏季达沃斯论坛开幕式上的致辞[EB/OL]. http://finance.people.com.cn/n/2015/0910/c1004-275 69124.html[2015-09-10].

年起，"大众创业、万众创新"已成为中国经济发展转型的新引擎。我国相继发布了推进创新创业的扶持政策，旨在激发并鼓励更多的创业者发挥创业热情，致力于创新创业活动。GEM 2016 年的报告数据显示，中国正推动"效率驱动"经济向"创新驱动"经济逐步转化，其创业活动指数为 15.53，高于 GEM 成员国的平均水平，在全球的经济体中处于活跃状态。

（2）我国创业热情高涨，但部分新创企业存活率低，抑或陷入"达尔文之海"。当前，我国正着力推进"双创"活动，尤其在力推新兴产业的创新创业，旨在鼓励全社会勇于创造，打造发展新引擎，从而化解新常态下的经济增长压力。在此背景下，我国从中央政府到地方政府高度关注和积极鼓励企业家的创业行为，出台了多项支持创新创业的政策举措，旨在激发全社会的创业动力，助推创业者的创业实践。与此同时，随着 3W Coffice、36 氪、优客工场等众创空间的建设和完善，我国的创业热情被激发。例如，我国 2016 年"双创"发展报告显示，全年新登记企业 522.8万户，日均新增 1.51 万户。这说明随着我国创业政策的扶持、众创平台的搭建、创业生态环境的改善，国民创业期望和创业动力空前提高。然而，目前我国新创企业存活率不足 5%，一年内创业失败率是 GEM 成员国的 2 倍。2018 年公开的政府工作报告还显示，2017 年度我国初创企业死亡率高达 59.4%，能够跨越"死亡之谷"、生存超过 3 年的创业企业更是寥寥无几。与此同时，在新兴技术供给与新兴市场需求之间仍存在一道不易逾越的鸿沟，即"达尔文之海"。

（3）企业家是推动新兴技术成果跨越"达尔文之海"的核心力量，然而我国企业家的创业胜任力仍有待提升。鉴于企业家是经济发展的带头人，承担跨越"达尔文之海"的重任，能够整合创新要素，其创新作用超过单纯的技术创新，有利于企业在全球价值链中实现创新要素的整合重构，能够助推我国企业攀升"微笑曲线"的高端。这主要是因为企业家能够推动新兴技术成果从基础研究向应用研究和新兴产品的转化（王红军和陈劲，2007），进而有助于企业的技术突破和赶超。目前我国经济发展已步入新常态，产业结构已由资金密集型向知识密集型的新兴产业转换，迫切需要发挥企业家的创新主导作用。因此，我国在十五届四中全会明确提出，在激烈的市场竞争中生存发展，必须建设高素质的经营管理者队伍，培育一批企业家。

（4）我国现行的创业扶持政策存在供需错配，亟须调整和优化，以提升新兴产业企业家创业胜任力。当前，"供给跟不上需求"，即"供需不匹配"已成为我国经济增长的重要障碍，由此，我国明确提出深化供给侧改革，即从供给、生产端入手，将发展方向锁定新兴领域，并通过简政放权、金融改革、提高创新等政策手段，提高全要素生产率，旨在构建"供需向相匹配"的经济结构体系。然而，我国现行创业政策仍存在供需不匹配问题。一方面，部分扶持政策落地过程中门槛过多、过高，且政策评估工作滞后。例如，一些地方政府和有关机构对于创业扶持政策往往设置一些前置条件和附加条件,如对创业者的户籍、学历、身份等的限制,对创业企业所有权性质和企业规模的限制等,严重制约了扶持政策的覆盖面。自 2015 年以来,国务院有关部门和地方政府针对"大众创业、万众创新"的政策措施条款已超过 2000 条(宁德鹏等,2017),但对于这些政策的评估工作却严重滞后,而由第三方机构开展的政策评估更是鲜见。另一方面,政策宣传渠道不畅通,且政策解读不到位。目前我国创业政策宣传渠道局限于官方报纸、网站、相关部门和办事机构的宣传栏等,狭窄的宣传渠道导致很多创业政策未能有效传达给各类创业者,特别是农民工返乡创业者和大学生创业者。此外,鲜有部门对创业政策的出台背景、决策依据、制定过程、具体条款等进行深度解读,社会大众只能通过官方媒体报道得知创业政策出台的信息,难以全面知晓最新创业政策的详细内容。

因此,亟须研究新兴产业企业家的创业胜任力结构与特征,并探讨扶持我国新兴产业企业家创业的政策供给,以期为我国新兴产业企业家的塑造与培养提供理论借鉴,也为加快我国新兴产业的创新创业,提高我国供给体系的质量和效率提供政策建议。

二、研究目的及意义

(一)研究目的

本书拟实现的研究目的如下:①构建新兴产业企业家创业胜任力的结构模型,分析新兴产业企业家创业胜任力特征,探究新兴产业企业家创业模式的类型,为我国新兴产业企业家创业胜任力的培养和创业模式选择提供理论指导和实践借鉴;②基于企业家创业模式类型与创业胜任力特征,揭示我国创业政策供需错配的缺口形成机制,并探究创业政策与创业胜任力匹配对创业绩效的影响机制,为我国制定新兴产业供需匹配的创业政策提供理论依据;③结合我国"供给侧改革"和"大众创业、万众创新"的时代背景,从"激发动力、培育能力、增加机会"三维度,构建基于企业家创业胜任力及创业模式的政策工具,为我国制定"供需向相匹配"的创业政策提供理论依据和行动指南。

(二)研究意义

1. 理论意义

基于胜任力理论,探究我国新兴产业企业家的创业胜任力结构模型;进而结合效果逻辑的创业过程模型，研究新兴产业企业家创业模式的类型与特征；并借助匹配理论，揭示新兴产业企业家创业政策供需错配的缺口形成机制和供需匹配的绩效生成机制；将开拓企业家创业的研究领域，完善创业政策理论研究，促进该前沿问题的深化发展。

2. 应用价值

本书将以"供给侧改革"和"大众创业、万众创新"为时代背景，研究成果不仅能为我国新兴产业企业家创业胜任力的培养提供理论指导，而且能为企业家创业模式的选择提供行动指南，从而有助于企业家提升其创业绩效，还能为我国培育新兴产业企业家政策的制定提供指引和参考，从而提高我国新兴产业企业家的创业成功率，进而提高我国供给体系的质量和效率。

第二节　国内外相关研究现状

本节主要围绕新兴产业企业家供需匹配、创业胜任力、创业行为及创业政策等主题进行国内外相关文献综述，以为本书研究问题的凝练提供指引。

一、供需匹配的相关研究

匹配研究日益成为创业研究领域学者关注的焦点（Lin，2009；张延林等，2014；徐德英和韩伯棠，2015）。匹配研究以权变理论（contingency theory）为核心理论，并关注个人与环境的匹配性。本节将从匹配的含义、匹配的理论基础和供需匹配的研究现状等三个方面进行文献回顾。

（一）匹配的含义

Lewin（1952）根据物理中的场论提出了个体特征与环境互动的函数，强调个体行为表现受个体本身及其所处环境的交互影响。其后，Cable 和 DeRue（2002）将匹配的理论进一步细化，提出三因素模型，他们认为匹配包括了一致性匹配、需要—供给匹配和需求—能力匹配三种类型。其中，一致性匹配是指个体具有相同或相似的目标和价值观等；需要—供给匹配指的是匹配产生于环境满足了个体的需要、愿望或者偏好时；需求—能力匹配则是指当个体拥有环境所要求的能力时，就实现了人与环境之间的匹配（翁清雄和卜泽娟，2015）。

（二）匹配的理论基础

匹配研究以权变理论为核心理论，国外学者强调组织管理要根据动态变化市场中影响团队的内生因素和外生因素，寻求相机权变、切实有效的最优管理模式或方案，并且，将权变理论的匹配思想应用于创业研究领域，提出企业的良性化运作既需要保持创业者与外界环境条件的适配，也需要保证创业者自身素质与企业内部各方面（如企业战略、组织架构等）的相互适配（Hayes and Allinson，1998；Lin，2009）。国内匹配研究的焦点或是多层面、多变量的匹配对组织行为效果的影响（张延林等，2014；徐德英和韩伯棠，2015）；或是运用层次回归方法对二元技术能力、制度环境与企业创业绩效关系进行实证检验（张颖颖和胡海青，2016）；或是运用公共政策评价方法（即内容文本分析法）对国家自主创新示范区的大学生创业政策供给加以评价（肖潇和王涛，2015）；或以权变理论为指导，以2014~2017年江苏省创新创业政策文件为研究文本，以政策年度、适用对象、政策类别和政策工具为分析维度，对"双创"政策文本加以探析（戚湧和王静，2017）。可见，匹配研究采用定性与定量相结合的研究方法，解决了管理学、经济学等学科的多种研究问题。

个人—环境匹配（Person-Environment fit，P-E fit）理论认为企业的可持续发展既需要与外界环境相匹配，又需要创业者自身素质和企业战略、企业组织结构等方面相互匹配。国外学者勒温（Lewin）是P-E fit理论研究的先锋之一，其于1951年提出的场理论（held theory）是P-E fit理论研究的主要贡献，人们普遍认为勒温的场理论及其相关研究对心理学、经济学、管理学等学科产生了重大影响。他认为个体行为是个人与环境的函数，外部环境通过影响人的心理动力场来影响人的行为表现，即个人行为结果是个人特质和环境条件的交互作用。这种观点认为，不论是个人特质还是环境条件，都无法独立说明个体态度和行为的差异，而个人和环境之间的交互作用能够最大程度地说明这种差异产生的原因（图1.1）。随着P-E fit理论研究的发展，有关学者深化了该理论的内涵和概念模型。例如，多数学者认为在已有的基本特征属性基础上，个人具有其开展行为所需要的资源条件，而环境具备其本身能供给的物质支撑（Kristof，1996）。并且，理论界将个人与环境的匹配分成两个主要类别：增益性匹配（supplementary fit）和补偿性匹配（complementary fit）（Muchinsky and Monahan，1987）。其中，当环境的文化氛围、个体价值观、目标与规范等基本特征与个人的人格特质、价值观、工作态度等基本特征有相似之处时，就实现了一致性匹配。而当个体所需的资源物质、心理支持及发展机遇为环境所满足时，或者当个体在时间、精力、承诺、知识技能等方面能适合环境的要求时，就实现了补偿性匹配。国内学者基于已有研究成果，深化了P-E fit理论的研究内容。例如，胡广勤和钱海东（2014）梳理和总结了P-E fit 理论的起源、含义及国内外研究进展，介绍了相应的测量工具及方法，并据此提出了未来的研究方向及对管理工作的启示。再如，徐茜（2010）基于 P-E fit 理论，实证研究了人才与环境的匹配状况对流动倾向的影响。赵卫红等（2016）基于 P-E fit 理论，从期望理论的研究视角出发，探讨了过度胜任感对角色绩效和创新绩效的影响机制及其边界条件。基于此，本书借鉴 P-E fit 理论的研究观点，认为创业政策这一环境条件能与创业者创业胜任力实现匹配，并对其创业行为结果有影响，即对初创企业的创业绩效有影响。

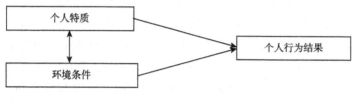

图 1.1　个人—环境匹配理论示意图

（三）供需匹配的研究现状

国内外学者对供需匹配的研究主要集中在知识、物流、公共服务等方面。①知识供需匹配。胡健等（2016）通过构造浅隐性知识的供需匹配框架，计算浅隐性知识在供需主体之间的匹配程度。②物流供需匹配。卢忠东（2012）将客户关系管理（customer relationship management，CRM）的理念和技术与物流信息结合，构建了一个初始的系统架构，目的在于提升新一代物流信息服务平台的盈利能力。李慧（2015）通过构建车货供需多目标匹配排序模型，分析了物流平台的发展现状及模式，实证检验了该模型的实用性和有效性。③公共服务供需匹配。师玉朋和马海涛（2015）将公共服务的供给和需求一并纳入分析框架，采用空间结构模型，结合公共品的外溢性和区域需求的差异性，认为义务教育供需基本匹配，但硬件设施存在冗余，医疗卫生服务生产绩效和供给水平虽然较高，但供需结构失衡。张霄明（2016）基于居民群体在生活方式上的异质性偏好，构建了居民频率指数和出行指数，通过匹配模型评价了合肥市公共服务设施单项及综合的供需匹配程度。

近年来，也有一些学者开始将供需匹配研究方向转向创新创业。例如，已有学者初步运用匹配模型探讨了国家科技计划对中小型企业创新的影响（秦雪征等，2012）；张骁和李嘉（2012）的研究表明，尽管影响初次创业和二次创业的因素具有差异性，但是创业过程始终是创业机会、创业资源和创业能力三种要素相匹配的结果。再如，黄迈等（2016）以农民工等人员创业为研究主题，从"供给侧"和"需求侧"两端考察返乡农民工等人员创业的金融支持、产业支持及培训等创业政策的实施效果。

二、创业胜任力的相关研究

关于创业胜任力的研究，国外学者初步探讨了创业胜任力的内涵和构成维度；国内学者主要基于国外学者的理论框架，进行了深化和应用研究。

（一）国外学者关于创业胜任力的内涵和构成维度的研究

20 世纪 70 年代，为发掘影响工作业绩的个人特质及其行为特征，西方学者率先提出胜任力的概念，将其定义为绩优者的知识、技能、能力、特质及动机（McClelland，1973）。为区别创业者与一般管理者的素质，Chandler 和 Hanks（1993）等学者从创业者特质角度提出了创业胜任力的概念，即创业者识别、预见和利用机会的能力。基于此，国外学者进一步从情境观（Nabi et al.，2010）和过程观视角完善了创业胜任力的内涵。此后，创业胜任力的结构维度得到不断丰富、拓展，但主要是从能力胜任力（Chell，2013）、心理胜任力（Charron et al.，2013）和社会胜任力（Stuetzer et al.，2013）等视角展开。

近些年来，西方学者对胜任力的研究主要围绕个人特征视角、工作岗位视角和企业管理视角展开。①个人特征视角的研究学者探究了绩效优异者的个人特征，构建了包括主动性、坚持性、自信心、监控能力、质量关注度、关系建立能力的企业家胜任力测评指标体系。②工作岗位视角的研究学者利用行为事件访谈法、胜任特征评价法等，针对工作所涉及的情境、技术和任务，分析了企业家在特定岗位取得出色业绩的胜任力特征，提出了目标、行动管理、人力资源管理、指导下属、关注他人等企业家胜任力构成因子，并探讨了提升企业家胜任力的技能与方法。③企业管理视角的研究学者结合知识管理和创新管理理论，指出企业家的胜任力主要体现为知识管理能力和人力资源管理能力，进而解析了企业家胜任力对企业竞争绩效的作用机制。尽管国外学者对企业家胜任力结构的认知并未形成共识，但均认为企业家胜任力与企业家任务情境相联系，能区分工作绩优者，并能预测企业家的未来工作绩效。

（二）国内学者关于创业胜任力的深化与应用研究

20 世纪 80 年代，源于大型国有企业管理者的选任需要，我国学者引入胜任力理论，基于我国企业管理实情，结合具体行业和岗位，进行了企业家胜任力的应用及探索研究。王重鸣和陈民科（2002）基于职位类别，分析了我国高级管理者的胜任力结构，指出管理胜任力由管理素质和管理技能两个维度构成，包括影响力、组织承诺、信息寻求、成就欲、团队领导、人际洞察力、主动性、客户服务意识等。刘学方等（2006）借助访谈法及问卷调查法研究了家族企业接班人的胜任力模型，指出其胜任力包括组织承诺、诚信正直、决策判断、学习沟通、自知开拓、关系管理、科学管理等。魏钧和张德（2007）利用团体焦点访谈法、关键行为事件访谈法，以及多元统计分析法对风险经理胜任力模型进行了深入研究，指出风险经理胜任力模型由十六个胜任特征构成，可划分为调查印证、分析判断、风险意识和沟通内控等四大类。林泽炎和刘理晖（2007）通过文献回顾、访谈分析和聚类分析将转型时期企业家胜任力分为个性特征、行为特征和能力特征等三类，并探索了三大类属的因子结构及相互关系。与此同时，部分学者基于国外理论框架，指出金融专业大学生创业胜任力由创业经营管理能力、创业者品格素质、创业激情构成（郝春东等，2013）；或将传统素质冰山模型与创业能力结构相结合，构建了中小企业创业胜任力的"素质与能力双维度"冰山模型（潘建林，2013）。

三、创业行为的相关研究

国内外学者主要聚焦于创业行为的内涵和影响因素等两个方面的研究，也有学者将创业模式研究纳入创业行为研究的范畴中。

（一）创业行为的内涵

20 世纪以来，众多学者开始以创业为主题进行相关研究。例如，Schumpeter（1934）从经济发展的内涵出发，认为创业是一种过程，是一个持续创新的过程。他认为创业者的创业活动就是使用和执行新生产要素组合的过程。然而，就创业的标准和定义等问题，学者仁者见仁智者见智，目前还没有一个统一的标准。国内学者朱仁宏（2004）在比较分析了国内外关于创业的比较有代表性的定义之后，认为创业就是指商业行为者在一定的创业环境中，识别并利用机会、动员资源、创建新组织和开展新业务的活动。在此基础上，又有学者对创业的内涵进行了补充和扩张。例如，闫华飞（2015）认为创业的关键行为由五个因素组成，分别是创业机会识别、创业团队组建、创业资源整合、创业网络建构和创业模仿行为。

（二）创业行为的影响因素

学者主要从微观及宏观角度探析了创业的影响因素，包括个人特质、创业资源和创业环境等。

（1）个人特质。创业过程起始于创业者对创业机会的识别（Ardichvili et al., 2003），而创业者的个人特征是影响创业机会识别有效性的重要因素（仲伟仁和芦春荣，2014）。学者就创业者的个人特质内涵进行了相关研究。例如，林嵩等（2005）在研究创业机会识别问题时，将个人特质分为警觉性、风险感知、自信、已有的知识和社会网络等五个方面。吴小立和于伟（2016）基于"新特质论"，认为创业者特质不仅包括心理特质、社会资本和人力资本，还包括政治资本。除了划分个人特质之外，还有的学者就创业者个人特质与创业者创业活动之间的互动关系进行了深入研究。例如，Bergman 和 Stemberg（2007）基于 GEM 相关数据，认为个人特质和地区环境是影响德国创业者创业行为的主要因素。其中，个人对于创业收益的衡量、创业能力和先前经验都与创业行为有着显著的正相关关系。随着年龄的增长，会带来工作能力和经验的累积，但是年龄的增长往往又会伴随着家庭负担的增加、各种消费支出的提高，这都在某种程度上提高了创业的成本。再如，张玉利等（2008）发现工作经验丰富的创业者能识别到更具有创新性的机会。同时他还发现了先前创业经历的调节作用并不显著，这个结果表明了先前的创业经历对创业活动影响关系的复杂性。

（2）创业资源。企业家资源禀赋是创业行为过程的关键资源，甚至在一定程度上决定了新创企业的资源构成特征（杨俊和张玉利，2004）。有关创业资源的类别，学者基于不同的研究视角进行了划分。例如，林嵩（2007）认为创业资源是创业过程中所需要的各种生产要素和支撑条件。在构建创业资源概念模型的基础上，他把创业资源分为两类：直接资源和间接资源。其中，直接资源包括资金资源、管理资源和人才资源三个维度；而间接资源包括政策资源、信息资源和科技资源三个维度。再如，孙红霞等（2013）基于创业的自我效能感，认为创业资源包括了财务资源、人力资源及知识资源。此外，也有学者就创业资源对创业活动的影响作用进行了实证研究。例如，刘美玉（2013a）依据实证分析新生代农民工创业活动的结果，认为创业资源可以调节农民工创业动机和创业模式的选择。何良兴等（2017）以潜在创业者为研究对象，将创业情绪作为一种重要的创业资源，认为积极的创业情绪对创业行为倾向、创业认知能力均存在正向作用，而消极的创业情绪对创业行为倾向作用不显著。

（3）创业环境。创业环境指创业过程中必须面对和能够利用的各种外部要素总和（Gnyawali and Fogel, 1994）。针对创业环境的构成要素，学者进行了深入研究。比如，学者池仁勇（2002）在比较美国和日本的创业环境时，认为创业环境由创业政策、创业文化及技术等因素组成。除了明晰创业环境的构成要素，有的学者还研究了创业环境对于创业活动的促进作用。例如，李华晶等

（2012）基于中国创业动态跟踪研究（China panel study of entrepreneurial dynamics，CPSED）项目数据，认为相较于创业资本的影响作用，创业环境对创业活动的促进作用更大。胡玲玉等（2014）基于社会认知理论，认为创业环境中的制度规范环境对个体创业意向的作用更强，而市场资源环境的影响则较弱。此外，还有学者就如何评价区域的创业环境进行了深入研究。例如，谢小青和黄晶晶（2017）基于压力—状态—响应（pressure—state—response，PSR）模型，构建了城市创业环境评价指标体系，发现 2008~2015 年武汉市创业环境系统呈上升趋势，进而为优化区域创业环境提供了政策建议。

（三）创业模式的相关研究

创业模式的研究在创业领域起步较晚，国外学者初步探讨了创业模式的内涵及类型划分。Gartner（2001）通过构建多维度动态创业理论模型，提出创业研究应该注重创业的过程，为区分异质性的创业过程，首次提出创业模式概念，并指出创业模式是企业家在创业过程中的典型行为特征集合。自此，学术界开始了关于创业模式的探讨。国内学者对创业模式的研究局限于描述性的定义及类型划分。例如，张玉利（2010）从经济学视角将创业模式界定为经营管理模式。朱永华等（2010）从创业构成要素角度指出，创业模式是创业者对各种创业要素进行合理配置和整合的创业行为，包括创业组织形式和创业方式的确定、创业行为选择等。关于创业模式的类型划分方面，学者们基于不同视角提出了不同观点。从创业对市场和个人的影响程度视角，Bruyat 和 Julien（2001）将创业模式区分为复制型创业、模仿型创业、安定型创业、冒险型创业。从创业技术和机会视角，Agarwal（2004）认为创业模式包括机会创业、推动创业、管理创业、新型工艺创业、概念驱动机会型创业。此外，以创业动机为视角的划分主要包括两类：Amit 和 Muller（1995）考虑到创业环境对创业者动机的影响，将创业模式分为推动型创业和拉动型创业；而 GEM 则提出由于没有更好的工作而被迫创业的生存型创业和创业者因自身偏好主动抓住创业机会的机会型创业（Reynolds et al.，2005）。此外，创业模式也存在其他的分类。例如，国内学者张玉利和杨俊（2003）通过问卷调查，结合创业者的创业动机将创业模式分为贫穷推动型、机会拉动型、混合型。随着创业模式研究的完善，学者相继提出了新的观点。例如，基于创业者特质视角，裴旭东和黄聿舟（2016）融合外界创业环境指出创业模式应包含技术型模式、市场型模式、政府型模式三类。鉴于 GEM 关于创业分析的框架较为完善，既关注到创业者行为的主动性，又强调了外界创业环境的影响。因此，学术界普遍赞同 GEM 所提出的生存型和机会型创业模式，并探讨了其影响因素。由于创业模式主要受创业主体因素、创业环境因素的影响（张怀英等，2018），因而当前研究集中于创业者特质和创业政策对创业模式的影响（魏凤和闫芃燕，2012）。例如，国内学者刘伟等（2018）以农民创业者为研究对象，比较分析了生存型和机会型创业模式的特征，并从环境诱因、创业支持行为和商业模式三方面解析了创业模式类型的影响因素。再如，有学者通过实证研究 GEM 模型发现，创业环境对生存型创业影响更大，且创业环境的改善能够促进机会型创业的增长（谭远发，2010）。

四、创业政策的相关研究

关于创业政策的研究，国外学者提出了创业政策的内涵与理论框架，分析了创业政策对企业家创业的作用机制；国内学者则借助国外的理论框架，提出了激发我国企业家创业的政策措施。

（一）国外学者关于创业政策的内涵与理论框架的研究

从 20 世纪 90 年代开始，国外学术界开始着重于创业政策的研究。Gnyawali和 Fogel（1994）提出了创业政策的五维度模型。他们认为创业政策应该包括资金支持、非资金支持、政府政策、创业和管理技能及创业的社会经济条件等五个方面。Lundstrom 和 Stevenson（2005）提出创业促进政策理论，构建了经典的创业 MOS 模型，认为政府应通过创业者动机（motivation）、机会（opportunity）和技能（skill）三种途径，从创业促进、创业教育、创业融资等方面设计创业扶持政策，他们还认为创业政策的本质就是刺激创业，创业政策的目标是提高国家或区域的创业活动水平。近几年，GEM 报告基于创业环境条件框架，从政府支持项目、有形基础设施、研究开发转移等维度探究了创业政策的供给措施。

不同学者或者组织基于不同的研究视角对创业政策进行了分类。梳理相关文献可知，对创业政策的分类影响最大的是以下两个模型。

（1）GEM 模型。GEM 是由英国伦敦商学院和美国百森学院共同发起成立的一个旨在研究全球创业活动态势和变化的研究项目（周劲波和陈丽超，2011）。其研究目的是评价国家或者地区创业活动的地区环境，同时明晰创业政策环境刺激企业家创业行为和促进经济增长的作用机制（李文婷等，2008）。基于此，有些学者基于 GEM 数据或者是通过构建评价城市的 GEM 框架，结合我国实际情况进行了深入研究（段利民和杜跃平，2012；张秀娥和赵敏慧，2017）。根据2011 年 GEM 的报告可知，GEM 把创业政策环境具体划分为了金融支持、政府政策、政府项目、中小学创业教育和培训、高校创业教育和培训、有形基础设施、研发投入、税收和官僚体制、商业和法律基础、国内市场开放程度及文化和社会规范等十一个方面。

GEM 模型一方面提出了构建创业政策环境的框架体系，包括了有形基础设施、税收和官僚体制等在内的多个维度；另一方面，系统地阐述了社会、文化、政治氛围、创业行为和国家经济增长之间的互动关系，即在一定的社会、文化和政治氛围环境下，创业政策影响着创业态度、创业模式和创业战略等创业行为，进而影响着国家经济增长，如图 1.2 所示。

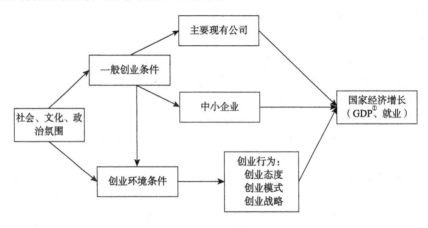

图 1.2　GEM 模型

（2）MOS 模型。Lundstrom 和 Stevenson（2005）通过对比分析瑞典、美国、英国等十个经济合作与发展组织（Organisation for Economic Co-operation and Development，OECD）国家的创业政策，提出了围绕"动机、机会、技能"三要素的 MOS 模型（姜国俊和曾琳，2013），相互作用关系如图 1.3 所示。具体包含内容如下：①促进创业文化发展。政府应营造尊重创业人才、崇尚创业精神、支持创新产品、宽容创业创新失败的氛围，从而为创业者提供文化支撑。②开展创业教育。政府应引入拥有创业背景和实践经历的创业导师来开展创业教育培训，同时应和高校、企业相互协调，形成良性发展的创业教育支持体系。③减少进入障碍。政府应推进众创空间等服务支撑平台的建设，为创业者和新企业提供完善的服务体系。④启动资金、金融支持。政府应该通过财政补贴、项目资助等措施给予直接的资金扶持，也可通过优惠的税收减免政策间接对初创企业进行资金扶持。⑤开展商务支持。政府应提供包括商务设施、商务代理及政策咨询等在内的商业服务。⑥刺激目标群体。用于帮扶特殊的创业群体，主要包括年轻人、女性及失业者等潜在创业者（桂玲，2009）。

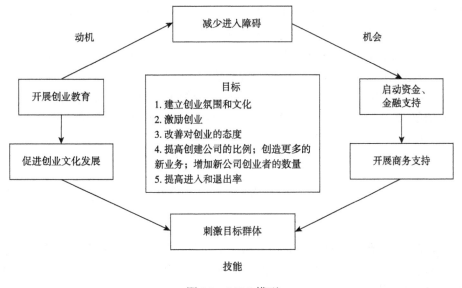

图 1.3 MOS 模型

由此可见，国外关于创业政策的研究大多集中于内涵界定、框架构建等方面，但尚未形成一致性的创业政策供给框架。

（二）国内学者关于激发企业家创业的政策措施研究

鉴于创业 MOS 模型既关注创业者的个人能力和创业意愿，又强调创业环境中客观存在的机会条件，并且能在一个创业型经济中，为创业者提供创业资源而促进创业行为的发生。因此，国内学者大多借鉴创业 MOS 模型，探析了我国创业政策的内涵、结构框架及其与创业绩效、创业型经济等相关变量的关系。例如，多数学者基于创业 MOS 模型，围绕动机、机会和能力三个关键维度，探讨创业政策对经济增长的影响途径，并提出了税收优惠、创业培训等创业政策措施（王玉帅等，2009；方世建和桂玲，2009），也有学者构建了针对新企业形成和成长的政策措施（夏清华和易朝辉，2009）。李政和邓丰（2006）认为创业政策就是以支持创业过程为核心，同时通过改善创业文化、制度等环境因素，运用政策工具来培育创业家和中小企业的政策。赵都敏和李剑力（2011）在分析大量国内外有关创业政策界定文献的基础上，认为创业政策至少应该包括两个维度，分别是创业过程维度和创业类别维度。越来越多的学者开始关注不同创业群体的创业政策供给，并关注创业政策与创业者的供需匹配效果，以提高创业政策供给的针对性和有效性。例如，有学者关注海归人才和大学生（肖潇和汪涛，2015）等创业群体，也有学者关注农民工（傅晋华，2015）等"草根"创业群体，并根据其创业行为特征提出对应的政策建议。再如，徐德英和韩伯棠（2015）构建政策供需匹配模型，实证分析了北京市创新创业政策的匹配情况，并提出拓宽政策宣贯渠道、促进科技成果委托合作等创业政策的优化建议。由以上分析可知，尽管前人研究基于创业促进政策理论，探讨了政策资源对创业主体的促进作用，并提出了相应的创业政策供给建议，但尚未结合异质性创业者的创业胜任特征，挖掘创业者创业政策的供需匹配缺口，以致我国创业政策供给出现功能结构性失衡、颁布实施碎片化（张再生和李鑫涛，2016）等问题。

第三节　研究问题的提出

　　评述前人文献，并提出本书研究的科学问题。本节通过回顾和梳理供需匹配、创业胜任力、创业行为及创业政策的国内外研究现状，归结现有研究的不足之处，具体分为以下几个方面。

　　（1）现有文献主要围绕创业胜任力的内涵、结构维度进行了理论诠释和实证研究，但并未深入研究新兴产业企业家创业胜任力的内涵、结构模型及其异质性特征，也尚缺乏对新兴产业企业家创业模式异质性特征的探究。

　　（2）现有文献主要探讨了匹配的内涵，并以权变理论为核心进行理论诠释，主要关注个人与环境的匹配性；在供需匹配研究方面，主要以企业性质、成长阶段和规模为切入点，重点研究知识、物流、公共服务等领域的供需匹配，然而未将匹配的方法运用到创业领域。

　　（3）现有文献主要探究了创业政策的内涵与理论框架，而关于创业政策工具的研究主要关注政策供给结构，并未依据企业家的异质性需求，实施差异性的政策供给，供需匹配的创业政策研究尚未充分关注，难以满足异质性企业家的实际政策需求。

　　因此，本书将从供需匹配的视角，解析新兴产业企业家的创业胜任力结构与特征，挖掘新兴企业家的创业政策需求，研究扶持我国新兴产业企业家创业的政策供给，提高创业政策供给与需求之间的匹配程度，从而加快我国新兴产业的创新创业。

第四节　本章小结

　　本章分析了本书的研究背景，并围绕供需匹配、创业胜任力、创业行为及创业政策对前人研究成果进行了文献综述，指出了现有研究的不足，进而提出了本书的科学问题，即从供需匹配的视角，解析新兴产业企业家的创业胜任力结构与特征，挖掘新兴企业家的创业政策需求，研究扶持我国新兴产业企业家创业的政策供给，为加快我国新兴产业的创新创业、提高我国供给体系的质量和效率提供政策建议。

第二章　概念界定、研究框架与创新点

本章主要采用文献分析法，深入剖析新兴产业、创业企业家、创业胜任力和创业政策的概念内涵，以供需匹配为研究视角，结合我国新兴产业企业家创业胜任力政策供给的现状和困境，提出了本书的主要内容与理论框架，明确本书的研究思路，并指出本书的创新之处。

第一节　基本概念界定

本节重点解析了新兴产业、创业企业家、创业胜任力和创业政策等相关概念的内涵与特征，为后续研究提供理论基础。

一、新兴产业

波特在《竞争战略》一书中最早提出新兴产业的定义，即由于技术创新、成本关系变动、新的消费需求出现等经济和社会方面的因素，某种新产品或者新服务得以市场化并最终形成产业。周新生（2000）将新兴产业定义为具有以下特征的产业：承担新的社会分工职能、代表新的产业结构方向及新的科学技术产业化水平。黄南（2008）认为新兴产业一般采用先进的技术成果、具有较高的劳动生产率和突出的科技创新性，是对经济增长具有战略意义的产业。于永慧（2010）指出，新兴产业是基于重大发现和发明而产生的新产品及由此产生的新的部门、行业和新的产业群，它们将改变人类社会生产方式和生活方式。在确定七大战略性新兴产业的过程中，我国政府将战略性新兴产业界定为以重大科技创新为基础、代表未来科技和产业发展新方向、对经济社会具有全局带动和重大引领作用的、具备知识技术密集、物质资源消耗少、成长潜力大、综合效益好等特征的产业（《国务院关于加快培育和发展战略性新兴产业的决定》，国发〔2010〕32号）。刘洪昌和武博（2010）也强调了战略性新兴产业是在新兴科技和新兴市场需求的融合下形成的朝阳产业。袁天昂（2010）将战略性新兴产业概括为以高新技术产品为主的、知识和技术密集的产业。

通过对以上新兴产业的概念内涵进行总结和归纳，并借鉴波特的定义，本书认为新兴产业是指随着新的科研成果和新兴技术的诞生并应用而出现的新的经济部门或行业，其产业标准、业务流程还有待开发，先驱企业往往获得先发优势。在具体的新兴产业领域方面，本书参考《国务院关于加快培育和发展战略性新兴产业的决定》对国家七大新兴产业的划分，即国家战略性新兴产业规划及中央和地方的配套支持政策确定的7个领域（23个重点方向），具体包括节能环保、新兴信息产业、生物产业、新能源、新能源汽车、高端装备制造业和新材料。

二、创业企业家

《美国百科全书》（*Encyclopedia Americana*）认为创业企业家（entrepreneur）一词最早由法国人Cantillon于1755年提出，指的是15世纪中欧的将官，他们的基本特征就是富有冒险精神、敢于承担风险，通过组成军队并不断地远征、探险，从而获取了大量的财富。《韦氏国际英语词典（1961年版）》指出创业企业家是指经济事业的组织者，尤其是具有组织、管理企业并且承担风险的人。《美国百科全书》及《韦氏国际英语词典（1961年版）》关于创业企业家的解释，都认为敢于承担风险是创业企业家的重要特质。此后，不同学科领域里的学者对创业企业家的定义有不同解释。美国商业学院在1985年定义创业企业家是拥有并开创一个小而新的企业。Stevenson和Jarillo（1990）从理性经济人角度定义创业企业家，指出创业企业家是通过各种手段去获得所有利润，并能够将风险转移给别人的聪明人。Timmons（1990）则从个人具备的特征角度解释创业企业家，是在超强的承诺胜任力与超凡的毅力驱使下，不断拼搏进取的人。Shane和Venkataraman（2000）认为创业企业家是创业活动的核心主体，其通过创业机会的识别、评价和开发，能实现生产要素新的组合。GEM在2015年结合企业家创业意愿、失败恐惧感等个人特质的差异性，探究了创业企业家的择业动机，提出了生存型（necessity-driven）、机会型（opportunity-driven）和改善型（improvement-driven）三种创业模式。

通过对以上创业企业家的概念内涵的总结和归纳，本书将创业企业家界定为：创业企业家是指那些富有创业精神并敢于冒险，能发现与捕捉机会，组织并合理利用资源及创建新企业，并将利润与成长作为两大发展目标而经营一家企业的人。与此同时，本书还借鉴 GEM 对创业模式的分类，结合中国现阶段"创新驱动"经济体，将创业企业家分为生存推动型、机会拉动型和创新驱动型三种类型。

三、创业胜任力

创业胜任力的研究是管理学和心理学跨学科研究出现的一个新兴名词，最早来源于胜任力研究。McClelland（1973）认为胜任力是指个体在工作环境下拥有的知识技能、态度观念等可量化的特征，这些特征能帮助个体产生卓越的工作绩效。目前，国内外学者主要从以下三种视角出发，对胜任力进行内涵界定：①特征观。特征观视角认为，胜任力潜藏于个体本身，能持续被开发和提升，能生成优秀的工作绩效（Boyatzis，1982；Spencer L M and Spencer S M，1993）。②行为观。行为观视角表明，胜任力应当反映于个体实施工作行为的所有表现（Byham and Moyer，1996）。③综合观。综合观视角则融合了特质观和行为观视角的研究重点，指出胜任力是个体内在特征和外在行为的总和（Thomas and Herrisier，1991）。

鉴于创业领域的研究开始关注创业者自身的能力、素质等特征，理论界基于胜任力理论，Chandler 和 Hanks（1993）首次提出创业胜任力（entrepreneurial competency）概念，是指创业者具有的洞察、预测、运用机会的能力。此后，有学者从特质和技能视角出发，指出创业胜任力是创业者识别、利用机会的能力，其包含个人特质、知识技能、心智属性等内容（Loué and Baronet，2010）；也有学者基于环境和过程视角，认为创业胜任力是创业者与复杂创业环境和创业过程良好匹配的适应能力，并提出社交关系能力、资源筹集能力等胜任特征（Omrane and Fayolle，2011）。国内学者对创业者胜任力内涵的相关研究综合了特质观、情景观等研究，主要从职能胜任力、认知胜任力、社会胜任力和心理胜任力四个方面阐释了创业胜任力的内涵和结构维度（陈建安等，2013；黄永春和雷砺颖，2017）。

通过对以上创业胜任力的概念内涵的总结和归纳，并借鉴黄永春和雷砺颖（2017）的观点，本书从认知胜任力、职能胜任力、社会胜任力和心理胜任力四个方面对创业胜任力的内涵和结构维度进行界定。其中，认知胜任力指搜寻处理创业信息的能力；职能胜任力指整合配置创业资源的能力；社会胜任力指与创业环境互动的能力；心理胜任力指影响创业者创业倾向、风险偏好的心理因素。

四、创业政策

1990 年后，创业政策成为国外创业研究的热点，不同学者以覆盖范畴、功能目标等为研究切入点，阐释了创业政策的内涵。例如，Hart（2003）认为创业政策涵盖了对从地方到中央甚至国外多层面创业活动的扶持和促进。Acs 和 Szerb（2007）构建了一个较为广泛、适用于创业型经济的公共政策框架，包含全球、全国、区域和创业者四个层面的创业政策。再如，Collins（2003）认为创业政策是为了促进更多创业者进行创造和创新，提高初创企业的存活率，故而政府建设良好的创业环境条件，为创业者提供的一系列扶持政策。GEM 以政策的作用和目标为研究重点，认为创业政策是政府旨在扶持初创企业设计制定的系列政策措施，其作用在于鼓励个体的创造性行为和帮助个体开发创业所需的职能基础。随着学界对创业政策研究的深入，创业政策的内涵也愈发综合全面。创业政策以相互独立的供给形式来激发全社会的创新创业行为，其目的在于促进创业者开展创业行为，继而推动初创企业创造价值，乃至支撑整个经济系统的长久运作。值得注意的是，Stevenson 和 Lundstrom（2001）对创业政策内涵的见解不仅广泛、全面，而且适用于当前主流的创业政策研究。Lundstrom 和 Stevenson（2005）认为创业政策应当以鼓励创业为本质，以激发动机、增加机会和培育技能为维度，以激发个体将创业作为理想职业而开展持续创业行为为目标，为处在意愿期、种子期、发展期等阶段的创业者设计传递扶持政策措施。

通过对以上创业政策概念内涵的总结和归纳，在借鉴经典研究对创业政策内涵诠释的基础上，本书将创业政策的内涵界定为：以刺激创业为本质，旨在设计基于创业者动机、机会和技能，能增加新创业者和初创企业的数量，帮助初创企业在其生命周期阶段内存活并迅速成长，最终推动经济发展和实现社会价值的一系列扶持政策、措施。

第二节 篇章结构与技术路线图

基于概念内涵与理论研究的探讨，从供需匹配的视角，结合我国新兴产业企业家创业胜任力政策供给的现状和困境，设计本书的内容结构与技术路线。

一、篇章结构

本书从供需匹配的视角，解析新兴产业企业家的创业胜任力结构与特征，分析"创业胜任力与创业模式匹配"与"创业政策与创业胜任力匹配"的匹配机制，挖掘新兴企业家的创业政策需求，研究扶持我国新兴产业企业家创业的政策供给。围绕这一核心主题，本书的主要内容划分为理论基础、机制分析、匹配分析和政策供给四个子课题。因而，本书的内容据此划分为理论基础篇、机制分析篇、匹配分析篇和政策供给篇，具体的内容结构如下。

（一）理论基础篇的内容结构

本篇首先分析新兴产业企业家创业驱动机理和创业决策机理；其次，在此基础上，重点解析新兴产业企业家创业胜任力结构；最后，探究新兴产业企业家创业模式的生成机理，进而确定本书的理论基础。

（1）新兴产业企业家创业驱动机理的分析。首先，分析新兴产业企业家创业驱动机理的内涵和结构等理论，并从自主需要、归属需要、能力需要三维度进行理论推演，探讨三类需要对企业家创业行为的影响维度和关键影响因素，并提出相关的研究假设；其次，以创业者为研究对象，设计调查问卷，进而基于样本数据，运用回归分析等方法，实证检验自主需要、归属需要、能力需要对新兴产业企业家创业的驱动机理。

（2）新兴产业企业家创业决策机理的分析。首先，基于效用最大化视角，分析创业收入、工作自主性、创业机会、工作付出程度和创业风险等效用因素的特征，构建行为主体效用最大化的职业选择模型；其次，解析随着时间的演化，行为主体创业与否的决策机制；最后，将行为主体的创业选择行为分为终身就业、天生创业、就业转创业、创业转就业及间歇性创业，并在此基础上进行仿真分析和实证检验。

（3）新兴产业企业家创业胜任力的结构解析。首先，基于创业机会论，构建新兴产业企业家创业胜任力的概念框架，即创业胜任力的核心要素包括心理胜任力、认知胜任力、社会胜任力和职能胜任力。其次，通过实证调研，探寻新兴产业企业家创业胜任力的构成因子，即归纳出风险倾向、创业情绪、先验知识、概念能力、创新思维、学习能力、战略领导、组织管理、文化构建、网络构建和交流沟通等十一项因子。最后，解析新兴产业企业家的创业胜任力与创业机会识别评估、开发利用的内在关联机制。

（4）新兴产业企业家创业模式的生成机理分析。首先，从动机生成、机会选择、团队建设和资源获取四方面出发，以任正非、马云和李彦宏的创业活动为研究对象，分析三位创业者的创业能力特征、创业模式类型及创业绩效构成，进而解析生存推动型、机会拉动型和创新驱动型三类创业模式的特征。其次，深入探究异质性创业胜任特征下三类创业模式的生成机理，并基于创业过程视角，探讨三类创业模式的演化机制。

（二）机制分析篇的内容结构

本篇首先分析企业家胜任力特征影响创业行为的内在机制；其次，探究企业家胜任特征影响风险投资的作用机制；最后，剖析创业环境和创业资助影响企业家自我效能，进而影响企业家创业行为的传导机制，构建本书的机制分析框架。

（1）企业家胜任特征与创业行为。首先，基于社会资本理论，借助文献推导和描述性统计提出研究假设，运用二元逻辑方法研究指出企业家人力资本将影响企业创新机会的把握和资源配置效率，从而影响企业家的创业行为。其次，基于调节聚焦理论，解析创业期望对新生企业家创业行为的影响机制，并探究风险恐惧对新生企业家创业行为的影响机制。

（2）企业家胜任特征与风险投资。首先，结合资源基础论，从创业者创新能力和财务资源两个维度出发，分析风险投资机构的投资选择倾向机制，构建风险投资机构收益的数理模型，并进行数理分析。其次，结合实证分析，剖析风险投资机构的投资选择倾向。在此基础上，本书还探究了创业企业高管团队人力资本特征对风险投资机构投资策略的影响机制。

（3）创业环境、自我效能与企业家的创业行为。首先，基于 GEM 的指标体系，从社会文化环境、研发转移环境、中介服务环境和制度支持环境等四个方面解析创业环境对新生企业家创业行为的影响机制。其次，在借鉴社会认知理论的基础上，从机会识别、技能感知、风险容忍度和关系网络四个维度探究创业自我效能对创业环境影响新生企业家创业行为的中介效应。

（4）创业资助、自我效能与企业家的创业行为。首先，基于 GEM 的指标体系，从金融支持、政府项目、税收优惠等三个方面解析创业资助对新生企业家创业行为的影响机制。其次，在借鉴社会认知理论的基础上，从机会识别、技能感知、风险容忍度和关系网络四个维度探究创业自我效能对创业资助影响新生企业家创业行为的中介效应。

（三）匹配分析篇的内容结构

本篇首先解析创业胜任力与创业模式匹配对创业绩效的影响机制；其次，在此基础上，重点探析创业政策与创业胜任力匹配对创业绩效的影响机理；最后，分析供需匹配视角下我国企业家创业政策的供需现状与供需匹配度等内容，进而构建本书的匹配分析框架。

（1）创业胜任力与创业模式匹配对创业绩效的影响机制研究。首先，探究创业胜任力特征与创业模式的类型，并基于匹配视角解析创业胜任力与生存推动型、机会拉动型及创新驱动型创业模式匹配对生存、成长或创新绩效的影响机制，建立理论分析框架并提出相应的研究假设，进而构建实证研究的概念模型。其次，运用聚类分析法和独立样本 t 检验法，实证分析创业胜任力与生存推动型、机会拉动型、创新驱动型创业模式匹配对创业绩效的影响。

（2）创业政策与创业胜任力匹配对创业绩效影响的理论分析。首先，以创业政策和创业胜任力理论为基础，界定创业政策的概念内涵及其结构维度，归纳总结生存推动型创业者、机会拉动型创业者、创新驱动型创业者的创业胜任力特征。其次，借鉴权变理论的匹配思想与经典的创业 MOS 模型，构建动机激发、机会增加和技能培育三维度的创业政策与创业胜任力匹配对创业绩效影响的理论分析框架，并提出相应的研究假设，从而构建实证研究的概念模型。

（3）创业政策与创业胜任力匹配对创业绩效影响的实证分析。首先，采用问卷调研、半结构化访谈等方法开发创业胜任力量表，并设计完善调研问卷。其次，发放和回收问卷，并对问卷中的三个变量进行信度和效度检验。再次，采用 t 检验法实证检验异质性创业者的创业胜任力对创业绩效的差异性影响。最后，分别采用单因素方差分析法和多元回归分析法，实证检验"单维度创业政策与创业胜任力匹配""多维度创业政策与创业胜任力匹配"对企业创业绩效的影响作用。

（4）供需匹配视角下我国企业家创业政策的供需现状分析。首先，基于创业 MOS 模型，将创业政策划分为动机、机会和技能等要素，并根据前人的文献和我国实情，设计出符合我国现况的调研问卷。其次，在南京、苏州和深圳等创业氛围浓厚的地区收集相关数据，初步分析被试人员的基本特征，并基于调研问卷的数据，从政策体系本身和异质性创业企业家两个方面剖析企业家创业政策供需现状。

（5）供需匹配视角下我国企业家创业政策的供需匹配度分析。首先，依据创业 MOS 模型，借鉴拓展区位理论，构建以匹配度与环境变量二维指标为核心的创业政策供给与需求的匹配模型。其次，利用调研问卷的相关数据进行实证检验，重点解析结构性创业政策供需匹配度和异质性创业政策供需匹配度情况。

（四）政策供给篇的内容结构

本篇首先以南京市为例，调研分析新生企业家创业政策供需的现况。其次，采用跨案例分析法横向对比分析三类创业模式的形成差异，并纵向分析创业模式的演变过程。最后，从结构性创业政策工具供给和异质性创业政策工具供给两方面出发设计出政策供给工具。

（1）创业政策供需的典型城市分析。首先，梳理南京市现有的创业政策文本，以"政策取向—政策层面—政策配套—政策评价"为解析脉络，深层次对比南京市"十二五""十三五"期间创业政策文本的供给条款。其次，向地区初创型科技企业(new technology-based enterprise，NTE）发放调查问卷，深入研究创业政策供给的感知测评与创业需求的辨识。

（2）创业政策供需的典型案例分析。首先，采用案例分析法，选取生存推动型、机会拉动型、创新驱动型创业模式的典型案例，横向对比分析三类创业类型创业者的创业经历，甄别其基本心理需要和创业能力特征，进而探讨其创业模式的生成差异。其次，以任正非为案例进行纵向阶段性分析，分析任正非创业模式的演变过程，从而为创业模式的演化机理提供案例指导。

（3）创业政策工具的供给设计。基于创业政策供需现状和供需匹配度的研究，从完善创业政策供给体系和异质性企业家政策供给两方面提出政策工具。一方面，从创业动机激发、创业机会增加和创业技能培育三个维度提出创业政策供给体系，以提升结构性创业政策工具的供给设计质量。另一方面，结合创业政策与异质性创业者创业胜任力匹配缺口的诊断结果，构建"功能—导向"结构性平衡的异质性创业政策供给框架，并提出针对生存推动型、机会拉动型和创新驱动型三类创业者的异质性政策供给。

二、技术路线

本书以供需匹配为研究视角，解析新兴产业企业家的创业胜任力的结构与特征，分析"创业胜任力与创业模式匹配""创业政策与创业胜任力匹配"的内生匹配机制，挖掘新兴企业家的创业政策需求，研究扶持我国新兴产业企业家创业的政策供给。本书的篇章结构主要包括理论基础篇、机制分析篇、匹配分析篇和政策供给篇，详细的技术路线如图2.1所示。

研究阶段 研究内容 工具方法

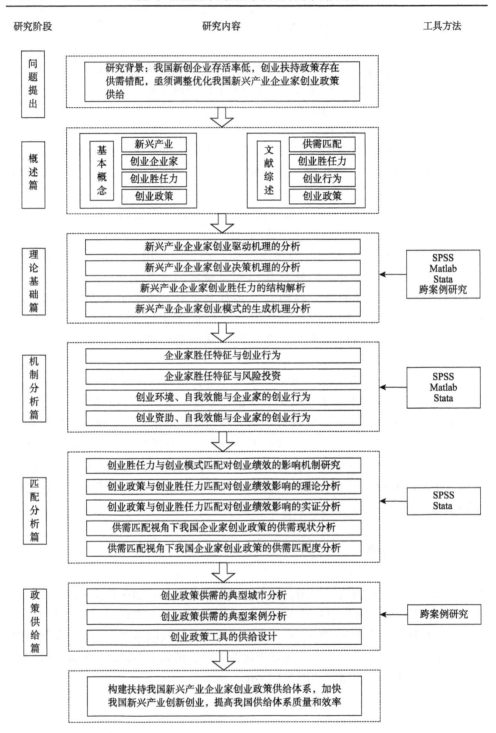

图 2.1 技术路线图

第三节　创　新　点

综合来看，得益于国内外理论研究和实践经验的快速推进与积累，本书在已有研究的基础上做出一定的创新性探索，创新之处主要体现在以下三个方面。

（1）首先，借鉴 GEM 关于创业模式的分类，将创业企业家分为生存推动型、机会拉动型和创新驱动型三种类型；其次，基于创业机会论和创业过程理论，运用问卷调查、回归分析、仿真分析和案例分析等方法，解析新兴产业企业家的创业驱动机理、创业决策机理及创业模式的生成机理与演化机制；再次，基于胜任力理论，采用问卷调查法和因子分析法，从认知胜任力、职能胜任力、社会胜任力和心理胜任力四个方面，探究和界定创业胜任力的内涵和结构维度；最后，可以丰富创业企业家概念内涵的研究成果，推进企业家创业和创业胜任力理论研究的进展。

（2）首先，以匹配理论为指导，借鉴 GEM 创业模式理论、创业促进政策理论、创业胜任力理论和创业 MOS 模型，运用问卷调查、半结构化访谈、聚类分析、t 检验、方差分析和回归分析等方法，深入剖析和检验创业胜任力与创业模式匹配影响创业绩效的理论机制，以及创业政策与创业胜任力匹配影响创业绩效的理论机制；其次，基于调研问卷，从政策体系本身和异质性创业企业家两方面剖析企业家创业政策供需现状；再次，借鉴拓展区位理论，构建以匹配度与环境变量二维指标为核心的创业政策供给与需求的匹配模型，解析我国企业家创业政策的供需匹配度；最后，这可以丰富创业领域供需匹配的理论研究成果。

（3）首先，借鉴创业促进政策理论和匹配理论，以南京市为例，调研分析我国新生企业家创业政策供需的现况，并深入剖析我国创业政策供需错配形成的缺口；其次，采用案例分析法，选取三类创业模式的典型案例，横向对比分析三类创业模式的生成差异，并以任正非为案例进行纵向阶段性分析，从而探究创业模式的演化机理；再次，在此基础上，从结构性创业政策工具的供给和异质性创业政策工具的供给两方面探究创业政策供给工具；最后，这可以丰富创业政策工具研究的理论成果，以此提出的创业政策供给可以为政府政策提供决策参考。

第四节　本　章　小　结

本章解析了新兴产业、创业企业家、创业胜任力和创业政策的概念内涵，以供需匹配为研究视角，结合我国新兴产业企业家创业胜任力政策供给的现状和困境，提出了本书的主要内容与理论框架，明确了本书的研究思路，并指出了本书的创新之处。

第二篇　理　论　基　础

新兴产业企业家的创新创业可以化解新常态的经济增长压力，然而，目前我国新兴产业企业家在创新创业过程中，存在创新创业动力匮乏、创业胜任力不足、创业胜任力与创业模式不匹配等问题，以致新创企业存活率较低，新兴技术的产业化面临"达尔文之海"的困境。故而，迫切需要分析我国新兴产业企业家创业胜任力的主要构成要素和整体框架，剖析新兴产业企业家创业驱动和决策机理，厘清其创业模式的类型和特征，以及异质性创业胜任力特征下创业模式的生成与演化机制，从而为我国新兴产业企业家的创业行为乃至创业政策的制定提供理论基础。

本篇首先从自主需要、归属需要、能力需要探究了创业行为驱动因素的构成，构建了新兴产业企业家创业行为驱动机制的概念模型，进而采用回归分析法和方差分析法进行了实证检验，得出新兴产业企业家创业行为的主要驱动因素。其次，基于创业能力、创业收入、工作自主性等效用因素的分析，构建了个体效用最大化的职业选择模型；进而通过数理建模分析、仿真分析和实证分析，解析了随着时间演化的新兴产业企业家创业决策机制。最后，借助跨案例研究方法，构建新兴产业创业企业家胜任力的分析框架，比较马云、马化腾和李彦宏三位企业家的胜任力结构特征，并通过实证验证，探讨创业企业家胜任力结构与创业模式选择的内在关系。在此基础上，本篇解析了创业模式的类型特征，并探讨了异质性创业胜任力特征下创业模式的生成机理与演化机制。

第三章 新兴产业企业家创业驱动机理的分析

随着我国产业转型升级和经济提量增效，我国国民的创业热情不断高涨，并涌现出越来越多的新兴产业企业家。本章基于自我决定理论探析创业者的主导驱动因素及其结构维度，构建创业驱动机理的理论分析框架和概念模型。在此基础上，实证检验新兴企业家的创业驱动因素，解析新兴产业企业家创业驱动机理，旨在为实现我国新兴产业创新经济的快速发展提供参考依据。

第一节 新兴产业企业家创业驱动机理的理论分析

本节解析新兴产业企业家创业驱动机理的内涵，分析创业驱动机理的结构特征，探寻新兴产业企业家创业驱动机理的影响维度和关键影响因素，构建新兴产业企业家创业驱动机理的理论分析框架，为后续新兴产业企业家创业驱动机理的实证研究提供理论基础。

一、新兴产业企业家创业驱动因素的结构维度

在学术界关于创业驱动因素的结构维度相关研究中，以 Kuratko 等（1997）基于内外部环境视角所提出的四因素结构模型最具代表性。具体而言，主要分为金钱和股份形式的外部激励、自我的控制需求和成就需要的内部激励、独立自我控制、家庭保障。鉴于该结构模型注重外在物质报酬的激励和个体对基本保障的需求，而未能系统反映出创业者的内在需求，因此，学者们试图将企业家创业行为与心理学结合起来，并开始了对创业行为与心理需求间的研究。在研究需求与创业行为的成果中，McClelland（1965）提出的成就动机理论在创业领域获得了学者的推崇，他

提出社会成就动机理论，并将人的需要划分为权力需要、成就需要、亲和需要，认为创业能够给予个体未来较高的成就，赋予其他职业无法给予的心理和物质满足感，因而个体创业源于对三类需要的满足。例如，Mcclelland 和 Boyatzis（1982）、Burnham（2003）也通过实证研究证实了成就动机是促进个体创业的重要驱动力。再如，Collins 等（2004）的实证研究表明，成就需求与创业行为的选择及创业绩效显著正相关。此外，国内学者朱贺玲和郑若玲（2011）也通过实证分析了厦门大学学生的创业因素构成，由此将其区分为低级需求、中级需求、高级需求三类因素。

由以上分析，本节将在前人研究基础上，从创业者内在心理需求的角度切入，借鉴现有研究成果，探讨创业驱动机理的结构。鉴于前人研究提出的权力需要和成就需要在一定程度上均是个体对自身价值的诉求，均为能力需要的讨论范畴，因此，本书将能力需要纳入研究。而自我决定理论认为个体具有自主、归属、能力的需求，并指出个体内部需求的满足可以激发稳定的内部动力源，从而驱使行为的产生。由此提出，自主需要、归属需要、能力需要是创业行为的驱动力。鉴于此，本书将基于自我决定理论，依据个体的需求特征，将创业驱动机理结构划分为自主需要、归属需要、能力需要，并深入探析三类需要对创业行为的影响机理。

二、新兴产业企业家创业驱动的影响因素分析

梳理新兴产业企业家创业驱动机理的影响维度，并以自我决定理论为基础，聚焦个体内部需求要素探寻企业家创业模式的影响维度和关键影响因素，构建新兴产业企业家创业驱动机理的理论分析框架。

（一）新兴产业企业家创业驱动的影响维度探寻

学术界有关于创业模式影响维度的相关研究中，主要从能力、资源、动机三个视角对创业模式影响维度进行了阐述。例如，董金秋和贾志科（2012）基于创业者能力素质视角，以在校大学生为调查对象，指出创业者的人格特性（独立或主动型人格）、能力特征（市场应对能力、资金筹备能力、关系网络能力）等会影响其创业模式的选择。再如，田毕飞和丁巧（2017）进一步明确了创业者的能力结构，以创业自我效能为切入点，探讨了国际创业自我效能与创业模式及创业绩效的关系。基于资源视角，有学者结合了社会认知理论和社会网络理论，探讨了社会资本及资源对创业模式的影响（林海芬，2008）。也有学者基于网络嵌入视角，分析了结构嵌入与关系嵌入对技术创业模式的影响（张春雨等，2018）。鉴于能力与资源视角未能完全解释创业模式的生成，因此马蓝（2019）结合能力与资源维度，构建了创业拼凑资源、创业学习能力对创业模式的影响模型。基于动机视角，McClelland（1965）提出的成就动机理论在创业

领域获得学者的推崇，他提出社会成就动机理论，并将人的需要划分为权力需要、成就需要、亲和需要，认为创业能够给予个体未来较高的成就，赋予其他职业无法给予的心理和物质满足感，因而个体创业行为的选择源于对三类需要的满足。又如，Collins等（2004）的实证研究表明，成就需求与创业行为驱动及创业绩效呈显著正相关。李洪波和陆剑斌（2015）以大学生为研究对象，探究了经济因素、个人需求、家庭影响、高校支持与生存型创业及机会型创业的关系。学者刘美玉（2013b）结合动机与资源视角，实证探索了新生代农民工创业模式的选择机制。

综上所述，学术界对于新兴产业企业家创业驱动的影响维度研究较为零散，且观点尚未统一。因此，本书将在前人研究基础上，从创业者的内在心理需求角度切入，借鉴现有研究成果，探讨创业驱动的影响维度。鉴于前人研究提出的权力需要和成就需要在一定程度上均是个体对自身价值的诉求，均为能力需要的讨论范畴。由此，本书将能力需要纳入研究，并将能力需要界定为个体期望能够在特定的活动中获得能力价值的提升及实现，进而获得成就感的需要（Deci and Ryan，2004）。同时，本书主要拓展了自我决定理论，将资源纳入归属需要维度，并将归属需要界定为是个体能体验到在社会环境下能够获得理解和公众认可的需求（Deci and Ryan，2004），反映了个体对社会支持带来的安全感和归属感的诉求。考虑到创业者的个人特质，提出自主需要维度，本书将自主需要界定为是个体受外界环境的影响，并根据现阶段的需要，自主选择决定某一行为的需要（Deci and Ryan，2004）。由此，本书主要基于自我决定理论，依据个体的需求特征，将创业模式的影响维度划分为自主需要、归属需要、能力需要，以期深入探析三类需要对新兴产业企业家创业驱动的影响机理。

（二）新兴产业企业家创业驱动的关键影响因素分析

本节依据上文创业驱动的影响维度，通过问卷调查及因子分析探索创业驱动的影响因素，确定其创业驱动的关键因素。

1. 变量测量与数据收集

本书对自主需要、归属需要、能力需要的测量主要借鉴前人较为成熟的量表，提取相关指标，形成调研题项初稿。另外，借助参与的相关项目，实地调研南京紫金江宁创业园区创业者及园区管理委员会的工作人员，深入了解园区创业者对调研问卷初稿的意见，并邀请其参与修改优化量表，以符合创业者实际情况。量表均采用利克特五点计分，从"非常不同意"到"非常同意"表示1~5分。其中，自主需要的测量主要参考 McClelland 和 Boyatzis（1982）、Campion（1988）等的研究，从经济需求和自主性视角方面测量，主要包括 8 个题项；归属需要的测量借鉴 Liao

和 Welsch（2005）、Liñán 和 Santos（2007）等的成果，从社会性视角方面选取 8 个题项测度；能力需要的测量参考曾照英和王重鸣（2009）、高日光等（2009）的研究，从创业者的成长性视角测量，包括 6 个题项，具体如表 3.1 所示。

表 3.1　新兴产业企业家创业驱动影响维度的测量题项构成表

影响维度	测量题项
自主需要	I1 积累更多的财富
	I2 实现财富的自由支配
	I3 创造收入新渠道
	I4 降低经济的约束性
	I5 追求自主和独立
	I6 支配工作时间的自由度
	I7 支配工作资源的自由度
	I8 参与工作决策的程度
归属需要	B1 获得创业身份的认同
	B2 提高社会地位
	B3 获得社会公众的尊重
	B4 增强社会关注度和影响力
	B5 积累更多人际关系
	B6 丰富社会阅历
	B7 掌控更多的资源
	B8 提升关系网的紧密度
能力需要	A1 追求自我挑战
	A2 期望获得个人成长
	A3 提升自我技能
	A4 发挥自身专长
	A5 证明自身能力
	A6 实现个人价值

本书初步以南京市紫金江宁创业园区创业者为调研对象，设计调研问卷，主要涉及新一代信息技术、新材料等行业的创业者。本书主要变量的测量量表大多以国外研究为基础，且结合本书研究对象做出了相应改动。此次调研为预调查，调研数据主要以发放问卷的方式回收取得，共计发放问卷 200 份，回收 187 份，剔除无效问卷后，最终有效问卷共计 142 份。

2. 探索性因子分析

探索性因子分析（exploratory factor analysis，EFA）采用主成分法对变量进行最大变异法正交旋转，抽取特征根大于 1 的因子。当 KMO（Kaiser-Meyer-Olkin）值在 0.6 以上时，说明各变量偏相关性较强，适合做因子分析，若各题项的因素负荷量均大于 0.5，则认为各测量题项可以合并为一个因子。因此，本节采用 SPSS 20.0 对调查的 142 份问卷进行 EFA，见表 3.2~表 3.4，以自主需要为例。表 3.2 为自主需要的 KMO 和 Bartlett 球形检验结果，可知自主需要的 KMO 值为 0.821，大于 0.7，且 Bartlett 球形检验值的显著性为 0.000，这说明各测量题项具有共同因素存在，适合做因子分析。表 3.3 为自主需要维度的方差解释表，可知有 2 个特征根分别为 5.280、1.376，大于 1，且总体方差累计解释率达到了 61.177%。表 3.4 进行主成分分析，经方差最大正交旋转后，自主需要的因子载荷矩阵情况，可知自主需要有 2 个因子，除 I3、I5 的载荷值小于 0.5 外，各测量题项的载荷值均较大。因此删掉 I3、I5 后，得到由 I1、I2、I4、I6、I7、I8 组成的测量量表。其他维度也按照上述方法处理后，可知归属需要、能力需要的 KMO 值均大于阈值 0.6，且 Bartlett 球形检验值的显著性为 0.000。与此同时，进行主成分分析，在旋转后的因子载荷矩阵中，归属需要的 B2 在各因子的载荷值较为平均，删除 B2 题项。综合自主需要、归属需要、能力需要的分析后，最终构成了 18 个题项。进一步地，对 18 个测量题项进行 KMO 检验与 Bartlett 球形检验，均通过。表 3.5 为创业驱动因素维度的探索性因子分析结果图，因子分析结果形成了 6 个因子、18 个题项，且各题项的因子载荷值均大于 0.6，累计解释总变异量达到 78.572%，说明 6 个因子能够较好地解释量表，与创业模式影响因素量表的初始设计思路一致。

表 3.2　自主需要的 KMO 和 Bartlett 检验结果

KMO 度量		0.821
Bartlett 球形检验	近似卡方	452.074
	自由度 df	56
	显著性 sig.	0.000

表 3.3　自主需要维度的方差解释表

成分	初始特征值			旋转平方和载入		
	总体	方差解释	累积解释	总体	方差解释	累积解释
1	5.280	47.329%	47.329%	5.280	47.329%	47.329%
2	1.376	13.848%	61.177%	1.376	13.848%	61.177%
3	0.385	8.062%	69.239%			
4	0.325	7.919%	77.158%			
5	0.287	7.651%	84.809%			
6	0.263	7.477%	92.286%			
7	0.240	4.868%	97.154%			
8	0.224	2.846%	100.00%			

表 3.4　自主需要维度的因子分析

解释变量	因子 1	因子 2
I1	0.842	0.181
I2	0.721	0.162
I3	0.374	0.207
I4	0.586	0.447
I5	0.397	0.410
I6	0.644	0.690
I7	0.568	0.763
I8	0.554	0.813

表 3.5　创业驱动影响因素探索性因子分析结果

测量题项	因子 1	因子 2	因子 3	因子 4	因子 5	因子 6
I1 积累更多的财富	0.842					
I2 实现财富的自由支配	0.721					
I4 降低经济的约束性	0.774					
I6 支配工作时间的自由度		0.690				
I7 支配工作资源的自由度		0.763				
I8 参与工作决策的程度		0.833				
B1 获得创业身份的认同			0.819			
B3 获得社会公众的尊重			0.857			
B4 增强社会关注度和影响力			0.855			
B5 积累更多人际关系				0.870		
B6 掌控更多的资源				0.738		
B7 提升关系网的紧密度				0.822		
A1 追求自我挑战					0.865	
A2 期望获得个人成长					0.676	
A3 提升技能					0.779	
A4 发挥自身专长						0.768
A5 证明自身能力						0.891
A6 实现个人价值						0.864
总体特征值	2.612	2.307	2.109	2.717	2.048	2.761
解释变异量: 78.572%	22.088%	11.975%	13.703%	10.945%	9.713%	10.148%

　　具体而言，因子 1 主要包括 I1、I2、I4，主要体现了创业者受外部经济压力的影响，对财富自由的期望，因而为经济自主需要。经济自主需要主要体现为个体创造财富摆脱压力，并能取得财富自由的需求，即个体基于财富的创造和

积累，对经济的自由支配权。经济自主的基础条件为财富的创造积累，因而个体对经济自主性的要求越高，越会期望拥有丰厚的物质财富，因而越会选择创业来实现其诉求（Rietz and Henrekson，2000）。一般而言，创业相对于就业而言，会有更多提升薪资及获得风险性高回报的可能性。例如，著名风险投资人徐小平曾表示，创业活动的本质即追求财富，创业的价值在于创造财富。特别是对于生存型创业者来说，经济自主诉求较强，他们会以摆脱贫穷、提高生活水平为导向（Tobias et al.，2013）。此外，经济自主还意味着财富自由，不仅能够满足其自主消费需要，还可以满足其旅游、休闲、投资等活动的需求，进而激发个体的创业热情，驱使其积极创业以达成这一目标。这是因为，个体创业成功会增强其在职业和生活中的话语权，同时也代表着个人地位稳定，这能够为其带来其他就业选择所无法感受到的自信心与满足感。

因子 2 主要包括 I6、I7、I8，反映创业者期望在工作中获得自主性，因而为工作自主需要。工作自主需要体现了个体在职业生涯中体验自主的需求。例如，职业自主规划权和工作决策自由度。个体的自主需求会驱使其规划职业生活（Oldham and Cummings，1996），并驱使其选择创业。从职业视角来看，创业具有自我导向的作用（马占杰，2010），有利于个体自主选择职业定位，并依据竞争市场的转变设定合适的职业发展目标。因此，追求自主性的个体往往会选择创业。另外，对工作自主需要要求较高的个体更关注工作决策的自主性（Hackman and Oldham，1974），并驱使个体积极挖掘创业商机。这是因为在受雇佣的情形下，个体会考虑团队组织成员的意见，且有可能受老板、同事等决策的压制干扰，自主决策的概率较小。因此，个体会倾向于挣脱就业者的身份，转向自主空间更广阔的创业者身份，自由安排职业内容、工作方式、工作节奏等（刘小禹等，2018）。工作自主能够让个体体验到职业的自主规划和工作决策的自由，从而驱动其实施积极的创业行为。

因子 3 主要包括 B1、B3、B4，体现创业者对社会尊重的追求，因而为社会认可需要。社会认可需要体现了个体对获得大众景仰及尊敬的需求。社会认知理论提出，个体在社会环境下趋于追求社会认可。个体具有较高认可需求时，对其创业能力的自信度也越高，会调动其创业热情，积极主动地搜索创业资源，并积极识别复杂的创业环境（张秀娥等，2017），从而挖掘创业机会。另外，社会认可很大程度上取决于个体的职业选择（许欣欣，2000）。个体感知到的社会认同会引发其对行为价值的评估，进而影响其创业意愿强度（刘刚，2016）。例如，GEM报告统计显示，2015~2016 年，我国认为创业能够获得公众认可的民众比例从65.94%增长到70.3%，且创业倾向比例从 19.52%增长到21.30%。可知，社会认可需要对创业倾向的作用较大。

因子 4 主要包括 B5、B6、B7，反映了创业者期望创业网络的构建，因而为关系网络需要。关系网络需要指个体建立人际关系网络的需求。由关系嵌入理论可知，社会关系网络中不仅嵌入了丰富的信息资源，还扩大了信息的交流边界（林南和张磊，2005）。此外，关系网络需要能够提升个体的创业积极性，激励个体积极构建组织合作关系，进而驱动其组建创业团队，并通过推进新创企业的发展进一步拓宽关系网。相对于就业较为固定的关系网络而言，在创业过程中个体会大幅度地拓宽人际资源，并在此期间促使其注重网络边界和关系紧密度。这有助于创业者构建与团队的信任关系，并提升个体在创业期间接触更多的政治关联网络、合作关系网络、客户关系网络等（黄永春等，2014a），同时增强情感联系，以获得更多的创业资源。例如，曾于百度网讯科技有限公司（以下简称百度）负责大数据人工智能技术开发的余凯，成功说服多年好友吴恩达（Andrew Ng，斯坦福大学人工智能实验室主任、谷歌大脑项目之父）加入百度，并在百度离职后，利用网络资源，组建创业团队，成功创办地平线机器人公司，并获得 A+轮融资，估值 30 亿元人民币。

因子 5 主要包括 A1、A2、A3，体现创业者对自我能力成长的期望，因而为能力提升需要。能力提升需要是个体挑战自我以提升个人能力的需求。能力提升需要较强烈的个体往往乐于挑战自我，因而其创业自我效能感较为强烈，倾向于进行具有高风险的创业行为（Phan et al., 2002）。由于创业的内在目标即挑战自我（马占杰，2010），因而个体设立此目标有利于激发其创业思维、显现其创新潜力，进而促使其实现新发明及塑造新市场。例如，科研技术人员往往在面临技术瓶颈时，会为攻克难题而选择投身创业。也正是因为他们致力于解决技术难题的自我挑战，才会在市场实践检测中产生新想法，最终实现对技术的突破。

因子 6 主要包括 A4、A5、A6，反映创业者对价值的追求，因而为价值实现需要。价值实现需要是个体能够在创业实践中实现自我价值获得成就的需求。价值实现能够激发个体最大限度地证明自身能力，并发挥其机会识别能力及技能感知能力，快速开发新的创业项目。例如，全球化智库（Center for China and Globalization，CCG）发布的《2017 中国高校学生创新创业调查报告》数据显示，持"创业有助于我证明能力、实现自我"观点的调查者占据了 70.4%的比例。另外，价值实现也意味着个体具有较强的成就需求。成就需求理论认为个体对成就的需求可以判断其是否选择创业。由此，个体对未来事业抱有较高水平的成就需求时，其创业信心及风险承受能力偏高，会更偏向于投入创业这类努力程度较高、责任度较高、绩效反馈较清晰的职业。

三、新兴产业企业家创业驱动机理的理论框架

根据自我决定理论，个体具有自主、归属、能力三类需要，因此本节探讨自主需要、归属需要、能力需要三个维度的创业驱动因素对创业行为的影响机理，

并提出研究假设，进而解析创业驱动机理的理论框架。

（一）自主需要对创业行为的影响机理

自主需要指个体在充分认知自身需要及周围环境信息的基础上，自主选择、决定行为活动的需要（Deci and Ryan，2004）。鉴于个体面临的环境主要为生活环境和工作环境，故而其自主体现为经济自主需要和工作自主需要。

1. 经济自主需要

经济自主需要指个体创造财富以降低经济约束，并且期待更多的财富积累以实现财富自由的需求。首先，经济自主会激发个体对财富的占有欲，进而推动其产生创造财富的愿望，从而驱动其产生创业意愿。通常，个体的经济自主诉求越高，越渴望拥有更多的财富，越可能选择创业来满足这一动机（Rietz and Henrekson，2000）。这是因为，与就业相比，创业有可能获得更高的经济回报，且具有更多创造财富和增加收入的机会。例如，真格基金创始人徐小平认为，创业的实质就是追求财富，创业的价值在于创造财富。尤其对于以脱离贫困为首要目标的生存型创业者来说，对经济自主的需求较高，他们会投入更多的时间和精力，以获取更多的财富（Tobias et al.，2013）。其次，经济自主还意味着财富自由，不仅可以实现个体的自主消费动机，而且能满足其旅游、休闲、投资等行为，从而可激励个体产生较强烈的创业积极性。由此可知，创造财富和实现财富自由有助于个体实现经济自主，激发其创业热情，从而积极开展创业行为。

假设 1a：经济自主需要越强的个体越有可能创业。

2. 工作自主需要

工作自主需要指个体在所处组织环境中获取自主权的需要，诸如职业的自主规划权、工作的决策自主权等。首先，个体对工作自主的追求会推动个体自主规划职业（Oldham and Cummings，1996），进而激发个体的创业意愿，诱发其创业倾向，从而驱使其实施具有自主导向的创业行为（马占杰，2010）。这是因为，相对于就业而言，创业具有更灵活自主的职业规划权，这有助于个体根据市场竞争环境的变化自主调整职业定位和职业发展目标。其次，工作自主需要会驱动个体更注重工作决策的自主（Hackman and Oldham，1974），自主探索创业机会，发挥创业潜能。这可能是因为在受雇佣的情况下，个体受上级或同事团队决策的制衡，致使很多工作无法自主决定，以致其决策自由度较低；故而，个体会倾向于摆脱就业的束缚，积极开展具有自我雇佣特点的创业行为，自主决策工作内容及职业生活，即自主选择并决定自己的工作方式、时间安排、工作节奏等（刘小禹等，

2018）。例如，曾担任衡阳市司法局副局长的廖曜中由于受官场环境的制约无力施展法律知识，最终毅然辞职下海创业，挣脱体制的束缚。

假设 1b：工作自主需要越强的个体越有可能创业。

（二）归属需要对创业行为的影响机理

归属需要指个体期望获得社会网络关系的理解和支持的需求（Deci and Ryan, 2004），是个体对社会网络支持所带来的安全感及稳定感的追求，主要来源于社会认可与关系网络。

1. 社会认可需要

社会认可需要指个体期望获得社会尊敬或认同的需要。社会认知理论认为，个体在社会环境下会趋于追求社会认可。通常，当个体具有较高社会尊重和认可诉求，并且对自身创业能力的感知度较高时，会积极识别外部的创业环境，进而积极主动地搜索市场机会，组建创业团队。这可能是因为随着创业型经济的建设，创业越来越能赢得社会认可，具有的职业声望度越来越高，即创业行为能够帮助个体施展才华，实现成为企业家的梦想。因而，当社会认同存在度较高时，个体受社会价值的影响，继而对行为价值进行评价，最终影响其创业意愿强度（刘刚等，2016）。例如，GEM 报告统计数据显示，2015~2016 年，我国认为创业能够获得公众认可的比例从 65.94%增长到 70.3%，且创业倾向比例从 19.52%增长到 21.30%。由此可见，社会认可需要能够显著影响个体的创业倾向。

假设 2a：社会认可需要越强的个体越有可能创业。

2. 关系网络需要

关系网络需要指个体构建人际关系网的需求。个体对关系网络的诉求能够驱动其主动构建人际关系网，进而形成商业信息资源链；并促使个体借助广阔的信息交流边界主动开发嵌入网络中的商业机会（林南和张磊，2005）。与此同时，关系网络需要能够提升个体的创业积极性，激励个体积极寻求组织合作关系，进而驱动其组建创业团队，并通过推进新创企业的发展进一步拓宽关系网。这可能是由于，与就业形成的关系网络相比，创业会驱动个体积极扩展社会网络关系，驱动其重视社会网络关系的边界和社会网络关系的紧密度。这不仅可以增强个体与团队成员的信任关系，还能促进个体在创业过程中接触更多的合作关系网络、客户关系网络、政治关联网络等（黄永春等，2014b），并增强情感联系，以获得更多的创业资源。由此可知，关系网络需要有助于个体主动构建创业关系网，提升创业激情，组建创业团队。

假设 2b：关系网络需要越强的个体越有可能创业。

（三）能力需要对创业行为的影响机理

能力需要指个体在所从事的行为活动中提升自我能力、实现自我价值，从而获得成就的需要（Deci and Ryan，2004），主要包括能力提升需要和价值实现需要。

1. 能力提升需要

能力提升需要指个体挑战自我并提升自我能力的需要。首先，能力提升需要会激发个体产生挑战自我的心理，从而提升个体的创业自我效能，驱动其产生创业意愿（Phan et al.，2002）。这是因为，创业的内在目标即为挑战自我（马占杰，2010），这种目标的设定会诱发个体产生活跃的思维，并发挥其创造能力，从而积极开发新产品或者开辟新市场。其次，能力提升需要较高的个体更倾向于发挥潜在的创业技能，主动了解行业市场状况，进而创造创业机会，启动创业项目。通常，伴随着创业过程的发展，创业者的能力会不断提升，创业者获得充实感（钱永红，2007）。尤其是在创业之初，由于创业资源的匮乏、创业团队的不完善、管理体系的不健全，创业者不仅要扮演管理者的角色，可能还需担任技术员、业务员等执行层面的工作。因而，创业者处于不断学习适应的过程中，能够通过各种方式训练自己以弥补自身的不足，提高其创业胜任力，诸如心理胜任力、认知胜任力、职能胜任力、社会胜任力等（黄永春和雷砺颖，2017）。

假设 3a：能力提升需要越强的个体越有可能创业。

2. 价值实现需要

价值实现需要指个体实现自我和获得成就感的需求。首先，价值实现需要能够诱发个体为证明自己而产生创业热情和毅力，同时促进创业机会及创业技能的感知。这是因为，价值实现需要越强烈的个体感知商机的敏锐性也越强，并会依靠先前的行业经验更有效地识别和开发创业机会（Alvarez and Barney，2004），整合创业所需资源，以便更迅速地开展创业行为，最大限度地实现自我价值。例如，CCG 发布的《2017 年中国高校学生创新创业调查报告》显示，70.4%的被试者认为创业能帮助个体证明自身能力，实现自我价值。其次，价值实现需要较高的个体，其成就需求较为明显，同时具有较高的创业自信和风险承担能力，倾向于从事具有先动性、冒险性、创新性的创业行为。例如，深圳市柔宇科技股份有限公司（以下简称柔宇科技）创始人刘自鸿在斯坦福大学毕业后放弃高薪工作，怀揣巨大梦想，成功研发柔性显示技术，最终创办了柔宇科技。

假设 3b：价值实现需要越强的个体越有可能创业。

四、新兴产业企业家创业驱动机理的概念模型

根据上述理论分析与研究假设，本书进一步分析了自主需要、归属需要、能力需要的结构层次关系，并构建了企业家创业模式影响因素的金字塔模型，如图 3.1 所示。在新兴产业企业家创业驱动影响因素的金字塔模型中，由下至上，创业者的需求层次逐渐升高。自主需要体现企业家源于对外部经济及职业工作自主性的追求而产生创业意愿，是个体谋求生存、改善生活条件的基本需要；归属需要体现企业家受社会认知价值的作用而创业，形成创业模式，是个体追求社会尊重认同和从人际关系中获取支持感的中层次需要；能力需要体现企业家追求自我提升及获得成就感而产生创业动机，是个体基于自主需要和归属需要满足的条件下期待自我成就的高层次需要。另外，在企业家创业行为金字塔模型中，三类需要的结构关系为：低层次需求的满足会激发创业者产生更高层次需要（游静，2010），且会形成动机优势，成为驱使创业模式形成的主要动力。也就是说，当创业者的生存压力及工作问题得以解决时，创业者会趋向于构造人际关系网，追求社会认同，产生更高层次的归属需要。当创业者已经具备关系信息资源网，并获得社会的认可时，其创业自我效能增强，会趋向于成就自我，形成能力需要优势，驱使其进一步发展。在创业过程中，创业者的创业胜任力不断获得提升，这有利于其发挥自我优势，实现自我价值，此时，创业者的需求目标达到更高层次并成为其实施创业行为的主要动力。

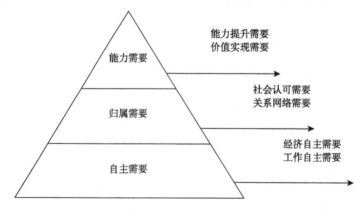

图 3.1　新兴产业企业家创业驱动影响因素的金字塔模型

第二节　新兴产业企业家创业驱动机理的实证分析

本节以创业园区创业者及潜在创业者为研究对象，采用问卷调查法，通过 EFA

以确定新兴企业家创业驱动因素测量题项。在此基础上，结合 Logit 和 Probit 回归模型等计量方法，实证检验新兴企业家创业各驱动因素对创业行为的作用机制。

一、研究设计

在参考已有研究成果的基础上，本节结合创业者的实际情况，对概念模型中所涉及的变量设计测项，形成调研问卷。为确保问卷效度，首先进行预调查和 EFA，并采用主成分分析法探索创业行为的关键因素。

（一）研究变量测量

本节借鉴前人较为成熟的量表，提取相关指标，形成调研问卷初稿。同时，借助参与的相关项目，实地调研创业园区创业者及园区管理委员会的工作人员，深入了解创业者们对调研问卷初稿的意见，并邀请其参与修改量表，以进一步地优化量表。量表均采用利克特五点计分，从"非常不同意"到"非常同意"表示 1~5 分。

（1）因变量：创业行为。1 代表已实施创业行为，即个体参与了新企业的创建；0 代表未实施创业行为，即个体从未参与新企业的创建。

（2）自变量：创业驱动因素。自主需要的测量主要参考 Campion（1988）等的研究，主要包括 6 个题项。其中，经济自主需要从积累更多的财富、实现财富的自由支配、降低经济的约束性 3 个方面测量；工作自主需要从支配工作时间的自由度、支配工作资源的自由度、参与工作决策的程度 3 个方面测量。归属需要的测量借鉴 Liao 和 Welsch（2005）、Liñán 和 Santos（2007）等的成果，选取 6 个题项测度，其中社会认可需要从获得创业身份的认同、获得社会公众的尊重、增强社会关注度和影响力测度；关系网络需要从积累更多人际关系、掌控更多的创业资源、提升关系网的紧密度三方面测度。能力需要的测量参考 Barbosa 等（2007）、高日光等（2009）的研究，包括 6 个题项。其中能力提升需要从追求挑战、期望获得个人成长、提升技能三方面测量；价值实现需要从发挥自身专长、证明自身能力、实现个人价值三方面测量。

（3）控制变量主要包括性别、年龄、学历。其中，性别为定类变量，年龄采用 GEM 的划分标准，即 18~24 岁、25~34 岁、35~44 岁、45~54 岁、55 岁及以上，学历包括大专及以下、本科、硕士、博士。

（二）问卷设计

本节采用问卷调查法获取相关数据。首先，通过查阅国内外相关文献确定初始测量题项；其次，实地调研创业园区新兴产业创业者的实际情况，进而邀请 2 位教授和 5 位创业者针对初始问卷进行修订并完善，确定最终调研问卷结构。

调研的问卷结构主要包含三部分，问卷第一部分为标题及引言，引言主要包括问卷问候语和填写要求说明，旨在说明本次调研对象、调研目的及后续数据用途以获得被调查者的配合，并在注意事项中说明此次调研使用匿名方式，且仅用于学术研究，打消被调查者的疑虑。问卷第二部分包括两部分，一部分为被调查者的性别、年龄、学科背景、学历等基本信息；另一部分为被调查者是否实施或参与创业行为、所属行业、创业模式类型等，意图对被调查者进行类型区分。问卷第三部分为创业驱动因素的主要测量题项，包括自主需要、归属需要、能力需要。其中，自主需要、归属需要、能力需要均包括 6 个题项，共计 3 个一级维度，6 个二级维度，18 个测量题项。

（三）预调查和探索性因子分析

由于本节主要变量的测量量表大多以国外研究为基础，且结合了本书研究对象做出了相应改动。因此，为保证问卷量表的有效性，本书首先通过预调查对量表的信度和效度进行检验。考虑到预调查对象须与正式调查一致，本次调研问卷在南京紫金江宁创业园区发放，涉及新一代信息技术、新材料等行业的创业者。预调查发放问卷 200 份，回收 187 份，剔除无效问卷，最终有效问卷共 142 份。

其次，EFA 采用主成分法对变量进行最大变异法正交旋转，抽取特征根大于 1 的因子。当 KMO 值在 0.6 以上时，说明各变量偏相关性较强，适合做因子分析，若各题项的因素负荷量均大于 0.5，则认为各测量题项可以合并为一个因子。因此，本文采用 SPSS 20.0 对预调查的 142 份问卷进行 EFA，结果如表 3.6 和表 3.7 所示。表 3.6 为创业驱动因素的 KMO 和 Bartlett 检验结果，其 KMO 值为 0.801，Bartlett 球形检验近似卡方值为 452.074，其显著性为 0.000，这表明各测量项间有共同因素存在，适合做因子分析。表 3.7 为创业驱动因素量表 EFA 旋转成分矩阵，因子分析结果形成了 6 个因子 18 个测度，且各题项的因子载荷值均大于 0.6，累计解释总变异量达到 78.572%，说明这 6 个因子能够较好地解释量表，与创业驱动因素量表的初始设计思路一致。

表 3.6　创业驱动因素的 KMO 和 Bartlett 检验结果

检测项		检测结果
KMO 度量		0.801
Bartlett 球形检验	近似卡方	452.074
	df	113
	sig.	0.000

表 3.7　创业驱动因素量表 EFA 旋转成分矩阵

主要因子	测度	因子1	因子2	因子3	因子4	因子5	因子6
自主需要	积累更多的财富	0.842					
	实现财富的自由支配	0.721					
	降低经济的约束性	0.774					
	支配工作时间的自由度		0.690				
	支配工作资源的自由度		0.763				
	参与工作决策的程度		0.813				
归属需要	获得创业身份的认同			0.819			
	获得社会公众的尊重			0.857			
	增强社会关注度和影响力			0.805			
	积累更多人际关系				0.870		
	掌控更多的创业资源				0.738		
	提升关系网的紧密度				0.822		
能力需要	追求挑战					0.865	
	期望获得个人成长					0.676	
	提升技能					0.749	
	发挥自身专长						0.768
	证明自身能力						0.891
	实现个人价值						0.864
总体特征值		2.612	2.307	2.109	2.717	2.048	2.761
解释变异量：78.572%		22.088%	11.975%	13.703%	10.945%	9.713%	10.148%

二、数据收集与样本分析

本节基于前文设计的调研问卷，进行问卷发放、问卷回收、数据录入等工作。为方便整理数据，在录入数据前，首先对问卷进行编码，进而以 SPSS 20.0 与 Amos 17.0 为分析工具讨论分析数据，具体主要包含描述性统计分析、信度和效度分析、相关性分析等。

（一）描述性统计分析

1. 样本的描述性统计分析

调研对象主要是南京、苏州、常州、无锡等地的创业园区，具体涉及新一代信息技术、高端设备制造、生物医药、节能与环保、新材料等产业。研究数据主要采用问卷调查方式获得，并借助南京市科委项目"南京市初创科技型企业创业政策的适配分析"，委托南京市科技信息研究所在各创业园区发放问卷，与此同时还采用问卷星、电子邮件等形式完成调研。共计发放问卷 772 份，回收 754 份，剔除所填答案均集中在同一数值（97 份）及极具规律性（54 份）的无效问卷后，最终获得有效问卷 603 份，有效问卷回收率为 78.11%。具体样本信息分布情况如表 3.8 所示。

表 3.8　样本描述性统计表

特征	具体类别	样本量/人	百分比
性别	男	417	69.15%
	女	186	30.85%
年龄/岁	18~24	43	7.13%
	25~34	271	44.95%
	35~44	186	30.84%
	45~54	79	13.10%
	55 及以上	24	3.98%
最高学历	大专及以下	39	6.47%
	本科	297	49.25%
	硕士	199	33.00%
	博士	68	11.28%
此前创业经历/次	0	147	24.38%
	1	381	63.18%
	1~3	63	10.45%
	3 及以上	12	1.99%
海外生活时间/年	0	439	72.80%
	0~3	87	14.43%
	3~5	26	4.31%
	5~10	34	5.64%
	10 及以上	17	2.82%
所在行业	新一代信息技术	260	43.12%
	高端装备制造	52	8.62%
	生物医药和医疗器械	31	5.14%
	新能源汽车	20	3.32%
	智能电网	19	3.15%
	新材料	57	9.45%
	节能与环保	46	7.63%
	其他	118	19.57%

资料来源：作者整理

由表 3.8 可知，调研问卷中样本的基本信息主要包括被调查者性别、年龄、最高学历、此前创业经历、海外生活时间、所在行业等基本信息。其中，男性占比 69.15%，女性占比仅 30.85%，男女差异较大。从年龄分布来看，25~34 岁的被调查者占比最高，达到 44.95%，35~44 岁次之，占比 30.84%，整体呈现出倒 "U" 形的分布趋势。从最高学历来看，被调查者中本科学历占比最多，达到了 49.25%，其次为硕士学历，占比 33.00%。从创业经历看，超过一半以上的创业者为初次创业者，具有一次创业经历的占比 63.18%。在海外生活经历中，72.80% 的被调查者并不具有海外生活的经历。从所属行业来看，新一代信息技术行业占比最高（43.12%），其次为其他行业（19.57%），而新能源汽车（3.32%）与智能电网行业（3.15%）则占比较少。

2. 变量的描述性统计分析

表 3.9 为问卷数据变量的描述性统计结果，涵盖了性别、年龄、最高学历、此前创业经历等基本描述性统计信息，以及经济自主需要、工作自主需要、社会认可需要、关系网络需要、能力提升需要、价值实现需要等主要变量的描述性统计结果，包括最小值、最大值、均值、标准差、中位数等统计值。

表 3.9　主要变量的描述性统计结果（N=603）

变量名称	均值	标准差	中位数	最小值	最大值
性别	1.31	0.450	1.00	1	2
年龄	2.42	0.857	2.00	1	5
最高学历	2.49	0.801	2.00	1	4
此前创业经历	1.51	0.713	1.00	1	4
经济自主需要	3.87	1.108	3.00	1	5
工作自主需要	3.41	0.872	4.00	1	5
社会认可需要	3.04	1.231	3.50	1	5
关系网络需要	3.35	0.922	3.00	1	5
能力提升需要	3.72	1.126	4.00	1	5
价值实现需要	3.50	1.114	4.00	1	5
创业行为	0.79	0.430	1.00	0	1

由表 3.9 可知，各变量的最小值、最大值、均值和标准差分布较为合理，符合本节设计。其中，经济自主需要、能力提升需要和价值实现需要的均值均在 3.5 及以上。这反映了我国企业家越来越注重经济自主和自我能力的价值实现，且具有较高的创业意愿，创业行为均值达到了 0.79。从整体统计结果来看，可以初步推测出我国从事创业活动的个体特征，即以年龄在 25~44 岁的男性创业者为主，

大多为本科学历，且具有一次以上创业经历。

（二）信度和效度分析

信度检验意在验证量表题项的稳定性及一致性，本文采用 SPSS 20.0，具体运用 Cronbach's α 系数对问卷的各题项进行信度检验。Cronbach's α 系数越大，表明变量各题项的相关性越强，内部一致性程度越高。若 Cronbach's α 大于 0.6，则说明信度可接受，大于 0.7 说明信度良好。首先，对所有样本数据进行总体信度分析，整体信度系数 Cronbach's α 达到 0.891，表明问卷总体呈现较高的信度水平。其次，对各变量进行信度分析，通过表 3.10 变量的信效度分析结果表可知，各变量的 Cronbach's α 系数均高于阈值 0.7，表明量表的信度水平较高。

表 3.10　变量的信效度分析结果表

变量名称		测项	因子载荷	p	t 值	Cronbach's α
自主需要	经济自主需要	积累更多的财富	0.759	***	31.231	0.843
		实现财富的自由支配	0.771	***	35.081	
		降低经济的约束性	0.853	***	31.817	
	工作自主需要	支配工作时间的自由度	0.818	***	39.727	0.811
		支配工作资源的自由度	0.765	***	33.764	
		参与工作决策的程度	0.614	***	29.441	
归属需要	社会认可需要	获得创业身份的认同	0.820	***	29.015	0.796
		获得社会公众的尊重	0.733	***	32.190	
		增强社会关注度和影响力	0.741	***	33.233	
	关系网络需要	积累更多人际关系	0.891	***	34.350	0.820
		掌控更多的资源	0.872	***	30.755	
		提升关系网的紧密度	0.801	***	36.566	
能力需要	能力提升需要	追求自我挑战	0.779	***	37.823	0.849
		期望获得个人成长	0.838	***	24.402	
		提升技能	0.874	***	30.127	
	价值实现需要	发挥自身专长	0.862	***	38.019	0.887
		证明自身能力	0.719	***	30.241	
		实现个人价值	0.865	***	28.794	

***代表1%的显著性水平

效度检验主要包括内容效度、收敛效度、结构效度。鉴于创业驱动因素量表主要借鉴了前人开发的成熟量表，因此量表具有较好的内容效度。针对收敛效度，由表 3.11 可知，主要研究变量的因子载荷基本都在 0.6 以上，且 6 个变量均通过了 t 检验，且在 1%水平上显著，这表明各变量间具有良好的收敛效度。针对结构效度，本节采用 Amos 17.0 软件，运用验证性因子分析（confirmatory factor analysis，CFA）对量表进行检验。在拟合分析指标中，自主需要、归属需要、能力需要的 χ^2/df 均低于参考值 5，且比较拟合指数（comparative fit index，CFI）、规范拟合指数（nermed fit index，NFI）等高于标准值 0.9；近似误差平方根（root mean square error of approximation，RMSEA）也低于标准值 0.08，这说明各变量与数据间的拟合效果较好，具有良好的结构效度。与此同时，本节比较了各变量的平均方差萃取量的平方根与变量的相关系数。具体而言，经济自主需要、工作自主需要、社会认可需要、关系网络需要、能力提升需要、价值实现需要的平均提取方差（average variance extracted，AVE）值的平方根大于与其他变量的相关系数值，说明各变量间具有较好的区分效度。

表 3.11 变量的验证性因子分析拟合指数表

分析指标	χ^2/df	RMSEA	GFI	NFI	IFI	CFI
经验值	<5	<0.08	>0.9	>0.9	>0.9	>0.9
自主需要	2.162	0.069	0.954	0.947	0.935	0.961
归属需要	1.527	0.073	0.962	0.929	0.973	0.924
能力需要	1.534	0.067	0.936	0.964	0.952	0.978

三、假设检验与结果讨论

本节将对上节所提出的研究假设进行实证检验，考虑到被解释变量二值离散分布的情况，本节采用 Logit 模型和 Probit 模型进行假设检验，探讨创业驱动因素对创业行为的影响机理。

（一）自主需要对创业行为的影响

在验证自主需要对创业行为的影响中，将经济自主需要、工作自主需要作为自变量，创业行为作为因变量；另外考虑到个体特质的差异可能会影响其创业行为的选择，因此在回归方程中加入控制变量：性别、年龄、最高学历，具体回归结果如表 3.12 所示。

表 3.12　　自主需要与创业行为的实证分析结果

变量	评定模型		概率单位模型	
	1a	1b	2a	2b
经济自主需要		0.591*** (3.208)		0.570*** (3.037)
工作自主需要		0.431*** (3.035)		0.417*** (2.988)
性别	0.041** (1.989)	0.021 (1.206)	0.037* (1.722)	0.030 (1.214)
年龄	0.072** (2.106)	0.013 (0.950)	0.046** (2.108)	0.029* (1.853)
年龄的平方	−0.249*** (−3.127)	−0.190** (−2.098)	−0.251*** (−3.435)	−0.117** (−2.156)
最高学历	0.091** (2.013)	0.015* (1.776)	0.018** (2.131)	0.124* (1.698)
最高学历的平方	−0.275** (−2.042)	−0.144** (−2.564)	−0.261** (−1.983)	−0.203** (−1.981)
伪 R^2	0.024	0.413	0.016	0.538
观测值	603	603	603	603

注：括号内为 t 检验值

*、**、***分别代表 10%、5%、1%的显著性水平

由表 3.12 可知，模型 1a、2a 为控制变量性别、年龄、最高学历对创业行为的回归结果；模型 1b、2b 为经济自主需要和工作自主需要对创业行为的回归分析结果。模型 1b、2b 的 Logit 和 Probit 回归分析结果均显示：经济自主需要、工作自主需要对创业行为的回归系数均为正值且均在 1%水平上显著，这说明经济自主需要和工作自主需要与创业行为间存在显著的正向作用关系，表明创业者的经济自主需要和工作自主需要会显著影响其创业行为。从作用系数来看，经济自主需要对创业行为的作用系数（β=0.591/0.570）高于工作自主需要（β=0.431/0.417），这说明经济自主需要越强的个体，越倾向于开展创业行为。这可能是由于社会竞争压力造成的贫富两极分化及经济约束情况日益凸显，个体对财富自由的诉求越来越强，故而经济自主需要极大地激发了个体的创业热情，刺激其创业意愿的产生，从而驱动其实施创业行为，假设 1a 成立。同时，工作自主性诉求也促使个体主动逃离就业所受到的束缚，选择自己做老板，转向自主性更强的创业，这说明在社会竞争愈加激励的环境下，个体对自主控制的诉求越来越强，他们往往会倾向于选择自由空间更广阔的创业者身份，而非就业者，假设 1b 获得支持。

（二）归属需要对创业行为的影响

在验证归属需要对创业行为的影响中，将社会认可需要、关系网络需要作为

自变量，创业行为作为因变量；同时考虑到个体差异可能会影响创业行为的选择，因此在回归方程中加入性别、年龄、最高学历作为控制变量，结果如表 3.13 所示。

表 3.13　归属需要与创业行为的实证分析结果

变量	评定模型		概率单位模型	
	1a	1b	2a	2b
社会认可需要		0.337** (2.211)		0.459** (2.360)
关系网络需要		0.025 (1.065)		0.009 (1.154)
性别	0.041** (1.989)	0.007 (1.239)	0.037* (1.722)	0.010 (1.236)
年龄	0.072** (2.106)	0.068* (1.815)	0.046** (2.108)	0.074* (1.798)
年龄的平方	−0.249*** (−3.127)	−0.123* (−1.692)	−0.251*** (−3.435)	−0.189 (−1.678)
最高学历	0.091** (2.013)	0.047** (1.989)	0.018** (2.131)	0.041** (2.036)
最高学历的平方	−0.275** (−2.042)	−0.195** (−1.987)	−0.261** (−1.983)	−0.217** (−2.011)
伪 R^2	0.024	0.328	0.016	0.379
观测值	603	603	603	603

注：括号内为 t 检验值

*、**、***分别代表 10%、5%、1%的显著性水平

回归结果显示，模型 1a、2a 为控制变量性别、年龄、最高学历对创业行为的回归结果；模型 1b、2b 为社会认可需要和关系网络需要对创业行为的回归分析结果。自变量社会认可需要和关系网络需要在加入模型后，模型 1b、2b 的 Logit 和 Probit 回归分析结果中伪 R^2 均变大，这意味着解释力获得显著增强。社会认可需要对创业行为具有显著正向影响（β=0.337/0.459，$p<0.05$）。这是因为社会认可需要能够激发个体的潜在创业技能，推动其发挥创业机会识别能力的优势，促进个体主动开发创业机会。假设 2a 成立。而关系网络需要对创业行为正相关，但不显著（β=0.025/0.009）。这可能是因为，一方面，现阶段我国处于经济快速发展阶段，个体倘若产生创业行为大多出于经济自主因素，而关系网络的影响目前可能未起到主要作用；另一方面，受"学而优则仕"理念的影响，以及受我国医疗、养老等社保体制职业声望的作用，我国国民倘若追求关系网络需求，大多会倾向于选择公务员、国企或科研院所等体制内的工作，以获得社会认可与赞誉。这一现况也导致了我国创新人才、创新载体等创新要素仍聚集于政府与科研院所等事业单位，而企业的创新主导作用仍待强化。假设 2b 不成立。

（三）能力需要对创业行为的影响

在验证能力需要对创业行为的影响中，将能力提升需要、价值实现需要作为自变量，创业行为作为因变量；同时在回归方程中加入性别、年龄、最高学历作为控制变量，具体回归结果如表 3.14 所示。

表 3.14　能力需要与创业行为的实证分析结果

变量	评定模型		概率单位模型	
	1a	1b	2a	2b
能力提升需要		0.420** （2.051）		0.572** （2.243）
价值实现需要		0.603*** （3.276）		0.525*** （3.011）
性别	0.041** （1.989）	0.015 （0.149）	0.037* （1.722）	0.008 （0.225）
年龄	0.2** （2.106）	0.115* （1.883）	0.046** （2.108）	0.124** （2.079）
年龄的平方	−0.249*** （−3.127）	−0.240** （−1.987）	−0.251*** （−3.435）	−0.197** （−2.223）
最高学历	0.091** （2.013）	0.066** （2.160）	0.018** （2.131）	0.141** （1.969）
最高学历的平方	−0.275** （−2.042）	−0.213** （−1.965）	−0.261** （−1.983）	−0.209** （−1.973）
伪 R^2	0.024	0.433	0.016	0.521
观测值	603	603	603	603

注：括号内为 t 检验值

*、**、***分别代表 10%、5%、1%的显著性水平

如表 3.14 的回归结果显示，模型 1a、2a 为控制变量性别、年龄、最高学历对创业行为的回归结果；模型 1b、2b 为能力提升需要和价值实现需要对创业行为的回归分析结果。自变量能力提升需要和价值实现需要在加入模型后，模型 1b、2b 的 Logit 和 Probit 回归分析结果中伪 R^2 变大，表明解释力获得显著增强。其中，能力提升需要对创业行为的回归系数为正值（β=0.420/0.572）且在 5%水平上显著。这说明能力提升需要能够促进个体挑战自我，并通过创业不断锻炼并提升自我能力，假设 3a 成立。价值实现需要对创业行为的回归系数较高（β=0.603/0.525），且显著性较强（p<0.01），这意味着价值实现需要能够提升个体对创业机会的感知，促进其积极挖掘创业机会，甚至从事风险程度较高的创业职业。假设 3b 获得支持。原因可能在于，调查对象中处于 24~44 岁年龄段的创业者较多，且大部分处于新一代信息技术行业，其自我实现的诉求较强烈，对开发新型软件或模式的愿望较高。

此外，控制变量的回归分析结果表明，男性是创新创业的主力军。原因在于，一方面，男性往往比女性更具有坚韧的企业家精神和活跃的创业思维，更容易实施创业行为；另一方面，本书所调研对象大多来自科技行业领域，主要以高科技技术创业为主，因而男性偏多。年龄与创业行为呈现显著正相关，而年龄的平方与创业行为呈现显著负相关。这说明年龄分布与创业行为呈现倒"U"形关系，即随着年龄的增加，创业行为概率呈现先增加后减少的趋势。这可能是因为，在24 岁以前，个体具备的创业能力及资源偏弱，因而其创业信心不足。但随着年龄的增长，个体的创业能力和资源优势逐渐显现，其创业倾向会增强。但在 44 岁之后，个体对风险的态度越来越敏感，且创业的机会成本也越来越高，故而倾向于规避创业风险。最高学历与创业行为也呈现出倒"U"形关系，即低学历者或高学历者选择创业的概率较小，而中等学历者则更愿意选择创业。这可能是因为低学历者缺乏专业技能，感知市场的敏锐度较低，以致其不能迅速发现商机，加之其缺乏必备的创业基础知识，致使其创业能力有限，或不敢采取创业行为。而随着其学历的提升，他们所拥有的创业关系网更加扩大，其专业知识技能获得显著提高，加之一部分群体工作多年，具备一定的创业资源，且更具经济头脑，也更易实施创业行为。但在获得硕士学历以后，这部分高学历群体在学术能力方面的投入更大，相对于就业来说，他们更愿意进入学术界、科研界等领域，以获取相对稳定的收入，故而其创业的概率较小。

第三节　本章小结

本章探寻了新兴产业企业家创业驱动因素的结构维度，解析了创业驱动机理的理论框架及概念模型，并以新兴产业企业家为研究对象进行实证分析。研究得出新兴产业企业家的创业行为受自主需要、归属需要、能力需要的驱动作用，即经济自主需要、工作自主需要、社会认可需要、能力提升需要和价值实现需要可以激发个体的创业信心，提升其创业动机，是个体实施创业行为的主要驱动因素。

第四章　新兴产业企业家创业决策机理的分析

本章通过理论分析、数理解析及实证分析，深入研讨新兴产业企业家选择创业或就业的创业决策机理，确定影响新兴产业企业家创业决策的关键变量，以指导我国新生新兴产业企业家的创业实践，并为我国创业政策的完善提供理论借鉴。

第一节　新兴产业企业家创业决策机理的理论分析

本节以效用最大化为研究视角，结合对创业能力、创业收入、工作自主性、创业机会和创业风险等效用因素的分析，提出了个体效用最大化的创业决策 MOSR[①]模型；进而解析了随着时间的演化，个体创业与否的决策机制。在此基础上，本节还进行了数理建模、仿真分析和实证分析。

一、新兴产业企业家创业决策机理的理论框架

由创业 MOS 模型（Lundstrom and Stevenson，2005）可知，创业者技能、创业机会和创业动机是影响行为人创业与否的核心因素。然而，创业 MOS 模型并没有深入探究个体创业动机生成的内生驱动力，也未考虑创业的风险因素。由前文分析可知，个体在创业决策时不仅会追求创业收入的最大化，而且希望工作更加自由，还希望工作的付出越少越好。因此，本书认为收入的增加、工作自主性的诉求，是激发个体创业动机形成的关键因素。与此同时，个体在创业时，具有

---

① M 代表动机（motivation）；O 代表机会（opportunity）；S 代表技能（skill）；R 代表风险（risk）。

风险规避特征，即期望在确保创业收益可实现的基础上，所承担的风险越低越好。鉴于期望效用是行为人决定创业与否的前提条件（Campbell，1992；Eisenhauer，1995），由此本书在创业 MOS 模型基础上提出创业 MOSR 模型，并结合期望效用理论认为，个体在职业选择时，将分析从创业收入、工作自主性、创业机会中获得的正效用；并且会权衡创业风险所引致的负效用，最终根据创业行为的预期总效用决策是否创业。

鉴于个体的创业能力影响其创业机会的识别、开发和利用，并且会影响其风险态度，以及创业风险的规避、承受和化解能力（黄永春和雷砺颖，2016）。同时，创业能力强的个体通常期望更高的收入水平，希望更高的工作自主性，并且工作效率较高，因而工作的付出程度在同等情况下也较少。与此同时，行为经济人总是希望以尽可能少的付出，获得最大限度的收获，即追求自身效用的最大化。由此，本节以能力动态积累为切入点，构建行为经济学视角下个体效用最大化的创业决策 MOSR 模型，四大关键因素传导机制如图 4.1 所示。

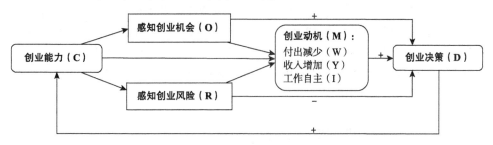

图 4.1　行为经济视角下个体效用最大化的创业决策机理

由图 4.1 可知，创业收入、工作自主性、创业机会对个体的创业决策具有正向激发作用。但鉴于个体具有惰性和风险规避的特征，因而感知创业风险对个体创业决策具有抑制作用。与此同时，个体基于能力积累（S），通常希望拥有更多的感知创业机会（O），感知创业风险（R），从而产生更多的创业动机（M）。因此，本节提出命题 1。

命题 1：个体根据效用最大化原则选择是否创业，即希望获得更多的创业机会，规避创业风险；期望获得更多的创业收入，谋取更多的工作自主性。此外，创业能力会影响创业者创业机会的感知和创业风险的承受，并且会影响创业者的创业收入和工作自主性。

二、新兴产业企业家创业决策机理的影响因素分析

前人研究表明，年龄影响个体自主创业的决策，然而现有研究关于年龄

对个体创业决策的影响尚未形成共识。一些学者认为，年龄和创业之间存在显著的正相关关系（Quinn，1980），即随着年龄的增长，个体创业的倾向逐渐增大，直到其退休。这可能是由于随着年龄的增长，个体的创业能力逐渐得以积累，从而激发了个体的创业动机和倾向；也有学者认为行为主体的创业倾向随着年龄的增长呈现先递增后平稳的关系，直到其退休（Evans and Leighton，1989）。这可能是由于个体进入中年以后，创业动力降低，倾向于追求稳定的生活（Borjas，1987）。本节认为，个体创业的概率与倾向随年龄的递增呈现倒"U"形关系。这是由于随着年龄的增长，尽管个体的创业能力呈现递增趋势，但当年龄超过一定阈值后，此时行为主体可能会萌发预防聚焦调节机制，即将期望的目标状态表征为责任和安全，在追求行为目标过程中更关注有没有消极负向的结果，因而厌恶工作的过多付出，倾向于风险规避，由此创业积极性锐减。

当个体的年龄过小或者过大时，个体无能力或者无精力和动力开展创业行为。因此，本节参考 GEM 的调查数据，结合我国成年人和退休的年龄划分基准，将适宜创业的年龄范围界定在 18~64 岁。基于此，本节进一步研讨随着时间推移，个体收入、工作自主性、创业机会、创业风险等效用因素的变化规律；探究随着个体能力的积累，个体对上述效用因素的重视程度，进而深入研究上述效用因素对个体创业决策的影响机制。

（一）自主的动机和收入的期望

由马斯诺的需求层次理论可知，个体有实现理想与抱负，以及自主处事，不受约束的诉求。自主指自己做主，不受别人支配，是行为主体按自己意愿处事的特性，是个人素质的基本内核，体现为自身特性与社会特性（马衍明，2009）。其中自身特性包括主体性、主动性、独创性等，社会特性包括自我控制、自律性、责任感等。在行为主体自主性的演化过程中，这些特性都融入其态度和行为之中。通常，个体在工作中期望能根据自己的意志完成相应的工作，包括自主决定工作方式、工作流程、工作时间及付出多少努力等。当然，自主不仅是一种权利诉求，更是一种能力体现，即只有个体的能力积累到能有效支配工作时才能实现真正的工作自主。随着个体能力和收入水平的提升，个体越发希望能在不影响收入的情形下自主决定工作和休息时间；并且会越趋追求工作自主性，即不希望听命于人，而希望带领自己的创业团队，实现自己的创业梦想。

与就业者相比，创业者的自主性更高。就业者受制于工作时间的约束和上司领导的制衡，自主性较低，很难自由表达意志，也很难自主决策，呈现被动性特征。然而，创业需要自主探索、自主选择、自主创造，具有更高的自主性和能动性特征，能够帮助行为人实现自我。鉴于此，受制于官僚体制的约束，我国官员辞职创业的现象层出不穷。例如，我国第二次创业的高潮是 1990~1996 年，以国家公务人员离职创业为主。在此期间，公务人员的薪酬相对较低，部分公务员受政策引导等原因，期望凭借自己的能力自主创造财富。随着创业政策的出台和社保体制的完善，加之十八大后的政府管制越趋严格，部分公务人员出于追求自主而下海创业。

随着行为主体年龄和收入的增长，行为人越发希望实现理想和抱负，期望最大程度地发挥个人能力，完成与自己能力相称的事情。与此同时，随着个体年龄的增长，个体也逐渐相信自己的能力可以自主地决策（Fuchs，1982），而不是频繁地求助于他人。虽然有些人在决策时可能听取他人意见，但人们通常有自主决策的偏好。也就是说，人必须干称职的工作，这样才会使自己感受到最大的快乐。另外，随着年龄的增长，个体的能力也逐渐得以积累，因而个体对自主性的偏好也会变得更强，即追求更多的自主决策权。

假设 1：收入的期望是驱动个体创业的关键驱动力，并且与就业相比，创业的自主性和能动性更高，另外，随着年龄的增长和能力的积累，个体越发追求自主性，以获得更多的自主决策权，从而实现自我。

（二）机会的期望

机会指引入新产品、新服务、新原材料、新组织方式，以及发现新市场的可能性（Eckhardt and Shane，2003），其产生于行为主体的机会感知与开发能力。尽管外部环境会影响机会，但是机会最终取决于行为主体的创造性想象及社会化技能等内生能力（斯晓夫等，2016；Sarason et al.，2006；Suddaby et al.，2015）。事实也证明，创业机会的开发源于创业者及其创业团队的机会开发能力。例如，阿里巴巴发起的"双十一"购物节，京东策划的"6·18"购物节。通常，有利的机会有助于行为主体谋取创业资源，促进个体的创业实践，增加个体的创业收入。并且，无论个体处于就业状态还是创业状态，总是期望拥有更多的机会。尤其对资源缺乏的新创企业而言，机会的开发与运用是企业能否实现持续成长和营利的关键（Moliterno and Mahony，2011）。

与就业者相比，创业者拥有更多的自主性，因而也拥有更多的机会，诸如增加收入的机会、自我实现的机会等。例如，1997 年，李彦宏从美国硅谷 Infoseek 公司辞职回国创业，第一次到深圳时，身上仅剩 10 元。然而，凭借"超链分析"技术的创新创业，李彦宏不仅跃居中国前 10 富豪，而且引领了搜索引擎技术的发展，并且当选第十二届全国政协委员，兼任第十一届中华全国工商业联合会副主席等职务，获聘国家特聘专家。再如，1995 年 3 月，马云从杭州电子工业学院辞职，经过 20 年的创业发展，不仅担任阿里巴巴集团董事局主席，跃居中国第二富豪，而且当选全球互联网治理联盟理事会联合主席，出任英国首相的特别经济事务顾问。当然，上述机会的把握主要取决于个体的机会识别与运用能力。

机会的产生是识别和创造相互融合的过程。Timmons 模型也告诉我们，在激烈的市场竞争中，如果创业者能够在短的间内重新拼凑资源、把握新机会，就会推动新创企业的成长。随着个体年龄的增长，个体的能力逐渐积累、提升，心智模式也越趋成熟，而且可以积累更多的社会资本（黄永春和雷砺颖，2017），故而其创业机会的识别、分析和利用能力也会逐渐提升。例如，马云最初的创业并非一帆风顺，其在经历了"中国黄页"等创业实践后，凝聚了创业团队、集聚了创业资本、积累了创业能力，从而成功创立了阿里巴巴。随着创业能力的提升，创业资源的集聚，马云领导阿里巴巴先后推出了 C2C（customer to customer）模式的淘宝网、B2C（business to customer）模式的天猫商城等新型电子商务平台。

假设 2：机会可以驱动行为人由就业者转型为创业者，并且在创业过程中，创业者总是希望拥有更多的创业机会。此外，随着个体年龄的增长和创业能力的提升，行为人会拥有更多的创业机会，并且能更好地开发和利用创业机会。

（三）能力的期望

能力指有助于行为人效率提升而拥有的所有技能，包括机会识别、开发和利用能力，以及风险识别、规避和化解等能力。根据资源基础观，资源组织能力是创业者寻求机会、创造价值和实现创业租金的核心要素。有能力的行为人能产生更高的利润曲线，能够提高收入。这是因为，能力越高的个体越善于识别创业机会、化解创业风险，越能高效的领导创业团队，从而增加创业收入。首先，能力有利于个体发挥机会优势，以创新的整合方式创造租金。例如，我国学者李涛等（2017）通过对中国创业者的实证研究发现，个体的数学能力对其创业决策具有显著且稳健的积极影响。这可能是因为数学能力等计算能力有助于个体合理地评判创业机会，正确地评价创业风险，从而驱动个体因逐利动机而创业。其次，能力是企业克服新创劣势并构建新创优势的基础，能推动企业的协同创新，帮助企业开发新产品，并推进新兴成果的商业化。例如，李彦宏拥有搜索引擎的核心技术，并且立志于技术变革，从而领导百度不断研发前沿技术并实现了技术突破。最后，具有较高能力的创业者能吸引更多的外部合作者，赢得更多的政策支持，从而能撬动更多的创业资源。

与就业人员相比，创业者需要具有较高的创业能力，且其能力呈现多元化特征。鉴于此，创业者的收入通常也比就业者多。首先，个体拥有独特的能力才具有权威引领性和个人魅力，才具有较高的认知灵活性，也才能胜任创业实践。通常，成功的创业者在专业技能、构建社交网络、赢得政策支持等方面表现出异质性特征。其次，创业者需要具有广博的知识、多元化的技能，即不仅要能紧跟技术前沿，而且要能正确把握市场需求的走势，并有效地平衡先进技术变革与前瞻市场需求的内在关系，才能使企业创新资源得以合理配置。正如Lazear（2005）所述，企业家需要具有一定的"全能效应"，即尽管创业者不参与企业的所有工作，但至少对相关领域要有足够的了解，这样才能有效地管理创业团队，才能推进企业的协同创新。例如，在创办腾讯计算机系统有限公司（以下简称腾讯）之前，马化腾曾在中国电信的供应商深圳润迅通信公司主管互联网传呼系统的研发工作，积累了10多年的工作经验。由上分析可知，拥有高创业技能，并且渴望高收入的行为人更倾向于选择创业，同时也能够凭借高创业技能谋取较高的创业收入。

随着年龄的增长，个体不仅可以通过交流学习等方式获得外部知识，而且能通过干中学、用中学积累更多的知识，这将提升个体的创业能力。此外，随着年龄的增长，个体也能积累更多的社会资本，从而可以整合更多的社会资源（黄永春等，2014a），这将有利于行为人的创业实践，从而能增加其创业收入。例如，1997年底，马云担任中国电子商务中心总经理，在此工作实践历练过程中，马云形成了创立B2B（business to business）网站的想法，并于1999年南归杭州创立了阿里巴巴。根据胡润的中国富豪榜，2016年马云以2000亿元位居第二名。由此可知，随着年龄的增长，行为人的能力逐渐得以提升，与此同时，行为人的收入也逐渐增加。但是，由于边际效应递减规律的存在，行为人视收入的重要性会逐渐降低，其会更关注非物质需求，诸如希望付出更少的工作努力，并且会追求更多的工作自主性和生活闲适度。因此，本节提出假设3。

假设3：只有当预期创业收入高于就业收入时，行为人才可能寻求创业，并且，随着行为人创业能力的积累，个体的创业收入会逐渐增加。然而，随着年龄的增加和收入的递增，行为人会更加关注工作自主性、生活闲适度等非物质需求。

（四）风险的规避

人们的偏好具有风险厌恶的基本特征（Rabin，2000），是人们的心理直觉。

尽管部分个体可能具有风险偏好和风险中性的特征，但是在收益处于既定状态时，大部分个体都是风险厌恶者，即倾向于降低风险和不确定性。卡尼曼和特韦斯基的"确定效应"理论也表明，大多数个体在收益处于既定状态时，往往会小心翼翼、厌恶风险、喜欢见好就收，害怕失去已有的机会。创业风险指由于创业环境的不确定性、创业机会的复杂性，以及创业者与创业团队的认知有限性，而导致创业活动偏离预期目标的可能性和后果。个体在实施创业活动时，无法回避创业风险。通常，如果个体预期风险会增加，则会减少风险投资行为，即风险的增加对行为主体的创业行为具有抑制效应。

与就业相比，尽管创业可能获得更高的收入，但创业者面临的风险也较高（Duchesneau and Gartner，1990）。因为行为主体在创业过程中不仅会面临政治、技术、经济、社会等宏观环境的影响，而且会面临消费者偏好、现有竞争对手、潜在竞争对手等行业竞争环境的影响。例如，百度因"魏则西事件"陷入竞价排名的困局。再如，淘宝因假货泛滥而备受指责，并且至今仍未彻底解决该问题。与此同时，创业需要投入一定的创业成本，包括货币成本、时间成本和精力成本等，而就业可以获得相对稳定的报酬。因而，创业者面临的风险和不确定性较高，这也加剧了创业者的风险规避倾向。

年轻人强调成功和自我实现，具有较高的创新活力和动力，拥有挑战和战胜风险的勇气和信心，倾向于将所处情境认为是一种收益，因而会尝试高风险的行为（Miller，1984）。但是随着年龄的递增，行为主体的体力和精力呈下降趋势，创新动力和积极性也会降低，由此会越发呈现出风险规避的倾向，即倾向于将所处情境认为是一种损失，会避免失败。因而会追求"责任自我"，即减少创业投资、防范创业失败、规避创业风险。由此可知，风险规避程度与个体的年龄正相关（Pålsson，1996），即随着年龄递增，个体越发厌恶风险，创业趋势呈现递减现象。例如，GEM 2016 年的报告显示，我国 25~34 岁年龄段的创业者比例为 17.7%，35~44 岁的比例为 16.3%，45~54 岁的比例为 12.6%，55~64 岁的比例为 5.8%。

假设 4：与就业相比，创业的不确定性和风险较高，并且在收入既定情形下，行为主体通常呈现出规避风险的倾向。此外，随着个体年龄的增长，行为主体会越发规避风险。

第二节　新兴产业企业家创业决策机理的数理解析

基于上述理论分析和研究假设，本节构建数理模型，探寻行为主体创业的前提条件，进而根据个体是否创业及创业时机的选择，将行为主体划分为终身就业者、天生创业者、就业转创业者、创业转就业者，以及间歇性创业者。

一、新兴产业企业家创业决策机理的模型构建

在任何时间点，个体根据效用最大化原则，决定是创业还是就业。由上文分析可知，个体创业的总效用由收入、工作自主性和感知机会等因素的正效用，减去风险因素的负效用构成。并且，每个因素的效用等于效用权重乘以该效用因素。

（一）参数设置

t 代表年龄，s_t 代表个体在年龄 t 时的能力。随着个体年龄的增长，能力以递减的速度增长，即 $s_t = s_0 + s(1 - e^{-t})$，其中 s_0 代表初始能力；s 代表随着时间演化，个体能力所能实现的最大增量。随着时间推移，创业者可以不断地学习和实践，从而能提升自己的创业能力。鉴于学习曲线通常是指数函数，因此本节用指数形式代表个体能力的变化。

m 代表自主性的正效用权重，随着个体年龄的增长以递减的速度增长，并且随着个体能力的积累而增加（由假设 1 可知），因为能力越强的个体越追求自主性和能动性，即 $m = m(t, s_t) = \gamma_m(1 - e^{-t}) + \delta_m s_t$，且 $(\partial m)/(\partial t) > 0$，$(\partial^2 m)/(\partial^2 t) < 0$；$(\partial m)/(\partial s_t) > 0$，$(\partial^2 m)/(\partial^2 s_t) = 0$。其中，$\gamma_m$ 代表随着年龄增长，自主性效用因素权重的最大值；δ_m 代表自主性动机随着能力增加的边际效用权重。与就业相比，创业的自主性更高，即 $M(W) < M(E)$。

o 代表机会的正效用权重，随着个体年龄的增长以递减的速度增长，并且随着个体能力的积累而增长（由假设 2 可知），即 $o = o(t, s_t) = \gamma_o(1 - e^{-t}) + \delta_o s_t$，且 $(\partial o)/(\partial t) > 0$，$(\partial^2 o)/(\partial^2 t) < 0$；$(\partial o)/(\partial s_t) > 0$，$(\partial^2 o)/(\partial^2 s_t) = 0$。其中，$\gamma_o$ 代表随着个体年龄的增长，机会因素正效用权重的最大值；δ_o 代表机会随着个体能力增长的边际效用权重。与工作相比，创业需要更多的机会，也会面对更多的机会，因此，$O(W) < O(E)$。

y 代表收入的正效用权重，随年龄的增长以递增的速度减少（由假设 3 可知）。即 $y = y(t)$，且 $(\partial y)/(\partial t) < 0$，$(\partial^2 y)/(\partial^2 t) > 0$。因此，选择函数 $y(t) = \gamma_y e^{-t}$ 代表收入的效用权重，其中，γ_y 代表收入的初始效用权重。

j_t 代表个体在年龄 t 时的工作选择，$j_t \in [W=$就业，$E=$创业]。个体的能力和工作选择决定收入（由假设 3 可知），因此，收入是能力与工作选择的函数，即

$Y(s_t, j_t) = s_t \beta(j_t)$ ，并且 $(\partial Y)/(\partial s_t) > 0$ ， $Y(s_t, W) < Y(s, E)$ 。 $\beta(j_t)$ 代表个体在选定职业后，能力的增加引致的边际收入的增加。

r 代表风险的负效用权重，随着个体年龄的增长以递减的速度增加，但随着个体能力的积累而减小（由假设 4 可知），即 $r = r(t, s_t) = \gamma_r(1 - e^t) + (A_r - \delta_r s_t)$ ，且 $(\partial r)/(\partial t) > 0$ ， $(\partial^2 r)/(\partial^2 t) < 0$ ； $(\partial r)/(\partial s_t) < 0$ ， $(\partial^2 r)/(\partial^2 s_t) = 0$ 。 γ_r 代表随着年龄增长，风险因素负效用权重的最大值； A_r 代表风险因素的初始负效用权重； δ_r 代表随着个体能力的积累，风险因素负效用权重的边际减少幅度。与就业相比，创业的风险较大，即 $R(W) < R(E)$ 。

（二）创业的条件分析

根据行为经济人假设，行为主体根据效用最大化原则决定是创业还是就业。在 t 时，工作 j_t 的总效用为

$$U_t(j_t) = y(t)Y(s_t, j_t) + m(t, s_t)M(j_t) + o(t, s_t)O(j_t) - r(t, s_t)R(j_t) \quad (4.1)$$

其中， $y(t)$ 、 $m(t, s_t)$ 、 $o(t, s_t)$ 、 $r(t, s_t)$ 依次代表收入（能力决定收入）、自主动机、机会和风险因素的效用权重； $Y(s_t, j_t)$ 代表个体收入的正效用绝对值； $M(j_t)$ 代表个体自主性的正效用绝对值； $O(j_t)$ 代表个体所面对的机会的正效用绝对值； $R(j_t)$ 代表个体所面对的风险的负效用绝对值。

由式（4.1）可以得到，个体选择就业的总效用为

$$U_t(W) = \gamma_y e^{-t} s_t \beta(W) + [\gamma_m(1 - e^{-t}) + \delta_m s_t]M(W) + [\gamma_o(1 - e^{-t}) + \delta_o s_t] \times o(W)$$
$$- [\gamma_r(1 - e^{-t}) + (A_r - \delta_r s_t)]R(W) \quad (4.2)$$

由式（4.2）可以得到，个体选择创业的总效用为

$$U_t(E) = \gamma_y e^{-t} s_t \beta(E) + [\gamma_m(1 - e^{-t}) + \delta_m s_t]M(E) + [\gamma_o(1 - e^{-t}) + \delta_o s_t] \times o(E)$$
$$- [\gamma_r(1 - e^{-t}) + (A_r - \delta_r s_t)]R(E) \quad (4.3)$$

当 $U_t(E) > U_t(W)$ 时，即 $\Delta U = U_t(E) - U_t(W) > 0$ ，创业总效用大于就业的总效用，此时行为主体才会选择创业：

$$\Delta U = -\gamma_y s(e^{-t})^2 \Delta\beta + [-\gamma_y(s_0 + s)\Delta\beta + (\gamma_r - \delta_r s)\Delta R - (\gamma_m + \delta_m s)\Delta M$$
$$- (\gamma_o + \delta_O s)\Delta O]e^{-t} + \{-[\gamma_r + A_r - \delta_r(s_0 + s)]\Delta R \quad (4.4)$$
$$+ [\gamma_m + \delta_m(s_0 + s)] \times \Delta M + [\gamma_o + \delta_O(s_0 + s)]\Delta O\}$$

其中， $\Delta\beta = \beta(E) - \beta(W) > 0$ ， $\Delta R = R(E) - R(W) > 0$ ， $\Delta M = M(E) - M(W) > 0$ ， $\Delta O = O(E) - O(W) > 0$ 。令

$$a = -\gamma_y s\Delta\beta$$
$$b = -\gamma_y(s_0 + s)\Delta\beta + (\gamma_r - \delta_r s)\Delta R - (\gamma_m + \delta_m s)\Delta M - (\gamma_o + \delta_o s)\Delta O$$

$$c = -[\gamma_r + A_r - \delta_r(s_0 + s)]\Delta R + [\gamma_m + \delta_m(s_0 + s)]\Delta M + [\gamma_o + \delta_o(s_0 + s)]\Delta O$$

简化式（4.4），从而可以得到

$$\Delta U(e^{-t}) = U_t(E) - U_t(W) = a(e^{-t})^2 + be^{-t} + c \qquad （4.5）$$

只要 $\Delta U(e^{-t}) \geqslant 0$，行为主体就会从就业转为创业，否则将选择就业。由式（4.5）可知，$\Delta U(e^{-t})$ 是关于 e^{-t} 的开口向下的抛物线。只有当该抛物线穿过横轴时，个体才会选择创业。因此，本节进一步结合 $\Delta U(e^{-t})$ 的变化特征，研讨行为主体在就业与创业之间的职业选择。

二、新兴产业企业家创业决策机理的模型解析

由式（4.5）可以推导出关于 e^{-t} 的二次函数 $\Delta U(e^{-t})$ 的两个根，分别为 $r_1 = (-b + \sqrt{b^2 - 4ac})/2a$，$r_2 = (-b - \sqrt{b^2 - 4ac})/2a$。其中，$a$、$b$、$c$ 代表式（4.5）函数的系数。$a + b + c$ 代表个体职业生涯的初始效用，即 $t = 0$，$e^{-t} = 1$。当 $b^2 - 4ac \geqslant 0$ 时，可以求解出两个关键的时间节点，即 $t^* = \ln(1/r_1)$，$t^{**} = \ln(1/r_2)$。

只要有一个根 t^* 或 t^{**} 大于零，行为主体就会选择创业。因此，进一步根据 t^* 和 t^{**} 在横轴的分布情况，研讨个体在就业与创业中的最佳选择。由于函数 e^{-t} 的值随着 t 减少而增加，因此，图示需从右向左读取，即从 $t = 0$（对应 e^{-t} 等于 1）向着 $t = +\infty$（对应 e^{-t} 等于 0）读取。

（一）终身就业者

当 $c = 0$，$b = 0$ 时（图 4.2），式（4.5）的唯一根 $r = 0$，即 $t = +\infty$；当 $c = 0$，$b \leqslant 0$ 时（图 4.3），式（4.5）的一个根 $r = 0$，即 $t = +\infty$；而另一根为负值。在上述两种情形下，个体选择创业并不能实现效用的最大化，因此，在其有生之年不会从事创业，即其为终身就业者。这可能是由于年龄增加所带来的风险规避效应和工作付出程度的负效用，等于或大于年龄增加所带来的自主性和创业机会的正效用。因此，直至他们的职业生涯结束，选择创业并不能带来显著的正效用，并且选择创业还可能会带来转换成本和创业风险等负效用。因此，该类个体在其职业生涯坚持就业才能实现效用的最大化。2016 年 GEM 报告的成人调查数据库（adult population survey，APS）数据显示，我国 25~34 岁的创业者比例为 17.7%，并且随着年龄的递增该比例呈现递减趋势，即 35~44 岁的创业者比例为 16.3%，45~54 岁的创业者比例为 12.6%，55~64 岁的创业者比例为 5.8%。由此可知，现实生活

中的大多数个体属于该类型。

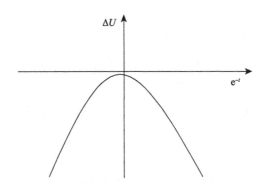

图 4.2 终身就业者的边际效用曲线（当 $c=0$，$b=0$ 时）

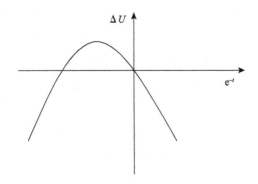

图 4.3 终身就业者的边际效用曲线（当 $c=0$，$b\leqslant 0$ 时）

（二）天生创业者

当 $-a\leqslant b$，且 $c=0$ 时，式（4.5）两个根中的一个根为零（$r_1=0$），另一个根大于或等于 1（$r_2\geqslant 1$），如图 4.4 所示。当 $t=0$ 时，并且直至 $t=+\infty$，$\Delta U(e^{-t})\geqslant 0$。在此情形下，个体将始终选择创业。这可能是由于选择创业所带来的正效用始终大于或等于其负效用，并且选择创业的边际总效用永远为非负效用，即年龄增长产生的收入增长效应、工作自主效应和机会增加效应一直超过创业风险和工作付出程度的负效应。由此，该类群体在其职业生涯将一直选择创业以谋取效用的最大化，即天生创业者。当前，"80 后""90 后"生活于新时代，教育程度高、性格独立、勇于冒险、更容易接受新事物，是天生的"创一代"。例如，王思聪从英国伦敦大学学院毕业回国后，其父亲王健林出资 5 亿元助其成立了PE（private equity）基金普思投资，由其投资并积累经验，目前其已投资了环球数码、云游控股和九好集团等企业。

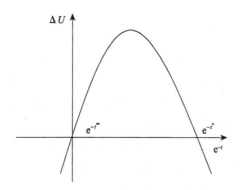

图 4.4　天生创业者的边际效用曲线

（三）就业转创业者

当 $0 < b < -a$ ，且 $c = 0$ 时。式（4.5）两个根中的一个根（$r_2 = 0$）为零，另一个根小于 1（$r_1 \leqslant 1$），如图 4.5 所示。该类个体在职业生涯的最初期，即 $t = 0$ ，$e^{-t} = 1$ 时，此时 $\Delta U(e^{-t}) < 0$ ，故而其在职业生涯的早期应选择就业。但随着时间推移，年龄的增大，个体选择创业的正效用逐渐凸显；这可能是由于随着年龄的增长，能力提升所带来的收入增加、自主性提升、机会增加的正效用超过创业风险和工作付出程度的负效用。直至转折时间点 t^* 时刻，即 $\ln(1/r_1)$ 时，$\Delta U(e^{-t}) = 0$ 。此后，个体开始放弃就业，并选择创业。例如，1987 年，任正非因工作不顺利，转而集资 2.1 万元人民币辞职创立华为技术有限公司（以下简称华为），并不断推进创新创业，从而推动华为成长为享誉全球的高科技企业。再如，1988 年毕业于杭州师范学院外语系的马云，同年担任杭州电子工业学院教师，但其善于识别和开发创业机会，并且坚持自己的创业梦想，因而于 1995 年辞职创业，并推动了中国互联网的蓬勃发展。

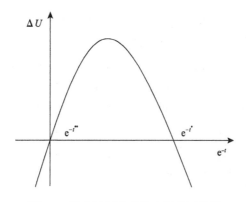

图 4.5　就业转创业者的边际效用曲线

（四）创业转就业者

如果 $c<0$ 并且 $-a \leqslant b$。此时式（4.5）有一个根（t^*）大于 1，有一个根（t^{**}）在 [0，1]，如图 4.6 所示。这说明个体初始的创业效用大于就业效用（即 $a+b+c>0$），故而个体在其职业生涯的最初期会选择创业。但随着时间推移，年龄递增，其创业的边际效用呈现递减的现象，以致创业的正效用逐渐减少，并且在 $t^{**}=\ln(1/r_2)$ 时刻等于创业的负效用。此时，个体将放弃创业，转而就业。这是因为创业不仅要有坚强的信念、顽强的毅力和强健的体魄，而且要善于把握机会、整合资源，还需要足够的风险承受能力。部分创业者不胜于此，故而在经历创业失败后会转而就业。尤其在创业初期，新生创业者缺乏资源和声誉，受内部资源和外部合法性的双重制约，面临新创劣势。

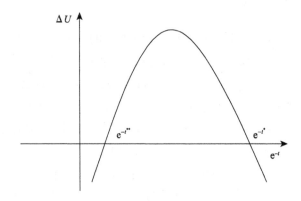

图 4.6　创业转就业者的边际效用曲线

（五）间歇性创业者

如果 $c<0$，并且 $b \leqslant -2a$。此时式（4.5）的两个根都在 [0，1]，如图 4.7 所示。这说明在 $t=0$ 时，$\Delta U(e^{-t})<0$，即此时个体创业的总效用小于就业的总效用，即 $a+b+c<0$，因此个体将选择就业。但随着时间的推演，创业的正效用呈现先递增后递减的现象，以致最终的创业总效用小于就业的总效用，即 $c<0$，如图 4.7 所示。因此，个体在（t^*，t^{**}）期间选择创业可以实现总效用的最大化，而在 $t^*=\ln(1/r_1)$ 之前，以及 $t^{**}=\ln(1/r_2)$ 之后，选择就业可以实现总效用的最大化。这可能是由于随着年龄递增，个体能力提升产生的正效应呈现先递增后递减的现象，以致创业的总效用最终小于就业的总效用。

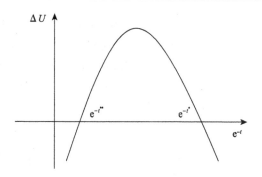

图 4.7　间歇性创业者的边际效用曲线

上述间歇性创业现象，从全球创业人员在各年龄段的分布比例可以得到佐证。例如，2016 年 GEM 报告的 APS 数据显示，无论是要素驱动型国家，还是投资驱动型国家或者是创新驱动型国家，他们在 18~24 岁、25~34 岁、35~44 岁、45~54 岁、55~64 岁五个年龄段的创业者比例均呈现先增加后减少的倒 "U" 形趋势，如图 4.8 所示。

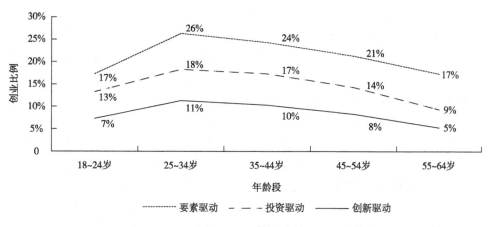

图 4.8　三类经济体五个年龄段的创业比例趋势图

三、新兴产业企业家创业决策机理的敏感性分析和仿真分析

鉴于就业转创业者的现象在现实生活中比较普遍，也是当前我国"双创"政策的目标，因此，本节进一步对该类创业者的行为特征进行敏感性分析和仿真分析。

（一）敏感性分析

当 $0 < b < -a$，且 $c = 0$ 时，式（4.5）两个根中的一个根（$r_2 = 0$）为零，另一个

根小于 1（$r_1 \leqslant 1$）。在此情形下，该类个体属于就业转创业者的类型。在经济发展相对滞后的国家，社会保障体系欠完善，个体的经济选择自由度相对较小，因此很多个体出于增加收入、脱离贫困、实现经济自主的目的而创业（郑馨等，2017）。我国目前仍然是发展中国家，收入仍然是驱动大多数行为主体从事创业实践的关键因素之一。因此，本节将 r_1 对 γ_y 求导数，探究初始收入权重对该类群体创业时机选择的影响。

$$\frac{\partial r_1}{\partial \gamma_y} = \frac{\partial r_1}{\partial a}\frac{\partial a}{\partial \gamma_y} + \frac{\partial r_1}{\partial b}\frac{\partial b}{\partial \gamma_y} = \frac{\Delta \beta}{b}\left[a\frac{b}{a} + (a_0 + a)\right] \times \left(-\frac{b}{a}\right) \qquad (4.6)$$

当 $\left[a\dfrac{b}{a} + (a_0 + a)\right] \times \left(-\dfrac{b}{a}\right) = \left[a\dfrac{b}{a} + (a_0 + a)\right] \times r_1 > 0$ 时，即当 $r_1 > \dfrac{ab}{-a(a_0 + a)}$ 时，

$\dfrac{\partial r_1}{\partial \gamma_y} > 0$，由于 $r_1 = -\dfrac{b}{a} > \dfrac{ab}{-a(a_0 + a)}$，因此式（4.6）肯定大于零。

由此可知，随着 γ_y 的增加，r_1 将增加，此时 $t^* = \ln(1/r_1)$ 将减小，因此个体会较早地从事创业行为，即当收入的初始权重上升时，个体会较早地由就业状态转为创业状态。这是因为收入（γ_y）初始效用权重的增加降低了创业的初始负效用，降低了年龄增长而引发的边际负效用，增加了创业收入的初始效用。这可能是由于大多数个体更关注创业所带来的高收入，并且受高收入的期望驱动而创业，这也可以解释为什么发展中国家的生存型创业模式较多。例如，中国生存型驱动模式的比例为34.7%，南非为33.2%，巴西为42%，而美国仅为14.3%。此外，深入研究还发现，个体创业能力的提升，即 a_0 和 a 的增加也会促使个体较早地由就业转型为创业型。这是因为能力的提升不仅可以增加创业机会、创业收入等因素的正效用，而且能减少工作付出程度、风险感知等因素的负效用，还能减少个体随年龄增长而引致的负效用。

同样，将 r_1 对其他参数求导，可以得到如下结论：①δ_w、δ_o、δ_r、δ_i、γ_o、γ_r、ΔO、ΔI 的增加都会增加创业的边际正效用，并且会减少创业的最终负效用，从而驱动个体较早的选择创业，即缩短就业生涯。②工作付出程度（γ_w）、风险（γ_r）的最终负效用的增加，会降低创业的边际正效用，增加创业的最终负效用，从而诱发个体推迟创业行为。③工作付出程度（A_w）和创业风险（A_r）初始效用权重的增加，会降低个体的创业意愿和倾向，抑制个体的创业动机，从而会滞缓个体创业时间的选择。

（二）仿真分析

在就业转创业情形下，$c = 0$ 由此可知

$$\Delta U(e^{-t}) = U_t(SE) - U_t(E) = a(e^{-t})^2 + be^{-t} \quad (4.7)$$

其中，系数$-a$（a总为负值）反映个体在选择创业的情形下，创业收入的增加而带来的正效用，并且该正效用是伴随着年龄增长及能力的积累而实现的。基于式（4.7），本节借助 Matlab 2014 软件，仿真分析系数 a 的变化对个体创业年龄的影响。图 4.9 的仿真结果显示，随着系数 a 的增加，个体创业年龄呈现提前趋势，即创业收入的增加会驱使个体较早地实施创业行为，致力于创新创业。尤其在当前，我国整体仍处于低福利社会发展阶段，多数个体是因为偏好于更高的收益而创业。

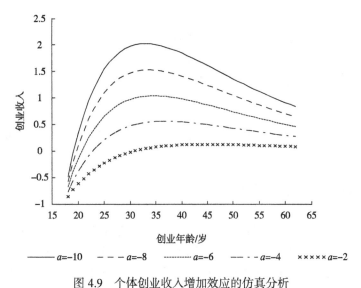

图 4.9 个体创业收入增加效应的仿真分析

系数 b 反映了由于年龄增大而直接或间接引发能力的提升，从而引致各因素权重的变化。基于式（4.7），借助 Matlab 2014 软件，仿真分析系数 b 的变化对创业能力的影响。图 4.10 的仿真结果显示，随着系数 b 的增加，个体创业年龄呈现年轻化趋势，即个体会较早地实施创业行为。这是因为年龄增长的间接效应是能力积累，从而增加了自主性效用因素的权重，降低了风险的负效用权重。与此同时，年龄增长的直接效应是增加了风险的负效用权重，降低了收入的正效用权重，增加了自主性的正效用权重。但总体而言，系数 b 的增加带来了创业总效用的增加，即年龄增长通过能力积累引发的间接正效用，超过年龄增长直接效应引发的负效用，从而驱动个体较早地从事创业行为。

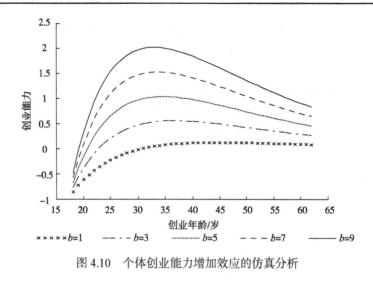

图 4.10　个体创业能力增加效应的仿真分析

第三节　新兴产业企业家创业决策机理的实证分析

一、数据来源与变量选择

GEM 报告是由伦敦商学院和百森商学院共同发起成立的国际创业研究项目，受到了全球的关注，已成为各国人士认知创业问题的重要信息源。本节采用 GEM 的 APS 进行实证分析。该数据库涉及一国或地区 18~64 岁成年人的创业数据调查，时间跨度为 2001~2016 年，包括感知能力、感知机会、创业倾向、风险恐惧、初创企业家等数据，涉及全球 109 个经济体，涵盖要素驱动型、投资驱动型和创新驱动型经济体，共 728 个样本数据。与此同时，本节匹配世界银行数据库，以获得相应经济体是否为创新驱动型国家和 GDP 的数据。

个体的感知创业能力（PC）、感知创业机会（PO）和风险恐惧（FF）可从 GEM 的 APS 数据库获得。total early-stage entrepreneurial activity（TEA）是指创业 3.5 年之内的企业家，因此，本节以 TEA 作为新生企业家的测量值。尽管 GEM 数据库没有创业收入、工作自主性的数据，但是 GEM 数据库有创业倾向（EI）和创业是理想的职业选择（EDCC）的数据。当前，我国仍然是投资驱动型国家，收入仍然是行为主体萌发创业倾向的核心驱动力。因此，本节选用创业倾向作为创业收入的代理变量。与此同时，鉴于很多个体出于追求理想的工作自主而创业，因此，本节以创业是理想的职业选择作为工作自主性的代理变量。表 4.1 对各变量进行了描述性统计分析。

表 4.1　变量的描述性统计

变量	定义	观察值	平均数	标准方差	最小值	最大值
EDCC	18~64 岁人口中认为创业是理想职业的比例	625	64.58	14.03	16.73	96.16
PO	18~64 岁人口中感知具有创业机会的比例	728	39.42	16.65	2.85	85.54
PC	18~64 岁人口中感知具有创业能力的比例	728	49.05	15.59	8.65	89.48
FF	18~64 岁人口中害怕创业失败的比例	727	33.76	9.06	10.43	75.42
EI	18~64 岁人口中具有创业倾向的比例	700	18.91	15.16	0.75	90.95
TEA	18~64 岁人口中新生企业家的比例	728	11.10	7.72	1.48	52.11

资料来源：作者利用 Stata 软件计算所得

二、实证分析

（一）能力与机会、风险、期望、工作自主性的关系

以感知能力为自变量，并分别以感知机会、风险恐惧、创业倾向和创业是理想的职业选择为因变量，运用 Stata 14.0 软件进行实证分析。实证结果表明命题 1 成立，即感知能力影响感知机会和风险恐惧感，并且影响个体的创业倾向，具体结果如表 4.2 所示。

表 4.2　感知能力与创业机会、创业风险、创业期望、创业是理想的职业选择的关系

自变量	模型 1 PO	模型 2 FF	模型 3 EI	模型 4 EDCC
PC	0.401*** (4.70)	−0.153** (−2.54)	0.289*** (3.64)	0.324*** (4.62)
_cons	15.044*** (3.33)	37.760*** (12.44)	5.766 (1.44)	44.571*** (13.33)
Year FE	Yes	Yes	Yes	Yes
R^2	0.182	0.143	0.126	0.155
N	728	727	700	625

注：（ ）内是基于稳健性误差得到的 t 值，本表中结果均由固定效应模型得到
*** $p<0.01$ ，** $p<0.05$

1. 感知能力与创业是理想的职业选择

回归分析显示，感知能力与创业是理想的职业选择正相关，两者的拟合关系如图 4.11 所示。这是因为感知创业能力较强的个体更倾向于追求自主性，更希望

展现自我、实现自我，不希望受制于人，而希望自主决策，寻找"用武之地"，以将自身的创业能力转化为现实生产力，实现自己的创业梦想。因而，感知能力越高的行为主体，越会追求自主性、能动性和价值实现性，从而越会将创业作为理想的职业选择。

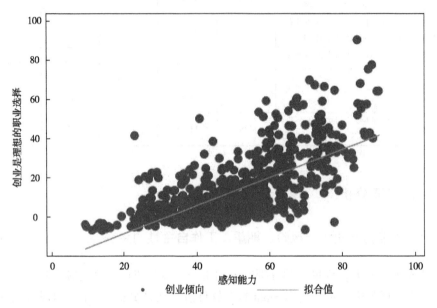

图 4.11　感知能力与创业是理想的职业选择的关系

2. 感知能力与感知机会

由创业机会论可知，创业指创业者不拘泥于资源约束，通过机会的识别和开发创造价值的过程（Shane and Venkataraman，2007）。由此可知，尽管创业机会存在于广阔的社会环境中，但主要受创业者的创造性构思与社会化技能的影响。回归分析结果显示，创业能力与感知机会正相关，两者的拟合关系如图 4.12 所示。这是由于经验丰富的创业者能更准确地领悟市场需求，更善于将外部的经验内化为知识，从而能有效地开发和利用创业机会。鉴于此，企业家必须认知创业机会的特征，并且组建与创业机会相匹配的创业团队，以便充分地开发创业机会、撬动社会资源。

3. 感知能力与风险恐惧

回归分析显示，感知能力与风险恐惧负相关，两者的拟合关系如图 4.13 所示。首先，这是由于创业感知能力越强的个体，越具有风险识别和防范能力，越善于规避风险和化险为夷。其次，创业能力较强的个体具有风险偏好特征，而创业能力较弱的个体风险厌恶倾向更明显。例如，刘强东具有战胜困难、寻找突破的积

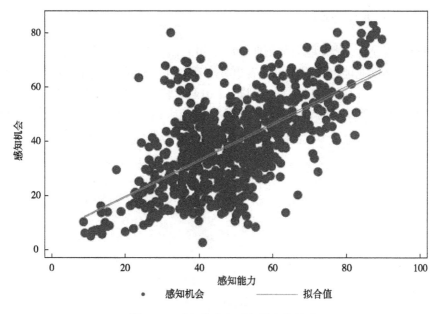

图 4.12　感知能力与感知机会的关系

极心态，面对"非典"对传统零售业的影响，放弃了扩张连锁店的部署，转而引领京东开拓电子商务领域，从而化险为夷，并寻找到了新的增长极。由此可知，创业能力越强的个体，其风险恐惧感越弱。

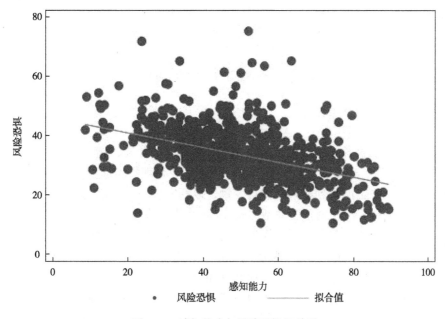

图 4.13　感知能力与风险恐惧的关系

4. 感知能力与创业倾向

回归分析显示,感知能力与创业倾向正相关,两者的拟合关系如图 4.14 所示。这是因为感知创业能力较强的创业者更具有逐利性的特征,更倾向于增加创业收入,甚至推动经济和社会的发展。例如,2014 年李彦宏认为人工智能技术已进入质变时期,将引领互联网和制造业的竞争格局,因而投资 21 亿元致力于人工智能的研发,并且声称"不在乎华尔街怎么看,一定要把人工智能做成"。

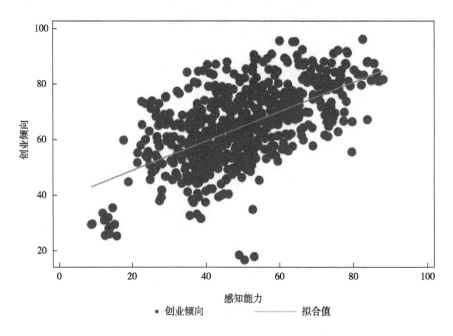

图 4.14　感知能力与创业倾向的关系

(二)创业与否的抉择

如果没有创业者的创业实践,创业机会不可能被开发,新企业也不可能生存与成长(王秀峰,2016)。因此,本节进一步以创业是理想的职业选择、感知能力、感知机会、风险恐惧和创业倾向为自变量,以新生企业家比例为因变量,以国家类型(inno,inno=1 代表创新驱动型国家,inno=0 代表非创新驱动型国家)和 lnGDP 为控制变量,建立如下多元回归模型,运用 Stata 14.0 软件进行实证分析。

表 4.3 和表 4.4 分别为方差膨胀因子检验和变量相关系数矩阵,结果表明,本节建立的计量模型不存在多重共线性问题和内生性问题,模型设定有效。实证结果如表 4.5 所示,R^2 值为 0.255,样本量为 608。研究结果表明命题 1 的理论框架成立,即感知能力、创业机会、创业倾向与新生企业家比例正相关,而风险恐惧

与新生企业家比例负相关。也就是说，如果创业者具有较高的创业能力，能够准确判断市场趋势，善于捕捉市场机会，并能高效地整合创业资源，合理地规避和化解创业风险，则会实施创业行为。例如，丁磊基于"坚持理想、决不放弃"的积极心态，勇于面对企业被股市暂停交易、内部人事动荡等艰辛困境，毅然引领网易计算机系统有限公司（以下简称网易）创新突破，从而提升了股价升值创业绩效。由此可知，在识别创业机会和萌发创业动机后，创业者必须发挥创业能力，积极开发创业机会，并且合理地认知和应对创业风险，才能推进新生企业的成长。

表 4.3　方差膨胀因子检验

变量	VIF	/VIF
PC	2.68	0.374
p	2.12	0.471
EI	1.9	0. 60
FF	1.71	0.585
EDCC	1.26	0.791
平均 VIF		1.91

表 4.4　变量相关系数矩阵

变量	TEA	PC	PO	FF	EI	EDCC
TEA	1					
PC	0.699	1				
PO	0.614	0.629	1			
FF	−0.258	−0.440	−0.289	1		
EI	0.792	0.666	0.575	−0.272	1	
EDCC	0.471	0.584	0.432	−0.158	0.576	1

由表 4.5 可知，创业是理想的职业选择与新生企业家比例负相关，但是在增加了 inno 和 lnGDP 控制变量后，这种负相关关系不显著。这可能是因为，很多个体理想地认为创业比较自主，可以自主决策，自主决定工作。但是，新创企业面临初创劣势，往往需要创业者投入较多的货币资本和身心资本，并且面临较高的创业风险。因此，创业者在创业阶段很难自主地决策、自主地工作，而要身兼多职，并且会因沉没成本、创业风险及置身于技术开发、创业融资、市场开拓而难以自主。这也可以很好地解释，为何众多个体满怀期望和信心致力于创业，但是在经历创业挫折后，感觉落差较大，因而放弃创业。相对于发展中国家，发达国家的创业政策较完善，创业载体较健全，创业融资环境较成熟，因而创业理想实现的概率也相对较高，由此创业是理想职业选择对新生企业家比例的负向影响系数较小，并且不显著。

表 4.5　新生企业家创业驱动因素的实证分析

自变量	模型 1 TEA	模型 2 TEA	模型 3 TEA
EDCC		−0.046* （−1.71）	−0.042 （−1.54）
PO		0.059*** （2.91）	0.058*** （2.88）
PC		0.115*** （3.70）	0.118*** （3.91）
FF		−0.042* （−1.78）	−0.042* （−1.78）
EI		0.137*** （3.71）	0.136*** （3.65）
inno	−1.804 （−1.62）		−1.754** （−2.08）
lnGDP	0.332 （0.15）		0.340 （0.14）
_cons	3.760 （0.07）		−2.665 （−0.04）
Year FE	Yes	Yes	Yes
Within R^2	0.076	0.251	0.255
N	711	624	608

注：（ ）内是基于稳健性误差得到的 t 值，本表中结果均由固定效应模型得到

*** $p<0.01$，** $p<0.05$，* $p<0.1$

控制变量的回归结果显示，非创新驱动型国家的个体更具有创业动力。这可能是由于非创新驱动型国家在经济发展过程中拥有更多的创业机会，并且为了推进经济发展，该类国家会鼓励创业行为，积极制定降低创业风险的政策，因此，个体能感知更多的创业机会，创业意愿较高，如图 4.15 所示。模型 3 增加了控制变量后，感知能力的作用系数变大，这是由于相对而言，创新型驱动国家的个体创业技能较高。与此同时还发现，创业倾向和感知机会的系数变小，而风险恐惧的系数变大，这也进一步说明创新驱动国家的创业机会相对较少，并且个体拥有稳定的工作和薪酬体系，因而创业的转换成本和失败风险较高，个体的创业倾向也会降低。但这并不能说明非创新驱动型国家的创业驱动效应更明显，因为该类国家的创业模式更多地表现为生存驱动型模式，而创新驱动型国家更多地表现为机会拉动型模式，如图 4.16 所示，很多非创新驱动型国家的个体是出于生存而被迫创业，故而更多地表现为生存驱动型创业模式。与机会拉动型创业模式相比，生存驱动型创业模式的社会效益较低，并且创业失败率较高。例如，2016 年 GEM 创业报告显示，尽管我国成年人口（18~64 岁）的创业倾向（19.5%）高于美国（12.4%），新生企业家的比例（12.8%）也高于美国（11.9%），但是我国新创企

业的存活率不足 5%，一年内创业失败率是 GEM 成员国的 2 倍。研究还发现，lnGDP
与新生企业家的比例负相关，但不显著。这可能是由于欠发达经济体蕴含更多的
机会，但是受制于经济发展的滞后，其滞后的创业政策体系制约了个体的创业动
力。与此同时，经济大国为了推进经济的发展，也非常重视创新创业。

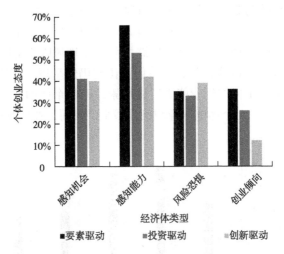

图 4.15　三类经济体个体创业态度的比较分析

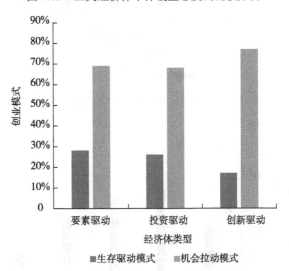

图 4.16　三类经济体创业模式的比较分析

（三）创业时机的选择

为了探究行为主体创业时机选择的年龄分布规律，本节进一步探究全球和中

国近几年 5 个年龄段创业比例的分布情况，以揭示创业年龄与创业比例的关系，如图 4.17 和图 4.18 所示，创业年龄与创业比例的分布呈现倒"U"形关系，即随着年龄的增加，创业者的比例呈现先增加后减少的趋势。这是因为在 18~24 岁，个体的创业能力和创业资源有限，心智模式也不够成熟，故而创业的比例较低。个体创业的高峰年龄为 25~34 岁。这是因为在这期间，个体的创业能力得以积累，社会资本也得以集聚，心智模式也越趋成熟。35~44 岁以后呈现下降趋势，这可能是由于随着年龄的增加，个体越发厌恶风险，呈现风险规避倾向，并且不愿意付出过多的工作努力。45 岁以后，个体创业比例仍然呈现下降趋势，这是由于随着年龄的增长，尽管个体的创业能力得以积累，但是个体的精力、体力和意愿呈现下降趋势，因此，此时个体的创业积极性较低，故而创业的倾向呈现下降趋势。

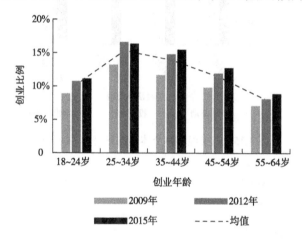

图 4.17　全球 5 个年龄段新生企业家比例分布

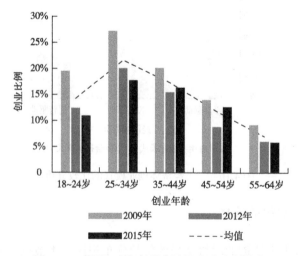

图 4.18　中国 5 个年龄段新生企业家比例分布

三、稳健性检验

针对表 4.5 的实证结果，本节首先分三步进行稳健性检验：一是将被解释变量替换为建立所有权制的创业者比例（established business ownership rate，EBOR），拥有和管理企业超过 42 个月的创业者，进而对原模型进行测试；二是采用随机效应模型对原模型进行测试，并使用默认标准误，即不进行标准误调整；三是考虑到影响新生企业家比例的其他因素，在原模型的基础上加入创业享有较高的社会地位（high status successful entrepreneurship，HSSE）和媒体对创业的关注度（media attention for entrepreneurship，MAE）2 个新的控制变量对原模型进行测试。稳健性检验结果如表 4.6 所示。

表 4.6　稳健性检验

自变量	（1）EBOR	（2）TEA	（3）TEA_re	（4）TEA
EDCC	-0.014 (-0.76)	-0.042 (-1.54)	-0.049^{*} (-1.76)	-0.041 (-1.20)
PO	0.038^{**} (2.55)	0.058^{***} (2.88)	0.066^{***} (3.58)	0.056^{***} (2.80)
PC	0.105^{***} (4.82)	0.118^{***} (3.91)	0.142^{***} (5.02)	0.118^{***} (3.86)
FF	-0.072^{***} (-3.62)	-0.042^{*} (-1.78)	-0.015 (-0.58)	-0.040^{*} (-1.68)
EI	0.050^{***} (2.75)	0.136^{***} (3.65)	0.187^{***} (5.80)	0.133^{***} (3.59)
inno	-0.244 (-0.20)	-1.754^{**} (-2.08)	-2.170^{***} (-3.56)	-1.797^{**} (-2.22)
lnGDP	-3.756^{***} (-2.85)	0.340 (0.14)	-0.304 (-0.70)	0.252 (0.11)
HSSE				-0.025 (-0.92)
MAE				0.027 (0.87)
_cons	104.201^{***} (2.94)	-2.665 (-0.04)	11.648 (0.97)	-0.307 (-0.00)
Year FE	Yes	Yes	Yes	Yes
Within R^2	0.195	0.255	0.247	0.257
Hausman χ^2		126.635^{***}		
N	608	608	608	605

注：（ ）内是基于稳健性误差得到的 t 值

*** $p<0.01$，** $p<0.05$，* $p<0.1$

第（1）列是采用 EBOR 作为被解释变量的回归结果，可以发现第（1）列中解释变量回归系数均显著且符号与原模型一致，相关回归结果仍然支持本节的主要研究结论。第（2）列是采用固定效应模型的回归结果，其中 Hausman 检验的结果表明本节采用固定效应模型更有效。尽管固定效应模型更有效，但是本节仍进一步采用随机效应模型对原模型进行测试。第（3）列是随机效应模型的回归结果。第（2）列和第（3）列中解释变量回归系数均显著且符号与原模型一致，据此得到的回归结果同样支持本节研究结论。第（4）列为加入 HSSE 和 MAE 2 个新控制变量后的回归结果，可以发现第（4）列中解释变量回归系数均显著且符号与原模型一致，由此得到的结果表明本节研究结论没有受到实质影响。因此，本节稳健性检验的结论与前文结果基本一致。

为进一步检验感知能力对感知机会、风险恐惧、创业倾向和创业是理想的职业选择的影响，从而对个体创业行为的影响。本节依次引入了感知能力与上述变量的交互项，并对交互项进行去中心化处理，实证结果如表 4.7 所示。值得关注的是，在引入感知能力的交叉项后，感知机会、创业倾向与新生企业家的正向系数有所变大，而风险恐惧对新生企业家的影响不显著。这表明，创业能力能够增加个体的感知机会，提升个体的创业倾向，从而能激发个体成为新生企业家。与此同时，还发现感知能力与风险恐惧的交叉项对新生企业家的负向影响有所降低。这表明，感知能力有助于个体规避风险、化解风险，从而提高个体的风险管控能力，进而缓解风险恐惧对个体创业行为的负向影响。然而，感知能力与创业是理想的职业选择的交互项对新生企业家比例尽管具有正影响但是不显著，这可能是由于追求自主的创业理想可以驱动个体创新创业，然而创业实践的困扰与艰辛也会令很多个体望而却步或者因期望过高而在经历挫折后放弃创业。这也印证了创业理想很美好，但是创业实践很残酷。

表 4.7　加入交互项的稳健性检验

自变量	（1）TEA	（2）TEA	（3）TEA	（4）TEA
PC	0.157***	0.159***	0.167***	0.154***
	（7.52）	（7.90）	（7.86）	（7.47）
PO	0.068***	0.058***	0.048***	0.060***
	（3.78）	（3.27）	（2.91）	（3.50）
FF	0.052	0.052	0.051	0.048
	（1.57）	（1.63）	（1.55）	（1.45）
EI	0.230***	0.273***	0.204***	0.276***
	（9.13）	（10.05）	（8.14）	（9.92）
EDCC	−0.029	−0.045*	−0.025	−0.040
	（−1.47）	（−1.96）	（−1.24）	（−1.54）

续表

自变量	（1） TEA	（2） TEA	（3） TEA	（4） TEA
PC×PO	0.004*** （4.89）			
PC×FF		-0.004** （-2.13）		
PC×EI			0.005*** （4.48）	
PC×EDCC				0.001 （1.38）
inno	-0.748** （-2.17）	-0.727** （-2.08）	-1.077*** （-3.17）	-0.661* （-1.88）
lnGDP	0.124 （0.84）	0.182 （1.17）	0.172 （1.17）	0.161 （1.06）
HSSE	-0.035* （-1.77）	-0.057*** （-2.84）	-0.048** （-2.55）	-0.054*** （-2.76）
MAE	0.062*** （3.36）	0.075*** （3.88）	0.075*** （4.25）	0.070*** （3.99）
_cons	2.092 （0.49）	1.645 （0.34）	3.167 （0.74）	-2.465 （-0.60）
Year FE	Yes	Yes	Yes	Yes
Adj R^2	0.743	0.731	0.741	0.726
N	605	605	605	605

注：（　）内是基于稳健性误差得到的 t 值

*** $p<0.01$, ** $p<0.05$, * $p<0.1$

四、结果讨论与研究启示

（一）结果讨论

本节以效用最大化为视角，基于创业收入、工作自主性、创业机会、工作付出程度和创业风险等效用因素的分析，构建了行为主体效用最大化的职业选择模型，进而解析了随时间演化，行为主体创业与否的决策机制。研究结果表明：①基于能力理论，以效用最大化为视角，可将行为主体的创业选择行为分为终身就业、天生创业、就业转创业、创业转就业及间歇性创业；另外，创业能力的提升、创业收入的追求、创业机会的感知能够激发个体的创业动力，而且能促使个体较早地选择创业；创业的付出程度和风险恐惧不仅会抑制个体的创业动机，并会滞缓个体的创业时机；工作自主性与行为主体的实际创业行为负相关，这可能是因为，很多个体理想地认为创业比较自主，可以自主决定工作。②新生企业家的比例与个体的年龄分布呈现倒"U"形关系，即随着年龄的增加，新生企业家的比例呈现先增加后减少的趋势。另外，要素驱动型国家各年龄段的新生企业家比例最高，投资驱动型国家次之，创新驱动型国家最低，但后发国家的创业模式更多地表现为生存驱动型创业模式，因而创业失败率较高且社会效益较低，而创新驱动型国家的机会拉动型创业模式的比例较高，因而更有利于社会就业和经济发展。

（二）研究启示

1. 创业者层面

创业是创业者平衡创业机会、创业资源，进而实现创业目标的过程。优秀的创业者需要具有战略远见，并且需要具有团队领导力、融资能力和营销能力，以识别和开发创业机会，实现新兴技术的市场化。鉴于此，首先，创业者应强化创业能力的积累，以整合创业资源，推进新创企业的成长。其次，应加强创业学习，不断更新和积累知识，增强创业问题的解决能力，以应对不确定性。再次，应发掘市场需求与创业资源的关联性，进而创造新兴市场需求；强化社会网络的构建，诸如技术关系网络、商业关系网络及政治关系网络，以发掘新生企业的成长机会。最后，应转变风险态度，既不能望风险而却步，也不能因过度冒险而陷入"勇于承担风险的陷阱"，而应根据资源禀赋理性地评估冒险行为，并选择与其创业胜任力特征相匹配的冒险行为。

2. 政策供给层面

创业者行为内含高度不确定性，其在创业过程中持续承受不确定感的困扰。尤其在当前，与先发国家相比，我国在金融支持、教育培训、研究转移、商务环境等方面还有较大差距。鉴于此，我国应营造优良的创业生态环境。首先，应完善创业保障与服务，提升个体的创业动力。例如，完善交通、医疗、卫生、科技、物流等保障体系，以降低创业者的风险恐惧感；建立专门的新创企业服务中心，并强化政策宣传，帮助创业者享受创业支持政策。其次，应加强创业教育与激励，提升个体的创业技能。例如，将创业教育纳入高校教育体系，加强潜在创业者创业能力的培训，重视企业家精神的培养。再次，应为新生企业家提供合理的创业资源支持，弱化其不确定感，使其更多地依赖环境支持来承受不确定性。例如，完善生产性服务平台，引导高校对新生创业者合理有偿地开放研究平台，以降低创业者的研发成本。最后，应实施简政放权的政策，构建行政权力清单制度，简化企业注册流程、降低新企业的税收和行政负担，从而降低创业者的时间成本和货币成本。

第四节　本 章 小 结

本章以效用最大化为视角，结合对创业能力、创业收入、工作自主性、创业机会和创业风险等效用因素的分析，提出了个体效用最大化的创业决策 MOSR 模型；进而解析了随着时间的推移，个体创业与否的决策机制。研究表明，新兴产业企业家的创业选择行为可分为终身就业、天生创业、就业转创业、创业转就业及间歇性创业。另外，新兴产业企业家创业需要提升创业能力、加强创业学习，以有效地开发和利用创业机会，规避和化解创业风险。

第五章　新兴产业企业家创业胜任力的结构解析

当前，我国正着力推进新兴技术的研发和产业化，然而新兴技术供给与新兴市场需求之间存在鸿沟。鉴于企业家是经济发展的带头人，其创业胜任力有利于企业在全球价值链中实现创新要素的整合重构。因此，本章通过跨案例分析和实证研究，构建新兴产业企业家创业胜任力的概念框架，探寻新兴产业企业家创业胜任力的结构要素，并解析新兴产业企业家的创业胜任力与创业机会识别评估、开发利用的内在关联机制。

第一节　新兴产业企业家创业胜任力结构的跨案例分析

鉴于新兴产业是我国实现经济赶超的着力点，并且企业家是新兴产业赶超的主导者。因此，本节基于跨案例研究方法，通过对我国典型新兴产业企业家的创业行为进行纵向案例分析和横向比较分析，探讨我国新兴产业企业家创业胜任力的结构和特征。

一、案例分析的理论框架

现有胜任力理论模型主要包括个体素质论、工作职能论和情境论。个人素质论主要从心理角度探索业绩出色者的个人潜在特征，但其研究较抽象也过于普遍。工作职能论根据职能要求构建了胜任力模型，但忽视了完成工作所需的个体属性且过于静态。情境论基于社会大系统的处境和作用构建了胜任力框架，但对情景因素及胜任力因素之间关系的剖析不够明确。基于以上研究，Cheetham 和 Chivers（1996）结合工作情境论和个体素质论，分析了绩效优异者的胜任力，归纳出心理胜任力、认知胜任力、社会胜任力和职能胜任力四类胜任力要素，指出以上要素相互影响构成胜任力结构。鉴于该胜任力结构理论，既考察了绩效优异者的个体属性，又考察了完成职务的执行能力，同时克服了对胜任力描述过于普遍的问题，由此本节基于 Cheetham 和 Chivers（1996）的胜任力结构理论，构建了新兴产业创业企业家的胜任力结构分析框架，如图 5.1 所示。

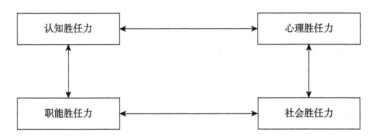

图 5.1　新兴产业创业企业家胜任力结构的分析框架

基于 Cheetham 和 Chivers（1996）的胜任力结构理论，本节认为新兴产业创业企业家的胜任力包括心理胜任力、认知胜任力、社会胜任力及职能胜任力。其中心理胜任力指企业家拥有的，如判断能力、直觉等深层次潜能，可以帮助企业家认识自身能力，影响企业家创业风险的预估及评价，形成创新意识。例如，扎克伯格对软件开发具有强烈的兴趣，基于帮助顾客了解周围人行为的创意，创建了 Facebook 社交网站。认知胜任力指企业家的固有经验和问题分析能力，可以帮助企业家辨识机遇，开拓新的产品和市场。职能胜任力指特定行业企业家的职权执行力，可以帮助企业家聚合和配置资源。例如，任正非在华为推行"军事化管理"，由此提高了企业生产效率。社会胜任力指企业家的关系处理能力和创业情绪，影响企业家的领导风格和社会资本的撬动能力。以上胜任力要素相互影响，构成了新兴产业创业企业家的胜任力结构框架。

二、研究设计及方法

跨案例研究能提高案例研究的效度，因此本节采用跨案例研究方法，拟通过对马云、马化腾、李彦宏三位创业企业家的比较分析，提炼新兴产业创业企业家的胜任力结构。本节选取马云、马化腾、李彦宏三位企业家作为研究对象，主要基于以下三方面的原因：①互联网属于战略性新兴产业，我国已明确提出"互联网+"的战略举措，并且出台了鼓励互联网创业的政策措施。因此，互联网行业在新兴产业领域具有较高的典型性和代表性。②三位企业家均取得了卓越的创业绩效，所创建的企业具有较强的创新能力，并且经营业绩良好，均处于行业领先地位。③由于创业资源和创业能力的差异，三位企业家的创业模式呈现差异性。例如，马云侧重于商业模式创新，而马化腾和李彦宏侧重于技术创新。因而，对马云、马化腾、李彦宏三位案例企业家创业能力的解析，既有助于分析新兴产业创业企业家胜任力结构的共性特征，又有助于比较差异化胜任力结构对企业家创业模式的影响。

由于思考性的出版物可以作为学术研究素材，因此本节搜集了公开出版的学术论文、书籍、公司财务报告、财经报道资料、企业家的自传和公开演讲等资料，以解析三位创业企业家的胜任力特征。这些文献资料构建了相互验证、可信度较高的数据库。

三、纵向案例分析

基于新兴产业创业企业家胜任力的分析框架，运用跨案例研究方法，从心理胜任力、认知胜任力、社会胜任力和职能胜任力四个方面解析马云、马化腾、李彦宏三位企业家的胜任力结构特征。

（一）马云胜任力结构的案例分析

1. 马云的心理胜任力特征

马云善于自我反思，具有商业模式的创新思维，并善于在实践中学习。①马云不断自我反思，并能将自身劣势转化为优势。例如，马云创建中国黄页却惨遭失败，由此认识到自身互联网知识的不足，进而在创办阿里巴巴时，组建了18人的创业团队，弥补了自身知识劣势。同时，由于认识到自己是互联网技术（Internet technology, IT）的外行，因此，马云不但更加尊重技术专家的意见，而且发挥自己不懂技术的特点担任公司产品测试员。马云曾笑谈如果某些新产品自己都不会使用，那社会上80%的人就不会使用该产品。②马云能够系统分析市场信息、预测市场发展趋势，进而发掘新型商业模式。例如，在创建阿里巴巴网站时，马云发现中小企业占据互联网消费市场的90%，他们急需互联网销售平台但却难以自主建立电子商务体系。由此，马云将中小企业作为目标客户，开创了B2B的电子商务模式。③马云善于在实践中获取知识。马云不但注重通过创业实践积累经验知识，而且积极利用社团关系网络了解市场讯息和技术前沿，从而指导企业的创业。例如，马云在阿里巴巴任职期间几乎每个月都会花一周时间参加国外高端论坛，以借助和

"高手"的过招学习前沿知识。④马云的创业心理胜任力呈现风险偏好的特征，在创业中表现出强烈的主动性和创新性。马云引导阿里巴巴积极开展内外部风险活动，一方面，积极创造新业务，成立了淘宝、一淘、天猫、聚划算、阿里国际业务、阿里小企业业务和阿里云七大事业群；另一方面，积极开展对外投资，收购了优酷土豆、快的打车、魔漫相机，并且联合银泰集团、富春控股、顺丰集团、三通一达等共同投资了菜鸟网络等。鉴于此，马云的主动创新促使阿里巴巴的业务范围快速扩张，即由电子商务延伸到社交和移动端。

2. 马云的认知胜任力特征

马云的前期工作和创业实践为其积累了创业经验，提升了市场感知能力。①马云的管理实践为其奠定了创业管理的知识基础。例如，马云曾创办海博英语翻译社，开办中国黄页网站，由此积累了管理企业的先验知识，进而组建了创业团队，开发了阿里巴巴网站。②马云的市场推广经验，提升了马云的市场认知能力，有助于马云实施商业模式创新。企业家的工作经历有助于其发现市场需求，发掘客户价值导向，从而创新商业模式。例如，基于成功创建并推广阿里巴巴网站的经验，马云注重满足不同顾客群体的需求，由此领导阿里巴巴先后推出了 C2C 模式的淘宝网、B2C 模式的天猫商城、O2O（online to offline）模式的淘点点、C2B（customer to business）模式的聚定制等新型电子商务平台。

3. 马云的社会胜任力特征

马云善于沟通协调，建立了广阔的社会关系网络，并具备积极的创业情绪。①马云善于沟通，能有效地将自己创新思想传递给员工和社会公众。首先，马云通过成立员工兴趣小组等方式促进了知识传播共享，塑造了创新氛围。其次，马云注重向社会公众宣传创新理念，如借助公开演说和幽默言论传递创新思想，树立了企业创新形象。②马云建立了广阔的社会关系网络，并以此撬动社会资源。马云性格外向，在社交场所具有主动性，由此建立了涵盖投资者、互联网工作者、企业家的广泛社会关系网。例如，马云凭借与孙正义的良好关系，促进了阿里巴巴与日本软银的战略合作。③马云具有积极的创业情绪，对阿里巴巴的发展充满希望。希望情绪能引导企业家对创业路径的认知与动机信念，进而影响企业家的创业绩效。尽管互联网行业竞争激烈、创新风险大，但马云认为商业模式创新可以开发广阔的市场，因此坚持创新驱动，并提出"今天很残酷，明天更残酷，后天很美好，所以不能放弃今天"的创业理念。

4. 马云的职能胜任力特征

马云善于推进管理层的协同合作，并着力引导企业形成特色文化。①马云强化企业内部管理，善于协调高层管理人员。马云推行高层轮岗，打破公司内部小圈子，促进了人员和资源的整合，提高了企业员工的协同力。②马云是企业文化的布道者，并致力于塑造特色的企业文化。企业家个人的志趣爱好、精神信念、行为风格影响企业的文化塑造。马云的成长经历，对金庸武侠的喜爱，以及拼搏、创新的精神，促使阿里巴巴形成具有"红色印记、武侠色彩、拼搏精神"的企业文化。再如，阿里巴巴的集团价值观号称"六脉神剑"，商业论坛冠名为"西湖论剑"，并且淘宝每个工作人员都有一个与金庸小说人物有关的"花名"。又如，阿里巴巴注重拼搏精神，在人才选拔和培养时注重发掘有进取心和团队精神的"猎犬"。

综上所述，马云擅长自我反思提升，注重商业模式创新，并具有风险偏好性和创新先动性特征；具有管理及营销经验，能够引领变革创新；善于传递创新思想，撬动社会网络资源；能够推动企业员工的协同创新，引导企业形成特色企业文化。其胜任力结构如图5.2所示。

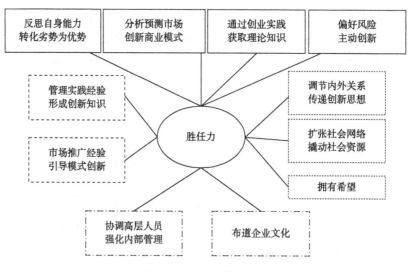

图 5.2　马云的胜任力结构

（二）马化腾胜任力结构的案例分析

1. 马化腾的心理胜任力特征

马化腾能够自我分析优劣势，具有技术创新思维，并善于在实践中学习创新。

①马化腾能分辨自身优劣势，并以此确定职责范围。例如，马化腾基于自身技术优势认知，在创业过程中主导产品设计、技术研发；同时为了弥补自身管理能力的劣势，引入经理人担任总裁和首席运营官，从而提高了企业运行效率。②马化腾善于捕捉市场需求，进而引导技术创新。马化腾关注技术创新与市场需求匹配关系的动态变化，从而能及时根据市场空缺开展以用户为中心的技术创新。例如，2010年马化腾基于用户资源共享的需求，提出整合已有通信方式、建立全方位网上即时交换平台的发展战略。③马化腾擅长在实践中模仿创新，从而快速扩充了产品市场。马化腾认为，最聪明的创新方法是学习最佳案例后实施超越。因此，马化腾关注竞争对手的技术动态，注重先进技术的学习和改良，从而能快速推出新产品。例如，马化腾先后效仿 MSN 推出了 TM、QQ，模仿 PPLive 推出了直播，效仿 360 安全卫士推出了 QQ 电脑管家等。④马化腾认为我国新兴产业正处于快速发展期，新兴企业的创建发展具有极高风险，因而力推规避风险的渐进式创新。由此，马化腾领导腾讯基于用户黏性和忠诚度实施渐进式创新，从而扩充产品结构，抢占新兴市场。例如，马化腾基于腾讯在即时通信领域的垄断地位，推出拍拍网购物平台，将业务领域扩张到电子商务领域。

2. 马化腾的认知胜任力特征

马化腾具有专业技术研发背景，并且能判断市场需求变化，进而致力于推进企业实施渐进式创新。①马化腾的专业技术背景有助于其预测技术研发成果，并选择创新方案。马化腾曾在深圳大学主攻计算机，在润迅公司担任寻呼软件工程师，故而具有深厚的专业技术背景，因此，马化腾能预测技术研发趋势（谢胜强，2008），选择研发投资方案，从而降低企业的创新风险。②马化腾关注市场需求的动态变化，并不断推动企业实施渐进式创新。马化腾注重客户关系管理，因而能快速获取市场反馈，进而推动企业的改良创新，从而能低成本地抢占市场。例如，马化腾先后模仿了 360 公司、UC 优视、多玩等公司的技术，推出了大量实用性软件。

3. 马化腾的社会胜任力特征

马化腾推行亲情式管理，善于利用社会关系网络，并且拥有积极的创业情绪，从而能推动企业的创新发展。①马化腾为人儒雅，在管理中建立了亲情式关系。不同于传统上下级间的权威式领导，马化腾的亲情式管理消减了员工对管理变革的阻力，增强了员工的企业忠诚度与创新主动性。②马化腾积极利用家庭外关系网和家庭关系网，获取了创新资源。③马化腾以乐观的心态面对创业困难，汲取失败经验，选择需求导向的技术创业模式。乐观情绪可以帮助企业家正视当前困境，预测未来趋势。马化腾在创业实践中经历了众多挫折。例如，开发了 OICQ

即时通信工具却被 ICQ 公司上诉，推出"BP 机寻呼系统""互联网寻呼系统"却只赔不赚。然而，马化腾仍然以乐观的心态正视创业挫折，总结失败经验，最终选择了依据市场需求实施技术创新的创业模式。

4. 马化腾的职能胜任力特征

马化腾擅长组织结构的变革管理，积极推进企业的产品创新，并能凭借个人魅力奠定企业的文化基调。①马化腾结合企业的发展战略，创建了事业部组织结构，采用了独特的双领导模式。为适应腾讯业务拓展，解决企业内部人才储备不足的困境，马化腾将腾讯分为七大业务体系，建立了事业部式组织结构，并且打破统一领导的管理准则，聘请外部职业经理人与内部管理者共同治理企业，形成了独特的双领导模式。②马化腾不断推进企业的产品创新和市场开拓。马化腾善于识别技术的商业价值，不断整合创新资源，从而开拓了新兴市场。例如，马化腾买断开心农场的经营权，利用腾讯已有客户资源扩大了网页游戏市场。③马化腾奠定了企业的文化基调。孙忠怀曾评价马化腾"与诸葛亮相似，为人谦恭，但坐在办公室就能胸怀天下"。马化腾低调、务实的性格特点奠定了腾讯正直、尽责的文化基调，促使腾讯关注实用性技术研发和消费者价值诉求。

综上所述，马化腾能明确自身职责范围；具有专业背景并关注市场，从而推动企业实施渐进式创新；推行亲情式管理，借助亲友社会关系网络获取资源；创建新型组织及领导模式，引导企业扩张，奠定企业文化基调；规避风险，选择渐进式创新，其胜任力结构如图 5.3 所示。

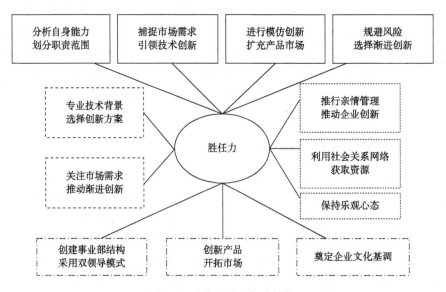

图 5.3　马化腾的胜任力结构

（三）李彦宏胜任力结构的案例分析

1. 李彦宏的心理胜任力特征

李彦宏具有突破式创新思维，善于自我提升，且擅长引导企业实施前沿技术转化。①李彦宏注重自我学习和提升，关注前沿技术的学习，从而能贯彻落实"结合自身技术和市场需求创造财富"的创业理念，注重计算机研发能力的学习提升。②李彦宏擅长把脉技术发展方向，引领新兴技术范式。例如，2011 年李彦宏预测互联网技术将向"中间页"、"图片"及"互联网应用"演化发展，因此摒弃了模仿微博、SNS 的跟风行为，推出贴吧看图等功能，从而引领了互联网的读图时代。③李彦宏注重技术的突破创新，并且注重引导企业实施前沿技术的转化。李彦宏设立百度研究院，以推进突破式技术创新，实施前沿技术的转化。例如，基于百度引擎抓取的大数据，李彦宏领导技术团队研发大数据智能选股项目，以帮助用户快速获知投资热点。④李彦宏具有风险偏好型价值观，推崇利用强劲的技术突破推动产业发展。例如，2014 年李彦宏认为人工智能技术已进入质变阶段，将改变互联网格局，由此领导百度投入 21.36 亿元人民币进行人工智能的研发，并且声称"不在乎华尔街怎么看，一定要把人工智能做成"。与此同时，李彦宏先后开放了大数据引擎，建立了"深盟"人工智能开源平台，以分享人工智能技术成果，推动我国互联网产业的发展。

2. 李彦宏的认知胜任力特征

李彦宏具有专业技术背景，且工作经验丰富，积累了先占性创业信息，进而倾向于实施突破式创新。①丰富的技术研发和商业管理经验，为李彦宏的创业提供了先占性信息。已有技术经验能为企业家提供先占信息，促进企业家的创新活动，影响其创业机会的把握。李彦宏先后在北京大学、美国布法罗纽约州立大学攻读计算机专业，这为其奠定了坚实的理论知识；而后在 Infoseek 工作，积累了技术研发和管理实践经验。②李彦宏的专业技术背景，促使其倾向于实施突破式创新。专业技术背景促使企业家更关注新兴成果的研发，以满足消费者的潜在需求。例如，2000 年互联网处于低潮期，但李彦宏致力于中文搜索引擎的技术突破，从而推出了百度搜索网站，进而引领了百度的转型。

3. 李彦宏的社会胜任力特征

李彦宏具有技术研发激情，并且注重借助社会网络获取技术支持。①李彦宏具有技术研发激情。创业激情会强化企业家的创业认知，影响企业家创业资源的分配。李彦宏对计算机技术具有浓厚的兴趣，不仅塑造了"专注技术发展"

的经营理念，而且投入大量资源致力于前沿技术的研发。②李彦宏注重利用社会技术网络，吸引技术专家。李彦宏的教育背景、行业经验为其构筑了优质的技术型社会网络，为百度吸引了众多技术专家。例如，在创业初期李彦宏在北京一流大学寻找合作伙伴，吸引了以"百度七剑客"为代表的众多高学历技术人才。

4. 李彦宏的职能胜任力特征

李彦宏注重培养员工的创新能力，建立了关怀型企业文化，并通过行为示范和组织学习推动了企业创新。①李彦宏注重培养员工的创新意识与创新能力。李彦宏在重要岗位大批量启用青年技术人才，并乐于听取员工的创意汇报，愿意为有价值的创意成立创新小组，从而为员工提供了创新实践机会和平台。例如，2013 年李彦宏提拔 30 岁的李明远为百度移动云事业部的副总裁，一年后又晋升李明远为百度最高决策层成员。②李彦宏建立了关怀型企业文化。关怀型企业文化能促进员工间的交流，培育员工的创造性和合作精神。③李彦宏通过行为示范和组织学习，推动了企业技术创新。例如，李彦宏致力于研发超链理论，带领百度技术团队开发中文搜索引擎技术，由此推动百度成长为全球最大的中文搜索引擎。

综上所述，李彦宏注重提升自我以把握机会，能把脉并引领技术创新，重视技术创新与转化；具有技术背景及管理经验，倾向于推动突破式创新；拥有研发热情，利用专家网络获取技术支持；注重员工创新能力的培养，创建关怀型文化；具有创新先动性和冒险性特征，其胜任力结构如图 5.4 所示。

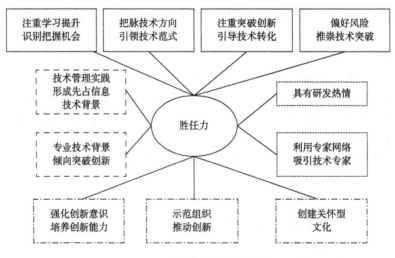

图 5.4　李彦宏的胜任力结构

四、横向比较分析

通过对马云、李彦宏、马化腾三位新兴产业创业企业家胜任力结构的比较可知，三位创业企业家的胜任力具有如下共性特征，如表 5.1 所示。①能够正确认知自身能力。三位企业家能认知自身在技术、沟通、员工管理等方面的优势与不足，从而进行管理分工，提升企业的管理效率。例如，马化腾在创业实践中基于自身能力分析，从而发挥技术优势主导产品设计和技术研发；并聘请总裁和首席运营官，以弥补自身管理劣势。②具有创新思维模式。三位企业家都具有创新型思维模式，并且关注市场需求及技术前沿变化，故而能及时发掘创新机会，引导企业的创新活动。③具有丰富的经验知识。三位企业家都具有市场推广、企业管理或技术研发等经验知识，不仅能及时地发掘创业机会，而且能指导企业的技术创新和商业模式的变革。例如，雄厚的专业技术背景、丰富的研发和管理经验，为李彦宏积累了先进的研发和管理知识，促使其倾向实施突破式创新。

表 5.1　三位创业企业家的胜任能力结构比较

企业家	马云	马化腾	李彦宏	共性胜任力特征
心理胜任力	反思自身能力，转化劣势为优势；分析预测市场，创新商业模式；通过创业实践，获取理论知识，偏好风险，主动创新	分析自身能力，划分职责范围；捕捉市场需求，引领技术创新；进行模仿创新，扩充产品市场；规避风险，选择渐进创新	注重学习提升，识别把握机会；把脉技术方向，引领技术范式；注重突破创新，引导技术转化；偏好风险，推崇技术突破	善于自我分析；具有创新思维；擅长学习运用；评估创业不确定性和风险；选择恰当创新模式
认知胜任力	积累管理实践经验，形成创新知识；利用市场推广经验，引导模式创新	利用专业技术背景，选择创新方案；关注市场需求，推动渐进创新	基于技术管理实践，形成先占信息技术背景；专业技术背景，倾向突破创新	积累技术和管理的知识、经验；能够根据市场需求和技术演变，选择适宜的创新模式
社会胜任力	调节内外关系，传递创新思想；扩张社会网络，撬动社会资源；拥有希望情绪	推行亲情管理，推动企业创新；利用社会关系网络，获取资源；保持乐观心态	利用专家网络，吸引技术专家；具有研发激情	利用个人魅力和社会网络，撬动社会资源；具有积极的创业情绪
职能胜任力	协调高层人员，强化内部管理；布道企业文化	创建事业部结构，采用双领导模式；创新产品，开拓市场；奠定企业文化基调	强化创新意识，培养创新能力；通过示范组织，推动技术创新；创建关怀文化	有效管理企业人力资源；制定适宜的企业发展战略；引导企业文化

通过对三位创业企业家胜任力的深入比较分析可知，三位企业家的胜任力结构也存在差异性，故而产生异质性的文化构建行为、认知模式和社会资本结构。

①马云的胜任力构成特质。首先，马云的个人特征促使阿里巴巴形成了"武侠色彩、红色印记、拼搏精神"的企业文化，从而能够较好地适应中国互联网市场；其次，马云具有丰富的管理实践和市场推广经验，并且善于发掘消费者对电子商务的价值诉求；最后，马云建立了广泛的社会单位网络，故而能赢得众多战略合作伙伴的支持。由此，马云针对中国消费者的差异化价值主张，联合战略伙伴，不断创新电子商务模式，从而推动了阿里巴巴的快速发展。②马化腾的胜任力构成特质。首先，马化腾低调务实的性格特征促使腾讯形成了务实的企业文化；其次，马化腾具有专业的技术背景，因而擅长发掘技术机会，并能选准企业的研发方向；最后，马化腾能借助家庭及家庭外社会网络，获得资金和管理支持。由此，马化腾在创业过程中，侧重满足消费者的价值诉求，积极利用外部创新资源，致力于实施实用性技术的渐进式创新，进而推进了腾讯的快速扩张。③李彦宏的胜任力构成特质。首先，李彦宏认同硅谷创业文化，因而在百度推行硅谷的创新型企业文化；其次，李彦宏积累了雄厚的技术研发经验，擅长分析行业的技术发展趋势；最后，李彦宏能够通过家庭外网络赢得外部技术支持。由此，李彦宏推行技术突破式创新，并强化外部技术资源的整合利用，从而推动了搜索引擎技术的发展。

第二节　新兴产业企业家创业胜任力结构的理论分析

由跨案例分析可知，马云、马化腾和李彦宏三位创业企业家的胜任力要素包括心理胜任力、认知胜任力、社会胜任力和职能胜任力。因此，本节基于四类创业胜任能力，解析新兴产业企业家的创业胜任力结构。

（一）心理胜任力

新兴产业创业企业家的心理胜任力主要包括创新思维模式、学习运用能力及风险承担性。①创新思维模式。思维模式影响个体对外部环境的适应。新兴企业面临复杂多变的竞争环境，因此，新兴产业创业企业家需要具有创新思维模式，如此才能根据市场需求和技术变化选择合适的创新模式。②学习运用能力。新兴技术的更新速度较快且商业化环境较复杂，因此，新兴产业创业企业家需要不断进行知识学习更新，以指导企业的创业实践。③风险承担性。心理胜任力影响创业企业家创业机会的识别和把握，影响企业家创新资源的整合，从而影响企业家创新模式的选择。例如，马化腾主张规避风险，因此倾向于实施渐进式技术创新模式，即关注需求导向的实用技术研发；而马云偏好风险，由此倾向于实施商业模式创新，推进内外部风险活动，从而将业务范围延伸至社交和移动端。

（二）认知胜任力

新兴产业创业企业家的认知胜任力主要包括先验知识和宏观视野。①先验知识。先验知识能指导企业家的创业实践，有助于企业家获取和吸收新知识。鉴于新兴企业初创阶段缺乏创新人才等创新要素，因此，创业企业家需要承担多种创业角色，故而需要具有丰富的管理、技术等先验知识。与此同时，创业企业家的先验知识，有助于企业家获取和吸收新知识，从而有助于企业家适应动态变化的创业环境。②宏观视野。新兴产业的创业活动需要克服更多的不确定性，因此，创业企业家需要具有宏观视野，即需要全局性考量竞争环境，前瞻性预测新兴技术和新兴市场的变化趋势，如此方能制定正确的创业战略。

（三）社会胜任力

新兴产业创业企业家的社会胜任力主要包括社交能力、社会关系网络和创业情绪。①社交能力。首先，新兴企业的专业化分工更深化，但这也会导致员工间缺乏沟通交流，致使隐性知识难以共享，故而需要创业企业家具有内部沟通协调能力，以促进企业员工的沟通交流。其次，企业家个人社交形象影响公众对企业的认知，因此，创业企业家需要具有公众社交能力，以树立正面形象，提高企业认知度。②社会关系网络。社会关系网络是企业家社会资本的载体，能为企业的创业发展提供资源支持。鉴于转型时期我国存在融资渠道不健全、政策支持滞后等困境，因此，创业企业家需要建立广阔的社会关系网络，以撬动社会资本。③创业情绪。新兴企业创业活动的风险性较高，因此，创业企业家需要具有承担创业失败的勇气和持久的创业激情，以面对创业的不确定性，赢得员工的信任和支持，从而提高企业的创业凝聚力。

（四）职能人胜任力

新兴产业创业企业家的职能胜任力包括人力资源管理能力、战略领导能力及文化构建能力。①人力资源管理能力。新兴产业属于高科技人才密集型产业，因此，创业企业家需要构建扁平化组织模式，搭建宽松的创新环境，制定适宜的激励制度，以激发员工的创新动力。②战略领导能力。创业企业家是企业的战略领导者，故而需要具有战略性思考能力和变革领导力。尤其在当前，我国新兴产业的创业引导机制比较滞后，因此，企业家更需制订适宜的战略规划，以提升企业的战略柔性。③文化构建能力。企业家是企业文化的缔造者及核心代言人，影响员工的创新精神和合作氛围。鉴于新兴产业的从业人员素质高且流动性强，因此，企业家应结合企业使命，构建以人为本、鼓励创新和团队协作的企业文化。

第三节　新兴产业企业家创业胜任力结构的实证分析

本节依据社会胜任力、职能胜任力、认知胜任力、心理胜任力四要素的外显性特征和层次结构关系，构建新兴产业企业家创业胜任力模型。在此基础上，通过对南京、苏州、无锡等地区新兴产业企业家的调研分析，剖析新兴产业企业家的创业胜任力要素及其构成因子，并解析不同创业胜任力要素对企业家创业机会识别、评价和开发的影响机制。

一、模型构建

创业胜任力指创业者识别、预见和利用机会的能力，主要包含能力胜任力、社会胜任力和心理胜任力三个维度。陈建安等（2013）指出能力胜任力不仅包括创业者分析、创造和实践的创业智能，而且包括相关行业、类似岗位的创业经验，还包括财务管理及人力管理等创业技能。现有研究关于"能力胜任力"的划分忽略了胜任力要素效用的异质性，并且陷入了用能力解释能力的困境。鉴于分析智能、创造智能及创业经验体现了企业家的认知能力，影响企业家创业机会的识别和评估；实践智能与创业技能体现了企业家的职能能力，影响企业家职能工作的完成效率，从而影响企业家创业机会的开发、利用。故而，本节以创业胜任力对创业机会识别、评估与开发的影响为切入点，将能力胜任力划分为认知胜任力和职能胜任力，进而指出新兴产业企业家的创业胜任力包括社会胜任力、职能胜任力、认知胜任力，以及心理胜任力四个维度。其中，社会胜任力即企业家与创业环境互动的能力，表现为社会关系的构建、沟通交流能力等；职能胜任力是企业家整合配置创业资源的技能。例如，创业团队的协同管理、新兴技术的研发管理等；认知胜任力为企业家搜寻处理创业信息的能力，包括企业家的认知结构和决策模式等；心理胜任力指影响企业家创业倾向、风险偏好等心理因素。例如，主动性人格（zhao et al.，2010）、冒险精神（Tasset et al.，2010）、创业热情（Catts et al.，2010）等。在此基础上，本节依据社会胜任力、职能胜任力、认知胜任力、心理胜任力四要素的外显性特征和层次结构关系，构建了新兴产业企业家创业胜任力的金字塔模型，如图 5.5 所示。

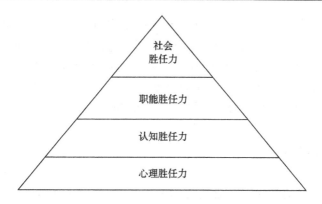

图 5.5　新兴产业企业家创业胜任力的金字塔模型

（一）四要素的外显性特征

在上图的金字塔模型中，新兴产业企业家的四类创业胜任力要素由上至下，外显性程度逐渐减弱，即内隐化程度递增。其中，社会胜任力体现为企业家可观察的社会交流行为及社会网络构建行为，外显性程度最高。例如，马云等新兴产业创业企业家，擅长通过微博、论坛、博客等自媒体平台，发布其"做人"和"做事"的信息（黄静等，2010）。职能胜任力体现为企业家的战略管理、人事管理等创业管理行为，外显性程度次之。认知胜任力体现为企业家的思维模式和学习行为，外显性程度较低，即内隐化程度较高。心理胜任力反映企业家的创业心理特征，内隐化程度最高，难以直接观察测量。例如，当马化腾等新兴产业创业企业家处于创业困境时，其能通过澄心静默、自我对话等自我管理行为，调整创业心理感受，从而保持积极的创业态度。由此可知，社会胜任力、职能胜任力、认知胜任力、心理胜任力的外显性特征存在差异，即被直接观察和测度的难度依次提升，内隐程度递增。

（二）四要素的层次结构关系

在创业胜任力金字塔模型中，新兴产业企业家的四类胜任力要素由下至上，对其他胜任力要素的影响程度逐渐减弱。其中，心理胜任力反映企业家创业主动性、先动性和风险偏好性等心理特征，有助于企业家形成带有情感或态度成分的热情认知（Acs et al.，2012），能增强企业家的资源配置信心，激发企业家的创业热情，从而提高企业家的认知胜任力、职能胜任力和社会胜任力。认知胜任力反映企业家的信息获取和处理能力，能帮助企业家评价创业资源并形成创业机会开发计划，解构不确定或复杂的创业机会环境，是形成企业家职能胜任力和社会胜任力的内在驱动要素。职能胜任力表现为企业家开发与利用创业机会的管理行为，有助于提升企业家的交流沟通能力,扩展企业家的社会关系网络,从而能提升企业家的社会胜任力。社会胜任力反映企业家的社会网络及交流沟通能力,受企业家心理胜任力、认知胜任力和职能胜任力的影响。与此同时,企业家的社交行为能增强企业家的自我认同心理,增加企业家的学习机会,并且能为企业家的创业活动提供资源支持,从而能反作用于企业家的心理胜任力、认知胜任力和职能胜任力。

二、研究设计

基于对新兴产业企业家创业胜任力要素的探究,借鉴单标安等(2014)、张鹏等(2015)、冯海红等(2015)等学者的前期研究,结合新兴产业创业企业家的半结构化访谈,共选取 32 项创业胜任力测项,如表 5.2 所示。据此,本节设计了包含该 32 个问题的影响因素调查问卷,并且采用利克特五级打分法测度影响因素。

表 5.2　新兴产业企业家创业胜任力的测项

构成要素	测项	构成要素	测项
社会胜任力	S1 构建技术关系网络的能力	认知胜任力	R1 最终学历
	S2 构建政治关系网络的能力		R2 专业背景
	S3 构建资金关系网络的能力		R3 职业背景
	S4 构建市场关系网络的能力		R4 分析外部环境的能力
	S5 交流知识信息的能力		R5 预测发展趋势的能力
	S6 达成意见共识的能力		R6 决策创业计划的能力
	S7 建设沟通网络的能力		R7 开放、思辨的思维特征
	S8 关怀激励他人的能力		R8 研发新兴技术的能力
			R9 创新商业模式的能力
职能胜任力	Z1 应对外部不确定环境的能力		R10 经验学习能力
			R11 认知学习能力
	Z2 设置、评估和实施创业战略的能力		R12 实践学习能力
	Z3 组建创业团队的能力	心理胜任力	X1 容忍不确定性的程度
	Z4 构建组织架构的能力		X2 接受创新风险的程度
	Z5 领导、监督和激励员工的能力		X3 乐观的创业态度
	Z6 创建特色企业文化的能力		X4 快乐的创业情绪
	Z7 促使企业文化契合员工价值的能力		X5 持续的创业激情

(一)数据搜集与样本特征

本节选择在南京、苏州、无锡三大国家高新技术产业基地,对新能源、新材料、生物医药、电子信息、高端装备制造业、电动汽车等新兴产业的创业企业家进行问卷调研,共发放问卷 400 份,回收问卷 343 份,剔除缺失率较高的问卷,获得有效问卷 238 份，有效率达 69.4%，样本主要特征如表 5.3 所示。

表 5.3　样本特征

被访者性别	问卷数量/份	比例	被访者年龄/岁	问卷数量/份	比例
男性	202	84.9%	30 及以下	29	12.2%
女性	36	15.1%	30~40	136	57.1%
			40 及以上	73	30.7%
企业规模/人	问卷数量/份	比例	企业年龄/年	问卷数量/份	比例
员工数 100 及以下	71	29.8%	1 及以下	40	16.8%
员工数 100~200	137	57.6%	1~3	71	29.8%
员工数 200 及以上	30	12.6%	3 及以上	127	53.4%

（二）数据分析

1. EFA

应用 SPSS 16.0 对样本数据进行 KMO 和 Bartlett 检验，结果显示 KMO 值大于 0.8，偏相关性较弱；Bartlett 球形检验通过。因此，数据符合因子分析条件，可进行 EFA。基于此，本节采用主成分法，抽取特征根大于 1 的因子并对因素进行最大方差旋转。旋转后的因子载荷矩阵中，社会胜任力中的 S5、S8，心理胜任力中的 R4、R7 在三个因子的载荷相近；心理胜任力中的 X4 在各个因子上的载荷较为平均。由此删除 S5、S8、R4、R7、X4 测项，最终形成包含 27 个测项的新兴产业企业家创业胜任力调查问卷。

对包含 27 个测项的问卷进行检验，由于 KMO 值大于 0.8，Bartlett 球形检验通过，说明样本数据适合做因子分析。通过探索性分析，抽取了特征根大于 1 的 11 个因子，其累积方差解释贡献率为 85.460%，形成了碎石图，图形从第 11 个因子处趋于平缓，得到了正交旋转矩阵，其中 27 个测项归属于 11 个因子，且各测项的因子负荷值均大于 0.4。由此提取并得到了新兴产业企业家创业胜任力的构成因子（表 5.4）。其中，因子 1 由 X1 和 X2 构成，着重反映企业家面对创业不确定性的心理倾向，将其命名为"风险倾向"；因子 2 由 X3、X5 构成，着重反映企业家创业过程中的主观感情，将其命名为"创业情绪"；因子 3 由 R1、R2 及 R3 组成，主要反映企业家先于创业活动拥有的知识储备，将其命名为"先验知识"；因子 4 由 R5、R6 组成，主要反映企业家分析新兴产业演化规律，进而做出创业决策的认知技能，将其命名为"概念能力"；因子 5 由 R8、R9 组成，主要反映企业家发现问题并提出新兴技术或商业构想的思维特征，将其命名为"创新思维"；因子 6 由 R10、R11、R12 组成，主要反映企业家反思自身经验，学习他人行为进而改进创业实践的认知行为，将其命名为"学习能力"；因子 7 由 Z1、Z2 构成，主要反映企业家面对外部环境的战略规划与战略控制能力,将其命名为"战略领导";因子 8 由 Z3、Z4、Z5 构成,主要反映企业家组建创业团队、配置创业资源的能力,将其命名为"组织管理";因子 9 由 Z6、Z7 构成,主要反映企业家构建特色组织文化、加强员工文化认同的能力,将其命名为"文化构建";因子 10 由 S1、S2、S3、S4 形成,主要反映企业家与创业环境互动,关系网络构建的能力,将其命名为"网络构建";因子 11 由 S6、S7 形成,主要反映企业家与他人沟通交流,达成理念共识的能力,将其命名为"交流沟通"。

表 5.4　新兴产业企业家创业胜任力的 EFA 负荷值

主要因子	测度	EFA 负荷	克朗巴哈系数	主要因子	测度	EFA 负荷	克朗巴哈系数
co1:风险倾向	X1 容忍不确定性的程度	0.713	0.789	co7:战略领导	Z1 应对外部不确定环境的能力	0.661	0.845
	X2 接受创新风险的程度	0.763			Z2 设置、评估和实施创业战略的能力	0.659	
co2:创业情绪	X3 乐观的创业态度	0.694	0.673	co8:组织管理	Z3 组建创业团队的能力	0.688	0.618
	X5 持续的创业激情	0.667			Z4 构建组织架构的能力	0.561	
co3:先验知识	R1 最终学历	0.761	0.635		Z5 领导、监督和激励员工的能力	0.661	
	R2 专业背景	0.651		co9:文化构建	Z6 创建特色型企业文化的能力	0.731	0.641
	R3 职业背景	0.648			Z7 促使企业文化契合员工价值的能力	0.668	
co4:概念能力	R5 预测发展趋势的能力	0.691	0.716	co10:网络构建	S1 构建技术关系网络的能力	0.688	0.814
	R6 决策创业计划的能力	0.726			S2 构建政治关系网络的能力	0.645	
co5:创新思维	R8 研发新兴技术的能力	0.710	0.671		S3 构建资金关系网络的能力	0.610	
	R9 创新商业模式的能力	0.662			S4 构建市场关系网络的能力	0.604	
co6:学习能力	R10 经验学习能力	0.744	0.656	co11:交流沟通	S6 达成意见共识的能力	0.736	0.668
	R11 认知学习能力	0.615			S7 建设沟通网络的能力	0.657	
	R12 实践学习能力	0.611					

由 Cronbach's α 内部一致性系数可知,11 项公因子的内部一致性较高,而且 11 项公因子的累积贡献率达到 85%以上,因此新兴产业企业家的创业胜任力包括 11 项主要构成因子,其中风险倾向和创业情绪 2 项因子反映了企业家创业过程的心理特征,隶属于心理胜任力要素;先验知识、概念能力、创新思维和学习运用

4 项因子反映了企业家信息搜寻与处理的能力，隶属于认知胜任力要素；战略领导、组织管理、文化构建 3 项因子反映了企业家创业资源的整合与配置技能，隶属于职能胜任力要素；网络构建、交流沟通 2 项因子反映了企业家与创业环境的互动影响能力，隶属于社会胜任力要素。由于风险倾向因子和创业情绪因子的累积贡献率较高，由此可见心理胜任力是新兴产业创业企业家创业胜任力的重要组成部分。这主要是由于心理胜任力不仅有助于企业家坚定创业信心、保持创新动力，而且有助于企业家提升认知能力、管理技巧和社交智慧。尤其在经济新常态情形下，我国企业家面临动态复杂的创业环境，加之我国当前缺乏完善的新兴产业创业政策，故而企业家需要具备一定的心理胜任力，如此才能激发自身的创业潜力，提高自身的创业机会识别与利用的效率，从而提升企业的创业绩效。

2. 验证性因子分析

对包含 27 个测项的问卷进行 CFA，构建了新兴产业企业家创业胜任力要素的二阶因子结构模型（图 5.6）。该模型的拟合指数分别为 $\chi^2/df=2.421$，AGFI=0.87，NFI=0.87，NNFI=0.89，CFI=0.91，IFI=0.91，PNFI=0.64，表明路径模型的拟合度较高且模型较简约，四类创业胜任力要素与 11 个创业胜任力因子的关系是存在且稳固的。模型中 11 个因子在四类要素上的标准化估计值处于 0.48~0.9（$p<0.01$），被各自所属要素解释的变异量处于 0.61~0.991，被解释变异超过 70%，说明四类创业胜任力要素可以较好地解释 11 个创业胜任力因子，其中社会胜任力解释了网络构建和交流沟通能力；职能胜任力解释了战略领导、组织管理和文化构建能力；认知胜任力解释了先验知识、概念能力、创新思维、学习运用；心理胜任力解释了风险倾向和创业情绪。

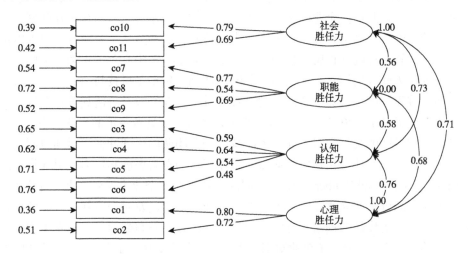

图 5.6　新兴产业企业家创业胜任力要素的二阶因子结构模型

（三）新兴产业企业家创业胜任力结构的要素分析

由上分析可知，新兴产业企业家的创业胜任力由社会胜任力、职能胜任力、认知胜任力和心理胜任力四要素构成，每类胜任力要素又包含相应的胜任力因子，从而构成了新兴产业企业家创业胜任力的结构体系，如图 5.7 所示。

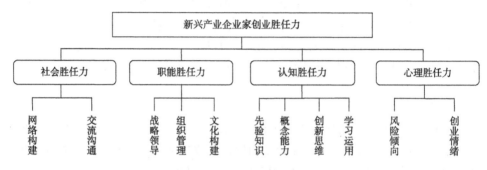

图 5.7　新兴产业企业家的创业胜任力构成体系

1. 新兴产业企业家创业胜任力的构成因子

（1）新兴产业企业家的社会胜任力体现为企业家构建关系网络及社会交流互动的能力，主要包括网络构建和交流沟通。①网络构建。企业家的社会网络有助于企业家获取创业的互补资源（刘烨等，2013）。新兴产业的创新创业需要企业家把握外部创新机会，撬动社会资源，因此，新兴产业企业家需要构建蕴含技术、政治、市场及资金等创业资源的社会网络，以减少信息搜集成本和市场交易成本，集聚创业要素，并提高企业的市场认可度。例如，雷军具有联系众多互联网企业家及管理者的关系网络，故而在创立小米科技时，成功邀请了当时谷歌研究院的副院长、微软工程院的首席工程师、摩托罗拉北京研发中心总工程师及金山词霸总经理等作为联合创始人，从而为企业的创新创业集聚了科技与商业人才。②交流沟通。首先，由于创业团队成员的教育背景、创业经验及价值观等存在异质性（樊传浩和王济干，2013），因此新兴产业企业家必须具备一定的沟通能力，善于引导团队成员间的交流学习，如此才能减少创业团队的内部冲突，增加协同创新绩效。其次，随着社会化媒体的流行，企业家对消费者态度和行为的引导作用逐渐加强（Fischer and Reuber，2011）。因此，新兴产业企业家需要注重对外沟通，树立企业家品牌，如此才能增强消费者对企业的认知度及对企业新兴产品的信任度。例如，聚美优品的创始人陈欧，通过代言广告、发布微博等，树立了阳光、正能量的个人形象，强化了企业对消费者负责的形象，吸引了众多"80后"和"90

后"的消费者。

（2）新兴产业企业家的职能胜任力体现为企业家的创业资源调配能力，主要包括组织管理、战略领导及文化构建。在新兴企业中，普遍存在由创业资源配置失调而引起的 X 低效率（卜华白等，2013）。由于 X 低效率与企业的发展战略、组织结构、员工心理契约等密切相关，因此新兴产业企业家必须具备一定的战略领导、组织管理及文化构建。①战略领导。新兴产业的低经验性和低参照性（陈燕妮和王重鸣，2015），使得企业家缺乏可供参考的创业战略。因此，新兴产业企业家必须具备战略思考能力和变革领导能力，如此方能科学地预测产业发展趋势，有效分析竞争对手，及时发掘市场需求信息，从而制定合理的竞争战略。②组织管理。在新兴技术创新和新兴市场开发过程中，企业家需要根据企业创业目标组建创业团队、调整组织结构、制定激励制度（冯米等，2012），从而提高创业企业的核心竞争力。③文化构建。作为企业文化的缔造者及核心代言人，新兴产业企业家需要结合企业使命，构建以人为本、鼓励创新和团队协作的特色文化，如此才能增强创业团队的向心力和凝聚力。

（3）新兴产业企业家的认知胜任力体现为企业家的认知结构和认知模式，主要包括先验知识、概念能力、创新思维及学习运用。①先验知识。新兴产业企业家的学习经历、专业知识背景和从业经历等构成的先验知识，如研发技能、管理经验等，能够缩短其行业适应期，提高其创业预见性，增强其创业管理能力。与此同时，新兴产业企业家的先验知识可以提高其专家权威，从而减小创业团队异质性对企业创业绩效的负向作用（姚冰湜等，2015）。②概念能力。新兴企业的创建发展处于动态复杂的创业环境，因此新兴产业企业家需要具备一定的概念能力，如此才能考量宏观政策环境，发掘潜在顾客需求，把脉新兴产业演化规律，并制定合理的技术创业规划。③创新思维。鉴于创新是新兴企业持续发展的源动力，因此新兴产业企业家必须具备创新思维，能够基于市场环境发掘新兴技术机会，并创新商业模式。④学习运用。由于自身经验和技能具有局限性（单标安等，2014），因此新兴产业企业家需要具备学习运用能力，不断总结提炼创业经验，并善于学习借鉴，从而更新和积累创业知识，进而推动企业的创新创业。

（4）新兴产业企业家的心理胜任力体现为企业家的心理特征，主要包括风险倾向和创业情绪。①风险倾向。新兴技术的研发和市场化、商业模式的创新和推广，均面临较高的不确定性，因此新兴产业企业家需要具有较高的不确定性容忍度。同时，企业家创新创业的决心和魄力，会影响企业员工的创新信念（刘子安和陈建勋，2009），进而会影响企业的创业绩效。因此，新兴产业的企业家应具有较高的创新风险接受度。例如，李彦宏具有风险偏好倾向，推崇突破式技术创新，鼓励员工自由创造，故而领导百度投入 21.36 亿元研发人工智能技术，从而促使百度成功推出了自动驾驶、语音识别及图像识别等软件。②创业情绪。鉴于新兴产业的创新创业是高风险、高成本的行为实践（谢洪明和程聪，2012），因此新兴产业企业家需要具备积极的创业情绪。例如，勇气、激情等，如此才能提高自身的抗压能力（程聪，2015），并能基于积极情绪的传导机制，提升自身的号召能力。例如，马化腾在创业实践中极具韧性并永葆激情，因此在开发 OICQ、推出 BP 机寻呼系统失败后，继续创建腾讯公司，继而在 QQ 已主导即时通信市场时，勇于推出微信程序。

2. 新兴产业企业家的创业胜任力与创业机会

由创业机会论可知，创业指创业者不拘泥于资源约束，通过机会的识别和开发创造价值的活动过程（Stevenson and Jarillo，1990），包括创业机会的识别、评估和开发（Shane and Venkataraman，2007），受创业者社会胜任力、职能胜任力、心理胜任力和认知胜任力的影响。因此，本节基于创业机会视角，进一步分析新兴产业企业家创业胜任力对其创业活动的影响，如图 5.8 所示。

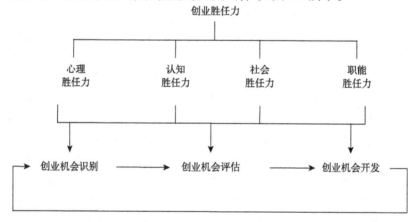

图 5.8　创业胜任力与创业机会的识别、评估和开发

1）创业胜任力与创业机会的识别

企业家能够感知未被充分满足的市场需求和未被充分利用的资源，发现特定需求和特定资源间的匹配模式，形成新的商业概念，识别新的创业机会。新兴产业企业家是新兴创业机会的发现者和创造者，其心理胜任力、认知胜任力和社会胜任力对创业机会的识别至关重要。其中，企业家的专业知识背景、相关行业经历及风险倾向能引导企业家关注新兴的技术，帮助企业家发掘新兴市场的空缺。例如，李彦宏作为优秀的搜索引擎工程师，拥有"超链分析"技术专利，能够预测搜索引擎发展趋势，并且敢于担当中国互联网创业先驱，故而发现了开发中文搜索引擎的创业机会。同时，企业家的社会网络、学习能力及创新思维，能够促使企业家形成更多和更具原创性的商业创意，从而提高企业家创业机会的识别效

率。再如，任正非接受朋友建议从事程控交换机产品代理商，其后认识到程控交换机的巨大市场，由此积极开展技术研发，推动企业转型为通信科技公司。又如，左书舟作为资深媒体人与国家策划师，通过与众多政府机构和企业的交流，认识到媒体广告与互联网结合的必要性，通过事件营销、品牌营销等模式，创造性地推出了中国排行榜网。

2）创业胜任力与创业机会的评估

在识别创业机会后，企业家需要估测创业机会的潜在价值，并根据创业环境和已有创业资源，评价其创业活动的可行性和商业道德。新兴产业企业家创业机会的评估，主要受其心理胜任力、认知胜任力和社会胜任力的影响。其中，企业家的积极情绪，能够帮助企业家在有限信息下依靠情感快速做出决策，从而提高企业家创业结果评估的时效性。例如，刘强东具有积极乐观的心态，面对"非典"对传统零售业的冲击，果断放弃了扩张连锁店面的商业计划，带领京东公司步入电子商务领域。由创业机会论可知，企业家有关技术、市场和行业发展的先验知识和学习能力，有助于企业家综合分析新兴技术的创业环境，能够帮助企业家预估新兴技术的潜在价值，进而能提高企业家创业计划的科学性。例如，王志东基于中文之星、新浪网等创业经历，认为即时通信将成为最具前景的互联网应用，由此聚焦发展即时通信业务；并根据对 skype 产品的解析，发现对等网络（peer-to-peer，P2P）技术可推动用户、厂家及产业链的共赢，由此大力开发可管理的 P2P 技术。与此同时，企业家与顾客、供应商、竞争者及金融机构所构建的社会网络，能够为其创业机会的评估提供智力支持，从而能提高企业家创业机会评估的可靠性。

3）创业胜任力与创业机会的开发

继识别、评价创业机会后，企业家需要致力于创业机会的开发利用，如开发新产品、新服务和进入新市场等。创业机会的开发，主要受新兴产业企业家心理胜任力、认知胜任力、社会胜任力和职能胜任力的影响。新兴产业创业活动存在不确定性和较强的风险性，由此积极的创业情绪和风险倾向能够激发企业家的创业潜能和风险应对能力。例如，丁磊基于"坚持怀抱理想、决不放弃努力"的创业心态，勇敢面对企业被股市宣布暂停交易、内部人事震荡等创业困境，坚持带领网易进行创新发展，从而取得了股价升值的创业绩效。在创业活动中，企业家的先验知识和学习运用能力，能提高企业家创业机会的开发效率。例如，王兴吸取创办校内网的经验，谨慎控制运营成本，从而促使美团网在融资困难时，仍能保持持续扩张。同时，企业家的社会网络和沟通能力，能帮助企业家获得外部技术、资金、市场的支持及内部员工的支持，从而能为企业家集聚创业资源。例如，贾跃亭利用自身的关系网络及交流沟通能力，解决了乐视网发展面临的制度壁垒和资金匮乏困境，从而加快了企业的扩张发展。此外，企业家的职能胜任力，能促使企业家构建柔性组织架构、制定有效竞争策略、构建特色企业文化，从而提升企业家创业资源的配置效率。

第四节　本章小结

本章通过跨案例研究，对马云、马化腾和李彦宏等典型新兴产业企业家的创业行为的纵向案例分析和横向比较分析，构建了新兴产业企业家创业胜任力的概念框架，包括社会胜任力、职能胜任力、认知胜任力和心理胜任力等四类胜任力要素。在此基础上，通过实证分析得出新兴产业企业家的社会胜任力体现为企业家构建关系网络及社会交流互动的能力，职能胜任力体现为企业家的创业资源调配能力，认知胜任力体现为企业家的认知结构和认知模式，心理胜任力体现为企业家的心理特征。

第六章 新兴产业企业家创业模式的生成机理

我国的创业主体呈现多元化，且异质性主体的创业模式存在差异（黄永春等，2014b）。基于此，本章以我国典型新兴产业企业家的创业活动作为研究对象，解析创业模式的类型特征，进而基于创业胜任力理论，探讨异质性创业胜任力下创业模式的生成机理及演化机制。

第一节 新兴产业企业家异质性创业模式的特征分析

创业是创业者基于自身能力，生成创业模式从而产生创业绩效的过程。鉴于此，本节基于创业过程视角，构建"创业能力—创业模式—创业绩效"的研究路径（图 6.1）。进一步地，选择任正非、马云和李彦宏的创业活动作为研究对象，分析三位创业者的创业能力特征、创业模式类型及创业绩效构成，从而探索生存推动型、机会拉动型及创新驱动型三类创业模式的生成机理。

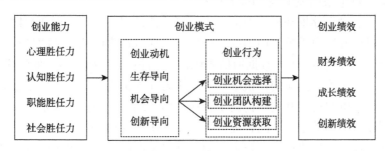

图 6.1　创业模式的生成机理

一、任正非的生存推动型创业模式分析

创业初期，任正非的心理胜任力、认知胜任力及社会胜任力较低，由此生成了生存推动型创业模式。①任正非的创业信心及风险承受等心理胜任力较低，因此其创业活动以生存为导向。能力自信及风险偏好较低时，个体实施创业主要为满足生存需要而非承担社会责任或获得自我实现（Fayolle et al., 2014）。创业初期，任正非背负巨债且遭遇家庭巨变，对自身能力的评价及外部风险的承受能力都比较低，故而其创业主要为满足基本生存需求。例如，任正非为谋求生存，销售过火灾报警器、减肥药、墓碑等。②任正非的机会发掘及研发创新等认知胜任力较弱，因而其侧重搜寻创新性较低的创业机会。先前经验影响创业者对创业信息的扫描和搜寻（Obschonka et al., 2016），进而影响其对创业机会的识别及开发。初涉数据通信领域时，任正非缺少行业及职能经验，因而难以快速识别利基市场或有效开展研发创新，故而选择代销香港交换机以赚取差价。③任正非的关系扩张能力等社会胜任力较低，因此其难以形成专业的创业团队及丰富的创业资源，故而其侧重于提高团队规范性及拼凑既有资源。由于网络具备对外封闭性（王凤彬等，2019），因此未能建立行业及政府网络的创业者，难以突破网络封锁，获得人力、资金、政策等资源。因此，在建设创业团队时任正非主要依靠血缘、亲缘及地缘等个人关系招募团队成员，导致团队内部的非正式关系较强，由此引发了管理混乱、个人英雄主义盛行等问题。为此，任正非注重团队规范性建设，不断优化组织架构、明确任务分工。例如，任正非在华为推行主席轮值，规定轮值主席拥有最高决策权力，负责公司战略制定及制度建设。在整合创业资源时，由于缺乏外部资金、技术等的支持，任正非侧重于集中利用既有资源。例如，最初研制程控交换机时，鉴于缺少厂房设备、人员及资金，任正非租用了一个破旧厂房充作研发场地、库房和厨房，集中了所有员工及资金来研发 C & C08 万门机。

任正非通过生存推动型创业活动生成了较高的财务绩效。创业初期，任正非以生存为目标开展由香港到内地的转口贸易，通过销售内地紧缺的日常用品快速积累了原始创业资本。进入数据通信领域初期，任正非选择风险较低的代理业务，通过在内地代销香港鸿年交换机赚取了数千万元人民币。此外，任正非通过团队规范性建设及资源拼凑利用等提高了企业的财务绩效。例如，任正非通过制定主席轮值制度等，推动了企业的合理扩张，在 2011 年由此生成了 26 亿元的年销售额。再如，任正非拼凑市场及技术资源，通过采购散件自行组装的方式推出低价交换机，从而获得了大量定金。由此可见，任正非以生存为导向，通过选择风险较低的创业机会、建设规范性创业团队及拼凑利用创业资源，生成了较高的财务

绩效。

二、马云的机会拉动型创业模式分析

创业初期，马云具备较高的心理胜任力、认知胜任力及社会胜任力，由此生成了机会拉动型创业模式。①马云具备较高的自我效能和成就需求等心理胜任力，因而其创业活动以开发市场机会为导向。具备较高自我效能的创业者，倾向于挑战既有技术及市场制度（Tang et al.，2010），进而开发新兴市场。马云创业初期，互联网技术及应用尚未普及。但马云坚信自己能够运用科技开发机会，因而其一方面引导团队提高网络开发技术，另一方面联合外经贸等部门推广互联网平台，从而开拓了中国电子商务应用市场。与此同时，具备较高成就需求的创业者倾向于实施顾客导向战略（Deshpandé et al.，2013），注重发现并满足新兴市场需求。马云希望借助互联网帮助中小企业成长，因而发掘了中小企业对 B2B 电子商务平台的需求，从而推出了阿里巴巴网站。②马云具备行业经验、应用性学习能力等认知胜任力，因而倾向于识别市场机会并赚取利基利润。首先，马云作为中国互联网创业先驱，具备丰富的创业经验，因而能够快速发掘新兴市场。例如，基于创建"中国外经贸部官网"等网站的经验，马云发现当时中国企业急需互联网销售平台，因而创建"海博网络"公司并推出网站制作服务。其次，马云擅长通过学习标杆企业的成功经验，提高自身的技术及市场能力，从而获得较高利润。例如，马云领导技术团队通过学习微软等企业的开发流程及编码技术，实现了网页自制，从而提升了企业的盈利水平。③马云运用社会胜任力聚集了异质性团队及资源，因而侧重于提高团队规范性及整合利用资源。一方面，马云通过亲友、商业等关系网络，组成了包括技术、法律、经济等人才的创业团队（黄永春和雷砺颖，2016）。鉴于团队成员的职业经历及教育背景差异较大，团队内部容易出现认同危机。因此，马云致力于建立共享价值观等以提高团队认同性。例如，马云提出"共享共担"价值观，要求创业成员主动与不同类型的同事合作、共享知识。另一方面，马云通过行业网络，聚集了技术、市场等创业资源，并致力于整合各类资源使之与创业机会匹配，从而快速抢占创业先机（Tate and Bals，2018）。例如，为打造 B2C 网络平台，马云整合了 1688 网站的企业资源和淘宝网的个人消费者资源，从而推出了连通商品库和个人消费者的天猫购物网站。

马云通过机会拉动型创业活动生成了较高的成长绩效。一方面，马云以开发市场为目标，整合各类资源快速抢占了新兴市场份额。1995 年，马云创建了中国首家互联网商业公司。其后，马云根据电子商务平台客户群体及主要业务的变化，先后推出 B2B、C2C、B2C 等类型的网络购物平台，从而抢占了一半以上的中国电子商务市场。调查数据显示，截至 2018 年，马云创立的阿里巴巴集团占据了 58.2%的中国电子商务市场，其市场份额远超京东、拼多多、苏宁、亚马逊等。另一方面，马云通过认同性建设，提升了团队的内部满意度。马云不但在企业文化中强调团队归属感，而且在日常管理中注重价值观考核，由此打造了具备较高组织认同感的"阿里巴巴铁军"。基于此，在 Glassdoor 网站的"中国互联网公司员工内部满意度"调查结果中，阿里巴巴的员工内部满意度远高于联想、中兴和乐视等企业。由此可见，马云以机会为导向，通过开发市场机会、建设认同性团队等取得了较高的成长绩效。

三、李彦宏的创新驱动型创业模式分析

创业初期，李彦宏具备较高的心理胜任力、认知胜任力及职能胜任力，由此生成了创新驱动型创业模式。①李彦宏具备较高的自我效能和内控心理等心理胜任力，因而其创业活动以创造市场机会为导向。具备较高自我效能和内控心理的创业者，对自身能力较为自信且受外部机会的影响较弱（Rodriguez et al.，2019），因此倾向于运用自身技能创造市场机会（Yang et al.，2019）。例如，在百度搜索引擎出现之前，我国消费者对中文搜索引擎的认识局限于门户网站内的搜索栏，尚未关注其搜索范围、应答速度等功能。李彦宏秉承"通过技术改变世界"的创业信念，推出百度搜索引擎，从而引发我国消费者对可快速、方便搜索信息的中文搜索引擎的需求。②李彦宏具备职能经验、探索式学习能力等认知胜任力，因而侧重于创造市场机会以攫取创新利润。拥有丰富职能经验尤其是丰富研发经验的创业者，能够运用创新型"知识走廊"构建市场机会。李彦宏基于在布法罗纽约州立大学、道琼斯及 Infoseek 公司的研发经验，发现传统搜索引擎的收费方式不符合网络的即时性、交互性等特征，因而提出实施点击收费。具备探索式学习能力的创业者，能够转化新兴技术等开发新产品或新服务，从而获得创新利润（张爱丽和张瑛，2018）。例如，李彦宏运用"超链分析专利"技术推出竞价排名服务，从而吸引了康佳、联想、可口可乐等企业客户，进而成为中国"最佳利润增长"企业。③李彦宏运用职能胜任力聚集了创新型团队及资源，从而侧重于建设专业性团队及突破性利用资源。一方面，李彦宏基于研发能力形成了较高的学术声望（Markóczy et al.，2013），从而吸引科研人员组成了创新型团队。又由于科研人员大多缺乏市场营销、财务管理等能力，因此李彦宏引进市场、财务等方面的专家以提高团队的专业性。例如，组建百度创业团队时，李彦宏不但召集了擅长技术研发的刘建国等，而且聘请

了长于销售管理的徐勇、善于企业运营管理的王啸等。另一方面，李彦宏凭借技术能力获得了消费者、科研机构等的认同，从而取得了市场、技术等创新资源。又由于，突破传统资源利用方式有助于获得"创新租金"（Villasalero，2017）。因此，李彦宏侧重于创新各类资源的利用形式。例如，李彦宏创新市场资源的利用形式，开发人工智能技术，即通过既有市场获得大规模数据从而支持算法训练。

李彦宏通过创新拉动型创业活动生成了较高的创新绩效。首先，李彦宏以创新为导向，推动企业不断更新技术以推出异质性产品及服务。例如，李彦宏带领技术团队通过"闪电计划"升级了超链分析技术，从而促使百度成功转型为独立搜索引擎网站并推出了竞价排名服务。其次，李彦宏坚持研发新兴技术以创造市场机会。例如，百度连续数年投入大额资金开发人工智能技术。然而，由于人工智能技术尚未落地，导致企业利润率急剧下降。对此，李彦宏"不在乎华尔街怎么看，也不在乎股价下跌"，推动企业坚持进行技术研发、积极开展市场教育，从而完成了累计1522项专利申请。由此可见，李彦宏推动企业快速更新产品服务、申请专利技术，从而取得了较高的创新绩效。

第二节　新兴产业企业家异质性创业模式的生成机理

由案例分析可知，新兴产业企业家的异质性创业模式主要包括生存推动型、机会拉动型和创新驱动型三类。本节基于新兴产业企业家的胜任力特征，深入探讨三类异质性创业模式的生成机理，并从创业过程视角出发，进一步分析新兴产业企业家创业模式的演化机制。

一、生存推动型创业模式的生成机理

当创业胜任力较低，尤其心理胜任力、认知胜任力及社会胜任力较低时，创业者识别新兴机会、实施技术或商业模式创新的能力有限，因而倾向于生成生存推动型创业模式（向薇，2019）。具体而言，倘若心理胜任力较弱，一方面，创业者对自身能力及创业环境的信心较低；另一方面，创业者对创新风险及不确定性的承受能力较弱。因此，创业者的动机层次较低且创新倾向较弱（徐占东和陈文娟，2017），倾向于生成生存推动型创业模式。如果认知胜任力较低，一方面，创业者识别新兴机会的警觉性较低；另一方面，创业者创新技术或商业模式的能力较弱，故而倾向于搜寻柯兹纳型创业机会（即包含较少专业信息

和创新思维的创业机会）（张红和葛宝山，2014），进而生成生存推动型创业模式。若社会胜任力较低，则创业者扩展社会关系的能力较弱，其创业网络的规模较小且主要由姻缘或血缘关系组成。基于此，在建设团队时创业者倾向于召集亲友组成创业团队，并为避免较强非正式关系引发的管理问题而侧重于提高团队规范性；在获取资源时创业者难以通过既有创业网络获得异质性创业资源，因而侧重于拼凑既有的一般性资源。由此可见，创业信心及风险承受心理较低、创业警觉及创新认知较弱、关系扩张能力较低的创业者，倾向于生成生存推动型创业模式。

选择生存推动型创业模式的创业者，不但以取得短期财务绩效从而尽快提升生活质量为创业导向，而且倾向于搜寻资本性开支较小的创业机会，还侧重于利用个人社会网络以降低建设团队及获取资源的交易成本，因此普遍能够生成较高的财务绩效。但是，由于此类创业者倾向于选择风险及技术壁垒较低的创业机会，因而可能放弃潜在市场机会、限制产品研发，故而其开发的市场价值及新型产品较少，即生成的成长绩效和创新绩效较低。

二、机会拉动型创业模式的生成机理

当心理胜任力、认知胜任力及社会胜任力较高时，创业者擅长识别新兴机会进而开发利基市场，因而倾向于生成机会拉动型创业模式。具体而言，当心理胜任力较高，尤其自我效能和成就需求较高时，创业者对外部创业环境和自身能力的认知较为积极，且倾向于开发具有挑战性的创业机会（Mcclelland，1962）。因而，此类创业者倾向于开发新兴市场、获取利基利润，从而生成机会拉动型创业模式。当认知胜任力较高，尤其行业经验丰富且应用性学习能力较强时，创业者能够识别、评估并迅速利用市场机会（单标安等，2015），从而倾向于生成机会拉动型创业模式。当社会胜任力较高，尤其具备大规模、高质量的关系网络时，创业者能够从关系网络中获得丰富的人力、信息、市场等资源的支持（彭学兵等，2017）。因而，在建设团队时创业者能够聚集相关领域的专业人才构成高程度异质性团队，并且为提升团队效能而关注内部认同性建设；在获取资源时创业者能够获得技术、市场等资源，并且为形成资源耦合优势而注重资源整合。由此可见，自我效能及成就心理较高、行业经验丰富且应用学习能力较强、网络构建能力较强的创业者倾向于生成机会拉动型创业模式。

选择机会拉动型创业模式时，一方面，创业者侧重于开发潜在利润较高的市场机会，能够通过销售渠道重建、新产品销售等抢占市场份额。例如，马化腾为充分开发中国的即时通信市场，引导腾讯推出 QQ、微信等软件从而成为中国服务用户最多的互联网企业之一。另一方面，创业者注重团队认同性建设，因此能够提升团队的内部满意度。由此可见，选择机会拉动型创业模式的创业者能够生成较高的成长绩效（张宝建等，2015）。

三、创新驱动型创业模式的生成机理

当心理胜任力、认知胜任力及职能胜任力较高时，创业者能够创造市场机会从而获取创新利润，因而倾向于生成创新驱动型创业模式。具体而言，如果心理胜任力较高，尤其自我效能感和内控心理较高时，创业者具备较强的创业自信和创新倾向，因此倾向于改变既有技术或市场环境以创造市场机会，从而生成创新驱动型创业模式。倘若认知胜任力较高，尤其技术研发经验丰富且探索式学习能力较强时，创业者不但能够判断技术及商业模式发展趋势，而且能够创新技术范式或重构交易模式，因此倾向于生成创新驱动型创业模式（吴隽等，2016）。当职能胜任力较高，尤其技术或商业模式创新能力较强时，创业者不但能够直接参与并引导创新创业活动，而且能够基于能力优势聚集创新资源。具体而言，在建设团队时创业者能够吸引较多技术专家组成同质性创业团队，并且为避免能力短缺等问题而注重引进市场、财务等方面的专家；在获取资源时创业者能够扩展资源的获取渠道及组合方式从而突破既有资源限制。由此可见，自我效能及内控心理较高、研发经验丰富且探索式学习能力较强、技术或商业模式创新能力较高的创业者，倾向于生成创新驱动型创业模式。

选择创新驱动型创业模式时，创业者通常以攫取创新利润为导向，侧重于运用专家团队及创新资源推动技术创新及转化，因而专利申请量较多且产品更新速度较快，故而能够生成较高创新绩效。例如，乔布斯秉持"创新无极限"的创业理念，推动苹果公司申请了 10 000 余项专利，推出了 iPhone 智能手机、iPod nano 超薄数码音乐播放器、iPad 平板电脑等产品，苹果公司因此成为标杆型创新企业。

四、创业模式的演化机制

由创业过程论的"柠檬原则"可知，绩效生成及创业经历会改变创业者的能力结构及水平，能够推动创业模式的演化。鉴于此，本节从创业过程视角出发，进一步研讨创业模式的演化机制，如图 6.2 所示。

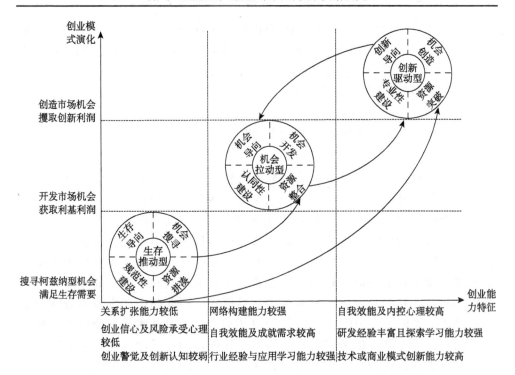

图 6.2　创业模式的演化机制

（一）生存推动型创业模式的演化

通过生存推动型创业实践，创业者能够生成较高财务绩效、积累创业经验、扩大关系网络，从而提升心理胜任力、认知胜任力及社会胜任力。首先，通过生存推动型创业实践，创业者能够生成较高财务绩效以满足生存需要，从而提升自我效能、成就需求等心理胜任力。这是由于，一方面，物质财务的积累能够加强创业者对自身能力的认知；另一方面，低层次生存需求的满足能够促使创业者产生高层次的成就需求（胡玲玉等，2014）。基于此，创业者其创业动机可能由满足基本生存转变为获取利基利润或攫取创新利润。其次，通过"干中学"，创业者能够积累创业知识、提高创业学习等认知胜任力，从而开发利基市场或创造全新市场。这是因为，一方面，创业者能够利用经验知识深度挖掘现有产品和服务的价值从而开发新兴市场；另一方面，创业者能够通过探索性学习推出异质性的产品或服务从而创造市场。最后，在与上下游企业及相关部门的交流中，创业者能够提升社会胜任力从而扩展行业、技术等关系网络。因此，一方面，创业者能够吸引更多专家加入创业团队，并根据团队的异质程度开展认同性建设或专业性建设；另一方面，创业者能够获得更多外部资源，从而依据资源类型进行资源整合或资源突破。例如，通过近10年的创业活动，任正非组建了拥有各类财务、市场、技术专家的大结构团队，从而侧重于团队认同性建设：提出"集体奋斗"的价值观、推行团队科研等。由此可见，创业者心理胜任力、认知胜任力及社会胜任力的提升，能够推动创业模式向机会拉动型或创新驱动型演化。

（二）机会拉动型创业模式的演化

通过机会拉动型创业实践，创业者能够生成较高成长绩效、积累行业经验及职能经验，从而提升心理胜任力、认知胜任力及职能胜任力。首先，通过机会拉动型创业实践，一方面，创业者能够生成较高成长绩效从而增强内控性心理；另一方面，创业者能够积累市场及技术经验从而提高创新商业模式及新兴技术等认知胜任力，从而由基于机会导向开发新兴市场演变为基于创新导向创造全新市场。具体而言，①心理控制类型决定创业者面对外部环境的态度。当内控心理较高时，创业者倾向于由适应环境并开发市场机会转为改变环境并创造市场机会。②创业经验的积累不但能提高创业者的知识存量，而且能改变其认知模式。具有较丰富的市场及技术经验后，创业者倾向于推动技术及服务变革从而创造全新的市场。其次，通过市场开发及创新实践，创业者能够提高职能胜任力，从而吸引技术专家组成团队并开展专业性建设，扩大资源渠道并突破式运用资源。例如，马云基于创立淘宝网站、支付宝平台等的经历，嵌入了互联网行业网络并获得了投资机构、技术研发及物流配送企业的认可。鉴于此，马云联合银泰集团、复星集团、顺丰速运等企业，成立了菜鸟网络科技有限公司，并推出了有效结合电子商务与物流的"中国智能物流骨干网"。由此可见，创业者心理、认知及职能胜任力的提升，能够推动创业模式向创新驱动型演化。

（三）创新驱动型创业模式的演化

通过创新驱动型创业实践，创业者能够生成较高创新绩效，提高应用学习能力并扩展社会网络，从而转变认知胜任力及社会胜任力。首先，创造出全新市场后，创业者为充分攫取创新利润，其创业导向可能由创造市场转为开发市场。例如，乔布斯开启智能手机时代后，基于消费者对智能手机屏幕大小、相机功能、存储容量等方面的需求，推出了iPhone系列手机，从而抢占了全球手机市场一半以上的利润。其次，通过技术运营，创业者能够提高技术转化运用等认知胜任力，从而倾向于运用新兴技术开发市场机会。例如，李彦宏依托百度搜索引擎建立了网民行为数据库，进而快速推出了百度输入法、百度游戏、千千音乐、百度影音等产品，从而抢占了一半以上的中国互联网市场。最后，基于商业实践，创业者能够扩张创业网络，从而吸引财务、市场等各类专家加入创业团队并注重提升团队认同性。例如，李彦宏基于企业人员结构的变化，将团队建设重点由吸引具有较高专业能力的人才转为提高团队的稳定性与延续性，从而设置百度文化委员会落实价值宣传及文化建设。由此可见，创业者认知胜任力及社会胜任力的转变，能够推动创业模式向机会拉动型演化。

第三节　本章小结

本章基于创业过程视角，从动机生成、机会选择、团队建设和资源获取等四方面出发，解析了创业模式的类型及特征，探讨了异质性创业胜任特征下创业模式的生成机理与演化机制。研究结果指出，新兴产业企业家在创业初始会率先分析自身的心理、认知、职能及社会等胜任力，从而明确创业动机导向、选择创业机会、构建创业团队并获取创业资源，以形成生存推动型、机会拉动型和创新驱动型等三类创业模式。研究还发现，新兴产业企业家创业模式的演化遵循"柠檬原则"，即绩效生成及创业经历会改变创业者的能力结构及水平，从而推动创业模式的演化。

第三篇 机 制 分 析

随着"大众创业、万众创新"战略部署的推进，我国国民的创业热情被点燃，涌现出诸多创业群体。然而，新企业的创建与成长是一个艰苦的蜕变过程，创业者不仅需要面对动态复杂的创业环境，而且需要投入一定的经济和人力成本，承担较高的不确定性和风险。由此，很多个体在创业过程中，不免萌发风险恐惧的心理，部分新生创业者也因为惧怕创业风险而不愿扩大创业投资。加之在当前经济形势下，我国创业资助体系不健全、营商环境不完善，尤其是风投外部融资环境欠完善、投资策略缺乏科学性，尽管新生创业者逐渐增加，但是创业成功率偏低，放弃创业的比例也较高。因此，有必要探讨影响企业家创业的机制，以指引我国创业生态环境的营造和创业政策的供给。

首先，基于调节聚焦理论，解析了创业期望对新生企业家创业行为的影响机制，并探究了风险恐惧对新生企业家创业行为的影响机制。在此基础上，运用社会资本理论，借助文献推导和描述性统计提出了研究假设；进而运用 Binary Logistic 方法指出企业家人力资本与社会资本将影响企业创新机会的把握和资源配置效率，从而影响创业技术赶超行为。其次，结合资源基础论，从创业者创新能力和财务资源两个维度出发，分析了风投的选择倾向机制；构建了风投收益的数理模型，并进行了数理分析；进而结合实证分析，剖析了风投机构的投资倾向；在此基础上，探究企业家创业团队人力资本特征对风投机构投资策略的影响。再次，基于 GEM 指标体系，解析了创业环境对新生企业家创业行为的影响机制，并借助社会认知论探究了创业自我效能对创业环境影响新生企业家创业行为的中介效应。最后，基于 GEM 指标体系，解析了创业资助对新生企业家创业行为的影响机制，并借助社会认知论探究了创业自我效能对创业资助影响新生企业家创业行为的中介效应。

第七章 企业家胜任特征与创业行为

企业家胜任特征不仅影响其战略的制定和实施，还影响企业创业资源的整合配置。鉴于此，本章考察了企业家胜任特征对创业行为的影响机制。首先，鉴于企业家的创业期望和风险恐惧体现了其心理胜任特征，因而本章基于调节聚焦理论，解析了创业期望对新生企业家创业行为的影响机制，并探究了风险恐惧对新生企业家创业行为的影响机制。其次，鉴于企业家的人力资本体现了其认知胜任特征和职能胜任特征，社会资本体现了其社会胜任特征，因而本章基于社会资本理论，剖析了企业家人力资本与社会资本影响其创业行为的理论框架，验证了企业家人力资本与社会资本对其创业行为的影响机制。

第一节 创业期望、风险恐惧与企业家的创业行为

本节基于调节聚焦理论，解析了创业期望对新生企业家创业行为的影响机制，并探究了风险恐惧对新生企业家创业行为的影响机制。

一、理论分析与研究假设

（一）创业期望与新生企业家的创业行为

新企业的成长不会一帆风顺，其在创业初期存在合法性受疑、资源受限等"新创弱势"。很多新生创业者中途放弃了创业，只有少数创业者坚持并成功创建了新企业。那么是什么内在机制驱动少数新生创业者坚持创业行为呢？创业期望是新生创业者面向未来的主观预测，反映了新生创业者对创业行为结果的预期，以及创业者对新企业创业绩效的期望，不仅关乎创业行为的目标确定，而且影响新企业的创建过程与创业绩效。这是因为，首先，创业期望反映了创

业活动的内在本质与特征，会影响新生企业家创业愿景和创业战略的制定。合理的创业期望能指引创业者的创业行为，从而影响新生企业家的创业绩效。例如，1999 年 2 月，马云在杭州湖畔家园召开第一次全体会议，提出了创业的三个目标，"第一，我们要建立一家生存 102 年的公司；第二，我们要建立一家为中国中小企业服务的电子商务公司；第三，我们要建立世界上最大的电子商务公司，要进入全球网站排名前十位"。也正是该创业期望及随后的创业方案指引着阿里巴巴的创建与成长，并且帮助马云集聚了"18 罗汉"。许多成功的企业家，如任正非、柳传志、褚时健，虽年过花甲却仍有创业期望，并凭借鼓舞人心的创业激情，引领企业不断壮大。其次，行为科学理论认为，行为与期望有关。一方面，创业期望饱含着力量和勇气，能够激发创业者的激情和毅力，能够使创业者在遇到各种困难时坚持不懈，全神贯注地解决企业成长中的困难。另一方面，创业期望会激发创业者的创造力，帮助创业者识别、开发、利用创业机会，有助于企业家提升创业资源的获取和利用效率。通常，新生创业者的创业期望越高，越会激励自己寻求能量使自己变得与众不同，因而越会实施积极的创业行为，即愿意承担追求新机会的冒险后果，主动地配置创业资源，前瞻性地开发新产品和新市场。因而，高创业期望会成为一种激励，促使创业者积极地开展创业活动（张玉利等，2010）。最后，情绪传染理论认为，个体情绪会潜移默化地传播。创业期望作为一种情绪体验可以随着创业者的创业行为感染创业员工，进而使创业者的个人愿景上升为新创企业的共识。在这种共同认知的激励下，企业能上下一心共同提升创业资源的配置效率，从而协同促进新创企业的发展。例如，马云的成长经历，对金庸武侠的喜爱，以及拼搏创新精神，促使阿里巴巴形成具有"红色印记、武侠色彩、拼搏精神"的企业文化，提升了创业团队的协同力。此外，创业期望是创业者向外部发送的信号，高创业期望暗含着企业具有较强的成长潜力，有利于新生企业家赢得声望与信誉，可以使创业者与创业投资人等利益相关者产生更多互动，获得政策扶持、风险投资等外部支持，从而可以增强新创企业的抗风险能力，有助于新生企业度过困难期。Townsend 等（2010）、Wiklund 和 Shepherd（2003）等的实证研究也表明，创业者的绩效预期正向影响新企业的创建，并发现小企业管理者的成长期望与企业成长正相关。

但是，随着对创业期望与创业放弃行为关系研究的深入，也有研究者提出了不同观点，认为具有较高期望水平的新生创业者更容易终止创业行为（Diochon et al.，2005），即创业期望越高，创业者放弃创业的可能性越大。这可能是因为，新生创业者的创业期望过高时，尤其当脱离其创业胜任力时，其创业期望将呈现"虚高性""盲目性"等特征，这将使新生企业家因过于乐观而陷入"勇于冒险的陷阱"，这不利于企业新产品的开发和新市场的开拓，将导致新企业创业资源配置的低效或者无序。由此，新生创业者在创业过程中可能会逐渐感觉创业绩效与自己的创业期望较远，故而会产生消极的创业行为，乃至负面的"创业放弃"倾向，最终可能会放弃创业。由此可知，合理的创业期望才会驱动新生企业家实施积极的创业行为，从而推动创业绩效的生成。

鉴于企业家的创业胜任力不仅影响其行动内生不确定的感知，以及对不确定感知的承受意愿（宋正刚，2012），而且影响企业家创业资源的撬动预期和整合信心，尤其会影响企业家创业绩效的预测和创业行为的实施（黄永春等，2014a），进而影响企业家的创业期望。因此，此处所指的创业期望是新生企业家基于自身创业胜任特征，而做出合理的创业期望。在此情况下，新生企业家的创业期望越高，进取心和主动性则越强，越愿意接受不确定性的挑战（蔡莉和黄贤凤，2016），越能积极地追求和利用创业机会，越能实施更具创新性和灵活性的创业行为，从而能撬动更多的实体资源、智力资源和社会资源。鉴于此，创业者放弃创业的可能性越小，能快速地克服"新进入缺陷"，而且能把握机会、创造价值，故而能取得较高的创业绩效。由此，提出假设1。

假设1：依托于新生企业家创业胜任特征的创业期望越高，其创业积极性和创业动力越高，因而更倾向于采取积极的创业行为。

（二）风险恐惧与新生企业家的创业行为

在创业过程中，创业者会遇到各种困难，尤其是技术创业活动面临的创业环境更加多变。尤其在当前，顾客需求变化较快，且日益多样化，与此同时，技术升级速度快，新企业难以预测技术发展趋势。由此，新生企业家在创业过程中经常遭遇未知的风险。风险恐惧是个体面对风险时的心理情绪状态，即个体对生产目的与劳动成果之间不确定性所产生的担惊受怕的压抑情绪。一方面，风险恐惧可使企业家感觉缺乏创业机会，匮乏创业资源，因而选择风险规避策略（Khelil，2016），丧失创业动力和创业积极性，进而减少创业投资，最终影响企业家的创业绩效。这是因为，风险规避策略不仅会使企业规避了市场机会，无法感知消费者的需求变化，无法开发新的创意，而且会降低企业的组织革新和流程革新速度，从而降低企业的动态环境适应能力。尤其在发展中国家，由于后发国家创业政策的滞后、创业生态体系的薄弱（Huang et al.，2016），更可能加剧新生企业家的风险恐惧心理，从而抑制新生企业家的创业行为。例如，在高动态竞争环境中，面对市场的动态变化和技术的快速升级，风险恐惧可能驱使企业家放弃抢占新兴市场和开发新兴技术的意愿，转而致力于通过技术模仿和市场跟随策略静观市场的发展趋势，等待合适的时机再实施创新。但是另一方面，由蓝伯格定理可知，必要的压力和危机感能激发并调动新生企业家的创业积极性。其原因在于企业无论创新与否都会面临被淘汰的风险，但是实施创新可能会带来收益，于是个体也可能会倾向发挥创造力以改善地位，即风险恐惧也可能驱使企业家领先竞争对手采取行动（Wyrwich et al.，2016），更主动地观察环境，及时地捕捉机会、适应环境；驱使其积极地撬动社会资源，获取相关信息和知识；驱动其开展创业学习、改善创业行为，从而推进企业的成长变革。

那么，风险恐惧对企业家的创业行为到底会产生何种影响？现实生活中存在这样一种现象，很多人都能发现商业机会，但真正产生创业意愿并且实施创业行为的个体并不多。之所以如此，是因为多数个体对创业不确定性的心理感应比较强烈，害怕创业失败所引致的各种风险，因此不会进行创业或者采取渐进的创业投资行为。然而，也有一部分个体认为机会与风险并存，虽然创业会引致一定的风险损失，但也可能产生更高的收益。与此同时，为减弱风险引致的负面影响和心理压力，新生创业者会实施积极的创业投资行为，以化解风险、把握创业机会。

由此认为，风险恐惧对新生企业家创业行为的影响与个体的心理调节聚焦机制紧密相关，并且取决于企业家的创业期望水平。调节聚焦理论（regulatory focus theory）认为，个体为达到特定目标会努力改变或控制自己的思想和反应，这一过程被称为自我调节（Higgins，1997）。调节聚焦包括促进聚焦和预防聚焦，其中促进聚焦将期望的目标状态表征为抱负和完成，在追求目标过程中更关注有没有积极结果；而预防聚焦将期望的目标状态表征为责任和安全，在追求目标过程中更关注有没有消极结果。不同个体的需求和目标不尽相同，同时不同个体对所处情境感知的损失或收益也不同，故表现的调节聚焦倾向也不同，因此个体的创造力也存在差异。在个体的风险恐惧承担限度内，面对较高的创业风险时，具有较高创业期望水平的新生创业者，在追求"理想自我"的过程中，会萌发促进聚焦调节动机，即强调成功和自我实现，更倾向所处情境是一种收益，且该个体偏好风险，从而会积极地搜寻潜在创业机会、增加创业投资、实施创业学习、提升创业管理能力、并会积极开发新产品或服务，以满足不断变化的市场需求，追求在逆境中成长。而创业期望水平较低的新生创业者，在面对较高创业风险时，可能会萌发预防聚焦的安全需要，即强调履行责任与义务，更倾向所处情境是一种损失，会避免失败与错误。因此，该个体会追求"责任自我"，即减少创业投资，防范创业失败，规避创业风险。此时，新生企业家将无法感知消费者的需求变化，也就无法开发新的创意，容易错失良机。与此同时，当新生企业家过于规避风险时，企业基于市场变化而进行的革新速度会降低（董保宝，2014），会导致新企业的运作不畅，竞争战略不能得到动态调整，进而影响新企业成长。因此，提出假设2。

假设2：在特定风险承受限度内，风险恐惧对新生企业家创业行为的影响取决于其创业期望水平。当个体创业期望较高时，风险恐惧会诱发企业家的促进聚焦调节机制，激发企业家的积极创业行为；而当其创业期望水平较低时，风险恐惧会诱发企业家的预防聚焦调节机制，从而会抑制企业家的创业行为。

　　基于上述理论分析和研究假设，构建创业期望与风险恐惧对企业家创业行为影响机制的概念模型，如图 7.1 所示。依托于新生企业家创业胜任特征的创业期望越高，其创业积极性和创业动力越高，因而会驱动其采取积极的创业行为。而风险恐惧对新生企业家创业行为的影响取决于其创业期望水平的高低，在特定风险承受限度内，新生企业家创业期望较高时，风险恐惧的增加会激发新生企业家产生促进聚焦调节机制，从而实施积极的创业行为；然而当创业期望水平较低时，风险恐惧的增加会促使新生企业家产生预防聚焦调节机制，从而抑制其创业行为。

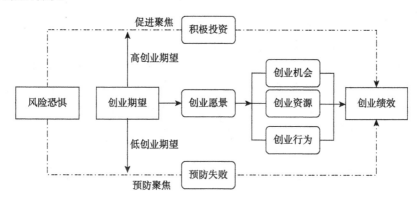

图 7.1　创业期望、风险恐惧与企业家创业行为的作用机制
实线代表假设 1；虚线代表假设 2

二、数理分析

　　构建数理模型，解析创业期望和风险恐惧对新生企业家创业行为的影响，及对均衡状态新生企业家数量的影响。

（一）新生企业家的创业均衡状态

　　假设全社会最初都处于就业状态，随着个人创业期望的激发，逐渐有个体从事创业工作，并且存在 $n \geqslant 2$ 个体考虑是否创业。与此同时，在全社会处于创业均衡状态时，不存在完全垄断的市场。此外，当全社会处于创业均衡状态时，至少有 2 个新生企业家。

　　个体如果选择就业，将拥有固定的工资 W。由于企业家相对于劳动力市场来说，数量较小，不会影响就业市场的劳动力供给，因此假设个体的就业工资是固定不变的。如果个体选择创业，创业成功而产生的收益为 $W + R$。个体选择创业时，需要进行一定的创业投资 I_i（$i=1$，2，3，…，n，表示不同企业家的创业投资）。该投资不仅包括资本投入，还包括企业家的体力、精力等投入。假设市场竞争是公平的，创业风险是中性的，因此在企业家创业投资越多的情形下，企业家创业成功的概率就越大。也就是说，如果市场上有 n 个企业家，某企业家在投资 I_i 情形下成功的概率为 $I_i / \sum_{i=1}^{n} I_i$。当然，新生企业家的创业也可能会遭遇失败，在失败的情形下，企业家也需付出一定的创业投资，直到其创业收益降至工资收入 W，此时该企业家会放弃创业投资行为，转而就业，但此时仍需承担一定的沉没成本 I_i。

当新生企业家决定创业时，会根据其人力资本和社会资本设定预期的创业期望水平，即 A_i，并且将其创业收益与创业期望值进行比较，以判断创业行为是否成功。当创业收益超过创业期望值时，即 $(W_i + R_i - I_i) - A_i > 0$，个体会认为创业成功；否则视为创业失败，即 $(W_i + R_i - I_i) - A_i \leqslant 0$。创业成功对新生企业家产生的心理激励效应为 s_i，则创业成功的正效用为 $s_i\{(W_i + R_i - I_i) - A_i\}$；创业失败对新生企业家带来的心理打击效应为 f_i，则创业失败的负效用为 $f_i\{(W_i - I_i) - A_i\}$。相对于创业成功，创业失败对个人的心理影响更剧烈，因此 $f_i \geqslant s_i$，即 $f_i / s_i = \rho_i \geqslant 1$。$\rho_i$ 为新生企业家权衡创业失败与成功后，对创业风险产生的恐惧感。因此，新生企业家创业行为的期望效用为

$$Y = \frac{I_i}{\sum_{i=1}^{n} I_i} s_i (W_i + R - I_i - A_i) + (1 - \frac{I_i}{\sum_{i=1}^{n} I_i}) f_i (W_i - I_i - A_i)$$

上式两边同时除以 s_i 得

$$Y = \frac{I_i}{\sum_{i=1}^{n} I_i} s_i (W_i + R - I_i - A_i) + (1 - \frac{I_i}{\sum_{i=1}^{n} I_i}) \rho_i (W_i - I_i - A_i) \qquad （7.1）$$

将式（7.1）对 I_i 求导，得到最优的投资均衡

$$\frac{\sum_{k \neq i}^{n} I_i}{\left(\sum_{i=1}^{n} I_i\right)^2} R - \left[\rho_i - \frac{I_i}{\sum_{i=1}^{n} I_i}(\rho_i - 1)\right] + \frac{\sum_{k \neq i}^{n} I_i}{\left(\sum_{i=1}^{n} I_i\right)^2}[(\rho_i - 1)(A_i + I_i - W_i)] = 0$$

$$（7.2）$$

将式（7.2）整理后可得

$$\frac{\sum_{k \neq i}^{n} I_i}{\left(\sum_{i=1}^{n} I_i\right)^2}[(W + R - I_i - A) + \rho_i(I_i + R - W)] + \frac{I_i}{\sum_{i=1}^{n} I_i}(\rho_i - 1) - \rho_i = 0$$

假设企业家具有相同的创业行为特征，即具有相同的创业期望、风险偏好、就业工资等，因此得到

$$\frac{(n-1)}{n^2 I}(W+R-I-A)-\frac{1}{n}-\left(\frac{n-1}{n}\right)\rho+\frac{(n-1)}{n^2 I}\rho(I+R-W)=0$$

由此，通过求解可以得到，创业均衡状态下新生企业家的创业投资：

$$I^*=\frac{n-1}{(2n-1)+\rho(n-1)^2}\left[R+(\rho-1)(A-W)\right] \tag{7.3}$$

由式（7.3）可知，首先，新生企业家创业产生的多于工资部分的收益与企业家的创业投资行为正相关，即创业收益会激发企业家的创业投资行为。其次，创业期望与企业家的创业投资行为正相关，即创业期望越高，企业家的创业投资越积极，假设 1 得以证明。这是因为创业期望较高意味着更强烈的信念与冒险精神（周键，2016），对自己所从事的创业行为有较强的自信，个体自我效能较高，此时会追求成就需求，更倾向促进聚焦动机，由此会促进创造力的发挥。例如，2014 年李彦宏认为人工智能技术已进入质变阶段，将改变互联网格局，由此领导百度投入 21.36 亿元人民币进行人工智能的研发，并且声称"不在乎华尔街怎么看，一定要把人工智能做成"，从而引领百度进入人工智能领域。反之，创业期望较低的个体由于缺乏自信，在面临创业风险时更易退缩，其创业投资的激情也将减弱。

（二）创业期望对新生企业家创业行为的影响

由期望理论可知，个体总是渴求满足一定的需求并设法达到某一目标。该目标在尚未实现时，表现为一种期望，会激发个体动机的形成，从而影响人的行为。由式（7.3）可知，当新生企业家的创业期望水平较高时，个体会更加努力，并且会增加创业投资。例如，马云最初的创业公司为海博翻译社，然而这家杭州第一家翻译社开业就陷入资金困境。公司第一个月收入 700 元，而房租 2400 元。为了维系公司的运营，马云只能背着麻袋去义乌批发鲜花、手电筒、内衣、袜子、工艺品来卖，后来还不得不上门推销商品。尤其在高技术产业，尽管创业风险较高，但企业家的创业预期值也较高，相应的创业投资也较高，并且会付出更多的精力和体力。例如，马云对阿里巴巴的运营充满信心，一方面，积极创造新业务，成立了淘宝、天猫、阿里云等七大事业群；另一方面，积极开展对外投资，收购了优酷土豆、快的打车等，并且联合银泰集团、顺丰集团等共同投资了菜鸟网络科技有限公司，从而助推了阿里巴巴的快速成长。因此，高创业期望会成为一种激励，促使创业者更积极地开展创业活动，会激发新生企业家的技术变革和市场开拓等。

　　由于在均衡创业投资状态时，只有个体获得的创业利润大于创业期望，个体才会感觉创业成功，才具有创业动力和积极性，即 $W+R-I>A$。因此，将新生企业家创业均衡状态的投资 I^* 代入式（7.3）可得

$$W+R-\frac{n-1}{(2n-1)+\rho(n-1)^2}\big[R+(\rho-1)(A-W)\big]>A$$

进而得到

$$A<W+\frac{n+\rho(n-1)^2}{n+\rho n(n-1)}R \qquad (7.4)$$

　　由式（7.4）可知，新生企业家创业期望与其就业工资（W）、创业的额外收益（R），新生企业家数量（n），以及其对创业失败的恐惧感紧密相关；并且新生企业家的创业期望可以高于其实际取得的创业收益 $(W+R)$，但不应高于 $W+\dfrac{n+\rho(n-1)^2}{n+\rho n(n-1)}R$。因为过高的创业期望，新生企业家难以实现，一旦与其实际创业收益差距较大将使新生企业家萌发退缩和畏惧的心理。

　　由于只有企业家的创业期望大于其就业工资时，个体才会放弃就业而选择创业，即 $A>W$。因此，可以得到个体合理的创业期望区间值：

$$W<A<W+\frac{n+\rho(n-1)^2}{n+\rho n(n-1)}R \qquad (7.5)$$

　　由式（7.4）和式（7.5）可知，只有新生企业家的创业期望高于其就业工资水平时，才会驱动个体尝试选择创业行为，并且较高的创业期望有利于促进企业家的创业投资行为，激发企业家的创业热情和动力。这是因为高创业期望的新生企业家自我效能也高（黄永春和雷砺颖，2017），其行为动机的意愿较强，因此会实施积极的战略选择，即会积极地开发新兴技术，抢先占领新兴市场，乐观的预期财务目标和产品市场，倾向于捕获市场机会。但是，新生企业家需要预估合理的创业期望，即新生企业家需要结合自身创业胜任特征制定合理的创业期望。因为过高的创业期望会导致新生企业家创业行为的"盲动和冒进"（Bhuian et al.，2005），使其制定的竞争战略不符合市场态势，致使创业资源配置的低效，以致企业难以迅速适应环境的动态变化，难以开发新产品和开拓新市场。鉴于此，新生企业家会感觉创业目标难以实现，萌发消极创业情绪。

　　推论1：新生企业家基于创业胜任特征而制定的合理创业期望，能够激发新生企业家的创业行为，过低的创业期望会抑制企业家的创业行为，而过高的创业期望也会驱使企业家萌发消极的创业情绪。

三、仿真分析

（一）风险恐惧对新生企业家创业行为的影响

由式（7.3）可知，风险恐惧不仅出现在分子中，而且在分母中也出现，这可能是因为风险恐惧对新生企业家的创业投资行为具有两种效应：其一，风险恐惧越高，新生企业家为了避免创业投资失败，创业投资的动力也就越大；其二，风险恐惧越高，新生企业家会产生畏惧退缩心理，因而也可能会压缩投资，防范风险。为了进一步研讨风险恐惧对新生企业家创业行为的影响，将均衡状态时新生企业家的创业投资（I^*）对风险恐惧求导，得到

$$\frac{\mathrm{d}I^*}{\mathrm{d}\rho} = (n-1)\frac{n^2(A-W)-R(n-1)^2}{\left[2n-1+\rho(n-1)^2\right]^2} \tag{7.6}$$

由于 $n \geqslant 2$，该导数的正负取决于 $n^2(A-W)-R(n-1)^2$，即如果 $A>W+R\left(\dfrac{n-1}{n}\right)^2$，则导数 $\dfrac{\mathrm{d}I^*}{\mathrm{d}\rho}>0$。因此，当 $A\in\left[W+R\left(\dfrac{n-1}{n}\right)^2, W+\dfrac{n+\rho(n-1)^2}{n+\rho n(n-1)}R\right]$ 时，新生企业家风险恐惧心理的增加，会激发新生企业家的创业投资行为。否则，当 $A\in\left[W, W+R\left(\dfrac{n-1}{n}\right)^2\right]$ 时，随着风险恐惧的增加，企业家的创业投资反而会减少。这是因为失败对个人来说非常痛苦，尤其对有高创业期望水平的个体来说则更加痛苦。为了减少这种可能性，有高创业期望水平的新生企业家会萌发积极投资的促进聚焦动机，从而会实施更积极的创业投资行为，包括财富和个人精力的投入，以在逆境中化险为夷，即具备较高创业期望的个体相信自己的创业胜任力，在遇到困难时不会惊慌失措，能够继续以任务为中心，能在复杂的决策情景中挖掘新机会，能根据面临的风险层次制定适宜的竞争战略，并能通过创业团队的不断学习实现资源共享，以提升其风险应对能力。但是，有较低创业期望水平的新生企业家，在处于高创业风险恐惧状态时，则会萌发预防聚焦调节机制，即会认为过高的投资意味着一旦失败，引致的沉没成本也较高，从而会驱使个体减少投资，以防范创业失败的损失，即有较低创业期望的新生企业家在遇到困难和挑战时，倾向于自身责任，更多地关注自身的不足，并将潜在困难看得比实际严重。该预防聚焦调节机制将驱使个体产生心理压力，使其将更多注意力转向可能的失败和不利的后果，而不是如何有效地运用能力实现创业目标，从而容易影响创业绩效。故而，风险恐惧对新生企业家创业投资行为的影响取决于其创业期望水平，由此提出推论2。

推论 2：风险恐惧对新生企业家的创业投资行为取决于个体的创业期望，当新生企业家的创业期望达到一定水平时，个体会形成促进聚焦调节机制，此时风险恐惧的增加会促进企业家的积极投资行为；反之，个体会产生预防聚焦调节机制，此时风险恐惧的增加会抑制企业家的创业投资行为。

（二）均衡状态下的新生企业家数量

假设当个体创业收益与就业收益相同时，社会将处于均衡状态，没有人想从就业状态转为创业状态，也没有人想从创业状态变为就业人员。因此得到式（7.7）：

$$\mathrm{EU}(n,A) = \frac{R + (W - A)\big[(n-1)\rho + 1\big]^2}{(2n-1) + \rho(n-1)^2} = \frac{\gamma}{\beta}(W - \varphi) \qquad (7.7)$$

其中，φ 表示个体就业时的工资期望水平，$\gamma \in [\alpha, \beta]$，取决于实际工资与工资期望水平的差距，如果实际工资大于工资期望水平，即 $W > \varphi$，则 $\gamma = \beta$；但是如果 $W < \varphi$，则 $\gamma = \beta$。将式（7.7）对 n 求导数，可以得到

$$\frac{\mathrm{dEU}(n,A)}{\mathrm{d}n} = -2\big[\rho(n-1) + 1\big]\frac{R + (A - W)(\rho - 1)}{\big[2n - 1 + \rho(n-1)^2\big]^2} \qquad (7.8)$$

由于 $n \geqslant 2$，并且 $A > W$，因此该导数小于 0，由此根据式（7.7）可以求解得到均衡状态的新生企业家数量：

$$n^* = 1 - \frac{1}{\rho} + \frac{1}{\rho}\sqrt{\frac{R\rho + (\varphi - W)(\rho - 1)}{A\rho + (W - \varphi)}} \qquad (7.9)$$

由于 $n \geqslant 2$，即 $1 - \frac{1}{\rho} + \frac{1}{\rho}\sqrt{\dfrac{R\rho + (\varphi - W)(\rho - 1)}{A\rho + (W - \varphi)}} > 2$。鉴于过度的市场竞争会制约企业家的创业期望水平，从而制约企业家的创业投资行为，进而会影响企业家的创业效益，因此均衡状态的新生企业家数量为

$$n^* = \min\left(N, 1 - \frac{1}{\rho} + \frac{1}{\rho}\sqrt{\frac{R\rho + (\varphi - W)(\rho - 1)}{A\rho + (W - \varphi)}}\right) \qquad (7.10)$$

由式（7.10）可知，创业收益越高会驱使个人更倾向于选择创业；而工资越高，则个体的创业动力则越弱，这是因为较高工资水平的个体不愿放弃高工资收入转而创业。另外，由式（7.10）可知，风险恐惧会对新生企业家造成心理压力，引发较高的创业精神成本，由此会导致试图创业的个体减少。

推论 3：个体就业的工资水平越高，创业动力越弱，因而新生企业家数量越少；与此同时，过高的风险恐惧会迫使个体出于风险防范和降低心理压力成本的考虑，

而放弃创业行为。

（三）新生企业家数量的仿真分析

基于式（7.9），借助 Matlab 2014 软件，仿真分析创业期望和风险恐惧对新生企业家数量的影响。假设个体的创业收益为 100，工资为 1，就业的工资期望为 1.5，创业期望的变化幅度为 [1:2:20]，风险恐惧的变化幅度为 [1:1:10]。仿真结果如图 7.2 所示，其中横轴表示风险恐惧变化区间，纵轴表示新生企业家数量。

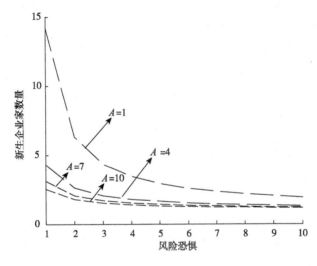

图 7.2　新生企业家数量的仿真分析

由图 7.2 可知，风险恐惧与新生企业家数量成反比，这是因为风险恐惧的加剧会使得个体越发惧怕失败，从而抑制了个体的创业欲望。此外，由图 7.2 中不同曲线表示的不同创业期望个体的创业投资演变趋势可知。当风险恐惧增加时，低创业期望个体放弃创业的倾向更明显，这是因为创业期望较低的新生企业家，如果感觉到风险较高，并且难以承受，会萌发较大的心理压力，产生预防失败的调节机制，即认为创业前景较黯淡，创业机会较少，创业的预期收益较微薄，因此会暂缓创业投资，或转换行业，甚至会放弃创业。例如，2016 年，全球经济发展滞缓，我国实体经济也遭遇困境，然而我国房产行业处于上升态势。由此，很多企业家暂缓创业投资，甚至放弃创业投资，转而致力于房产的炒作，不仅制约了新兴产业的创新创业，而且加剧了房价上升的趋势。相对于低创业期望的个体，尽管随着风险恐惧增加，高创业期望的新生企业家数量也呈现下降趋势，但是相对较为平缓，因此假设 1、推论 1 和推论 3 得以验证。这是因为理性的高创业期望个体通常具有人力资本和社会资本优势，相信自己能化险为夷，并且对企业新产品比较有信心，因此放弃创业的概率较低。

（四）新生企业家创业投资的仿真分析

同样，基于式（7.3），假设新生企业家的数量为 100，就业的工资水平为 1，创业的额外收益为 9，风险恐惧的变化幅度为[1：1：9]；令 10 为创业期望的中值，其中虚线代表较高的创业期望水平，即[11：2：19]，实线为较低的创业期望水平，即 [1：2：9]；从而仿真分析创业期望和风险恐惧对新生企业家创业投资行为的影响，仿真结果如图 7.3 所示（10 条曲线的创业期望值由下而上依次递增），其中横轴表示风险恐惧的变化区间，纵轴表示创业行为的变化区间。当创业期望高于 10 时（图 7.3 虚线），随着风险恐惧的增加，新生企业家的创业投资呈现递增趋势；并且随着新生企业家创业期望水平的递增，该趋势更加明显；由此假设 2 和推论 2 得以验证。这是因为，具有高创业期望的新生企业家，在面对创业风险时，尽管会萌发风险恐惧的心理，但是其倾向于促进聚焦调节机制，因而会实施积极的创业投资以化解风险，即会将必要的资源用于机会开发和市场拓展，并且强化组织学习，动态地调整竞争战略，以克服创业困境。但是当创业期望低于 10 时（图 7.3 实线），随着风险恐惧的增加，新生企业家的创业投资呈现递减趋势；并且创业期望值越低，新生企业家创业投资的递减趋势越明显。这是因为当个人创业期望较低时，个人倾向预防聚焦调节机制，其会防范失败、消极应对风险、减缓创业投资，这将不利于新生企业家探究市场机会、推动技术变革。

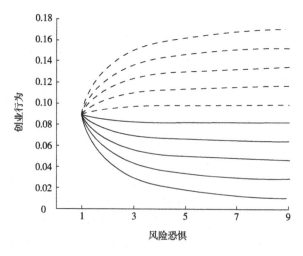

图 7.3　创业期望、风险恐惧对创业行为的影响

10 条曲线的创业期望值由下往上依次递增，取值为[1，19]，间隔为 2；虚线代表创业期望高于 10，实线代表创业期望低于 10

四、实证分析

（一）数据来源与变量选择

GEM 是由国际著名的英国伦敦商学院和创业教育上全美排名第一的美国百森学院共同发起成立的国际创业研究项目。GEM 研究报告受到了全球广泛关注，已成为世界各国人士认识创业活动、环境、政策等创业问题的重要信息来源。GEM 研究报告包括 APS 和国家专家调查数据库（national expert survey，NES）。采用面板数据进行实证分析，数据来源于 GEM 的 APS 数据库。该数据库涉及一国 18~64 岁成年人的创业调查，时间跨度为 2001~2016 年。该数据库包括感知能力、感知机会、创业倾向、风险恐惧、初创企业家、成长导向创业行为等数据，涉及全球 109 个国家和地区，共 728 个样本数据。

尽管 GEM 报告没有提供创业期望的数据，但是 GEM 报告有创业倾向的数据，鉴于个人创业期望会激发个人的创业倾向，因此选用创业倾向（EI）作为创业期望的代理变量。新生企业家通常都害怕失败，并且对失败具有一定的恐惧感，因此本节以害怕失败（FF）作为风险恐惧的代理变量。与此同时，total early-stage entrepreneurial activity（TEA，创业 3.5 年之内的企业）是指 18~64 岁人口中新生企业家的比例，是重要的创业指数。GEE（growth expectation early-stage entrepreneurial activity）是测度企业家在创立 5 年内雇佣至少 20 人的指标，能够有效反映企业家的创业投资行为。鉴于企业家的创业行为不仅与个体感知机会（PO）密切相关，而且受创业者感知能力（PC）影响，因此以感知机会（PO）和感知能力（PC）为控制变量。表 7.1 对各变量进行了描述性统计分析。

表 7.1　变量的描述性统计

变量	定义	观测值	平均值	标准差	最小值	最大值
EI	18~64 岁人口中具有创业倾向的比例	700	18.9148	15.1584	0.7497	90.9534
FF	18~64 岁人口中害怕创业失败的比例	727	33.7569	9.0564	10.43	75.42
PO	18~64 岁人口中感知具有创业机会的比例	728	39.4248	16.6504	2.85	85.5407
PC	18~64 岁人口中感知具有创业能力的比例	728	49.0486	15.5901	8.6521	89.4794

变量	定义	观测值	平均值	标准差	最小值	最大值
TEA	18~64 岁人口中新生企业家的比例	728	11.1003	7.7232	1.4782	52.11
GEE	18~64 岁新生企业家中采取成长导向（5年内雇佣至少 20 人）的比例	728	25.9666	12.0065	0	91.44

资料来源：作者利用 Stata 软件计算所得

（二）新生企业家比例的实证分析

以创业期望、风险恐惧及创业期望与风险恐惧的交互项（EI×FF）为自变量，以新生企业家比例为因变量，以感知能力、感知机会、国家类型（inno，inno=1 表示创新驱动型国家，inno=0 表示非创新驱动型国家）和 lnGDP 为控制变量，建立如下多元回归模型，运用 Stata 14.0 软件进行实证分析。

$$TEA_{i,t} = \beta_0 + \beta_1 EI_{i,t} + \beta_2 FF_{i,t} + \beta_3 EI_{i,t}FF_{i,t} + \beta_4 PC_{i,t} + \beta_5 PO_{i,t}$$
$$+ \beta_6 inno_{i,t} + \beta_7 lnGDP_{i,t} + \varepsilon_{i,t}$$

（7.11）

1. 创业期望对新生企业家比例的影响

首先，以创业期望为自变量，以新生企业家比例为因变量进行回归分析；进而加入感知机会和感知能力作为控制变量，回归结果如表 7.2 模型 1a 和模型 1b 所示。回归结果显示，创业期望对新生企业家比例具有显著的正相关作用，两者的拟合关系如图 7.4 所示，假设 1 和推论 1 得以证明。创业期望是创业者的内在心理特征，反映不确定情境下新生企业家的创业意愿，积极的心理情绪使新生企业家对事业有更强的信念。通常，具有较高创业期望的新生企业家，无论在创业目标确定、创业机会发掘，还是在克服创业困难、激发团队创业潜力等方面，都具有显著的心理优势。这种心理优势意味着更强烈的创业动机和创业积极性，更易驱动企业家的创业实践行为，更会驱动创业者充分配置资源实施创业。例如，马化腾在创业实践中经历了众多挫折，开发了 OICQ 即时通信工具却被 ICQ 公司上诉，推出了"BP 机寻呼系统""互联网寻呼系统"却只赔不赚。然而，马化腾仍然以乐观的心态正视创业挫折，最终依据市场需求创立了腾讯 QQ。

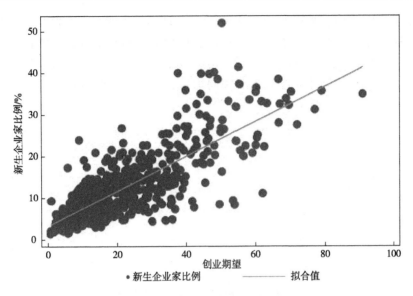

图 7.4　创业期望与新生企业家比例的关系图

表 7.2　创业期望、风险恐惧与新生企业家的比例

变量	模型 1a	模型 1b	模型 2a	模型 2b	模型 3a	模型 3b	模型 3c
EI	0.1826*** （5.3）	0.149*** （4.39）					
FF			−0.0611*** （−2.51）	−0.0527*** （−2.27）			−0.129*** （−3.44）
EI×FF					0.003*** （3.14）	0.002*** （1.97）	0.007*** （6.72）
PO		0.0362*** （2.32）		0.0568*** （3.20）		0.0412*** （2.35）	0.0807*** （5.34）
PC		0.1039*** （3.63）		0.1274*** （4.38）		0.1294*** （4.23）	0.162*** （7.22）
_cons	7.297	1.644	13.627	5.436	9.095	5.436	−0.1172
Year FE	Yes	Yes	Yes	Yes	Yes	Yes	Yes
R^2	0.646	0.715	0.113	0.552	0.391	0.636	0.8613
N	700	700	727	727	699	699	699

注：（ ）里面是基于稳健性误差得到的 t 值

*** $p < 0.01$

2. 创业期望与风险恐惧对新生企业家比例的影响

首先以风险恐惧为自变量，以新生企业家比例为因变量，分析风险恐惧对新生企业家比例的影响；在此基础上增加感知机会和感知能力作为控制变量，回归结果如表 7.2 模型 2a 和模型 2b 所示。实证结果表明，风险恐惧与新生企业家创业比例显著负相关（这也验证了推论 3 和仿真分析的结论），两者的拟合关系如图 7.5 所示。这说明风险恐惧心理越严重，新生企业家出于风险防范和降低心理压力的考虑，创业意愿和创业倾向均越弱，甚至会惧怕和抵制创业，因而选择创业的比例也就越低。

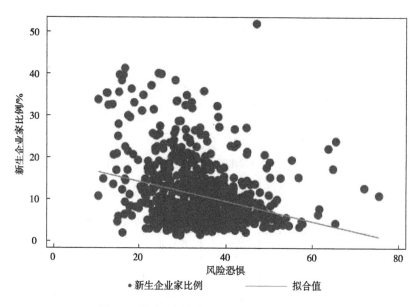

图 7.5　风险恐惧与新生企业家比例的关系图

在此基础上，以创业期望和风险恐惧的交互项为自变量，以新生企业家比例为因变量，以感知机会和感知能力为控制变量进行回归分析。回归分析结果如表 7.2 模型 3a、模型 3b 和模型 3c 所示。实证结果表明，创业期望和风险恐惧的交互项与新生企业家比例显著正相关，两者拟合关系如图 7.6 所示，假设 2 和推论 2 得以证明。这说明，在创业期望较高的情形下，尽管个体可能面对较高的创业风险，但是新生企业家可能会认为风险与机遇并存，从而产生促进聚焦调节机制，会积极地搜寻创业机会，乐于追求富有挑战的目标，乐于学习新鲜事物和新知识，乐于开发新业务和拓展新市场，并会尝试冒风险。相反，如果个体的创业期望较低，则会追求安全需求而倾向预防聚焦动机，在面对风险恐惧时更愿意维持现状而驻足不前，甚至会规避风险、望而却步，即高风险恐惧感会挫伤其创业积极性，削弱其创业意愿，阻碍其创业机会的识别和开发。

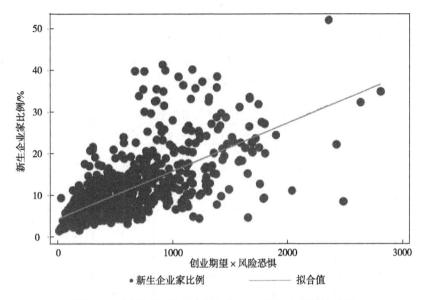

图 7.6 创业期望×风险恐惧与新生企业家比例的关系图

（三）新生企业家创业投资行为实证分析

以创业期望、风险恐惧及创业期望与风险恐惧的交互项为自变量，以成长导向企业家比例为因变量，以感知能力、感知机会、国家类型和 lnGDP 为控制变量，建立如下多元回归模型，运用 Stata 14.0 软件进行实证分析。

$$GEE_{i,t} = \beta_0 + \beta_1 EI_{i,t} + \beta_2 FF_{i,t} + \beta_3 EI_{i,t} FF_{i,t} + \beta_4 PC_{i,t} + \beta_5 PO_{i,t}$$
$$+ \beta_6 inno_{i,t} + \beta_7 lnGDP_{i,t} + \varepsilon_{i,t} \tag{7.12}$$

1. 创业期望对新生企业家投资的影响

首先以有创业期望为自变量，以成长导向企业家比例为因变量；在此基础上增加感知机会和感知能力控制变量，回归分析结果如表 7.3 模型 1a 和 1b 所示。结果表明，创业倾向与成长导向创业行为明显正相关，即创业期望水平越高，新生企业家的创业投资行为越积极，假设 1 和推论 1 得以验证。这是因为，创业期望反映创业者的预期结果，影响企业家的创业意愿及为之付出努力的程度，即高创业期望的新生企业家具有强烈的信念，即使遇到挫折也不会气馁，在复杂的创业情境中仍能保持信心；会主动挖掘新的市场机会，抢占市场竞争优势；更倾向于建立战略联盟，构建合作关系网络；注重学习能力的提升，强化智力资本的积累；加强创业资源的整合配置，积极开发新产品和开拓新市场等，从而能提升企业的创业绩效。例如，尽管互联网行业竞争激烈、创新风险大，但马云认为商业模式创新可以开发广阔的市场，因此坚持创新驱动；建立了涵盖投资者、互联网工作者、企业家的社会关系网；从而推进了阿里巴巴的快速发展（黄永春和雷砺颖，2016）。反之，低创业期望的个体更倾向于自我否定，在这种心理压力作用下更多地将注意力转向不利的后果，进而表现消极的创业投资行为。

表 7.3　创业期望、风险恐惧与新生企业家的创业投资

变量	模型 1a	模型 1b	模型 2a	模型 2b	模型 3a	模型 3b	模型 3c
EI	0.1881*** （2.92）	0.1565*** （2.60）					
FF			0.0624 （0.78）	0.0707 （0.83）			−0.083 （0.85）
EI×FF					0.007*** （3.81）	0.006*** （3.63）	0.005** （2.14）
PO		0.045 （0.85）		0.0592 （1.07）		0.0329 （0.61）	−0.020 （−0.49）
PC		0.0875 （1.05）		0.1294 （1.54）		0.0826 （1.01）	−0.219*** （−3.09）
_cons	22.230	17.025	21.000	12.634	22.115	17.359	37.386
Year FE	Yes	Yes	Yes	Yes	Yes	Yes	Yes
R^2	0.054	0.0623	0.049	0.055	0.0766	0.083	0.0510
N	700	700	727	727	699	699	699

注：（ ）内是 t 值

***$p<0.01$，**$p<0.05$

2. 创业期望与风险恐惧对新生企业家投资的影响

以风险恐惧为自变量，以成长导向创业行为比例为因变量进行回归分析，在此基础上增加感知机会和感知能力为控制变量，回归分析结果如表 7.3 模型 2a 和 2b 所示。回归结果表明，风险恐惧与新生企业家投资行为正相关，但不显著。这是因为风险恐惧可能诱发新生企业家出于化险为夷的积极考虑而增加创业投资，也可能诱发新生企业家出于风险规避的消极考虑而减少创业投资。鉴于风险恐惧对新生企业家创业投资行为的影响与个体的创业期望水平紧密相关，因此需要进一步实证分析创业期望和风险恐惧的交叉项对新生企业家创业投资行为的影响机制。

由此，进一步以风险恐惧和创业期望的交叉项为自变量，以感知机会和感知能力为控制变量，以成长导向创业行为比例为因变量进行回归分析，实证分析结果如表 7.3 模型 3a、3b 和 3c 所示。回归结果表明，风险恐惧和创业期望的交叉项与新生企业家的创业投资显著正相关，假设 2 和推论 2 得以验证。这说明，风险恐惧对新生企业家创业投资行为的影响取决于新生企业家的创业期望水平。当新生企业家创业期望水平较高时，风险恐惧的增加会激发新生企业家的促进聚焦

调节机制，此时积极投资将处于主导地位，即新生企业家将实施积极的创业投资行为，主动寻求创业资源，提升资源获取效率，不断地尝试利用创业资源开发创业机会。这是因为较高创业期望的新生企业家，在面对创业风险时，承受行动不确定性的意愿更强一些，在行动预期结果不确定时实施行动的可能性更高，从而增加了创业成功的可能性（施丽芳和廖飞，2014）。

（四）稳健性检验

针对表7.2和表7.3的实证结果，主要分四步进行稳健性检验：一是将新生企业家比例被解释变量替换为建立所有权制的创业者比例（EBOR），拥有和管理企业超过42个月的创业者，将成长导向企业家比例被解释变量替换为新产品开发导向创业活动比例（NPEA），进而对原模型进行测试；二是采用随机效应模型对原模型进行测试；三是借助普通最小二乘法（ordinary least square，OLS）进行回归分析；四是考虑到影响新生企业家比例和成长导向企业家比例的其他因素，在原模型基础上加入是否创新驱动型国家（inno=1代表是；inno=0代表否）和lnGDP 2个新的控制变量对原模型进行测试。稳健性检验结果如表7.4所示。

表 7.4　稳健性检验

变量	模型 1	模型 2	模型 3	模型 4	模型 5	模型 6	模型 7	模型 8
	Ebor	Tea_re	Tea_OLS	Tea	Npea	Gee_re	Gee_OLS	Gee
FF	0.017 （0.44）	-0.113^{***} （-5.18）	-0.129^{***} （-5.37）	-0.126^{***} （-3.40）	0.017 （0.44）	0.036 （0.50）	-0.083 （-1.32）	-0.092 （-0.90）
EI×FF	0.002^{**} （2.32）	0.004^{***} （6.89）	0.007^{***} （14.28）	0.007^{***} （5.61）	0.002^{**} （2.32）	0.005^{***} （3.71）	0.005^{***} （3.84）	0.006^{**} （2.27）
PO	0.016 （1.51）	0.064^{***} （4.50）	0.081^{***} （5.82）	0.086^{***} （6.85）	0.016 （1.51）	-0.0001 （-0.01）	-0.020 （-0.56）	-0.041 （-1.11）
PC	0.098^{***} （3.93）	0.143^{***} （6.88）	0.162^{***} （9.23）	0.151^{***} （6.58）	0.098^{***} （3.93）	-0.004 （-0.09）	-0.219^{***} （-4.77）	-0.179^{**} （-2.44）
inno				-1.25^{***} （-2.35）				2.999^{**} （2.26）
lnGDP				0.143 （1.09）				-0.465^{*} （-1.97）
_cons	0.327	3.402	0.205	-2.860	45.567	21.590	37.238	46.960
Year FE	Yes	Yes	Yes	Yes	Yes	Yes	Yes	Yes
R^2	0.863	0.6593	0.6688	0.8628	0.091	0.0702	0.0528	0.0941
Hausman χ^2		56.59				43.77		
N	699	699	699	682	699	699	699	682

注：（ ）内是 t 值

$***p<0.01$，$**p<0.05$，$*p<0.1$

　　模型 1 和模型 5 是采用 EBOR 和 NPEA 作为被解释变量的回归结果，可以发现模型 1 和模型 5 中解释变量回归系数均显著且符号与原模型一致，相关回归结果仍然支持主要研究结论。模型 2 和模型 6 是采用随机效应模型的回归结果，其中 Hausman 检验的结果表明本节采用固定效应模型更有效。模型 3 和模型 7 分别是采用 OLS 的回归结果。得到的回归结果同样支持研究结论。模型 4 和模型 8 分别为加入国家类型、lnGDP 2 个新的控制变量后的回归结果，可以发现模型 4 和模型 8 中解释变量回归系数均显著且符号与原模型一致，由此得到的结果表明本节的研究结论没有受到实质影响。因此，稳健性检验的结论与前文结果基本一致。

　　为进一步检验假设 2，将创业期望根据均值进行分组，分别检验高创业期望组与低创业期望组的风险恐惧对新生企业家比例和企业家投资行为的影响，具体结果如表 7.5 所示。模型 1 和模型 3 分别为高创业期望组和低创业期望组的风险恐惧对 TEA 的影响。模型 5 和模型 7 分别为高创业期望组和低创业期望组的风险恐惧对企业家投资行为的影响；模型 2、模型 4、模型 6 和模型 8 是增加了 inno 和 lnGDP 两个控制变量的结果。由结果可知，假设 2 和推论 2 成立，即风险恐惧对新生企业家的创业投资行为取决于个体的创业期望，当新生企业家的创业期望达到一定水平时，个体会形成促进聚焦调节机制，此时风险恐惧的增加会促进企业家的积极投资行为；反之，个体会产生预防聚焦调节机制，此时风险恐惧的增加会抑制企业家的创业投资行为。

表 7.5　分组检验结果

变量	模型 1	模型 2	模型 3	模型 4	模型 5	模型 6	模型 7	模型 8
	Tea_H	Tea_H	Tea_L	Tea_L	Gee_H	Gee_H	Gee_L	Gee_L
FF	0.226^{***}（−6.70）	0.231^{***}（−8.05）	$−0.055^{*}$（−1.96）	$−0.051^{*}$（−1.99）	0.221^{*}（−1.86）	0.196^{*}（−1.91）	$−0.0239^{*}$（1.95）	$−0.0162^{*}$（1.84）
EI×FF	0.008^{***}（6.78）	0.008^{***}（5.69）	$−0.007^{***}$（8.40）	$−0.007^{***}$（7.38）	0.007^{***}（2.58）	0.006^{**}（2.47）	$−0.004^{**}$（2.57）	$−0.006^{*}$（1.94）
PO	0.071^{***}（4.01）	0.071^{***}（4.75）	0.078^{***}（4.01）	0.088^{***}（4.43）	−0.054（−0.74）	−0.071（−0.98）	0.027（0.49）	0.0104（0.19）
PC	0.136^{***}（4.45）	0.114^{***}（3.43）	0.165^{***}（7.75）	0.165^{***}（8.59）	$−0.304^{***}$（−3.45）	$−0.245^{**}$（−2.35）	−0.154（−1.35）	−0.140（−1.29）
inno		−0.365（−0.46）		$−1.270^{***}$（−3.07）		1.486（0.90）		3.038^{*}（1.96）
lnGDP		−0.132（−0.58）		0.363^{***}（3.92）		−0.310（−0.83）		−0.496（−1.29）
_cons	4.453	9.19	−2.889	−12.163	47.209	51.739	28.834	40.142
Year FE	Yes	Yes	Yes	Yes	Yes	Yes	Yes	Yes
R^2	0.6599	0.6722	0.6959	0.7186	0.0908	0.0727	0.0187	0.0285

续表

变量	模型 1	模型 2	模型 3	模型 4	模型 5	模型 6	模型 7	模型 8
	Tea_H	Tea_H	Tea_L	Tea_L	Gee_H	Gee_H	Gee_L	Gee_L
N	352	344	349	338	352	344	349	338

注：（　）内是 t 值

*** $p<0.01$，** $p<0.05$，* $p<0.1$

（五）结果讨论与研究启示

1. 结果讨论

基于调节聚焦理论，通过理论分析、数理解析、仿真分析，并借助 GEM 的数据进行了实证分析，深入探讨了创业期望对新生企业家创业行为的影响机制，研究了新生企业家应如何制定合理的创业期望，并探究了风险恐惧对新生企业家创业行为的影响机制。研究结果表明：首先，过低的创业期望会制约新生企业家的创业行为，而过高的创业期望也会驱使企业家萌发消极创业情绪。因此，新生企业家应基于创业胜任特征制定合理的创业期望，以激发其创业行为。其次，新生企业家制定合理的创业期望越高，其创业倾向和创业积极性也就越高，并且会采取积极的创业投资行为。最后，风险恐惧会降低新生企业家的创业倾向，但是一旦个体选择了创业实践后，风险恐惧对新生企业家创业行为的影响则取决于其创业期望水平。如果新生企业家的创业期望水平较高，那么风险恐惧的增加会驱动新生企业家萌发实现自我的需要而形成促进聚焦调节机制，此时积极投资将处于主导地位，由此新生企业家会实施积极导向的创业投资行为。但是如果新生企业家的创业期望水平较低，则风险恐惧的增加会催生新生企业家产生责任自我的需求而形成预防聚焦调节机制，此时害怕失败将处于主导地位，即为了减少失败的痛苦和压力，并为了预防投资失败，新生企业家将减少创业投资。

2. 研究启示

1）新生企业家层面

当前，尽管我国在积极推进创新创业，但我国的创业生态环境仍欠完善，创业风险依然成为制约新生企业家创新创业的关键因素。因此，新生企业家应该制定合理的创业期望，提升其创业能力，加强创业学习，正确地认知和应对创业风险。

首先，新生企业家应根据其创业胜任特征，制定合理的创业预期，以指引创业愿景的谋划，乃至创业行为的实施。创业是一项高风险、高成本的行为，对创业者的心理素质提出很高的要求。创业者对创业工作所表现出的热情与积极程度不仅影响其创业机会的识别开发，而且影响其创业资源的获取和利用效率，进而影响企业的运作效率。因此，创业者必须具备良好的自我效能感，强化创业环境认知、加强抗压能力，进而结合创业胜任特征制定合理的创业期望，以指导其创业实践行为。

其次，新企业在成长过程中不能望风险而却步，也不能因过度冒险而陷入"勇于承担风险陷阱"，这都不利于新生企业的创业成长。这就要求新生企业家应根据自身的资源禀赋，理性评估冒险行为，并选择与其创业胜任特征相符合的冒险行为。鉴于此，面对动态复杂的创业环境，新生企业家不应被动的逃避风险，而应合理的认知创业风险，并应主动采取行动以化解创业风险，即需要借助社会资源的整合和创业机会的发掘来应对风险。与此同时，新生企业家应强化人力资本的积累，以提升自己对创业环境的战略把控能力，并在平衡风险与不断冒险中识别机会，动态地调整企业的运营规划与管理、调整其创业能力，从而实现风险、能力和绩效的最佳均衡。

最后，创业学习可以帮助新生企业家获取新知识、共享知识，可以帮助新生企业家提升创业胜任力，为其开展创业活动提供持续原动力。创业者在创业不同阶段要充当不同的角色，必须掌握不同的创业胜任力。因而，新生企业家需要重视创业学习，不仅需要通过创业实践积累创业知识和经验，而且需要积极开展同业交流，注重从外界获得知识、技能和经验。因此，新生企业家应主动参加各种创业培训活动，还应构建社会关系网络，拓宽学习范围，从而积累创业资本和创业技能。此外，为了有效地识别开发机会，创业者还需要积极推动团队学习，以提高团队的创业协同力。

2）政府层面

创业者行动内含高度不确定性，其在创业过程中持续承受不确定感的困扰。尤其在当前，与先发国家相比，我国在金融支持、教育培训、研究转移、商务环境等方面还有较大差距。鉴于此，有关部门应营造优良的创业生态环境。

首先，搭建新生企业家的创业平台，弱化新生企业家的不确定感知，从而提升新生企业家的创业动力和积极性。例如，完善创业基地、科技园、孵化器、加速器的建设，以降低新生企业家的创业成本，提升新生企业家的创业意愿和动力。再如，推广创客空间、创业咖啡、创新工场等新型孵化模式，加快发展市场化、专业化、集成化、网络化的众创空间，实现创新与创业、线上与线下、孵化与投资相结合，从而增加新生企业家关系联结的构建，并且为创业者提供低成本、便利化、全要素、开放式的综合服务平台和发展空间。

其次，强化创业培训引导，增强新生企业家的自我效能感。我国应借鉴发达国家的经验，将创业支持政策前移，即给予更多的创业培训和指引，从创业链条前端降低创业难度，进而增强新生企业家的自我效能感。例如，可以设立科技创业者集中训练基地，设置科技创业所需的培训项目以帮助其提升创业技能，并通过创业者的共享交流使创业者得到有益的创业建议。再如，还可以通过开设与创业相关的讲座，建立创业俱乐部，举办创业训练营、创新创业大赛、创新成果和创业项目推介等活动，搭建创业者交流平台，从而提升新生企业家的创业感知可行性。

最后，强化创业补贴资助，完善创业生态环境。房租补贴、贷款补贴及项目资助等创业补贴可以降低新生企业家的创业成本，并且可以向外部利益相关者传递新创企业被认可和具有合法性的信号，从而有利于新生企业的成长。鉴于此，在创业起步阶段，政府可通过优惠的税收政策间接对初创科技企业进行资金扶持，可以通过财政补贴或者科技立项给予直接的资金支持，从而降低新生企业家的创业成本。与此同时，应落实科技企业孵化器、大学科技园的税收优惠政策，对符合条件的众创空间等新型孵化机构适用科技企业孵化器税收优惠政策。此外，政府应完善创业融资环境、技术设施、人才供给市场，营造良好的创业生态环境，激励新生企业家的创业行为，使得新生企业家想创业、敢创业、能创业。

第二节　人力资本、社会资本与企业家的创业行为

企业家的人力资本是个人前期教育、经验、技能投资的凝结，其将影响企业家创新机会的把握和创新管理能力的提升，并将影响其创业行为。与此同时，我国正处于转型时期，政府等外部社会网络掌握公共创新资源的支配权。倘若新兴产业的企业家善于利用社会网络中的技术社会资本、商业社会资本及制度社会资本，将利于其创业行为的开展。鉴于新兴产业具有技术新兴性和高风险等特征，故而企业家需要不断推进企业技术赶超，站在新兴产业的制高点，从而实现成功创业。因此，本节将重点关注企业家创业行为中的技术赶超行为，研究企业家人力资本与社会资本对其技术赶超行为的影响机制。

一、理论分析与研究假设

结合前人的研究、统计分析、理论推演，提出研究假设。数据来源于昆山市政府和南京大学昆山现代化研究院于 2011 年实施的"昆山产业转型与升级调查问卷"。该调研问卷由南京大学课题组负责设计和统计分析，由昆山市政府负责发放和收集。此次调研共收回 628 份有效问卷，问卷较好地反映了企业家的人力资本

和社会资本特征，以及企业家技术赶超的实况。

（一）企业家人力资本与企业的技术赶超

企业家人力资本是个人前期教育、经验、技能投资的凝结，是附着在企业家身上内生化知识存量的总和，而这些因素又与企业家教育背景、任职经历密切相关。因此，从教育程度、海外经历、企业工作经历和科研院所工作经历4个方面分析新兴产业企业家的人力资本特征。

首先，学历水平反映了企业家的知识、技能和认知能力，即对新异、复杂信息的搜集处理能力。如图7.7所示，新兴产业的企业家学历为硕士和博士的比例分别为24.4%和42.8%，而传统产业的比例分别为21.6%和16.7%。通常，高学历的企业家更愿意接受新思想和适应动态环境，还具有较强的信息获取能力，更会推动其技术赶超。这主要是由于高学历企业家的创新思维和决策能力较强，并且具有更广阔的社会网络规模和高层次网络成员等优势，从而有助于企业获得更多的创新资源支持。

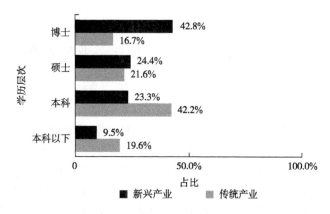

图 7.7　创业企业家的学历层次比较

百分数经四舍五入，加总后不是100%，此类情况余同

其次，具有海外经验的企业家对国际前沿技术较熟悉，也较注重企业技术创新能力的提升，并且倾向于国际科技合作，因此推动企业家的技术赶超。例如，光伏业"海归三杰"均在国外学习掌握先进技术，继而回国实施新兴技术的产业化，并且他们注重提升企业的技术创新能力。图7.8显示，新兴产业企业家25.4%在国外获得学历，而传统产业仅11.8%的企业家在国外获得学历；另外，新兴产业39.9%的企业家在国外生活半年以上，而传统产业仅为12.7%。这说明新兴产业企业家更具国际视野，这将有助于企业家汲取新兴技术资源，推动其技术赶超。

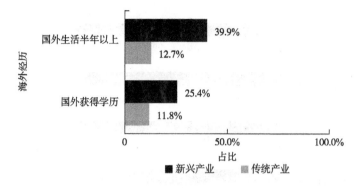

图 7.8　创业企业家的海外经历比较

最后，具有丰富职业经历的企业家，应对创新复杂问题的管理能力较强。通常，在多个企事业单位任职过的企业家，其社会关系网络的规模更大，能通过关系网络为技术赶超的实施谋取更多的网络资源。统计表明，新兴产业企业家创业前在国外企业从事相关工作、在国外已经创业，以及在国内已创业的比例分别为 25.8%、8.8%和 29.3%；而传统产业的比例较低，分别为 4.0%、2.9%和 24.5%，如图 7.9 所示。与此同时，新兴产业企业家创业前在大学和研究机构任职的比例也较高。例如，新兴产业企业家创业前在国外研究机构、国外大学、国内研究机构、国内大学任职的比例分别为 11.7%、14.8%、14.1%、14.8%，而传统产业的比例分别为 2.0%、3.9%、4.9%、7.8%，如图 7.10 所示。这说明了，新兴产业的企业家具有较为丰富的理论知识与实践经验，这将有利于企业家实现技术赶超。

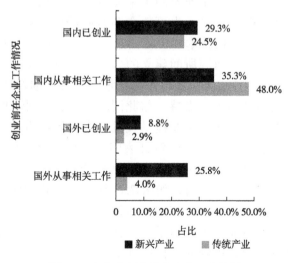

图 7.9　企业家创业前在企业工作情况

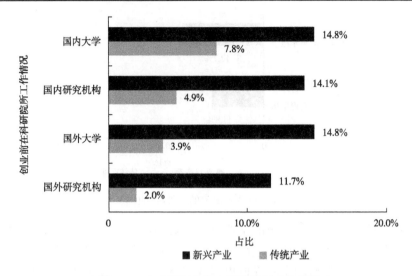

图 7.10　企业家创业前在科研院所工作情况

由此可见，企业家的教育背景、海外经历等个人特质将影响企业识别高潜力和技术密集的创业机会，有助于企业家借助社会网络，整合社会创新资源（叶伟巍等，2012），因而有利于新兴产业企业的技术赶超。因此，提出假设 1。

假设 1：新兴产业企业家人力资本与企业的技术赶超正相关。

（二）企业家技术社会资本与企业的技术赶超

企业家的技术社会资本是企业家乃至企业重要的信息通道，它不仅可以为企业家提供非正式的私人信息，也可使企业家通过技术交流研讨、技术产品展示等社会网络获得前瞻的技术和市场信息（王霄和胡军，2005）。尤其在开放创新时代，企业家与科研院所间建立的合作关系有助于企业进行宽泛的外部搜索（Teece，2007），从而易获得外部技术专家有关创新概念、工艺架构、法律和担保等高端领域的服务支持。与此同时，高校、科研院所等作为新兴技术和专家的集聚中心，能为企业提供大量具有发展潜力的"技术种子"和市场机会（张晗和徐二明，2008）。统计表明，新兴产业企业家开展产学研合作创新（27.2%）、引进技术人员（6.2%）、购买国内专利（3.1%）、购买国外专利（3.5%）的意识和频率较高，如图 7.11 所示。值得说明的是，传统产业企业家更侧重于与其他企业的合作创新，这可能是由于传统产业的技术较成熟，由此传统产业的企业家更倾向于实施技术联盟。上述研究表明，新兴产业企业家在创业过程中，更倾向于借助外部的技术网络。因为，企业家与这些社会网络成员的互动，可帮助企业家获得更多、更前沿的新技术（王龙伟等，2006），有助于缓解企业家技术资源的约束，突破技术瓶颈，推动企业的技术赶超。Landry 等（2002）对蒙特利尔西南地区 204 家制造企业的调查也发现，企业家与公共研究机构、科研院所、技术转移机构的"紧密度"将影响其技术创新强度。由此可见，企业家更倾向于借助外部的技术资本，并且能凭借创新的洞察力和识别力从外部技术网络汲取更多的技术资源，从而推动企业的技术赶超，故提出假设 2。

假设 2：新兴产业企业家的技术社会资本与企业的技术赶超正相关。

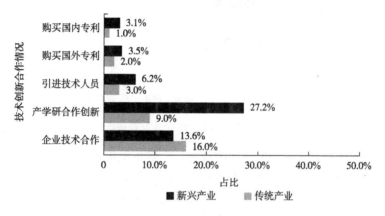

图 7.11　企业家的技术创新合作情况

（三）企业家商业社会资本与企业的技术赶超

首先，企业家与商业网络成员的关系及其中所蕴含的商业社会资本，将有利于企业更好地获取互补知识和资源，从而能帮助企业家做出正确的创业策略。例如，企业家与供应商及时有效沟通技术路线图、技术规划、新产品研发进展等信息，可使供应商尽早介入新产品开发过程，从而协助企业发现新产品研发中的潜在问题，减少新产品研发的时间与成本（Ragatz et al.，1997）。其次，倘若企业家强化与下游企业知识与资源的共享，将有助于企业把握市场需求，从而开发出新产品。统计表明，新兴产业企业家在创业过程中，吸引上游企业参与本企业研发、获得上游企业提供融资服务的比例分别为 6.6%、10.5%，而传统产业企业家的比例仅为 7.6% 和 6.9%；与此同时，新兴产业企业家在创业过程中，吸引下游参与本企业研发、获得下游提供融资服务的比例分别为 13.2%、14.5%，而传统产业企业家的比例仅为 8.8%、6.1%，如图 7.12 所示。Morgan 和 Hunt（1994）从关系营销角度的研究也发现，企业家与合作伙伴间的信任与承诺关系有助于各方为深化合作进行互补性投资，有利于企业家从长期利益出发考虑的彼此关系，并放弃机会主义倾向以降低更换合作对象的概率，从而使现有的合作更为顺利。这说明，新兴产业的企业家更倾向于也更能够协调商业网络的创新资源，而商业社会资本的增加，也将有利于企业的技术赶超。

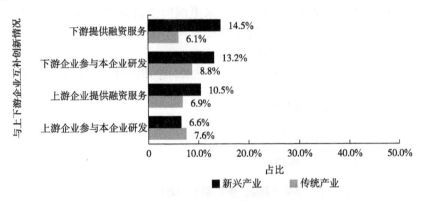

图 7.12　企业家与上下游企业互补创新情况

蕴含于企业家商业关系网络中的商业社会资本能促进企业家与其他企业的联系与沟通，增进企业家与价值链上下游企业间的信息共享与知识交流，并促进企业与上下游企业间开展互补式创新，从而有助于企业家获得创新的协同效应，进而提升企业的技术赶超。由此提出假设 3。

假设 3：新兴产业企业家的商业社会资本与企业的技术赶超正相关。

（四）企业家制度社会资本与企业的技术赶超

对处于经济转轨背景下的中国企业而言，企业家制度社会资本能帮助企业汲取所需的政策扶持、创新资源和信息，从而能降低企业因市场不确定性而带来的风险（Acquaah，2007）。首先，企业家与政府部门建立良好的社会关系，有助于企业家及时获悉宏观调控措施与产业技术导向，从而调整企业的技术革新和开发方向（杨鹏鹏等，2005）；有助于企业新产品及时得到审批而较快地进入市场；有助于增加政府的了解和信任，获取政府采购订单；并且有利于企业获得政府资助，从而提升企业的市场声誉。统计表明，与传统产业相比，新兴产业企业家在技术赶超过程中较多地获得人才引进的支持（27.6%）、研发投入资助（24.1%）、科技园孵化服务（9.2%）、科研攻关项目资助（25.1%）等，如图 7.13 所示。然而，传统产业的比例均较低，分别为 16.0%，15.0%，6.1%和 1.8%，如图 7.13 所示。这主要是由于新兴产业具有高风险特征，亟须政府帮助企业家降低创业的不确定性和投资的风险性，并且新兴产业的企业家能凭借新技术的高收益和高辐射效应获得政府扶持。

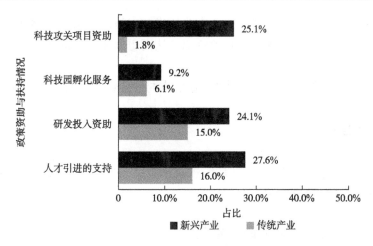

图 7.13 企业家政策资助与扶持情况

与此同时，企业家与银行等融资机构建立紧密的合作关系，可提高融资的便利性与融资的额度，不仅能提升企业抗风险能力，而且能加快企业新兴技术的商业化。统计表明，新兴产业企业家创业时股东较分散，来自共同创业者（57.0%）、政府资助（24.1%）、风险投资（3.1%）、技术人员（16.3%）和其他企业（12.4%）的比例较高；而传统产业企业家创业时的股东则较集中，且来自共同创业者（51.8%）、亲戚或家人（36.3%）和银行贷款（26.8%）的比例较高，如图 7.14 所示。这说明，在新兴技术赶超过程中，新兴产业企业家可凭借新兴技术的高收益等特征获得多渠道的资金支持。Chakravarty 和 Scott（1999）等的实证研究也表明，企业家与银行间建立良好的合作关系有助于向外界传递企业家信誉与新兴技术营利性等信息，并且这种"宣告效应"可帮助企业家赢得更多的投资者和合作伙伴致力于新兴技术的开发。

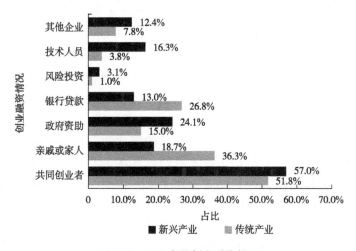

图 7.14 企业家的创业融资情况

由上分析可知，新兴产业的企业家能凭借新兴技术获得更多制度社会资本，即更多的政策扶持、社会融资和行政资源，从而更利于企业的技术赶超。由此提出假设4。

假设4：新兴产业企业家的制度社会资本与企业的技术赶超正相关。

二、计量检验

基于上述描述性分析和研究假设，进一步借助 SPSS 的 Binary Logistic 方法验证研究假设并进行理论研讨。

（一）企业家人力资本的计量检验

$$\text{teachlead}_i = \beta_1 \text{graduate}_i + \beta_2 \text{foreign}_i + \beta_3 \text{U\&I}_i + \beta_4 \text{poine}_i + v_i \qquad （7.13）$$

其中，teachlead_i 表示企业的技术水平是否领先，$i=1$ 代表是，$i=0$ 代表否；同理，graduate_i 表示企业家是否研究生；foreign_i 表示企业家是否有海外学历或生活背景；$\text{U\&I}_i$ 表示企业家创业前是否在科研院所工作过；poine_i 表示企业家是否有创业经历。计量结果如表7.6所示。

表7.6　新兴产业和传统产业企业家人力资本的计量结果

变量	新兴产业				传统产业			
	B	wald	sig.	exp（B）	B	wald	sig.	exp（B）
graduate_i	0.649	4.125	0.042	1.513	0.031	0.039	0.044	1.045
foreign_i	0.424	0.003	0.047	1.176	0.362	1.835	0.036	1.436
$\text{U\&I}_i$	1.572	4.564	0.033	4.815	0.228	0.098	0.043	1.256
poine_i	0.390	5.672	0.017	1.377	0.029	0.036	0.049	1.072

计量结果表明，高学历、具有海外工作和学习背景对企业的技术赶超影响更明显。首先，因为企业家的学历越高，越具有较高的学习意愿和能力，从而对技术赶超具有显著正向作用（于东平和段万春，2012）。并且高学历的企业家社会交往参与度也较高，交往对象的层次也越高，从而越能从外部获得更多的创新资源，这将有助于技术赶超。其次，具有海外学习和工作经历的企业家，技术赶超提升也较显著。这主要是由于具有海外背景的企业家拥有前瞻性的战略眼光，能把国外先进技术移植国内，并进行应用创新。与此同时，在科研院所工作过的企业家对技术赶超也具有正效应。这主要是因为在科研院所工作过的企业家能把脉该领域最新趋势，并能将所学技能和知识

应用到企业技术赶超实践中，从而有效规避技术创新的不确定性因素。此外，具有创业经历的企业家，对技术赶超也具有显著正效应。这主要是因为，企业家能否正确、果断地决策取决于他们所具有的前瞻性眼光、过人的胆识及组织能力，这种职业素质往往不是与生俱来的，需要企业家在创业实战中锻炼和培养。值得说明的是，相对于传统制造业，新兴产业的技术水平更高，因此要求企业家敏锐地识别创新机会，并推动新兴技术的市场化。因此，企业家的高学历、海外学习经历、科研院所工作经历及创业经历等人力资本特征对企业技术赶超的作用更明显。

（二）企业家技术社会资本的计量检验

$$teachlead_i = \beta_1 coopwithe_i + \beta_2 coopwithui_i + \beta_3 technicist_i + \beta_4 pfpatent_i + \beta_5 plpatent_i + v_i \quad (7.14)$$

其中，$teachlead_i$ 表示企业的技术水平是否领先，$i=1$ 表示是，$i=0$ 表示否；同理，$coopwithe_i$ 表示企业家在实施技术赶超的过程中，是否与其他企业进行技术合作；$coopwithui_i$ 表示企业家在实施技术赶超的过程中，是否开展过产学研合作；$technicist_i$ 表示企业家在实施技术赶超的过程中，是否引进过关键技术人员；$pfpatent_i$ 表示企业家在实施技术赶超的过程中，是否购买过国外专利；$plpatent_i$ 表示企业家在实施技术赶超的过程中，是否购买过国内专利。结果见表7.7。

表 7.7 新兴产业和传统产业企业家技术社会资本的计量结果

变量	新兴产业				传统产业			
	B	wald	sig.	exp（B）	B	wald	sig.	exp（B）
$coopwithe_i$	0.236	0.272	0.052	1.090	0.321	0.277	0.049	1.002
$coopwithui_i$	2.422	15.569	0.010	8.144	1.657	11.924	0.001	5.241
$technicist_i$	0.777	4.374	0.036	1.060	0.662	2.334	0.027	1.116
$pfpatent_i$	0.952	3.253	0.031	1.492	0.444	0.319	0.042	1.058
$plpatent_i$	1.852	0.957	0.028	3.427	1.088	0.583	0.045	2.967

回归结果表明，企业家在实施技术赶超过程中，开展协作创新、借助产学研合作创新、引进关键技术人员、购买国内外专利对技术赶超具有显著正效应。这主要是由于，企业家与其他企业的协作创新能形成协同效应，解决共性技术问题，并形成技术标准乃至垄断市场；与科研院所合作创新，有助于企业获得最新的创新资源，推动企业的技术赶超。

值得说明的是，企业家与科研院所合作、引进关键技术人员、购买国内外专利对新兴产业企业的技术赶超提升更加明显。这可能是由于前瞻性的新技术来自大部分科研院所，以及国内外领先企业或研发机构，并且前沿性的技术主要以人和专利为载体。

（三）企业家商业社会资本的计量检验

$$\text{teachlead}_i = \beta_1 \text{uppartiR\&D}_i + \beta_2 \text{upfinancial}_i + \beta_3 \text{downpatiR\&D}_i \\ + \beta_4 \text{downfinancial}_i + v_i \tag{7.15}$$

其中，teachlead_i 表示企业技术水平是否领先，$i=1$ 表示是，$i=0$ 表示否；同理，$\text{uppartiR\&D}_i$ 表示企业家在实施技术赶超过程中，上游企业是否参与本企业研发；upfinancial_i 表示企业家在实施技术赶超过程中，是否获得过上游企业的融资服务；$\text{downpatiR\&D}_i$ 表示企业家在实施技术赶超过程中，下游企业是否参与本企业的研发；downfinancial_i 表示企业家在实施技术赶超过程中，是否获得下游企业的融资服务。结果见表7.8。

表 7.8　新兴产业和传统产业企业家商业社会资本的计量结果

变量	新兴产业				传统产业			
	B	wald	sig.	exp（B）	B	wald	sig.	exp（B）
$\text{uppartiR\&D}_i$	0.862	2.066	0.051	1.516	0.785	1.140	0.046	1.456
upfinancial_i	0.737	3.070	0.040	1.990	0.175	0.094	0.049	1.091
$\text{downpatiR\&D}_i$	0.642	1.734	0.029	1.801	0.457	0.456	0.038	1.633
downfinancial_i	1.168	0.011	0.018	2.960	1.057	4.659	0.031	2.876

企业技术的商业化需要商业生态网络的支撑，需要与供应商及下游客户形成协同创新关系。计量结果表明，企业家在实施技术赶超过程中，上下游企业参与本企业研发，以及企业家获得上下游融资服务有力地促进了企业的技术赶超。这主要是由于企业家在创业的过程中，若上游参与本企业研发更能确保上游提供的原料和部件符合本企业的需求，而下游参与本企业研发不仅能将市场需求反馈给本企业，而且能和本企业协同地将市场需求准确地物化为新技术产品，从而快速地满足市场需求。

与此同时，相对于传统产业，新兴产业技术创新风险更高、市场不确定性更强，因此更需要企业家强化与上下游企业的联盟关系，以化解技术赶超风险，避免原料难以采购，规避研发与市场脱节，从而加快新兴技术的市场化。此外，相对于传统产业，新兴产业的企业家能凭借新兴技术的高投资回报、高附加值等特征赢得上下游客户的融资帮助，因此新兴产业企业家的融资效应更明显。

（四）企业家制度社会资本的计量检验

1）政策扶持

$$teachlead_i = \beta_1 person_i + \beta_2 tax_i + \beta_3 land_i + \beta_4 R\&Daid_i + \beta_4 S\&TPark_i$$
$$+ \beta_4 publicp_i + \beta_4 techproj_i + \beta_5 governp_i + v_i \tag{7.16}$$

其中，$teachlead_i$ 表示企业技术水平是否领先，$i=1$ 表示是，$i=0$ 表示否；同理，$person_i$ 表示企业家实施技术赶超过程中，是否获得人才引进支持；tax_i 表示企业家实施技术赶超过程中，是否获得税收优惠；$land_i$ 表示企业家实施技术赶超过程中，是否获得土地优惠；$R\&Daid_i$ 表示企业家实施技术赶超过程中，是否获得研发资助；$S\&TPark_i$ 表示企业家实施技术赶超过程中，是否享受过科技园孵化服务；$publicp_i$ 表示企业家实施技术赶超过程中，是否获得公共研发平台服务；$techproj_i$ 表示企业家实施技术赶超过程中，是否获得科技项目支持；$governp_i$ 表示企业家实施技术赶超过程中，是否获得政府采购扶持。结果见表 7.9。

表 7.9　新兴产业和传统产业企业家政策社会资本的计量结果

变量	新兴产业				传统产业			
	B	wald	sig.	exp（B）	B	wald	sig.	exp（B）
$person_i$	0.693	3.279	0.040	1.999	0.210	0.265	0.036	1.234
tax_i	0.018	0.002	0.056	1.018	0.364	1.525	0.017	1.439
$land_i$	0.107	2.852	0.041	1.204	0.224	0.294	0.028	1.251
$R\&Daid_i$	1.862	21.371	0.010	3.438	0.081	0.032	0.018	1.022
$S\&TPark_i$	0.301	0.038	0.046	1.305	0.211	0.130	0.046	1.235
$publicp_i$	0.388	1.278	0.028	1.475	0.109	0.073	0.053	1.115
$techproj_i$	0.431	4.029	0.041	1.505	0.382	3.24	0.029	1.342
$governp_i$	0.469	2.369	0.037	1.689	0.272	1.089	0.139	1.395

　　计量研究表明，新兴产业企业家与政府形成良好的社会关系，不仅能获得人才引进支持、研发资助、科技园孵化服务、公共研发平台等优惠政策，从而有利于企业科技成果的转化；而且能赢得政府采购，从而帮助企业赢得市场的认可和信任，进而较快地实现新兴技术的商业化。例如，施正荣回国创业时，从政府获得了 600 万美元的引导资金，从而使得企业快速发展。再如，政府采购政策可以为处于起步阶段、竞争力不足的新兴技术产业化提供预定市场。例如，1960 年美国采购了本国 50% 的半导体和 100% 的集成电路，1990 年通过政府采购扶植了国际商业机器公司（International Business Machines Corporation，IBM）、中国惠普有限公司、德州仪器等一批国际 IT 业。处于转型时期的我国，政府对企业的控制力和影响力很强，诸如在项目审批、招标、监管等活动中政府的决定将影响企业的

创新绩效。

2）融资网络

$$teachlead_i = \beta_1 jointlyf_i + \beta_2 rela_i + \beta_3 bankloan_i + \beta_4 govern_i \\ + \beta_4 venture_i + \beta_4 others_i + \beta_4 technicist_i + v_i$$ （7.17）

其中，$teachlead_i$ 表示企业的技术水平是否领先，$i=1$ 表示是，$i=0$ 表示否。同理，$jointlyf_i$ 表示企业家的共同创始人是否出资，$rela_i$ 表示企业家实施技术赶超过程中，企业家的亲戚或家人有无出资；$bankloan_i$ 表示企业家实施技术赶超过程中，是否得到银行贷款；$govern_i$ 表示企业家实施技术赶超过程中，是否获得政府资助；$venture_i$ 表示企业家实施技术赶超过程中，是否获得风险投资；$others_i$ 表示企业家实施技术赶超过程中，其他企业是否入股；$technicist_i$ 表示企业家实施技术赶超过程中，本企业科技人员是否入股。结果见表 7.10。

表 7.10　新兴产业和传统产业企业家融资社会资本的计量结果

变量	新兴产业				传统产业			
	B	wald	sig.	exp（B）	B	wald	sig.	exp（B）
$jointlyf_i$	1.107	2.852	0.049	3.404	0.224	3.294	0.034	1.151
$rela_i$	1.831	6.369	0.051	4.438	2.081	9.068	0.032	4.935
$bankloan_i$	0.947	2.064	0.041	1.947	0.737	3.326	0.028	1.989
$govern_i$	2.138	0.092	0.043	7.138	1.053	4.395	0.036	2.866
$venture_i$	1.291	0.000	0.029	3.191	0.596	0.205	0.051	1.551
$others_i$	3.542	0.339	0.560	19.542	1.982	0.397	0.048	4.193
$technicist_i$	2.138	1.725	0.032	6.156	1.923	2.586	0.043	3.823

社会关系网络可以帮助企业家获得新技能和新知识，也可以为企业家提供信息和资金。例如，李彦宏、张朝阳、马化腾当年创业时都曾获得风险投资的支持，从而推动企业快速发展。计量结果表明，企业家拥有良好的社会网络，更利于企业获得社会融资，从而更利于推动企业的技术赶超。相对而言，新兴产业的高技术特质更易于企业家获得共同创业者投资、政府资助、风险投资，以及其他企业和本企业技术人员的投融资。而传统产业的企业家更易获得银行和家人的帮助，这可能是由于新兴技术具有高技术和高收益前景，但存在高风险的特征，故而难以获取银行贷款，难以赢得家人的信任。然而，共同创业者、企业技术人员及风险投资对新兴技术有更准确的风险认知和更乐观的市场预期，且政府更看重新兴技术的商业化前景。近几年，中关村新增的上市公司中，75%以上均获得过创业投资的支持。因此，尽管新兴产业的企业家不仅面临技术的高风险性，而且面临资金短缺和市场的不确定性，但若企业家具有良好的社会融资网络，将帮助企业赢得风险基金等社会融资，从而能帮助企业跨越死亡之谷，实现惊险的一跳。

（五）结果讨论与研究启示

1. 结果讨论

1）企业家人力资本的作用

科技创新是新兴产业产生的动力源，是新兴产业发展的资本，而这种动力源和资本的载体是"人"，即人是将知识资本与产业资本结合的行为主体。由此可见，企业家的知识吸收、技术获取应用能力决定了企业的动力源和创新能力。本章的研究表明，具有良好教育背景和丰富创业实践的企业家能优化配置创新要素，提升其技术势力和市场势力，进而推动企业的技术赶超。首先，具有海外教育和生活背景的企业家能较早地嗅得商机，从而把先进的技术引入国内并实现产业化，带动行业的发展。其次，具有科研院所工作经历的企业家更善于把握创新机会，也更注重技术赶超，通常会加大研发投入，提高产品科技含量，推进技术创新的流程整合与再造。最后，具有创业实践经历的企业家更善于驾驭宏观经济周期，尤其注重在经济周期处于低谷时，积极进行技术寻求型与市场拓展型的创新策略，提升研发成果的时效性，扩大市场规模。

2）企业家社会资本的作用

新兴产业的发展与社会经济、政治与文化相联系，需要企业家借助社会网络系统撬动社会资本，为新兴技术的演化提供资源基础。企业家作为企业与社会环境的关键结点，能为创业获取政府行政资源。首先，企业家的纵向关系网络表现为企业家与政府部门及金融组织等权力机构的联系，能帮助企业获取资金、信息等创新资源，从而更利于推动企业的技术赶超。尤其在转型时期的我国，企业家与政府建立的政治关系网是影响企业赶超发展的重要因素。因为，转型时期的我国政府仍然掌控较多的资源，而资源配置较多地取决于企业家与政府的关系。其次，企业家的横向关系网络规模和强度体现了企业家调动产业链资源的能力。若企业家能通过横向社会网络获取互补资产，必将抵御外部环境变化的不利影响，提升其竞争能力。通常，企业家的横向关系网络越广，获得的有效信息也越多，因而越能把握先机。由此可见，企业家社会关系网络的规模和强度体现了企业家调动社会资源的能力，构成了企业家的社会资本。

与此同时，通过将新兴产业与传统产业的比较研究发现，当企业面临的市场不确定性和技术复杂程度较高时，企业家在实施技术赶超过程中撬动社会资本的需求强度较大，反之则较低。为了降低创业的风险，企业家在实施技术赶超过程中将更倾向于融合社会资本，即实施开放式创新，邀请供应商、客户和科研院所参与技术赶超，并会积极争取政府和银行等社会网络主体的资本和创新资源。与此同时，政府和银行等社会网络的资本和信息帮助，能降低创新主体的风险和成本。因此，与传统产业相比，新兴产业企业家更注重从社会网络获得创新信息和资源，注重与顾客、供应商、销售商、政府部门等社会网络的互动沟通，以使企业多渠道地获取资源和信息，降低技术创新成本和风险。

2. 研究启示

1）强化引智回国的力度

长期以来，中国产业发展依赖外国资本、技术乃至市场，外资推动中国经济取得成功，但也在防范中国的技术赶超。然而，与外国直接投资（foreign direct investment，FDI）可能存在的"挤出"和"替代"效应相比，海归人才普遍受过良好的教育，不少人还是自主知识产权的拥有者，是国际技术转移的重要载体。并且"引智"不但不会"挤出"本国人才，反而能带动周边企业强化技术创新，提升产业的整体技术创新水平。因此，我国应该鼓励更多的海外优秀人才回国创业，促进先进国际技术转移。诸如，在众多的人才计划、优惠政策中，应重点向民营企业特别是投身新兴技术创业的海外优秀人才给予政策倾斜。

2）构建企业家培养机制

企业家利用社会关系能弥补企业资源、信息和经验的不足，增加外部合作者加盟企业的意愿，从而有利于企业的技术赶超。因此，政府应完善企业家培养与激励机制，既要引进技术创业型企业家，也要着力完善企业家的培养机制。首先，企业家职业的性质要求其承担很高的经济风险，而高风险应当得到高回报。国外普遍采用年薪制，并伴随股票期权。目前我国市场机制不完善，还不能大范围采用该类薪酬模式，但可以建立薪酬水平的参考标准，构建合理的企业家激励机制。其次，企业家的社会关系网络展现了自主创新的结构能力，该网络中所蕴涵和流动的信息、资源等能促进新兴产业的技术赶超。因此，政府应构建企业家沟通平台、举办企业家高层管理论坛，促进隐性知识的共享。最后，可以为新兴产业的创业企业家聘请创业导师，指导其技术赶超。此外，可以组织企业家到知名企业参观考察学习。

3）推进企业间互补合作

企业家的横向关系网络能帮助企业在产业链内建立利益共同体，从而在原材料供给、生产制造和市场销售等环节构筑严密的竞争壁垒，有利于推进和保护企业的发展空间。鉴于此，政府应鼓励企业家与国内价值链（national value chain，NVC）上下游企业实施合作创新，以提高企业自主创新能力。其一，立法的支持，即通过新立或修订法律法规等手段，支持企业间的研发合作。其二，经费的支持，即政府出资引导多个创新主体的协作研究。其三，建立信息支持平台和网络组织，促成联盟实体间的知识流动。例如，欧盟创设的欧洲企业和创新中心网（European business and innovation centre network，EBN）、创新驿站等，加快了创新网络的知识流动。其四,应该建立共性技术的研发平台,并鼓励高端生产性服务业的发展。

4)促进官产学研协同创新

核心技术缺乏仍然是我国新兴产业发展的短腿。因此,应促进官产学研用的有机结合,发挥科教资源优势,引导科研院所参与新兴技术研发的积极性;鼓励有实力的企业建立研发中心,与本地科研院所建立紧密的产学研合作关系,以弥补企业创新资源与能力的不足。鉴于此,首先,我国应进一步强化产学研合作创新的制度支持,以引导产学研开展务实的创新协作。其次,应推动官产学研技术合作模式的创新,促进协作体系切实进行协同攻关,而非流于表面形式。诸如,可通过项目招标方式,引导产学研协作创新,形成以企业为主体、院所为支撑的技术联盟。再次,应完善产学研联盟的利益分享机制和合作绩效的考评奖励机制,防范联盟的瓦解和短视效应。最后,政府应引导高校开展创业教育,加强创业教育的实践基地建设,打造创业教育的实训孵化平台,以促进高校创新成果的转化。

5)完善技术创业的风投机制

目前,我国的风险投资重心出现后移现象,即对种子期和起步期的投资占比低。因此,首先,应引导风险投资更多地关注处于初创期、孵化期的高新技术中小企业,更多地聚焦那些潜在的、对经济社会发展具有突破性、引领性的创新创业项目。其次,政府应出资设立天使投资引导资金和创业投资引导资金;并大力支持天使投资人、境内外知名的创业投资机构聚集式发展。与此同时,政府应鼓励金融机构对科技型中小企业提供担保融资、信用贷款、知识产权质押贷款、信用保险和贸易融资、小额贷款等。例如,为了鼓励银行提供融资服务,美国于1958年成立了小企业管理局(Small Business Administration, SBA),负责对高技术中小企业的银行贷款提供担保。再如,中关村对成立5年以内科技企业的创业投资机构,按照实际投资额的10%给予风险补贴。最后,应借鉴国外风险投资行业成熟的管理经验,加强风险投资行业的规范,完善促进创业投资健康发展的配套政策与监管体系。此外,政府可以搭建创业投资机构和企业的长效对接机制。例如,"创业中关村"通过重点项目征集、项目审核和辅导、融资路径等方式,有效促进示范区企业和风投机构的对接。

第三节 本 章 小 结

本章首先研究了创业期望与风险恐惧对新生企业家的创业行为的影响机制,发现新生企业家的创业期望越高,其创业积极性也就越高,并且会采取积极的创业投资行为。风险恐惧会降低新生企业家的创业倾向,但是个体一旦选择了创业行为以后，风险恐惧对新生企业家创业投资行为的影响就取决于其创业期望水平。当新生企业家创业期望水平较高时，风险恐惧的增加会驱动新生企业家产生促进聚焦的调节机制，此时积极投资将处于主导地位，因此新生企业家会实施积极导向的投资行为。但是如果创业期望水平较低，风险恐惧的增加会催生新生企业家产生预防聚焦的调节机制，此时害怕失败将处于主导地位，即为了减少失败的痛苦，新生企业家会减少创业投资。此外，本章还探讨了企业家的人力资本、社会资本对企业家技术赶超行为的影响机制。由分析可知，企业家人力资本将影响企业创新机会的把握和资源的配置效率，从而有力地驱动企业家的技术赶超行为。与此同时，企业家作为企业与社会网络的关键结点，若其能够借助社会网络汲取技术社会资本、商业社会资本和制度社会资本，并配置于企业的技术创新，将有力地驱动企业家的技术赶超行为。

第八章　企业家胜任特征与风险投资

企业家创业过程中需要大量资本，往往需要风险投资的资助，因而本章研究企业家胜任特征与风险投资的关系。鉴于风险投资倾向于识别企业家的创新能力和财务资源，因而本章结合资源基础论，从企业家创新能力和财务资源两个维度，分析企业家胜任特征对风投选择的影响机制。与此同时，由于风险投资在投资过程中不仅关注企业家的胜任特征，还关注企业家的团队情况，因而本章还探究了企业家创业团队人力资本特征对风投机构投资策略的影响机制。

第一节　企业家创新能力、财务资源与风投投资倾向

本节从企业家创新能力和财务资源两个维度出发，分析了风投的选择倾向机制；构建了风投收益的数理模型，并进行了数理分析；在此基础上，结合实证分析，剖析了风投机构的投资倾向。

一、理论分析与研究假设

资源基础论指出，企业家的竞争优势来源于其拥有的资源和能力（Wernerfelt，1984）。因此，风险投资在选择企业家时，侧重考察企业家的资源禀赋与核心能力，尤其关注企业家的技术竞争优势、管理团队和商业模式（Hellmann and Puri，2002）。因此，基于资源基础论，从创业企业家的创新能力和财务资源两个角度出发，深入剖析风投机构投资倾向，提出研究假设。

（一）创新能力与风险投资倾向

风投机构通常希望投资创新能力强的创业企业，并从中发掘新技术、新产业、

新业态及新模式，从而实现投资利润最大化。创业企业的成立往往是因为其企业家拥有某项核心技术或新型产品，因而其具有较丰富的技术资本和人力资本。基于此，创业企业家的创新能力主要包括技术创新能力与管理创新能力（Szeto，2000；德鲁克，1999）。其中，技术创新能力指企业利用新思想开发新产品与新工艺的能力（张钢和许庆瑞，1995），能够提高企业生产效率，促进新产品和新服务的产生，帮助企业引领市场需求、保持竞争优势，从而创造垄断利润。管理创新能力指企业探索新管理方法、组织结构以实现创新目标的能力（Birkinshaw et al.，2008），不仅有助于优化配置创新资源，实现资源在企业的顺畅流动；还能够帮助企业建立长效创新激励机制，从而保障技术创新活动的实施。基于此，风险投资机构如果选择创新能力较强的创业企业，则能够获得较多资本报酬。例如，1976年，苹果公司研发了性能卓越的计算机，具有较强技术创新能力，因而赢得了风险投资家马库拉 9.1 万美元的投资。当苹果上市时，马库拉的股票增值到 1.54 亿美元。再如，软银集团认为马云是一个有远见和较强管理创新能力的领导者，故而其坚定地选择投资阿里巴巴。随着阿里巴巴的成功上市，软银集团的投资回报率达到 71 倍。因此，创业企业家的技术创新能力和管理创新能力是吸引风险投资的重要因素，其获取创新租的经济本质与风险投资追求效用最大化的目标具有内在一致性。

假设 1：风险投资倾向于选择创新型能力较强的创业企业。

（二）财务资源与风险投资倾向

创业企业家在产品开发、市场开拓等过程中需要大量财务资源（Timmons，1990）。因而，我国很多创业企业家在技术商业化过程中面临融资约束，需要风险投资机构的资助。在创业企业家创新能力较接近的情境下，风险投资机构倾向于选择财务资源相对匮乏的创业企业家。这是因为，一方面，风险投资机构若选择财务资源相对匮乏的创业企业，则能够获得更多股权；并且能够通过向创业企业派遣董事的方式（温军和冯根福，2018），加强对创业企业管理层的监督，缓解信息不对称，降低委托代理风险，从而防止创业企业管理层的利益侵占行为（Sahlman，1990）发生。另一方面，风险投资选择财务资源相对匮乏的创业企业，则能够拥有更多决策权，能够更好地发挥其行业专长（陈文艳，2014），帮助企业家制定发展战略、提高管理效率及拓展销售渠道，促进企业高质量发展，推动企业首次公开募股（initial public offering，IPO），从而获得较多投资利润。例如，2000 年，日本软银为当时还无法创造收益的阿里巴巴提供了 2000 万美元投资，获得了阿里巴巴 34%的股权，并通过向阿里巴巴派遣董事的方式，为阿里巴巴提供管理咨询建议，帮助阿里巴巴成为我国规模最大的互联网公司之一。到 2014 年阿里巴巴上市时，软银集团获得高达 71 倍的投资回报率。相对而言，由优序融资理论可知，财务资源较多的创业企业具有还本付息能力，其通常可通过银行借贷等低成本方式获得融资（Caselli et al.，2009），因而不愿选择会稀释其股权的风险投资（王俊峰和程天云，2012）。例如，龙源电力技术股份有限公司为中国国电集团公司控股的国有高新技术企业，其拥有国家财政拨款，财务资源较充裕，因而在其发展过程中并未寻求过风险投资。鉴于此，在创新能力较接近的情景中，财务资源相对匮乏的创业企业将会主动寻求风险投资机构资助，并且获得风险投资机构的青睐。

假设2：在创新能力较接近的情景中，风险投资倾向于选择财务资源相对匮乏的创业企业。

基于上述假设，结合资源基础论，并借鉴波士顿矩阵，从创新能力和财务资源维度，将创业企业分为四种类型，分别为明星型、潜力型、泡沫型和薄弱型。其中明星型为创新能力强且财务资源丰富的创业企业；潜力型为创新能力强但财务资源匮乏的创业企业；泡沫型为创新能力弱但财务资源丰富的创业企业；薄弱型为创新能力弱且财务资源匮乏的创业企业。在此基础上，进一步剖析了风投机构的投资筛选机制，如图 8.1 所示。

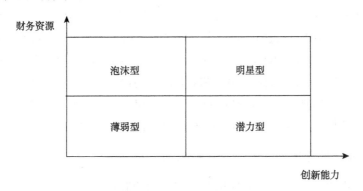

图 8.1 资源能力论视角下的创业企业分类

风险投资主要通过发现、培育高潜力企业获得收益，其注重企业未来的增值潜力（齐绍洲等，2017）。因此，由价值投资理论可知，风险投资机构倾向于选择创新能力较强、财务资源较少的潜力型企业。这是因为，风险投资机构如果选择潜力型企业，不但能获得较多话语权，强化对创业企业的监督，保证其资产的安全性，还能保证其资产的获利性。然而，由于明星型企业财务资源较多，风投机构投资后能够拥有的股权相对较少，难以防范企业管理层的投机行为，因而风投机构通常不愿意投资明星型企业。此外，由于泡沫型和薄弱型企业创新能力较弱，往往会因技术创新能力较低陷入困境；也会因为管理创新能力较低，难以保障技术商业化。因而，风投机构为了维护自身声誉及控制投资风险，通常不倾向于投资泡沫型和薄弱型企业。因此，基于前文的分析，得出如下推论。

推论 1：风险投资机构倾向于选择创新能力强且财务资源少的潜力型企业。

二、数理解析

（一）风投机构对创业企业的增值效应

风险投资机构作为"中介人"，能够缓解信息的不对称，为其投资的企业提供财务资源及相应的投后管理，从而促进被投资企业的价值增值。基于此，本节从企业家的创新能力和财务资源两个维度出发，构建了创业企业的利润模型，通过比较分析创业企业在有无风险投资情景中的利润，剖析了风险投资对创业企业的价值增值效应。

c_i 表示创业企业的创新能力，包括创业企业家的技术创新能力和管理创新能力。$\hat{r}_i$ 是一个标量，表示创业企业自有财务资源。向量 $(c_i, \hat{r}_i)$ 表示创业企业 i 的特征，它的联合概率密度函数为 $f(c_i, \hat{r}_i)$。创业企业创新活动需要的财务资源量为 $r > 0$，它的收入 $R(c, r)$ 由其创新能力 c 和其需要的财务资源 r 决定。令 $R_c > 0$ 和 $R_r > 0$，即财务资源较接近时，创新能力越强的公司收入越高；创新能力较接近时，财务资源越丰富的公司收入越高。假定 $R(c, r)$ 是凹函数并且满足稻田条件（即 $R_{cc} < 0$，$R_{rr} < 0$）。假定 $R(c, r)$ 在 c 和 r 中存在超模博弈，即 $R_{cr} < 0$。该假设表示随着财务资源的增加，具有较高创新能力的公司，收入增长的越多。同理，随着创新能力的增加，具有较多财务资源的公司，收入增长的更多。

1. 有风险投资情景下创业企业的利润分析

获得风投之后，创业企业使用财务资源的边际机会成本为 k，培育创新能力的边际成本为 z。基于此，企业的利润为 $\Pi_{FB}(c, r) = R(c, r) - zc - kr$。假设创业企业家是经济人，即其在创新活动产生的边际收益大于边际成本时，才会进行创新。创业者将根据企业的创新能力，选择创新活动所需的最佳财务资源 $r_{FB}(c)$，即 $R_r[c, r_{FB}(c)] = k$，将其微分得到

$$r'_{FB}(c) = -\frac{R_{cr}}{R_{rr}} > 0 \qquad (8.1)$$

由式（8.1）可知，创新能力较强的创业企业在产品研发及成果转化过程中需要较多的财务资源。

创业企业利润 $\pi_{FB}(c) = \Pi_{FB}[c, r_{FB}(c)]$，微分 $\pi'_{FB}(c)$，根据包络定理，得到

$$\pi'_{FB}(c) = R_c(c, r_{FB}) - z > 0 \tag{8.2}$$

由式（8.2）可知，创新能力较强的企业可以通过不断创新，加强新产品的开发，抢占市场份额，获得较高利润。

2. 无风险投资情景下创业企业的利润分析

当创业企业家拥有的财务资源无法满足其创新活动需求时，其将通过借贷等方式向金融机构或者金融中介筹集资金。$\delta(x)$ 表示创业企业家借入财务资源的边际成本，其为连续性函数。当 $x \leqslant 0$，即创业企业家无须融资时，$\delta(x)$ 等于零；当 $x > 0$，即创业企业家需要融资时，$\delta(x)$ 关于融资额单调递增。因此，创业企业家财务资源使用的边际成本为 $k(r, \hat{r}) = k + \delta(r - \hat{r})$。

创业企业的利润函数为

$$\Pi_{SB}(c, r, \hat{r}) = R(c, r) - \int_0^r k(r)\,\mathrm{d}r - zc = \Pi_{FB}(c, r) - \int_0^{r-\hat{r}} \delta(x)\,\mathrm{d}x$$

对利润函数求导，得到最佳财务资源需求量 $r_{SB}(c, \hat{r})$ 为

$$R_r[c, r_{SB}(c, \hat{r})] = k + \delta[r_{SB}(c, \hat{r}) - \hat{r}] \tag{8.3}$$

微分式（8.3）得到

$$\frac{\partial r_{SB}(c, \hat{r})}{\partial c} = -\frac{R_{cr}}{R_{rr} - \delta'} > 0 \tag{8.4a}$$

$$\frac{\partial r_{SB}(c, \hat{r})}{\partial \hat{r}} = \frac{\delta'}{R_{rr} - \delta'} \leqslant 0 \tag{8.4b}$$

式（8.4a）表明，当创业企业家的财务资源较接近时，创新能力越高的创业企业在技术商业化、产业化过程中需要越多财务资源，因而将寻求外部融资。式（8.4b）表明，在创业企业家创新能力比较接近时，财务资源越少的创业企业，越需要寻求外部融资。

基于以上分析，公司的利润是 $\pi_{SB}(c, \hat{r}) = \Pi_{SB}[c, \hat{r}_i, r_{SB}(c, \hat{r})]$，求其微分并且根据包络定理，得到

$$\frac{\partial \pi_{SB}(c, \hat{r})}{\partial c} = R_c(c, r_{SB}) - z > 0 \tag{8.5a}$$

$$\frac{\partial \pi_{SB}(c, \hat{r})}{\partial \hat{r}} = \delta \geqslant 0 \tag{8.5b}$$

式（8.5a）表明，创新能力较强的创业企业能够创造更多利润。式（8.5b）表明，财务资源较多的创业企业家能够为其新技术、新产品开发提供资金支持，进而能够创造更多利润。

3. 有无风险投资投情景下创业企业的利润比较

因为 $R_{rr}<0$ ，所以由 $R_r\left[c,r_{FB}(c,\hat{r})\right]>R_r\left[c,r_{FB}(c)\right]$ 可知，$r_{SB}(c,\hat{r})<r_{FB}(c)$。因此，由式（8.5a）得

$$\frac{\partial \pi_{SB}(c,\hat{r})}{\partial c}<R_c(c,r_{SB})-z\leqslant R_c(c,r_{FB})-z \qquad (8.6)$$

式（8.6）表明，无风险投资情景下创新产生的收益小于有风险投资情景下创新产生的收益。这是因为，在无风险投资的情景中，企业的利润增长需要弥补借入财务资源的成本。

基于以上分析可知，创业企业获得风投机构投资后的价值增值为

$$W_i=\Pi_{FB}\left[c_i,r_{FB}(c_i)\right]-\Pi_{SB}\left[c_i,\hat{r}_i,r_{SB}(c_i,\hat{r}_i)\right]$$

$$=\left\{\Pi_{FB}\left[c_i,r_{FB}(c_i)\right]-\Pi_{FB}\left[c_i,r_{SB}(c,\hat{r})\right]\right\}+\int_0^{r_{SB}(c_i,\hat{r}_i)-\hat{r}}\delta(x)\mathrm{d}x \qquad (8.7)$$

由式（8.5b）和式（8.7）可知，当 $\hat{r}<r_{FB}(c_i)$ ，即创业企业家面临资金约束时，创新能力强、财务资源少的潜力型企业引入风险投资后价值增值较大。这是因为潜力型的企业获得风投融资后，不但能够发挥其技术创新能力、推动技术变革与转化、开发新产品、抢占新市场，还能够吸收风险投资的经营管理经验，进一步提高其管理创新能力，从而获得价值增值。例如，京东获得今日资本的投资后，积极开发新软件、实施商品的多元化策略，实现了销售额从千万元到亿元的跨越。

（二）风投机构的投资倾向

基于上述分析，深入探究风投的投资收益。令创业企业估值 $V(\pi)$ 为关于其利润的单调增函数，因而创业企业在风险投资后的估值由 $V\left\{\Pi_{SB}\left[c_i,\hat{r}_i,r_{SB}(c_i,\hat{r}_i)\right]\right\}$ 变为 $V\left\{\Pi_{FB}\left[c_i,r_{FB}(c_i)\right]\right\}$ 。令风险投资对创业企业的持股比例为 $g(\hat{r})$ 并且单调递减，因而风投的投资收益 I 为

$$I=V\left\{\Pi_{SB}\left[c_i,r_{SB}(c_i)\right]\right\}g(\hat{r})-V\left\{\Pi_{SB}\left[c_i,\hat{r}_i,r_{SB}(c_i,\hat{r}_i)\right]\right\}g(\hat{r}) \qquad (8.8)$$

对式（8.8）求导，由式（8.5b）和式（8.7）可知，当 $\hat{r}<r_{FB}(c_i)$ ，即当创业企业家面临资金约束时，风投的投资收益随着创业企业创新能力的增强、财务资源的减少而增加。这是因为，潜力型企业获得风投后，其创业活力得以较大程度地发挥；通过技术革新，挖掘新产品、新业态及新商业模式，不仅能够提高自身经济效益，还能够提高风投机构的资本报酬。因此，风险投资机构倾向于选择创新能力强、财务资源少的潜力型创业企业。

三、实证分析

（一）研究设计

以 2009~2016 年深交所创业板上市公司为初始样本，并参照董静等（2017）的方式进行筛选，主要步骤如下：①从 CVSource 数据库分批下载投资事件数据，其中包含"企业简称、投资机构简称、投资性质、CVSource 行业分类及投资时间"等关键字段。②手动查阅创业企业招股说明书，保留创业板上市公司数据；匹配创业企业上市时间，保留在创业企业 IPO 之前的投资事件；保留投资性质为"PE-Growth、VC-Series"的数据。③剔除有关实证变量存在数据缺失的企业样本，最终共得到 310 个有效样本。

研究数据的来源主要有：①创业企业财务数据来源于 Wind 数据库。②创业企业高管数据来源于国泰安数据库。③风险投资事件数据来源于 CVSource 数据库。④创业企业上市招股说明书来源于巨潮资讯网。

为了检验创业企业家的创新能力与财务资源对其获得风险投资的影响，设定了如下实证模型：

$$\text{Probit}(\text{VC}) = \beta_0 + \beta_1 \text{Patent} + \beta_2 \text{CEO\_edu} + \beta_3 \text{Mon} + \sum \beta_j \text{CV} + \varepsilon \quad (8.9)$$

其中，VC 表示因变量，该变量的取值是当创业企业有风险投资介入时为 1，否则为 0。本节参考吴超鹏等（2012）等的研究，手动查阅创业板上市公司招股说明书，若其持股人中出现"创业投资公司"、"风险投资公司"及"创业资本投资公司"等就判定为 VC；如果无法确定持股人是否为风险投资，则通过《中国风险投资年鉴》或者网站查询后确定。

Patent、CEO_edu 及 Mon 分别表示本节的自变量。Patent 表示企业获得国家知识产权局授权的专利数量，用来衡量企业技术创新能力；CEO_edu 表示企业高管平均教育水平，用来衡量企业管理创新能力；Mon 表示企业货币资金的对数，用来衡量企业财务资源。

CV 是由多个控制变量构成的向量，包括创业企业的规模、产权性质、监事会规模、年龄、董事长与 CEO 是否两职合一及是否属于制造业。此外，为了控制年度和行业的影响，本节还加入年度哑变量和行业哑变量。所有连续变量均经过 1%和 99%的缩尾处理。主要变量的定义见表 8.1，描述性统计见表 8.2。

表 8.1　主要变量定义

变量类型	变量	变量符号	变量定义
因变量	是否获得风险投资	VC	哑变量，如果创业企业曾获得风投支持，取值为 1，否则为 0

变量类型	变量	变量符号	变量定义
自变量	技术创新能力	Patent	IPO 公司获得国家知识产权局授权的专利数目
	管理创新能力	CEO_edu	高管平均教育水平，1=中专及以下，2=大专，3=本科，4=硕士研究生，5=博士研究生
	财务资源	Mon	ln（创业企业货币资金）
控制变量	规模	Size	ln（创业企业总人数）
	董事长和CEO是否两职合一	Dual	哑变量，如果董事长和总经理为同一人，取值为1，否则为0
	是否属于制造业	Manuf	创业企业在证监会行业分类里属于制造业时取1，否则取0
	产权性质	Owner	哑变量，如果创业企业为国有，取值为1，否则为0
	监事会规模	Bos	创业企业监事会人数
	年龄	Age	ln（风险投资介入时创业企业成立年限+1）

表 8.2　描述性统计

变量	观测值	均值	标准差	中位数	最小值	最大值
VC	310	0.640	0.480	1	0	1
Patent	310	15.08	31.2	6	0	435
CEO_edu	310	3.230	0.420	3.23	1.94	4.31
Mon	310	9.80	0.75	9.77	7.27	12.56
Size	310	6.14	0.76	6.07	3.69	8.87
Dual	310	0.540	0.500	1	0	1
Manuf	310	0.720	0.450	1	0	1
Owner	310	0.06	0.024	0	0	1
Bos	310	3.230	0.730	3	3	9
Age	310	2.04	0.66	2.20	0.00	3.18

（二）实证分析

表 8.3 结果显示，①技术创新能力和管理创新能力对创业企业家是否获得风险投资青睐具有正相关作用。这表明，我国风险投资机构倾向于选择创新能力强的创业企业。这是因为，拥有较强技术创新能力的企业能够开发新产品，创造产品竞争优势，获得垄断收益。与此同时，管理者的管理创新能力越强，越能够有效整合企业创新资源，管理和控制创新过程，保障技术创新活动的实施。因而，风投机构倾向于投资该类企业，以获得较高的创新租金。②财务资源对创业企业家是否获得风险投资青睐具有负相关作用。这表明，在创业企业家创新能力较接近的情景下，风险投资机构倾向选择财务资源相对匮乏的创业企业。

这是因为，风险投资机构投资该类企业能够获得较多话语权，能更好地参与该类企业的经营管理，从而能够帮助企业获得较大价值增值，进而获得更多投资收益。

同时，回归模型还显示，是否获得风险投资与创业企业董事长和 CEO 是否两职合一正相关。这可能是因为，董事长和 CEO 两职合一能够减少创业企业委托代理问题，使企业更加专注创新活动，从而给风投机构创造较多资本报酬。

表 8.3　创业企业家创新能力、财务资源与风险投资倾向

变量	模型1	模型2	模型3	模型4	模型5
Owner	−0.110	−0.097	−0.204	−0.317	−0.309
	（−0.32）	（−0.28）	（1.324）	（−0.90）	（−0.85）
Dual	0.351**	0.350**	0.324**	0.370**	0.367**
	（2.40）	（2.35）	（2.15）	（2.50）	（2.44）
Size	0.015	0.001	0.108	0.160*	0.135
	（0.21）	（−0.02）	（0.741）	（1.80）	（1.47）
Bos	0.128	0.146	0.100	0.161	0.176
	（1.24）	（1.41）	（1.28）	（1.49）	（1.64）
Manuf	0.004	−0.087	0.010	−0.005	−0.093
	（0.03）	（−0.52）	（0.12）	（−0.03）	（−0.56）
Age	−0.142	−0.213*	−0.204	−0.128	−0.199
	（−1.23）	（−1.78）	（−1.46）	（−1.09）	（−1.64）
Patent		0.015***			0.014***
		（3.06）			（2.94）
CEO_edu			0.467**		0.446**
			（2.17）		（2.06）
Mon				−0.258***	−0.241***
				（−3.05）	（−2.82）
_cons	0.030	−0.042	0.148	−0.044	−0.088
	（0.05）	（−0.08）	（0.26）	（−0.08）	（−0.16）
Year	控制	控制	控制	控制	控制
Industry	控制	控制	控制	控制	控制
N	310	310	310	310	310
R^2	0.0213	0.0458	0.0436	0.0421	0.0649

注：（　）内是 t 值

$***p<0.01$, $**p<0.05$, $*p<0.1$

（三）进一步分析

1. 风险投资对创业企业的影响分析

为检验风险投资对创业企业的影响，参考杨其静等（2015）研究，以创业企业上市后一年与上市当年经营绩效之差（ΔROE）、创业企业上市当年及上市后一年专利授权数均值与上市前三年专利授权数均值之差（ΔPatent）、创业企业上市前一年与上市前三年总资产之差（ΔTA）为因变量，以创业企业是否获得风险投资为自变量，以创业企业规模、产权性质、监事会人数、年龄、董事长与 CEO 是否两职合一及是否属于制造业为控制变量，建立如下回归模型，运用 OLS 进行回归，结果如表 8.4 所示。

表 8.4　风险投资对创业企业的影响分析

变量	模式 1 ΔROE	模式 2 ΔPatent	模式 3 ΔTA
VC	−0.005 (−1.34)	−0.091 (−0.68)	0.295*** (3.40)
Owner	−0.077 (−0.29)	−0.271 (0.97)	0.179 (0.93)
Dual	0.112 (0.97)	0.336*** (2.60)	0.190** (2.25)
Size	0.027 (0.47)	0.153*** (2.69)	−0.025 (−0.60)
Bos	−0.104 (−1.31)	0.100 (1.19)	−0.075 (−1.29)
Manuf	−0.304** (−2.41)	0.014 (0.09)	−0.129 (−1.40)
Age	0.096 (1.19)	−0.242*** (−3.84)	−0.259*** (−2.69)
_cons	0.572 (1.31)	17.872 (0.81)	0.252 (0.79)
Year	控制	控制	控制
Industry	控制	控制	控制
N	310	310	310
R^2	0.056	0.082	0.136

注：（ ）内是 t 值

***$p<0.01$, **$p<0.05$

表 8.4 结果显示，创业企业有无风险投资与其总资产规模变化正相关。这说明我国风险投资可以缓解创业企业家的融资约束，为创业企业发展提供资金保障。然而，风投介入之后，创业企业无论是经营绩效还是创新能力都没有得到显著提升。这可能是因为，一方面，我国风险投资起步较晚、规模较小，并且缺乏高端专业型人才，因而能够提供的管理咨询服务有限（陈洪天和沈维涛，2018）；另一方面，我国创业板企业大都为民营企业，大股东一股独大现象比较严重，导致风险投资机构进入企业后难以拥有较多话语权，难以行使监督职能。

2. 不同背景风投机构投资倾向

根据风险投资机构背景，将风险投资划分为政府背景风险投资和民营风险投资，进而采用多变量 t 检验的方法，比较不同背景风投机构投资倾向差异性，结果如表8.5所示。

表 8.5 政府背景风投机构和民营风投机构投资偏好对比

变量	政府背景风险投资	民营风险投资	均值差
Patent	11.671	21.331	−9.660***
CEO_edu	3.269	3.230	0.039
Mon	9.681	9.682	−0.002
Owner	0.145	0.025	0.120***
Dual	0.595	0.598	−0.003
Size	6.176	6.136	0.040
Bos	3.392	3.189	0.203*
Manuf	0.734	0.706	0.028
Age	1.897	2.077	−0.180*
N	90	107	

***$p<0.01$，*$p<0.1$

从表8.5中可知，首先，与民营风投机构相比，政府背景风投机构投资的创业企业家的技术创新能力较低。这是因为，政府背景的风投机构面临国有资产增值保值的压力，其投资行为相对保守（余琰等，2014）。然而民营风投机构以利润最大化为目标，更倾向于投资技术创新能力较强的高科技产业。其次，政府背景风投机构青睐于投资国有企业。这是因为，由于政绩考核的要求，政府背景风险投资需要实现国有资产的增值保值，因而其偏好投资国有企业，以降低投资风险。再次，政府背景风投机构投资的企业监事会规模大于民营风投机构投资的企业。这是因为，国有企业股本较多且规模较大，通常设立的监事会人数较多。最后，与民营风投机构相比，政府背景风投机构投资的创业企业成立时间更短。这可能是因为，在政府压力考核机制下，近年来政府部门实施了一系列创业计划、人才计划以帮助新生企业家跨域"死亡之谷"，因而其能够吸引新创企业积极申报。

（四）稳健性检验

1. 创业企业家创新能力、财务资源与风险投资倾向

为检验基本假设的稳健性，以创业企业家是否获得风险投资为因变量，0 表示创业企业家未获得风险投资，1 表示创业企业家曾获得风险投资，用创业企业"研发支出占比"（RD）替换"专利数"作为自变量，用"高管平均年龄"（CEO_age）替换"高管平均教育水平"作为自变量，用"总资产"（TA）替换"货币资金"作为自变量，结果如表 8.6 所示。

表 8.6　创业企业家创新能力、财务资源与风险投资倾向

变量	模型 1	模型 2	模型 3	模型 4	模型 5
Owner	−0.109	−0.103	−0.252	−0.253	−0.233
	（−0.32）	（−0.30）	（−0.70）	（−0.72）	（−0.66）
Dual	0.346**	0.337**	0.310**	0.332**	0.330**
	（2.36）	（2.28）	（2.06）	（2.25）	（2.22）
Size	0.013	0.031	−0.001	0.108	0.108
	（0.18）	（0.42）	（−0.01）	（1.33）	（1.33）
Bos	0.129	0.129	0.107	0.196*	0.185*
	（1.24）	（1.24）	（1.01）	（1.77）	（1.66）
Manuf	0.001	0.082	0.010	0.020	0.088
	（0.01）	（0.50）	（0.06）	（0.12）	（0.53）
Age	−0.142	−0.127	−0.115	−0.100	−0.139
	（−1.23）	（−1.08）	（−0.96）	（−0.85）	（−0.48）
RD		0.274***			0.247***
		（3.06）			（2.75）
CEO_age			0.23**		0.219**
			（2.01）		（2.31）
TA				−0.261**	−0.218**
				（−2.56）	（−2.10）

续表

变量	模型 1	模型 2	模型 3	模型 4	模型 5
_cons	0.036	−0.028	1.249	−0.112	−0.139
	（0.07）	（−0.05）	（1.00）	（−0.21）	（−0.25）
Year	控制	控制	控制	控制	控制
Industry	控制	控制	控制	控制	控制
N	322	321	321	322	321
R^2	0.0231	0.0237	0.0233	0.0356	0.0371

注：（　）内是 t 值

*** $p<0.01$，** $p<0.05$，* $p<0.1$

回归结果显示，技术创新能力对创业企业家获得风险投资机构的青睐具有正相关作用；管理创新能力对创业企业家获得风险投资机构的青睐也具有正相关作用；财务资源对创业企业家获得风险投资机构的青睐具有负相关作用。这表明我国的风险投资机构倾向于选择创新能力强、财务资源少的潜力型创业企业，与其基准检验结果一致。

2. 风险投资对创业企业家影响的稳健性检验

为了检验风险投资对创业企业资产规模影响的稳健性，本节根据样本企业创新能力和财务资源的中位数，将样本分为四类，即明星型企业、潜力型企业、泡沫型企业和薄弱型企业，进而运用最小二乘法进行回归。表 8.7 回归结果表示，明星型、潜力型及泡沫型创业企业引进风险投资后，资产规模得以扩大，与上文检验结果一致。研究还发现，风险投资对明星型企业资产规模的影响大于潜力型企业，这可能是因为明星型企业估值较高，故而风投机构的投资额较大。鉴于潜力型企业在技术创新过程中更需要财务资源，因而我国风险投资应加大对潜力型创业企业的资金供给，驱动其科技成果的研发、转化及产业化，从而培育发展新动能、升级改造旧动能。

表 8.7　风险投资对创业企业资产规模影响的稳健性检验

变量	模型 1	模型 2	模型 3	模式 4
TA	明星型	潜力型	泡沫型	薄弱型
VC	0.565***	0.257**	0.114**	0.119
	（2.93）	（2.62）	（2.16）	（0.78）
Owner	−0.265	0.366	1.176**	−0.436
	（−0.63）	（1.36）	（2.23）	（−1.17）

续表

变量	模型 1	模型 2	模型 3	模式 4
Dual	−0.009	0.140	−0.025	−0.082
	（−0.15）	（0.92）	（−0.18）	（−0.61）
Size	0.004	−0.012	0.530**	0.360**
	（0.02）	（−0.13）	（2.11）	（2.55）
Bos	−0.113	−0.028	−0.289*	−0.006
	（−0.85）	（−0.40）	（−1.89）	（−0.05）
Manuf	−0.604**	−0.052	0.238	−0.105
	（−2.15）	（−0.50）	（0.90）	（−0.74）
Age	−0.397***	−0.129*	−0.239	−0.131
	（−2.65）	（−1.93）	（−1.35）	（−1.24）
_cons	1.234	−0.139	−0.482	0.623
	（1.49）	（−0.37）	（−0.65）	（1.10）
Year	控制	控制	控制	控制
Industry	控制	控制	控制	控制
N	89	72	61	88
R^2	0.193	0.144	0.138	0.099

注：（ ）内是 t 值

$p<0.01$，**$p<0.05$，$p<0.1$

　　为检验风险投资对创业企业经营绩效影响的稳健性，以企业上市后一年与上市前一年经营绩效之差衡量ΔROE。同时，为检验风险投资对创业企业创新能力影响的稳健性，本节以创业企业上市当年及后两年专利申请均值与企业上市前三年专利申请均值之差衡量ΔPatent，放入相应模型中进行检验，实证结果没有发生实质性的变化。

（五）结果讨论与研究启示

1. 结果讨论

　　基于资源能力论，从企业家创新能力和财务资源两个角度出发，分析了风投的选择机制；进而建立数理模型，比较风投的投资收益，解析了风投的选择偏好。在此基础上，结合实证分析，剖析了风投机构的投资倾向，检验了风投机构对创业企业竞争力提升的影响机制。研究结果表明：①风投机构基于资产的获利性与安全性，青睐投资创新能力强、财务资源少的潜力型企业；然而，由于明星型企业估值较高，风投机构对明星型企业的资产扩张效应最大。②相对于国有投资机构，民营风投机构的逐利性更强且筛选机制更完善，因而更偏好选择创新能力较强的创业企业。③由于我国风投机构的管理经验较薄弱，因而其对创业企业的能力提升效应较弱。由于创业企业家从技术研发到产业化过程中存在诸多不确定性，加之我国风险投资运行机制不完善等因素，导致风投机构面临较大投资风险。因此，我国政府应完善相关制度，加快形成"创业、创新+创投"的协同互动发展格局，推进创新型国家建设。

2. 研究启示

1）拓宽风投筹资渠道

鉴于潜力型企业资金需求量较大，因而政府应拓宽风投筹资渠道，形成以政府基金为引导，社会资金为主导的风险资金筹集机制，从而优化资金配置，为科技型企业技术创新提供资金保障。首先，坚持政府资金有限参与原则，通过政策引导，加大对风险投资机构的资金供给，弥补市场失灵。例如，通过财政专项拨款等方式，设立风险投资基金。其次，撬动社会机构的资金进入风险投资市场，诸如保险公司、养老基金等社会资金，从而不仅能够实现社会资金的保值增值，还能够为风险投资提供长期资金来源。最后，由于国外风险投资发展比较早、资金实力雄厚及投资经验丰富，故而我国政府应给予国外风险投资相关政策优惠，吸引国外风险投资业进入我国风投市场。

2）完善风险补偿机制

鉴于潜力型企业科技成果转化难度较高，且面临新生者劣势，因而政府应完善风险补偿机制，分担风投机构的投资风险。首先，由政府出资设立风险补偿资金池，通过风险准备金、投资亏损补贴等方式对风投机构进行风险补偿；并根据风投所投企业的发展周期、行业，对风投机构实行不同的风险补偿比例。其次，还应引入担保机构和保险公司，形成"政府+担保机构+保险公司"的联动风险补偿机制，从而减少风投机构的风险损失。与此同时，实施更加精准的税收补偿制度，根据风险投资项目的创新程度，实施不同的税收抵扣比例。例如，对投资重大创新项目的风投机构，可实行低税率或者免征收。

第二节　企业家创业团队的人力资本特征与风投的投资策略

本节基于委托代理理论、高阶理论和信号传递理论，分析企业家创业团队的人力资本特征对风投机构投资策略的影响路径和作用机制，并构建概念模型。基于此，以 2008~2014 年深交所创业板上市公司为研究样本，检验了企业家创业团队的人力资本特征对风险投资机构投资策略的影响机制。

一、理论分析与研究假设

（一）企业家创业团队平均年龄与风投的投资策略

对于平均年龄较大的创业团队，风投机构倾向于采取分阶段投资策略。首先，创业团队平均年龄越大，其对财务安全及职位安全更加重视，更倾向于采取规避风险的态度，制定保守的发展战略（Bantel and Jackson，1989），从而可能导致企业丧失市场机会，进而降低风险投资机构的投资回报率。其次，平均年龄较大的创业团队由于学习精力的下降和知识储备的有限，对新事物的接受能力较弱，难以辨别发展过程中的机遇，难以为企业争得先入优势（黄继承和盛明泉，2013）。因此，风险投资机构更倾向于采取分阶段投资策略，即当创业企业完成了第一轮投资设立的目标时，才能够获得下一轮的投资，从而有效激励创业企业。此外，笔者还搜集了 2008~2014 年创业板上市公司的企业家与风险投资数据，计算创业团队的平均年龄，对创业团队的平均年龄与风险投资机构分阶段投资策略进行了统计分析,同样论证了本节的观点。结果如图 8.2 所示，对于创业团队的平均年龄在 50~55 岁的创业企业，风险投资机构进行分阶段投资的概率为 15%,高于创业团队平均年龄为 40~45 岁（2%）与平均年龄为 45~50 岁（6%）的创业企业。

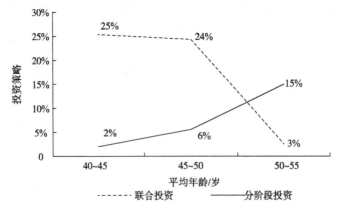

图 8.2　创业团队平均年龄与风投机构投资策略

对于平均年龄较小的创业团队，风险投资机构更倾向于采取联合投资策略。

首先，创业团队的平均年龄越小，创新的意愿越强，其需要的资本越多（吴成颂等，2017）。因此，风险投资机构倾向于采取联合投资策略，从而能够缓解投入巨额资本的压力，为创业企业带来更多资金支持，进而促进企业研发与创新活动，获取更多投资回报。其次，创业团队平均年龄越小，往往冒险偏好越强，更加倾向制定差异化、冒险的战略（朱明琪和张甫香，2018）；并且由于经验不够丰富，难以应对企业面临的困境。因此，基于资源基础论，风险投资倾向于采取联合投资策略，从而联合其他投资者共同管理创业企业，帮助企业制定战略规划，为企业提供咨询建议，进而提升企业业绩。最后，年轻的创业团队对市场全局和自身情况缺乏深刻认识（傅传锐等，2018），难以有针对性地配置企业资本。因此，基于传统的金融理论，风险投资机构倾向于采用联合投资策略，从而分散风险，减少自身损失。此外，按照上文的做法，对创业团队的平均年龄与风险投资机构联合投资策略进行了统计分析，也证明了前文的观点。结果如图 8.2 所示，对于创业团队的平均年龄在 40~45 岁的创业企业，风险投资机构进行联合投资的概率为25%，高于创业团队的平均年龄为 45~50 岁（24%）与平均年龄为 50~55 岁（3%）的创业企业。

H1a：创业团队平均年龄越大，风险投资机构越倾向于采取分阶段投资策略。

H1b：创业团队平均年龄越小，风险投资机构越倾向于采取联合投资策略。

（二）企业家创业团队平均受教育水平与风投的投资策略

对于平均受教育水平较高的创业团队，风险投资机构更倾向于采取分阶段投资策略。创业团队的平均受教育水平直接影响了企业家的认知水平、思维模式及行为能力（吴雅琴和王梅，2018）。受教育水平越高，那么其综合认知能力和专业技术水平也越高，在把握市场信息时也更加精准（王希泉，2017）。根据 Carmen对创业团队特征与组织创新能力之间的关系研究，创业团队的平均受教育水平与组织的创新能力正相关。鉴于此，创业团队的平均受教育水平越高，其越有可能进行创新活动（罗富碧和刘露，2017）。然而，创新活动具有较大风险，并且需要付出较高的沉没成本。因此，风险投资机构倾向于采取分阶段投资的策略，从而控制投资风险。此外，还搜集了 2008~2014 年创业板上市公司的企业家与风险投资数据，对企业家平均受教育水平进行赋值，即中专及以下的赋值为 1，大专赋值为 2，本科赋值为 3，硕士研究生赋值为 4，博士研究生赋值为 5，在此基础上，计算创业团队的平均学历；然后，对创业团队的平均受教育水平与风险投资机构分阶段投资策略进行了统计分析，同样证明了前文的观点。结果如图 8.3 所示，对于创业团队平均受教育水平在 4~5 的创业企业，风险投资机构进行分阶段投资的概率为 10%，高于创业团队平均受教育水平在 1~2（0）、2~3（1%）、3~4（4%）的创业企业。

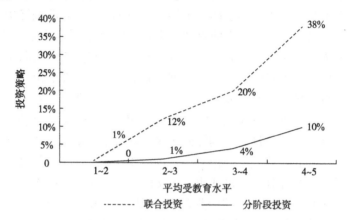

图 8.3　创业团队平均受教育水平与风投机构投资策略

如果风险投资机构选择平均受教育水平较高的创业团队，那么其对该创业企业往往充满信心，希望能够投入更多的资本支持企业发展，故而倾向于采取联合投资策略。一方面，企业家的平均受教育水平越高，越倾向于进行创新活动（李建军和李丹蒙，2015），需要的资本也越多。另一方面，基于信号理论，平均受教育水平较高的企业家往往具有更强的信息处理能力和学习能力，能够帮助企业克服"新生劣势"，获得更多利润，故而其控制的创业企业估值较高（卢馨等，2017）。因此，风险投资机构往往采取联合投资策略，通过多家风险投资机构联合提供资金的形式，缓解单独投资的压力。与此同时，企业家的平均受教育水平较高表明了其具有良好的自律性，具备更高标准的社会道德及社会责任感（董静和孟德敏，2016）。因此，风险投资机构出于对创业团队的信任，倾向于采取联合投资策略，从而为创业企业提供更多的资金支持。此外，按照前文的做法，对创业团队的平均受教育水平与风险投资机构联合投资策略进行了统计分析，同样证明了前文的观点。结果如图 8.3 所示，对于创业团队平均受教育水平在 4~5 的创业企业，风险投资机构进行联合投资的概率为 38%，高于创业团队平均受教育水平在 1~2（1%）、2~3（12%）、3~4（20%）的创业企业。

H2a：创业团队平均受教育水平越高，风险投资机构越倾向于采取分阶段投资策略。

H2b：创业团队平均受教育水平越高，风险投资机构越倾向于采取联合投资策略。

（三）企业家创业团队政治背景与风投的投资策略

对于政治关系较强的创业团队，风险投资机构倾向于采取分阶段投资策略。在我国，虽然已经实施市场经济体制改革很多年，但是政府在经济发展及市场环境中依然起着很大的作用。比如，资源配置、产品定价等（夏立军和方轶强，2005）。一方面，如果创业团队拥有政治背景，那么其能够更便利地获得发展所需的资源及信息，导致其产生"依赖"心理（蔡卫星等，2013），逐渐地，其主观能动性、专业技能将逐渐降低，进而导致企业业绩下降。另一方面，有政治背景的创业团队通常不倾向于改变管理方式，从而可能导致公司管理效率不高。因此，风险投资机构倾向于采取分阶段投资策略，分阶段为创业企业提供融资，从而激励被投资企业提升绩效以达到其设定的目标。与此同时，根据杜勇等（2019）的研究，创业团队有政治背景的企业在获得融资后可能出现过度投资行为，其对如何分配资金缺乏规划，难以合理配置风投机构的资金。因此，风险投资机构倾向于采取分阶段投资策略，定期对创业企业进行评估，从而降低投资风险。此外，还搜集了 2008~2014 年创业板上市公司的企业家与风险投资数据，对创业团队的政治背景与风险投资机构分阶段投资策略进行了统计分析，同样论证了前文的观点。结果如图 8.4 所示，对于创业团队拥有政治背景的创业企业，风险投资机构进行分阶段投资的概率为 11%，高于创业团队没有政治背景的创业企业（3%）。

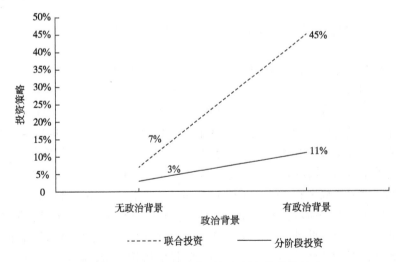

图 8.4 创业团队政治背景与风投机构投资策略

对于政治关系较强的创业团队，风险投资机构倾向于采取联合投资策略。首先，游家兴等（2010）的研究发现，企业家具有政治背景会弱化公司对企业家的束缚与制约，遏制了公司管理效率的提高。拥有政治背景的企业家往往难以遵守企业的管理制度，在需要发挥企业家作用时出现缺席或是拖拉的情况，导致企业处理事务的效率较低。因此，风险投资倾向于采取联合投资策略，通过多家风险投资机构共担风险的作用，使风险投资机构在监督企业、管理企业上有更大的话语权，从而缓解创业团队的壕沟效应（游家兴等，2010），督促企业提升治理效率。其次，有政治背景的创业团队限于国家政策等方面的约束，在制定企业发展战略时较为保守，可能导致企业错失发展机遇。因此，风险投资机构倾向于采取联合投资策略，从而使其在制定企业战略时获得更多的参与权，帮助企业把握机会，获得更好的发展。最后，有政治背景的创业团队在获取政治资源上更加便捷，容易造成过度依赖政治资源的心理（王淑英和张水娟，2017），忽视自身的创造活动。因此，风险投资倾向于采取联合投资的策略，从而减少被投资企业的机会主义行为，督促创业企业专注于创新活动。此外，按照前文的做法，对创业团队的政治背景与风险投资机构联合投资策略进行了统计分析，同样论证了前文的观点。结果如图 8.4 所示，对于创业团队拥有政治背景的创业企业，风险投资机构进行联合投资的概率为 45%，高于创业团队没有政治背景的创业企业（7%）。

H3a：创业团队拥有政治背景，风险投资机构倾向于采取分阶段投资策略。

H3b：创业团队拥有政治背景，风险投资机构倾向于采取联合投资策略。

（四）企业家创业团队社会关系与风投的投资策略

对于社会关系较强的创业团队，风险投资机构倾向于分阶段投资。首先，如果创业团队拥有较强的社会关系，那么为了维护自身声誉，其往往采取风险规避的战略，行为较保守，从而导致企业难以抓住市场机会。其次，由于精力的有限性，创业团队拥有的社会关系越多，其难以为企业发展投入较多时间，从而造成企业业绩的下降（边燕杰和丘海雄，2000）。最后，基于过度自信理论，企业家拥有的社会关系越多，越可能产生过度的自信心理，从而导致其在决策时过于主观，忽略关键因素（李端生和周虹，2017）。因此，对于社会关系较强的企业，风险投资机构倾向于采取分阶段投资策略，通过对创业企业的评估，决定是否继续投资，从而降低投资风险。此外，还搜集了 2008~2014 年创业板上市公司的企业家与风险投资数据，对创业团队的社会关系与风险投资机构分阶段投资策略进行了统计分析，同样论证了前文的观点。结果如图 8.5 所示，对于创业团队拥有社会关系的创业企业，风险投资机构进行分阶段投资的概率为 10%，高于创业团队没有政治背景的创业企业（6%）。

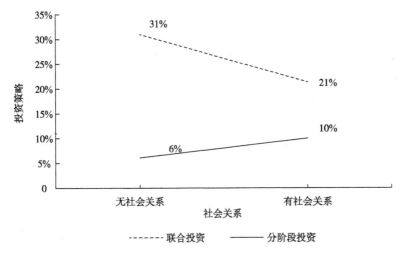

图 8.5　创业团队社会关系与风投机构投资策略

对于社会关系较弱的创业团队，风险投资机构倾向于联合投资。首先，社会关系较弱的创业团队获取社会资本的能力较弱，往往缺乏资金进行创新活动。因此，风险投资倾向于采取联合投资的策略，从而能够为创业企业提供更多资金支持，进而促进企业的创新活动（薛静和陈敏灵，2019）。其次，如果创业企业的创业团队社会关系较弱，那么其获取行业信息及上下游企业资源的能力较弱，在产品市场布局、定价方面缺乏竞争优势。因此，基于资源基础论，风险投资倾向于采取联合投资的策略，通过联合其他风投机构的资源，帮助创业企业扩展外部网络；风投机构联合投资能够传递创业企业质量的信号，帮助创业企业提高社会声誉，促进创业企业的产品、服务被市场信任，从而有助于创业企业吸引更多、更多元的社会关系（何晓斌等，2013）。最后，联合投资"集各家之所长"的特点可以实现信息和资源的共享，为被投资企业提供更到位的增值服务，解决被投资企业与外界交流学习少而不了解当前行业状况、产品竞争状况等相关信息的劣势。此外，按照前文的做法，对创业团队的社会关系与风险投资机构联合投资策略进行了统计分析，同样论证了前文的观点。结果如图 8.5 所示，对于创业团队没有社会关系的创业企业，风险投资机构进行联合投资的概率为 31%，高于创业团队拥有社会关系的创业企业（21%）。

H4a：创业团队拥有较强社会关系，风险投资机构倾向于采取分阶段投资策略。

H4b：创业团队拥有较弱社会关系，风险投资机构倾向于采取联合投资策略。

（五）概念模型

基于高阶理论，将创业团队人力资本特征划分为四个维度，即平均年龄、平均受教育水平、政治背景及社会关系；在此基础上，结合分阶段投资与联合投资策略的特点，分析了企业家人力资本特征对风投机构投资策略的影响机制，提出了假设，绘制了如图 8.6 所示的概念模型图。

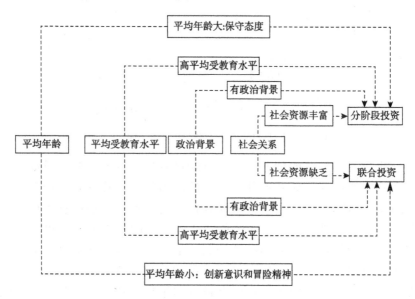

图 8.6　概念模型图

当创业团队平均年龄较大时，其行为更加保守，因而风险投资机构更倾向于分阶段投资策略，从而有效激励创业企业；当创业团队平均年龄较小时，其更具有创新意识与冒险精神，因而风险投资机构更倾向于联合投资，从而分散风险，减少自身损失。当创业团队平均受教育水平较高时，其具有更强的学习能力与创新能力，因而风险投资机构更倾向于联合投资策略，以为创业企业提供更多的资金支持；当创业团队平均受教育水平较高时，其越倾向于采取创新策略，因而风险投资机构倾向于分阶段投资策略，从而控制投资风险。当创业团队有政治背景时，风险投资机构倾向于采取联合投资策略，以获得更多话语权；当创业团队有政治背景时，风险投资机构倾向于采取分阶段投资策略，从而激励创业企业合理利用资金。当创业团队有较强的社会关系时，风险投资机构倾向于采取分阶段投资策略，从而降低投资风险；当创业团队的社会关系较弱时，风险投资机构倾向于采取联合投资策略，帮助企业获取更多的社会资源。

二、实证分析

（一）研究设计

选取 2008~2014 年深圳创业板的上市公司作为研究对象。参照董静等（2017）的方式选取研究样本，主要步骤如下：①从 CVSource 数据终端分批下载投资事件数据，其中包含"企业简称、投资机构简称、投资性质、CVSource 行业分类、地区、投资时间"等关键字段。②手动查阅创业企业招股说明书，保留创业板上市公司数据；匹配创业企业上市时间，保留在创业企业 IPO 之前的投资事件。③从国泰安数据库中下载创业企业企业家数据，包括企业家级别、年龄、学历、政治背景、社会关系等数据。④从 Wind 数据库中获取企业营业收入数据。⑤删除变量存在缺失的样本，最终筛选出 310 家有风险投资机构持股的上市公司为研究样本。

研究数据的来源主要有：①Wind 客户终端获取创业企业财务数据；②国泰安数据库获取创业企业企业家数据；③CVSource 数据终端获取风险投资事件数据；④巨潮资讯网获取创业企业上市招股说明书。

为检验创业团队人力资本特征对风险投资策略的影响，设定式（8.10）实证模型：

$$VCstrategy = \beta_1 TMTage + \beta_2 TMTedu + \beta_3 TMTgovern + \beta_4 TMTsocial \\ + \sum \beta_j CV + \varepsilon \tag{8.10}$$

因变量为 VCstrategy，表示风险投资策略。主要考察风险投资机构是否联合投资（Investsynd）、是否分阶段投资（Roundfinance）。

自变量有：TMTage、TMTedu、TMTgovern 及 TMTsocial。TMTage 表示创业团队的平均年龄，从企业的招股说明书中获得。TMTedu 表示创业团队受教育水平，其为类别变量，可以通过赋值的方式进行测量。根据教育水平的高低分别为：中专及以下赋值为 1，大专赋值为 2，本科赋值为 3，硕士研究生赋值为 4，博士研究生赋值为 5，然后在此基础上计算出创业团队的平均受教育水平。TMTgovern 表示创业团队的政治背景，在政治背景的赋值上，国内学者给出了不同的方法。赵春霞（2017）在其研究里对样本企业中的企业家简历进行分析，判断其政治背景任职机构的等级为国家级、省级（自治区、直辖市）、市级、县级、区级（乡镇）5 级，分别赋值为 5、4、3、2、1，如果没有政治背景则赋值为 0。董静和孟德敏（2016）则是将曾在或现在各级政府部门任职或担任人大代表、政协委员的企业家界定为有政治背景，并以具有政治背景的企业家人数占创业团队总人数的比重来衡量企业家政治背景指标。本节将结合以上两种做法，将企业家的政治背景按照任职机构的等级赋值，之后将得到的赋值进行相加。TMTsocial 表示创业团队成员与其他企业的关系网络，借鉴学者边燕杰和丘海雄（2000）的方法，用董事长和总经理兼任其他公司董事的公司数测量该变量。

控制变量有：Size、Sale、Owner 及 HNTE。由于本节的时间跨度为 2008~2014 年，因此，为了减少不同年份的影响，设立了年度虚拟变量。主要变量定义见表 8.8。

表 8.8　主要变量定义

变量类型	变量	变量符号	变量定义
因变量	是否联合投资	Investsynd	哑变量，如果风险投资采用联合投资策略，取值为 1，否则为 0
	是否分阶段投资	Roundfinance	哑变量，如果风险投资采用分阶段投资策略，取值为 1，否则为 0
自变量	创业团队平均年龄	TMTage	创业团队平均年龄
	创业团队平均受教育水平	TMTedu	企业家平均教育水平，1=中专及以下，2=大专，3=本科，4=硕士研究生，5=博士研究生
	创业团队政治背景	TMTgovern	将企业家的政治背景按照任职机构的等级赋值并相加
	创业团队社会关系	TMTsocial	用董事长和总经理兼任其他公司董事的公司数来表示
控制变量	营业收入	Sale	营业收入的标准值
	企业产权性质	Owner	哑变量，如果创业企业为国有，取值为 1，否则为 0
	企业规模	Size	ln（创业企业总人数）
	是否高科技企业	HNTE	哑变量，如果创业企业是高科技企业，取值 1，否则为 0

对模型中的主要变量进行了描述性统计分析，主要变量的描述性统计结果如表 8.9 所示。

表 8.9　变量描述性统计

变量	观测值	平均值	标准差	中位数	最小值	最大值
Investsynd	310	0.53	0.50	1	0	1
Roundfinance	310	0.12	0.32	0	0	1
TMTage	310	44.92	3.12	44.94	36.32	54.27
Sale	310	−0.01	1.01	−0.28	−0.87	9.70
Owner	310	0.06	0.24	0	0	1
Size	310	0	1.01	−0.31	−0.91	9.94
HNTE	310	0.88	0.32	1	0	1

续表

变量	观测值	平均值	标准差	中位数	最小值	最大值
TMTedu	310	3.23	0.42	3.23	1.94	4.31
TMTgovern	310	0.88	1.14	0	0	4
TMTsocial	310	0.52	2.55	0	0	30

衡量是否联合投资的赋值平均值为 0.53，标准差为 0.50，最大值和中位数均为 1，这说明本节选取的数据中，大多数企业采取的都是联合投资；衡量是否分阶段投资的赋值平均值为 0.12 且标准差为 0.32，最小值和中位数皆为 0，说明本节中被分阶段投资的企业数量较少。

衡量企业家年龄的平均数是 44.92，标准差是 3.12，中位数是 44.94，最大值和最小值分别是 54.27 和 36.32，说明了本节选取的样本里企业家年龄普遍在 36~55 岁，且 45 岁左右的企业家占绝大多数，如图 8.7 所示；衡量创业团队平均受教育水平的平均值与中位数都是 3.23，标准差为 0.42，最大值为 4.31，最小值为 1.94，极差较大，说明在选取的样本中，创业团队平均受教育水平集中在本科到硕士之间且受教育水平相差较大，如图 8.8 所示；衡量创业团队政治背景的平均值为 0.88，标准差为 1.14，最小值与中位数都为 0，说明在选取的 310 家企业中，有政治背景的创业团队相对较少；衡量创业团队社会关系，选取的是创业团队总经理和董事长兼任其他公司职务的公司总数，其平均值为 0.52，标准差为 2.55，中位数与最小值都为 0，说明本节所选取的样本中，创业团队社会关系都比较弱。

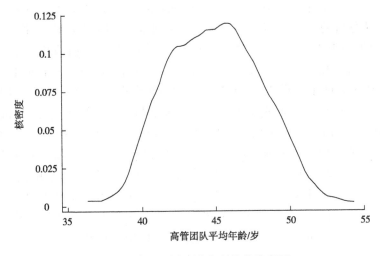

图 8.7　创业团队平均年龄的核密度图

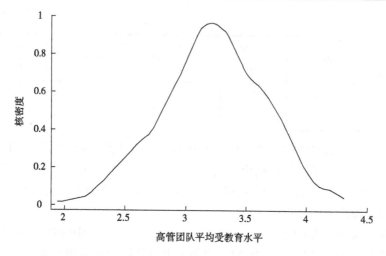

图 8.8　创业团队平均受教育水平的核密度图

衡量企业营业收入的平均值为 -0.01，标准差为 1.01，中位数为 -0.28，最大值 9.70，最小值为 -0.87，极差大，说明选取的样本中企业的营业收入差距比较大；衡量企业产权性质的赋值平均值为 0.06，标准差为 0.24，最小值与中位数都为 0，因此说明本样本中大多数企业都是民营企业；衡量是否高科技企业的赋值平均值为 0.88，标准差为 0.32，最大值和中位数都为 1，可以说明本书的样本中大部分的企业都是高科技企业；本书采用员工数量来衡量企业的规模，最大值与最小值分别为 9.94 与 -0.91，极差比较大，这说明企业规模的差距也比较大。

对模型中各变量之间的相关性进行 Pearson 检验，得到变量的相关系数矩阵，相关性分析的结果如表 8.10 所示。从各变量的相关系数矩阵来看，绝大部分变量两两之间的相关系数显著。①企业家平均年龄与分阶段投资策略在 10% 的水平上显著正相关；企业家平均年龄与联合投资策略在 5% 的水平上显著负相关，这初步验证了假设 1。②企业家平均受教育水平与分阶段投资策略在 1% 的水平上显著正相关，企业家平均受教育水平与联合投资策略在 5% 的水平上显著正相关，这初步验证了假设 2。③企业家政治背景与分阶段投资策略在 5% 的水平上显著正相关，企业家政治背景与联合投资策略在 5% 的水平上显著正相关，这初步验证了假设 3。④企业家社会关系与分阶段投资策略在 5% 的水平上显著正相关，企业家社会关系与联合投资策略在 5% 的水平上显著负相关，这初步验证了假设 4。各主要变量的相关系数均小于 0.5，说明回归模型的各个变量之间不存在严重的多重共线性问题，这可以保证后续多元回归分析结果的可靠性。

表 8.10　变量的相关性分析

变量	Roundfinance	Investsynd	TMTage	TMTedu	TMTgovern	TMTsocial	Sale	Owner	Size	HNTE
Roundfinance	1									
Investsynd	0.12	1								
TMTage	0.06*	−0.14**	1							
TMTedu	0.20***	0.09**	−0.09	1						
TMTgovern	0.08**	0.05**	0.16***	−0.18***	1					
TMTsocial	0.15**	−0.06**	0.17***	0.05	0.05	1				
Sale	0.16**	0.05	0.13**	0.10*	0.16***	0.26***	1			
Owner	0.08	0.14**	0.08	0.16***	0.05	0.03	0.18***	1		
Size	0.09	0.13*	0.02	0.07	0.15***	0.13**	0.57***	0.06	1	
HNTE	0.02	0.02	0.03	0.04	0.16***	0.13**	−0.29***	−0.08	−0.16***	1

注：表中数据为变量之间的相关系数

***$p<0.01$，**$p<0.05$，*$p<0.1$

（二）回归分析

运用 Probit 模型，对创业团队人力资本特征与风投机构投资策略的关系进行了实证分析。二者的回归结果如表 8.11 和表 8.12 所示。

表 8.11　创业团队人力资本特征对风投机构采取分阶段投资策略的影响（一）

变量	模型 1	模型 2	模型 3	模型 4
TMTage	0.029* （1.71）			
TMTedu		0.938*** （2.95）		
TMTgovern			0.114** （2.02）	
TMTsocial				0.062* （1.72）
Sale	0.734* （1.91）	0.938* （1.83）	0.076 （1.54）	0.061 （1.21）
Owner	0.296* （1.68）	0.105 （0.07）	0.257 （0.59）	0.41 （0.92）
Size	0.013 （0.59）	0.1191 （0.52）	0.782 （0.35）	0.1433 （0.64）
HNTE	0.573 （0.62）	0.689 （1.18）	0.612 （1.2）	0.895 （1.42）

变量	模型 1	模型 2	模型 3	模型 4
_cons	−3.297*	−5.27***	−2.118***	−2.337***
	(−1.73)	(−4.06)	(−3.74)	(−3.44)
R^2	0.0411	0.1043	0.0448	0.0592
N	310	310	310	310

注：（ ）内是 t 值

*** $p<0.01$，** $p<0.05$，* $p<0.1$

表 8.12　创业团队人力资本特征对风投机构采取联合投资策略的影响（一）

变量	模型 1	模型 2	模型 3	模型 4
TMTage	−0.0608**			
	(−2.05)			
TMTedu		0.2000*		
		(1.88)		
TMTgovern			0.1007*	
			(1.66)	
TMTsocial				−0.0431**
				(−2.15)
Sale	−0.0396	−0.0195	−0.0271	−0.0386
	(−0.91)	(−0.43)	(−0.6)	(−0.870)
Owner	0.7840*	0.7189*	0.8583**	0.8605**
	(1.93)	(1.72)	(2.09)	(2.09)
Size	0.0004**	0.0004*	0.0004*	0.0004*
	(1.96)	(1.78)	(1.86)	(1.91)
HNTE	0.1287	0.1808	0.1782	0.2352
	(0.41)	(0.58)	(0.57)	(0.74)
_cons	−2.9666**	−0.9520	−0.2165	−0.3524
	(−2.19)	(−1.16)	(−0.64)	(−1.04)
R^2	0.0452	0.0322	0.0344	0.0361
N	310	310	310	310

注：（ ）内是 t 值

** $p<0.05$，* $p<0.1$

1. 创业团队平均年龄对风投机构投资策略的影响

表 8.11 模型 1 和表 8.12 的模型 1 分别是创业团队平均年龄与是否采取分阶段投资策略和是否采取联合投资策略之间的回归结果。表 8.11 模型 1 显示，创业团队平均年龄与风险投资机构是否采取分阶段投资的回归系数为 0.029，且在 10% 的水平上显著，说明创业团队平均年龄与风险投资机构是否分阶段投

资正相关，即创业团队的平均年龄越大，风险投资机构越倾向于分阶段投资，因此 H1a 得以验证。这主要是因为，创业团队平均年龄较大，越倾向于制定保守的发展战略，从而导致企业丧失市场机会，进而降低风险投资机构的投资回报率。表 8.12 中的模型 1 显示，创业团队平均年龄与联合投资的回归系数为 -0.0608，且在 5% 的水平上显著，说明创业团队平均年龄与风险投资机构是否联合投资负相关，即创业团队的平均年龄越小，风险投资机构越倾向于采用联合投资策略，H1b 得到数据支持。这主要是因为，创业团队平均年龄较小，其冒险的偏好较强，但是经验不足。

2. 创业团队受教育水平对风投机构投资策略的影响

表 8.11 模型 2 和表 8.12 的模型 2 分别是创业团队平均受教育水平与是否分阶段投资和是否联合投资之间的回归结果。表 8.11 模型 2 显示，创业团队的平均受教育水平与是否分阶段投资的回归系数是 0.938，在 1% 的水平上显著。这说明创业团队平均受教育水平与是否分阶段投资正相关，即创业团队的平均受教育水平越高，风险投资机构越倾向于采取分阶段投资策略，因此，H2a 得到支持。这主要是因为，选取的企业样本中，创业团队中有企业管理方面背景的人才较少，高学历不能传达其具有出色的企业管理能力。因此，风险投资机构倾向于采取分阶段投资策略，从而增强对被投资企业的了解。表 8.12 模型 2 显示，创业团队的平均受教育水平与是否联合投资的回归系数为 0.2000，在 10% 的水平上显著，说明创业团队平均受教育水平与是否联合投资正相关，即创业团队平均受教育水平越高，风险投资机构越倾向于联合投资的策略——H2b 成立。这主要是因为，创业团队的受教育水平越高，风险投资机构的投资信心也就越强。因此，风险投资机构会采取联合投资的策略为企业带来更多的资金支持。

3. 创业团队政治背景对风投机构投资策略的影响

表 8.11 模型 3 和表 8.12 的模型 3 分别是创业团队政治背景与是否分阶段投资和是否联合投资之间的回归结果。表 8.11 模型 3 显示，创业团队政治背景与是否分阶段投资的回归系数是 0.114，在 5% 的水平上显著，说明创业团队的政治背景与是否分阶段投资正相关，即创业团队有政治背景，风险投资机构就越倾向于分阶段投资——H3a 成立。这主要是因为，创业团队有政治背景，其往往依赖政治资源支撑企业发展，从而忽视了提高企业核心竞争力。表 8.12 模型 3 中，创业团队政治背景与是否联合投资的回归系数是 0.1007，在 10% 的水平上显著，说明创业团队政治背景与是否联合投资正相关，即创业团队政治背景越强，风险投资机构倾向于联合投资策略——H3b 成立。这主要是因为，创业团队有政治背景，其在制定企业管理方针及战略上比较保守，从而影响企业效率。因此，风险投资机

构倾向于采取联合投资策略，为自己带来更多话语权，加强对创业企业的管理，从而提高自身投资利润。

4. 创业团队社会关系对风投机构投资策略的影响

表8.11模型4和表8.12的模型4分别是创业团队社会关系与是否分阶段投资和是否联合投资之间的回归结果。从表8.11模型4可以发现，创业团队社会关系与是否分阶段投资的回归系数是0.062，在10%的水平上显著，说明创业团队的社会关系与是否分阶段投资成正相关，创业团队的社会关系越强，风险投资机构越倾向于采取分阶段投资策略，因而H4a得以验证。这主要是因为，创业团队社会关系越强，其依赖外部资源的心理会导致其忽视自身的进一步发展。表8.12模型4显示，创业团队社会关系与是否联合投资的回归系数为-0.0431，在5%的水平上显著，说明创业团队的社会关系与是否联合投资负相关，即创业团队的社会关系越弱，风险投资机构倾向于采取联合投资策略——H4b成立。这主要是因为，创业团队社会关系越弱，其社会资源也越少，风险投资机构采取联合投资策略能够为企业带来更多的资源。

（三）稳健性检验

为了使研究结果更加可靠，对前文的实证结果进行了稳健性检验。稳健性检验设计如下①替换自变量：将衡量创业团队年龄的变量替换为 CEO 年龄（CEO_age）、衡量团队受教育水平的变量替换为 CEO 学历（CEO_degree）、政治背景变量改为 CEO 的政治背景赋值（CEO_pc）、社会关系变量改为董事长兼任其他公司的总数（director_ctb）。②根据相关文献，增加三个控制变量：经理和董事长为同一人（duality）、企业年龄（fage）、研发投入占比（rdspendsumratio0）。如表 8.13 和表 8.14 所示。

表8.13　创业团队人力资本特征对风投机构采取分阶段投资策略的影响（二）

变量	模型 1	模型 2	模型 3	模型 4
CEO_age	0.005^{*} （1.78）			
CEO_degree		0.052^{**} （2.05）		
CEO_pc			0.141^{**} （2.09）	
director_ctb				0.09^{*} （1.86）

续表

变量	模型 1	模型 2	模型 3	模型 4
Sale	0.185*	0.228**	0.185**	0.147*
	（1.88）	（2.15）	（2.11）	（1.76）
HNTE	0.368	0.403	0.339	0.607
	（0.64）	（0.69）	（0.6）	（0.93）
Owner	0.39*	0.078*	0.382**	0.486**
	（1.96）	（1.88）	（2.55）	（2.15）
Size	0.096	0.123	0.098	0.133
	（0.62）	（0.78）	（0.63）	（0.85）
duality	0.125	0.058	0.104	0.089
	（0.43）	（0.2）	（0.38）	（0.32）
fage	0.005	−0.018	0.005	0.005
	（0.16）	（−0.53）	（0.18）	（0.15）
rdspendsumratio0	0.01*	0.014**	0.01**	0.013*
	（1.87）	（2.68）	（2.21）	（1.95）
_cons	−1.566	−1.714**	−1.785***	−2.083***
	（−1.36）	（−2.18）	（−2.79）	（−2.84）
R^2	0.0462	0.0665	0.0471	0.0659
N	310	310	310	310

注：（ ）内是 t 值

$^{***}p<0.01$，$^{**}p<0.05$，$^*p<0.1$

表 8.14　创业团队人力资本特征对风投机构采取联合投资策略的影响（二）

变量	模型 1	模型 2	模型 3	模型 4
CEO_age	−0.15*			
	（−1.88）			
CEO_degree		0.162**		
		（2.35）		
CEO_pc			0.107**	
			（1.98）	
director_ctb				−0.07**
				（−2.18）
Sale	−0.053	−0.062	−0.059	−0.104
	（−0.43）	（−0.49）	（−0.48）	（−0.83）
HNTE	0.452	0.411	0.423	0.555
	（1.14）	（1.02）	（1.07）	（1.37）

续表

变量	模型 1	模型 2	模型 3	模型 4
Owner	0.760*	0.602**	0.735*	0.813*
	（1.78）	（2.33）	（1.74）	（1.9）
Size	0.320**	0.388**	0.336**	0.366**
	（2.19）	（2.52）	（2.31）	（2.5）
duality	0.066	−0.017	0.021	0.016
	（0.31）	（−0.08）	（0.01）	（0.08）
fage	0.016	0.008	0.014	0.013
	（0.7）	（0.35）	（0.61）	（0.57）
rdspendsumratio0	0.008*	0.009**	0.009**	0.011*
	（1.77）	（2.06）	（2.19）	（1.69）
_cons	0.125	−0.859	−0.523	−0.682
	（0.15）	（−1.61）	（−1.20）	（−1.51）
R^2	0.506	0.0639	0.0475	0.0607
N	310	310	310	310

注：（　）内是 t 值

** $p<0.05$，* $p<0.1$

由表 8.13 模型 1 可知，CEO 年龄与是否采取分阶段投资策略的回归系数为正值，且在 10%的水平上显著，即 CEO 年龄与是否采取分阶段投资策略正相关，与前文实证结果一致。由表 8.14 模型 1 可知，CEO 年龄与是否采取联合投资策略的回归系数为负数，在 10%的水平上显著，即 CEO 年龄与是否采取联合投资策略呈负相关，与前文实证结果一致。

由表 8.13 模型 2 可知，CEO 的学历与是否分阶段投资的回归系数为正值，在 5%的水平上显著，即 CEO 的学历与是否采取分阶段投资策略正相关，与前文的实证结果一致。由表 8.14 模型 2 可知，CEO 的学历与是否联合投资的回归系数为正值，在 5%的水平上显著，即 CEO 学历与是否联合投资正相关，与前文的实证结果一致。

由表 8.13 模型 3 可知，CEO 政治背景与是否分阶段投资的回归系数为 0.141，在 5%的水平上显著，即 CEO 政治背景与是否分阶段投资正相关，与前文实证结果一致。由表 8.14 模型 3 可知，CEO 政治关联与是否联合投资的回归系数为正值，在 5%的水平上显著，即 CEO 政治背景与是否联合投资正相关，与前文的实证结果一致。

由表 8.13 模型 4 可知，CEO 社会关系与是否分阶段投资的回归系数为 0.09，在 10%的水平上显著，说明 CEO 的社会关系与是否采取分阶段投资策略正相关，与前文实证结果一致。由表 8.14 模型 4 可知，CEO 社会关系与是否联合投资的回归系数为负值，在 5%的水平上显著，即 CEO 社会关系与是否联合投资负相关，与前文的实证结果一致。

（四）进一步分析

风险投资机构在选择投资决策时，不仅要重点考察创业企业高管团队人力资本特征，还应关注创业企业所在城市的制度环境因素与其所属产业的异质性特征。因此，分别加入制度环境与产业异质性的调节变量，剖析在不同的制度环境、产业中企业家人力资本特征对风险投资机构投资策略的影响机制。如图 8.9 所示。

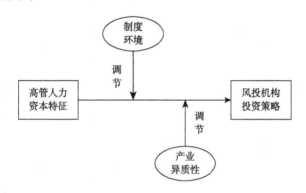

图 8.9　制度环境、产业异质性的调节效应

1. 制度环境的调节效应分析

在已有研究的基础上，考虑制度环境对创业团队人力资本特征与风投机构投资策略关系的调节效应。自 1978 年改革开放以来，我国进入市场经济转型期，法律、经济、政治体制等方面都发生了重大的改变。基于此，制度环境的影响逐渐被学者重视。黄安颖（2016）提出，创业团队的社会资本能否产生作用及产生多大作用都与我国的制度环境有关。因此，制度环境对创业团队特征与风险投资策略的关系有重要的调节作用。

研究采用樊纲等（2007）计算市场化指数的方法来衡量制度环境（MAINDEX）；由于研究数据为 2008~2014 年，因此选取了 2008~2014 年各省市场化总指数评分。首先，将得到的各年总指数评分相加，并将相加的各年总指数评分进行排序。其中，中位数及大于中位数的都认为是制度环境良好，取值为 1；小于中位数的认为是制度环境较差，取值为 0。其次，设置了如下实证模型，运用 Stata 软件，采用 Probit 模型进行实证分析。得出的结果如表 8.15 和表 8.16 所示。

$$VCstrategy = \beta_1 TMTage + \beta_2 TMTedu + \beta_3 TMTgovern + \beta_4 TMTsocial$$
$$+ \beta_5 TMTage \times MAINDEX + \beta_6 TMTedu \times MAINDEX$$
$$+ \beta_7 TMTgovern \times MAINDEX + \beta_8 TMTsocial \times MAINDEX \quad (8.11)$$
$$+ \beta_9 MAINDEX + \sum \beta_j CV + \varepsilon$$

表8.15　分阶段投资、制度环境与创业团队人力资本特征的调节效应分析

变量	模型1	模型2	模型3	模型4
TMTage	0.034*			
	(1.71)			
MAINDEX	0.0043*			
	(1.82)			
TMTage×MAINDEX	0.0084*			
	(1.92)			
TMTedu		0.2000*		
		(1.88)		
MAINDEX		0.649***		
		(2.72)		
TMTedu×MAINDEX		0.885***		
		(2.89)		
TMTgovern			0.014*	
			(1.89)	
MAINDEX			0.345*	
			(1.84)	
TMTgovern×MAINDEX			0.563*	
			(1.74)	
TMTsocial				−0.0431**
				(−2.15)
MAINDEX				0.332*
				(1.89)
TMTsocial×MAINDEX				0.546*
				(1.73)
控制变量	控制	控制	控制	控制
R^2	0.0321	0.0923	0.0752	0.0451
N	310	310	310	310

注：（　）内是 t 值

***$p<0.01$，**$p<0.05$，*$p<0.1$

表 8.16　联合投资、制度环境与创业团队人力资本特征的调节效应分析

变量	模型 1	模型 2	模型 3	模型 4
TMTage	−0.0404**			
	（−2.12）			
MAINDEX	0.1201**			
	（2.32）			
TMTage×MAINDEX	−0.3802**			
	（−2.21）			
TMTedu		0.1023*		
		（1.78）		
MAINDEX		0.624**		
		（2.31）		
TMTedu×MAINDEX		0.823**		
		（2.48）		
TMTgovern			0.0045*	
			（1.67）	
MAINDEX			0.4132*	
			（1.79）	
TMTgovern×MAINDEX			0.623*	
			（1.83）	
TMTsocial				−0.0512**
				（−2.31）
MAINDEX				−0.3481*
				（1.74）
TMTsocial×MAINDEX				0.4892*
				（1.86）
控制变量	控制	控制	控制	控制
R^2	0.0521	0.0769	0.0843	0.0519
N	310	310	310	310

注：（ ）内是 t 值

** $p<0.05$，* $p<0.1$

1）创业团队平均年龄与风险投资策略

如表 8.15 模型 1 所示，制度环境与创业团队平均年龄的交乘项在 10% 的水平上显著为正，说明在良好的制度环境下，创业团队的平均年龄与是否分阶段投资正相关。这是因为，当创业团队平均年龄较大时，对财务和职业安全的看重使他们倾向于制定保守的管理策略；并且其学习新事物的速度较慢，学习意愿也不强烈，容易丧失市场机会。在制度环境良好的情况下，资源依靠市场进行配置（赵春霞，2017），故而企业家年龄越大，越难抓住市场机会。因此，风险投资机构倾向于采取分阶段投资策略，从而能够督促企业进行相应的改变。

如表8.16模型1所示，制度环境与创业团队平均年龄的交乘项在5%的水平上显著为正，说明了在良好的制度环境下，风险投资机构对平均年龄较小的创业团队倾向于联合投资。首先，越是年轻的创业团队，接受新事物的能力越强，更能把握当前新事物发展的趋势与方向，了解当前消费者的需求与偏好。其次，平均年龄越小的创业团队越具有创新力，能够做出更多创新性的决策。因此，在市场环境好的情况下，风投机构倾向于采取联合投资的策略，共享市场资源（聂茂原，2017），为创业企业提供更多资金，帮助企业进行创新活动。

2）创业团队受教育水平与风险投资策略

如表8.15模型2所示，制度环境与创业团队平均受教育水平的交乘项在1%的水平上显著为正，说明在良好的制度环境下，创业团队的平均受教育水平与是否分阶段投资正相关。首先，在制度环境良好的情况下，市场化水平较高，可供风险投资机构选择的前景良好的投资项目较多。因此，风险投资机构希望采取分阶段投资策略对这些前景良好的项目进行投资，通过一轮轮的注资，对被投资企业有更深的认识，降低筛选项目过程中的成本。其次，在良好的制度环境下，高学历的创业团队受外界环境制约小（张慧，2014），其拥有的自主决策权相对较高。鉴于其有较强的冒险倾向，因此，风险投资机构会采取分阶段投资策略，加强对创业企业的监督，减小投资失败带来的损失。

如表8.16模型2所示，制度环境与创业团队平均学历的交乘项在5%的水平上显著为正，说明在良好的制度环境下，对于平均受教育水平越高的创业团队，风险投资机构越倾向于采取联合投资策略。首先，平均受教育水平较高的创业团队意味着企业有更好的发展前景，特别是在制度环境良好的情况下，更能增强投资者的信心。风险投资机构倾向于采取联合投资策略，通过募集更多的资金来支撑被投资企业的创新活动。其次，平均受教育水平较高的创业团队，能够传递其具有更高道德标准及自律性的信号，从而能够吸引更多的风投机构对该企业进行联合投资。

3）创业团队政治背景与风险投资策略

如表8.15模型3所示，制度环境与创业团队政治背景的交乘项在10%的水平上显著为正，说明在良好的制度环境下，创业团队有政治背景，风险投资机构倾向于分阶段投资策略。这是因为，在良好的制度环境下，拥有政治背景的创业团队更加依赖政治资源（张亮亮，2014），从而导致创新的激励下降，因而风险投资机构倾向于采取分阶段投资策略，通过设定目标的方式，在一定程度上激励企业进行创新活动。

如表8.16模型3所示，制度环境与创业团队政治背景的交乘项在10%的水平上显著为正，说明联合投资策略也是风险投资机构在制度环境良好的情况下会采取的策略之一。这是因为，拥有政治背景的创业团队在企业中受到的束缚与管理相对较弱，导致了企业的管理效率低，联合投资能够帮助风险投资机构进行更为全面的监督。

4）创业团队社会关系与风险投资策略

如表 8.15 模型 4 所示，制度环境与创业团队社会关系的交乘项在 10%的水平上显著为正。说明在良好的制度环境下，缺乏社会关系成了创业团队的明显劣势，风险投资机构会倾向于联合投资。首先，联合投资可以为缺乏社会关系的被投资企业带来更多的社会关系，扩展企业的外部联系，让被投资企业对当前行业环境有更全面的了解，更清楚自身的问题与发展趋势所在。其次，在良好的制度环境下，社会声誉对企业的影响更为积极，联合投资能够为被投资企业带来更多的关注度及更高的社会声誉，促进企业的进一步发展。

如表 8.16 模型 4 所示，制度环境与创业团队社会关系的交乘项在 10%的水平上显著为正，说明在良好的制度环境下，对于拥有较强社会关系的创业团队，风险投资机构倾向于采取分阶段投资策略。这是因为，在制度环境较好的情况下，拥有较强社会关系的创业团队更依赖外部环境带来的利好（陈骁楠，2015），导致其忽视了自身的创新发展。

因此，基于以上分析得出结论：①在良好的制度环境下，风险投资机构对平均年龄较大的创业团队倾向于采取分阶段投资策略；其对平均年龄较小的创业团队倾向于联合投资。②对于平均受教育水平越高的创业团队，风险投资机构越倾向于采取联合投资策略；对于平均受教育水平较高的创业团队，风险投资机构越倾向于分阶段投资。③创业团队有政治背景，风险投资机构倾向于分阶段投资策略；创业团队拥有政治背景，风险投资机构倾向于联合投资。④对于拥有较强社会关系的创业团队，风险投资机构倾向于采取分阶段投资策略；对于拥有较强社会关系的创业团队，风险投资机构会倾向于联合投资。

2. 产业因素的异质性分析

风险投资机构在选择风投策略时，面对来自不同行业的被投资企业，针对其企业家特征，会有不同的选择倾向。虽然创业板企业大多是高新技术企业，但是创新之处存在不同，部分企业是产品服务上的创新，部分企业是商业模式上的新创造，还有些企业是对消费者需求的创造。这些都导致了企业日常经营中的种种不同。因此，研究风投机构面对不同行业的创业企业企业家特征采取不同投资策略也是必要的。

研究从前文中的 310 个样本中筛选出了 166 个制造业企业和 131 个服务业企业，并结合这两个行业的特点对创业团队人力资本特征与风险投资机构的投资策略的关系进行了实证分析，并得到表 8.17~表 8.20。

表 8.17　制造业对创业团队人力资本特征与分阶段投资策略的关系影响

变量	模型 1	模型 2	模型 3	模型 4
TMTage	0.084* （1.92）			
TMTedu		0.23* （1.34）		
TMTgovern			0.067** （1.98）	
TMTsocial				−0.077 （−1.54）
控制变量	控制	控制	控制	控制
R^2	0.0421	0.0765	0.0741	0.0529
N	166	166	166	166

注：（　）内是 t 值
$**p<0.05$，$*p<0.1$

表 8.18　制造业对创业团队人力资本特征与联合投资策略的关系影响

变量	模型 1	模型 2	模型 3	模型 4
TMTage	0.034 （1.27）			
TMTedu		0.57** （2.07）		
TMTgovern			0.15 （1.43）	
TMTsocial				0.082* （1.89）
控制变量	控制	控制	控制	控制
R^2	0.0337	0.0802	0.0364	0.0423
N	166	166	166	166

注：（　）内是 t 值
$**p<0.05$，$*p<0.1$

表 8.19　服务业对创业团队人力资本特征与分阶段投资策略的关系影响

变量	模型 1	模型 2	模型 3	模型 4
TMTage	0.034 （1.33）			

续表

变量	模型 1	模型 2	模型 3	模型 4
TMTedu		0.57 （1.13）		
TMTgovern			0.017 （1.47）	
TMTsocial				0.82 （1.02）
控制变量	控制	控制	控制	控制
R^2	0.0311	0.0856	0.0629	0.0474
N	131	131	131	131

注：（ ）内是 t 值

表 8.20　服务业对创业团队人力资本特征与联合投资策略的关系影响

变量	模型 1	模型 2	模型 3	模型 4
TMTage	−0.25** （−2.21）			
TMTedu		0.74 （1.26）		
TMTgovern			0.56* （1.78）	
TMTsocial				0.67* （1.73）
控制变量	控制	控制	控制	控制
R^2	0.0167	0.0643	0.0529	0.0571
N	131	131	131	131

注：（ ）内是 t 值

$**p<0.05$, $*p<0.1$

1）制造业

制造业企业注重技术及产品创新，其具有技术密集及专利密集的特征。因此，本节结合制造业企业特点，从创业团队人力资本特征的四个维度出发，即创业团队平均年龄、平均受教育水平、政治背景及社会关系，剖析制造业企业创业团队人力资本特征对风险投资机构投资策略的影响机制。

由表 8.17 模型 1 可知，制造业企业的创业团队平均年龄与风投机构分阶段投资在 10% 的水平上显著正相关。制造业具有高收益高风险并存的特点（宋玉禄等，2018），其高收益主要体现在当今时代制造业研发成果在人们生活中的高渗透性。

比如，电子信息制造业在物联网、云计算等方面的应用，这些都为其带来了巨大的收益；而高风险主要体现在高投入性与创新成功率低这两个方面。首先，相关研究表明，平均年龄较大的创业团队具有更加丰富的行业经验，更能够意识到企业在市场中存在的不足，并能够及时地进行调整，从而能够降低企业发展过程中的风险。其次，平均年龄较高的创业团队还存在着随着年龄增长，创新驱动下降，在企业战略的制定上较为保守的情况，因而风险投资机构倾向于采取分阶段投资策略，通过监督的方式实现企业绩效的增长。

由表 8.17 模型 2 可知，制造业企业创业团队平均受教育水平与风投机构分阶段投资在 10% 的水平上显著正相关。创业团队的平均受教育水平越高，其越有可能进行创新活动。然而，创新活动具有较大风险，并且需要付出较高的沉没成本。因此，风险投资机构倾向于采取分阶段投资策略，从而控制投资风险。

由表 8.18 模型 2 可知，制造业企业创业团队的平均受教育水平与风投机构是否联合投资在 5% 的水平上显著正相关。这可能是因为，制造业更注重技术及产品创新，其主要特征之一就是技术及专利密集（罗序斌，2019）；企业创新的主体则是研发人员，高受教育水平的创业团队有更强的创新能力与学习能力。因此，风险投资机构在对制造业企业进行投资时，倾向于采取联合投资策略，希望给予企业更多的资金用于企业创新活动。

由表 8.17 模型 3 可知，制造业创业团队政治背景与分阶段投资策略在 5% 的水平上显著正相关。薛静和陈敏灵（2019）通过对 2010~2017 年的 VC 融资事件进行数据分析，剖析企业家政治背景对创业企业绩效的影响，发现创业团队政治背景对企业 IPO 和企业并购（Mergers and Acquisitions，M&A)存在显著负向影响。也有很多的研究认为，政治背景为企业带来了便利的同时，会导致企业过度依赖政治资源，忽视自身的创新发展。对于制造业来说，其最主要的盈利来源是新产品、新技术的研发，故而政治背景对创新活动的抑制作用是不能忽视的。因此，风险投资机构对有政治背景的企业倾向于采取分阶段投资策略，通过间接监督的方式，督促企业为获得下一轮资金支持而进行创新活动。

由表 8.18 模型 4 可知，制造业创业团队社会关系与联合投资策略在 10% 的水平上显著正相关。根据何晓斌等（2013）的研究发现：制造行业创业团队社会关系与企业绩效存在正向关系。这主要是因为，被投资企业进行企业间的社交活动，能够获得更多行业资讯，了解行业发展情况，或者通过在技术产品方面的交流，为自己的创新活动增添活力。社会关系较强的创业团队除了能为企业带来更多的社会资源，还在获取行业信息、利用信息上有更大的优势；同时社会关系也能够降低被投资企业与风险投资机构之间的信息不对称和道德风险，从而吸引更多的风投机构进行联合投资，获取更多的发展资金。

因此，通过以上分析得出结论：制造业企业中，①风险投资机构倾向于对平均年龄较高的创业团队采取分阶段投资策略；②风险投资机构倾向于对高受教育水平的创业团队采取联合投资策略与分阶段投资策略；③风险投资机构倾向于对有政治背景的创业团队采取分阶段投资策略；④风险投资机构倾向于对社会关系较强的创业团队进行联合投资。

2）服务业

服务业的发展比制造业更依赖外部环境，其行业内企业只有洞察了行业环境，把握发展趋势，才能够不被当下的环境抛下。因此，本节结合服务业企业特点，从创业团队特征的四个维度出发，即创业团队平均年龄、平均受教育水平、政治背景及社会关系，剖析服务业企业创业团队人力资本特征对风险投资机构投资策略的影响机制。

由表8.20模型1可知，服务业企业创业团队的平均年龄与风投机构是否采取联合投资在5%的水平上显著负相关。服务业的创新重点主要在于商业模式，主体则更多是一线员工，其创新成果输出主要表现为概念创意（程大中，2004）。服务业企业的成长发展相比于制造业企业更依赖于外部环境与发展潮流，只有洞察了行业环境，把握发展趋势才能够不被当下的环境抛下。如果团队平均年龄较小，那么其对外部环境的变化会更加敏感，对新事物的适应能力与学习能力更强，能够把握新的发展机遇，为企业谋求更适合的发展道路。但是，平均年龄较小的创业团队还存在着经验不足、对自身认识不完全等情况。因此，风险投资机构会采取联合投资策略，除了能够为企业的发展投入更多的资金支持，也能够更好地为企业拓展外部联系，帮助被投资企业对自身有更深的认识，同时通过风投机构间的优势互补，为被投资企业提供更好的增值服务。

由表8.20模型3可知，服务业企业的创业团队政治背景与风投机构是否联合投资在10%的水平上显著正相关。拥有政治背景的服务业企业在获取政治资源等方面更加便捷（江小涓，2011），其在企业管理上往往表现为一成不变，从而给企业带来管理效率低下等问题。针对这些情况，风险投资机构对有政治背景的企业进行联合投资，除了希望能带来更多的资金支持和社会资源，也为风险投资机构参与公司治理上带来更多的话语权，从而提高企业的管理效率。

由表8.20模型4可知，服务业企业创业团队社会关系与风投机构是否联合投资在10%的水平上显著正相关。服务业与其他产业密切相关，其许多的创意概念离不开制造业等产业的技术支持。例如，虚拟现实（virtual reality，VR）技术在广告行业中的应用。服务业企业需要与其他行业加强交流，这样才能够更了解当今时代所趋，不被时代抛下，从而保证新创意为终端所接受。因此，风险投资机构对社会关系较强的创业团队倾向于采取联合投资方式，一方面，能够为被投资企业带来更多的资金支持；另一方面，也能够帮助被投资企业拓展外部联系，从而有助于其获取更多的优质资源。

因此，通过以上分析得出结论：服务业企业中，①风险投资机构倾向于对平均年龄较小的创业团队采取联合投资策略；②风险投资机构倾向于对有政治背景的创业团队进行联合投资；③风险投资机构倾向于对社会关系较强的创业团队倾向于采取联合投资。

（五）结果讨论与研究启示

1. 结果讨论

自 2010 年以来，风险投资作为助推创业企业发展的重要力量，得到了政府的高度重视。但是，风险投资机构与被投资企业之间存在信息不对称、道德风险、未来收益不确定等问题，因此其在进行投资策略的选择过程中，可能出现投资决策失误的问题。因此，使用何种风险投资策略一直以来都是风险投资机构重点关注的问题。本节基于委托代理理论和高阶理论，构建了企业家特征对风险投资策略影响的理论模型；进而选取 2008~2014 年深圳创业板的 310 家上市公司为研究样本，对提出的假设进行了实证研究，并得出了以下结论。

（1）创业团队平均年龄与风投机构投资策略。①创业团队的平均年龄越小，风险投资机构越倾向于采用联合投资策略。这是因为，创业团队的平均年龄越小，可能越缺乏管理经验，从而导致决策失误。因此，风险投资机构倾向于选择联合投资策略，希望能够"集各家所长"，减小创业团队决策失误的可能性。②创业团队的平均年龄越大，风险投资机构越倾向于分阶段投资。这是因为，年龄较大的创业团队往往不敢轻易进行创新活动，分阶段投资能够通过分阶段注入资金，从而激励年龄较大的创业团队进行创新。

（2）创业团队受教育水平与风投机构投资策略。①创业团队平均受教育水平越高，风险投资机构越倾向于采取联合投资策略。这是因为，创业团队的平均受教育水平在一定程度上可以为风险投资机构传递"是否可靠"的信号。平均受教育水平越高，风险投资机构对该企业充满信心且希望能够投入更多的资金支持被投资企业的发展，故而采取联合投资的策略为企业获得更多的发展可能性。②创业团队平均受教育水平越高，风险投资机构倾向于采取分阶段投资策略。这是因为，创业团队的平均受教育水平越高，其越有可能进行创新活动。然而，创新活动具有较大风险，并且需要付出较高的沉没成本。因此，风险投资机构倾向于采取分阶段投资的策略，从而控制投资风险。

（3）创业团队政治背景与风投机构投资策略。①创业团队政治背景越强，风险投资机构越倾向于联合投资。这是因为，当企业的政治关联较强时，其往往依赖政治资源支撑发展，积极性下降。因此，风险投资机构通过联合投资，为其争取到更多的话语权，更好地参与企业管理与决策，从而推动被投资企业发展。②创业团队的政治关联越强，风险投资机构越倾向于分阶段投资。这主要是因为，政治关联较强的企业拥有较好的政治资源，但是这也是这类企业怠于创新的主要原因，因此风险投资机构倾向于采取分阶段投资策略，从而促进企业发展，减小投资失利的风险。

（4）创业团队社会关系与风投机构投资策略。①创业团队社会关系越弱，风险投资机构越倾向于联合投资。这是因为，联合投资能为社会关系较弱的企业带来更多的资源，从而促进创业企业的发展。②创业团队的社会关系越强，风险投资机构越倾向于分阶段投资策略。这是因为，企业家拥有越强的社会关系，其精力越分散，难以为企业发展投入更多的时间。因此，风险投资机构倾向采取分阶段投资策略，通过对创业企业的评估，决定是否继续投资，从而降低投资风险。

（5）制度环境会影响创业团队人力资本特征与风险投资机构投资策略的关系。①良好制度环境下，风险投资机构对平均年龄较大的创业团队倾向于采取分阶段投资策略；其对平均年龄较小的创业团队倾向于联合投资。②对于平均受教育水平越高的创业团队，风险投资机构越倾向于采取联合投资策略；对于平均受教育水平较高的创业团队，风险投资机构越倾向于分阶段投资。③创业团队有政治背景，风险投资机构倾向于分阶段投资策略；创业团队拥有政治背景，风险投资机构倾向于分阶段投资。④对于拥有较强社会关系的创业团队，风险投资机构倾向于采取分阶段投资策略；对于拥有较弱社会关系的创业团队，风险投资机构会倾向于联合投资。

（6）产业也会影响创业团队特征与风险投资机构投资策略的关系。①制造业企业中，风险投资机构倾向于对平均年龄较高的创业团队采取分阶段投资的投资策略；风险投资机构倾向于对高学历的创业团队采取联合投资的投资策略；风险投资机构倾向于对有政治背景的创业团队采取分阶段投资的投资策略；风险投资机构倾向于对社会关系较强的创业团队进行联合投资。②服务业企业中，风险投资机构倾向于对平均年龄较小的创业团队采取联合投资的投资策略；风险投资机构倾向于对有政治背景的创业团队进行联合投资；风险投资机构倾向于对社会关系较强的创业团队会采取联合投资。

2. 研究启示

由于创业企业的创业特征对风投机构的投资策略存在影响，因而创业企业在成立之时应当挑选合适的创业团队，并且在企业的发展过程中对其进行科学的培养，从而吸引更多优质的风险投资机构。此外，由控制变量的回归结果发现，创业企业营业收入对于风投机构的投资策略有一定影响，因而创业企业还应该努力提高自身业绩。

　　首先，创业企业应该有针对性地挑选创业团队成员。创业团队的人力资本特征能够向风投机构传达企业在管理、战略制定及创新能力上的信号，从而影响风投机构的决定。梅花天使创投合伙人吴世春曾说过："一个一流的团队，给他三流的方向，很少的资源支持，也能做出二流的项目。而一个三流的团队，哪怕给他一流的方向和最好的资源，最后也是四流的结果。"基于此，创业团队对于风险投资机构的重要性不言而喻。因此，创业者在组建创业团队之初，就应当结合企业的发展战略有条件地选择团队成员，从而为企业带来充分的话语权，减少企业与风投机构谈判时需要付出的交易成本。

　　其次，创业企业应当有方向性地培养创业团队成员。鉴于创业团队的特征能够影响风险投资机构的投资策略，因此，创业企业应该在其发展过程中有方向性地加强创业团队的人力资本和社会资本建设，一方面，能够对创业企业发展有正面的作用；另一方面，也能够向风险投资机构传达企业具有光明前景的信号。与此同时，创业企业应该结合自身希冀的融资方式，有方向性地培养创业团队，从而激励创业成员学习社会变化中的新事物，使企业向更好的方向发展，以此应对复杂的社会环境中的诸多变数。例如，创业企业希望风投机构采取联合投资方式，那么其应该增强创业团队的政治资本。

　　最后，创业企业应提高自身营业水平。创业企业应结合自身资源禀赋及创业团队特征，制定相适宜的发展战略，可以通过不断创新，提升产品质量或改良流程，促进新产品、新服务的产生，形成核心竞争力，引领市场需求，从而使创业企业形成市场垄断性，抢占市场份额。此外，在接受风险投资之后，应当增进与风险投资机构的沟通和交流，充分吸收有益经验和建议，扩大企业规模和实力，寻求合适的发展路径。

第三节　本章小结

　　本章首先探讨了风投的投资倾向，发现风投机构基于资产的获利性与安全性，青睐投资创新能力强、财务资源少的潜力型企业，然而，由于明星型企业估值较高，风投机构对明星型企业的资产扩张效应最大。相对于国有投资机构，民营风投机构的逐利性更强且筛选机制更完善，因而偏好选择创新能力较强的民营创业企业。但是由于我国风投机构的管理经验较薄弱，因而其对创业企业的能力提升效应较弱。在此基础上，本章还探讨了企业家团队的人力资本特征对风投的投资策略的影响机制，发现企业家团队的平均年龄越大，风险投资机构越倾向于分阶段投资；相反，企业家团队的平均年龄越小，风险投资机构越倾向于采用联合投资策略。企业家团队的平均受教育水平越高，风险投资机构越倾向于采取分阶段投资和联合投资策略。企业家团队政治关联越强，风险投资机构倾向于分阶段投资和联合投资策略；企业家团队的社会关系越弱，风险投资机构倾向于联合投资策略。然而，企业家团队的社会关系越强，风险投资机构就越倾向于分阶段投资策略。此外，制度环境和产业异质性能够强化企业家团队对风险投资策略的影响机制。

第九章　创业环境、自我效能与企业家的创业行为

GEM 数据显示,我国一年内的创业失败率约是 GEM 成员国平均水平的两倍,且新创企业的存活率不足 5%。这可能是因为,部分新生企业家未选择合适的创业行为,注重规模扩张而忽视了产品研发。因此,本章基于 GEM 指标体系,从规模扩张行为和产品研发行为两个维度,解析了创业环境对新生企业家创业行为的影响机制,并借助社会认知论,探究了创业自我效能对创业环境影响新生企业家创业行为的中介效应。

第一节　理论分析与研究假设

依次解析社会文化环境、研发转移环境、中介服务环境、制度支持环境等创业环境对新生企业家创业行为的直接影响;并借助社会认知理论,探究创业自我效能在创业环境与创业行为关系中的中介效应,进而揭示创业环境对新生企业家创业行为的选择与实施的影响机制。

一、创业环境对创业行为的影响

(一)社会文化环境对新生企业家创业行为影响

社会文化环境是公众形成的特定文化传统和意识形态,以创业文化、创业氛围等形式影响创业活动(于东平和段万春,2012),能够激发企业家精神,促进新生企业家的交流协作,增强溢出效应,从而影响新生企业家的创业行为。首先,高度支持的社会文化环境呈现对创业尊重、认可和鼓励的态度(郑馨等,2017),

能够激发新生企业家的先动精神和冒险精神，激励企业家主动进行边界扩张或产品开发。其次，开放的社会文化环境能够促进知识交流与信息共享，增进企业间的互助与合作，增强学习效应、辐射效应和溢出效应，有助于新生企业家学习先进的管理制度、产品开发信息和技术解决方案，从而有助于新生企业的规模扩张或产品开发。例如，硅谷地区鼓励冒险、互助协作的社会文化激励了创业企业的新产品开发动力。因此，提出以下假设。

H1a：社会文化环境对新生企业家创业行为的实施具有正向影响。

（二）研发转移环境对新生企业家创业行为的影响

研发转移环境是促进和推动研发成果向企业转移扩散的环境体系，体现为技术转移机构建立的技术交易模式和组织协调机制（Hu et al.，2005），能够帮助新生企业节约研发资源，缩短研发时间，有助于新生企业实现二次创新。首先，技术转移中心能够集聚分布于各行各业的研发资源，能够帮助新生企业实现跨组织、跨学科的技术整合。由此，一方面，有利于新生企业弥补技术短板，实现技术改造与技术升级，进而扩大产值规模或进行产品优化；另一方面，能帮助企业拓宽技术获取的渠道来源，节约自主研发的时间，降低研发风险，提高企业的技术效率或者生产效能。其次，研发转移服务有助于企业开展技术学习，从而有利于企业实施改进创新，进而利用后发优势实现技术赶超（黄永春等，2014a）。例如，中国技术交易所不但构建技术网络交易平台的技 E 网，促进科技项目交易 10 万余项，帮助企业融合研发资源，为企业实施创业战略提供技术支持；还与 300 多家国际技术转移机构开展合作，帮助企业引进国外先进技术，从而有利于企业实施二次创新。因此，提出以下假设。

H1b：研发转移环境对新生企业家创业行为的实施具有正向影响。

（三）中介服务环境对新生企业家创业行为的影响

中介服务环境是第三方机构为企业提供社会化、专业化服务的环境体系（Wymbs C，2000），融合金融、招募和创业孵化等中介机构，能够助推新生企业家创业行为的落实。首先，投资公司等金融中介机构可以为新生企业家提供科技金融等投融资服务，保障其扩大规模或开发产品的资金来源。其次，猎头公司等招募中介机构可以为新生企业聘请高级管理人员、品牌策划经理等高端人才，帮助新生企业家提高运营管理能力、市场竞争能力等创业能力，从而实施规模扩张或产品开发战略。最后，众创空间、孵化器、加速器等孵化机构可以搭建综合服务平台（吕一博等，2018），能够为新生企业建立便利化、低成本的基础设施和经营场地，提供孵化、咨询、技术开发协助等创业服务，从而帮助企业规模扩张或开发产品。例如，北京厚德科创科技孵化器有限公司创立厚德创新谷，建立早期孵化平台，为新生企业实施创业行为提供了 360 度的创业服务。因此，提出以下假设。

H1c：中介服务环境对新生企业家创业行为的实施具有正向影响。

（四）制度支持环境对新生企业家创业行为的影响

制度支持环境是政府为企业提供政策支持以弥补制度缺陷的环境体系（Li and Atuahene-Gima，2001），能降低企业的交易费用，减少行政约束，传递积极信号，促进企业创业行为的选择。首先，政府监管、信息公开等制度支持能减少非法委托代理、市场信息不对称等问题，商业法规体系、知识产权保护等法制环境，能为新生企业营造公平的成长空间。其次，制度支持不仅能够降低企业的市场准入门槛和壁垒，减少企业在增资建厂、产品注册、品牌设立时的行政约束（Dreher and Gassebner，2013）；还可以通过财政补贴和税收减免降低新生企业的经济成本，帮助企业借助成本优势扩大经营自主权，从而能提高企业规模扩张或产品开发的积极性。例如，新加坡通过商事制度改革、税收优惠减免等一系列措施，为创业行为构建了良好的亲商、安商环境，连续多年被世界银行评为"全球营商环境最佳"的经济体之一。最后，制度支持可以通过资质认定、信用担保、倾向性采购等方式向外界传递积极信号，能够提高企业的声誉和知名度，提高外部投资者、供应商及消费者对企业的认可度，从而有助于其规模扩张或产品开发。因此，提出以下假设。

H1d：制度支持环境对新生企业家创业行为的实施具有正向影响。

二、创业自我效能的中介作用

由社会认知理论可知，创业环境可以激活企业家的主观能动性（Bandura A，1986），提高其创业自我效能，从而进一步影响新生企业家创业行为的选择与实施。鉴于创业自我效能包括机会识别、技能感知、风险容忍度和关系网络四个维度，因此，将从上述四个方面探究创业环境对新生企业家创业行为的内在影响机制。

首先，创业环境有助于提升新生企业家的机会感知，从而对创业行为的选择与实施产生影响。其中，开放的社会文化环境可以鼓励企业家大胆探索新的资源组合方式和新的市场信息，促进新生企业家开发和利用商机（钟卫东等，2007）；媒体宣传等社会文化支持可以向新生企业家传播国家产业发展和结构调整等战略信息，有助于新生企业家把握创业时机。此外，研发转移环境可以帮助新生企业获取科研院所的前沿科技成果，有利于新生企业家识别新兴技术领域，并从中挖掘创业机会。例如，《拜杜法案》的出台改善了美国的研发转移环境，有力地推动了高校科研成果的转移扩散，催生了众多高科技创业企业。

其次，创业环境有助于增强新生企业家的感知技能，进而影响其创业行为的选择与实施。其中，中介服务环境可以提高新生企业家获取法律、资金、管理和政策等信息的可得性，有助于新生企业家增加对市场竞争状况和行业前景的认知程度，提升对市场趋势和环境动态的感知水平，从而有助于新生企业家根据市场态势选择适宜的创业行为。此外，制度支持环境可以为新生企业家提供便捷高效的创业平台，诸如提供创业学习交流平台，从而提升其创业技能（黄永春和朱帅，2018）。例如，南京江北新区产业技术研创园筹资组建孵鹰大厦，为新生企业家提供舒适、便利的办公空间与交流场所，有助于新生企业家交流学习，从而能够提升其创业感知技能，进而有助于新生企业家创业行为的选择与实施。

再次，创业环境能够提升新生企业家的风险容忍度，进而影响创业战略的选择与实施。其中，开放包容的社会文化环境具有容忍失败的创业氛围，且社会公众对创业持有积极态度和正面评价，能够给予创业者情感支持（Manolova et al.，2007），帮助新生企业家减轻心理压力，降低失败恐惧感，从而积极开展创业活动。此外，中介服务机构可以采用实地调查、项目评估、咨询服务等方式帮助新生企业家合理预测经营风险，有助于降低其创业过程中的不确定性，提高其风险容忍度，并调整创业行为规避风险。例如，艾瑞咨询等中介服务机构通过大数据分析帮助新生企业量化市场风险，为新生企业创业行为的选择与实施提供依据。

最后，创业环境能够帮助新生企业家扩大关系网络，进而影响创业行为的选择与实施。其中，中介服务机构可以利用网络优势为新生企业家搭建与投资者、供应商和消费者的供需对接平台，帮助新生企业家构建和拓展商业网络，有助于新生企业家整合创业资源，从而助推创业行为的实施。此外，制度支持能够加强新生企业家与政府机构的联系，这不仅有助于新生企业家构筑政治关联网络，谋取更多的政策租金，而且有助于新生企业家与外部利益相关者建立情感契约和信任关系，提高新生企业的资源获取能力（Xin and Pearce，1996），从而能为创业行为的选择与实施提供资源支持。例如，SBA 为新生企业提供信用担保，帮助新生企业与金融机构建立信任关系，便于新生企业家获取贷款支持。综上，提出如下假设。

H2：创业环境能提升新生企业家的创业自我效能，进而能够促进其创业行为的选择与实施。

三、概念模型

基于上述理论分析，构建了社会文化环境、研发转移环境、中介服务环境、制度支持环境等创业环境对新生企业家创业行为影响机制的概念模型（图 9.1）。由图 9.1 可知，创业环境不仅能直接影响新生企业家的创业行为，而且能提升新生企业家的创业自我效能，进而影响创业行为的选择与实施。

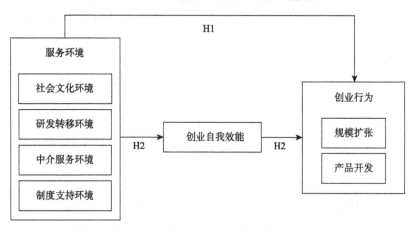

图 9.1　创业环境影响新生企业家创业行为的概念模型

由前文可知，创业环境对新生企业家实施规模扩张和产品开发均有影响，然而上述分析并未深入探讨创业环境对新生企业家选择规模扩张与产品开发行为的异质性影响机制。当前我国正在推进新旧动能转换，需要打造发展新引擎，增强发展新动力，故而亟须探究创业环境对新生企业家选择规模扩张或产品开发影响的差异性，以提升创业服务的精准性，促进我国创业型经济建设。因此，将借助 GEM 数据，进一步实证研究创业环境对创业行为的异质性影响机制。

第二节　实证分析

匹配了 GEM 的国家专家调查（national expert survey，NES）数据库和 APS 数据库，以及世界银行数据库，得到 42 个国家（地区）2001~2016 年的非平衡面板数据，并进行标准化处理。①自变量：社会文化环境（CSN）、研发转移环境（RDT）和中介创业环境（CPI）相关指标可以从 NES 数据库中直接获取；NES 数据库中的税收和官僚体系指标，从税收和政府规制两个角度反映政府对创业的支持程度，因此将其作为制度支持环境（TB）的代理变量。②因变量：早期创业活动规模扩张

比例和产品开发比例均表示采取该行为的人口占全部 TEA 的比例，因此将 TEA 与
GEM 中规模扩张和产品开发分别相乘，得到规模扩张（GEEA）和产品开发（NPEA）。
③中介变量：失败恐惧率（FFR）表示创业者容忍风险的负向指标，因此采用该变
量的补数作为风险容忍度（TFR）的代理变量。将机会识别（PO）、感知技能（PC）、
风险容忍度（TFR）、关系网络（KSER）进行算术平均，得到创业自我效能（ESE）。
④控制变量：由于经济体经济实力等因素会制约创业环境条件，因此以经济体类型
（inno）和对数化后各经济体的 GDP 总量（lnGDP）为控制变量。表 9.1 对各变量
进行了描述性统计分析。

表 9.1　变量的描述性统计

变量	定义	观测值	平均值	标准差	最小值	最大值	方差膨胀系数
CSN	社会和文化规范对创业行为的影响，人们对创业的态度等	547	2.82	0.47	1.62	4.40	1.49
RDT	研发在多大程度上创造新的商机，是否可以为新生企业所用	547	2.36	0.39	1.43	3.73	2.52
CPI	知识产权、商业、会计、法律和评估等机构及服务	547	3.01	0.35	1.75	3.99	1.75
TB	税收和政府规制多大程度上给予支持	547	2.40	0.55	1.34	4.18	1.70
GEEA	在早期阶段创业群体中，参与或管理规模扩张导向创业活动（增加雇员数量）的人口比例	728	25.97	12.01	0	91.44	
NPEA	在早期阶段创业群体中，参与或管理产品开发导向创业活动（提供新颖的产品或服务）的人口比例	700	43.60	15.61	1.21	93.70	
ESE	新生企业的机会识别、技能感知、风险容忍度、关系网络程度的算术均值	727	48.60	10.50	19.05	83.79	1.55
inno	国家类型（是否为创新驱动经济体，是=1，否=0）	726	0.46	0.50	0.00	1.00	1.42
lnGDP	GDP 的对数	713	26.60	1.68	20.00	31.00	1.22

资料来源：作者利用 Stata 软件计算所得；表中 GEEA、NPEA 是被解释变量，无须计算方差膨胀系数

一、基准回归

（一）直接效应分析

以社会文化环境、研发转移环境、中介创业环境、制度支持环境等创业环境
为自变量，以规模扩张、产品开发为因变量，并以经济体类型、GDP 对数为控制
变量，运用 Stata 15.0 软件实证估计。采用 Hausman 检验，p 值为 0.038，即在 5%

水平拒绝随机效应模型；且固定效应的 Wald 检验（p 值为 0.374）不能拒绝原假设。因此，采用混合普通最小二乘法（pooled ordinary least square，POLS）估计系数，见表 9.2。

表 9.2　创业环境对新生企业家创业行为的影响

变量	GEEA	NPEA	GEEA	NPEA	GEEA	NPEA	GEEA	NPEA
CSN	0.219*** (0.058)	0.116*** (0.041)						
RDT			0.056* (0.029)	0.179** (0.073)				
CPI					0.182** (0.073)	0.086** (0.037)		
TB							0.055** (0.022)	0.169*** (0.048)
inno	−0.155* (0.082)	0.182*** (0.068)	−0.134 (0.084)	0.141** (0.061)	−0.139* (0.077)	0.108** (0.049)	−0.155 (0.097)	0.162** (0.069)
lnGDP	−0.150* (0.084)	0.167** (0.079)	−0.183*** (0.068)	0.166** (0.069)	−0.127 (0.080)	0.163** (0.067)	−0.174** (0.077)	0.154*** (0.054)
_cons	1.113*** (0.385)	1.316*** (0.312)	1.297*** (0.352)	1.354*** (0.321)	1.289*** (0.359)	1.372*** (0.323)	1.361*** (0.365)	1.224*** (0.354)
Year	Yes	Yes	Yes	Yes	Yes	Yes	Yes	Yes
R^2	0.325	0.376	0.317	0.340	0.341	0.364	0.323	0.314
F	36.23***	30.23***	25.83***	22.18***	34.27***	35.61***	28.79***	30.58***
N	448	448	448	448	448	448	448	448

注：（ ）内是标准误差

*** $p<0.01$，** $p<0.05$，* $p<0.1$

（1）社会文化环境对规模扩张和产品开发均具有显著正向影响，H1a 得到验证。这是因为，支持性的社会文化环境不仅可以培养积极进取的创业精神，激励新生企业家实施规模扩张，而且可以引导企业塑造开拓创新的企业文化，促进企业开发新产品。深入研究发现，相较于产品开发，社会文化环境对规模扩张影响更大。这是因为，当前很多发展中国家的营商环境、容错机制、创新激励等外部环境条件不够完善（廖中举和程华，2014），难以激发企业家的精神，部分新生企业家缺乏开拓进取动力，因而部分新生企业家倾向于选择风险更低、见效更快的规模扩张。

（2）研发转移环境对规模扩张和产品开发均具有显著正向影响，H1b 得到验证。这是因为，研发转移体系的完善不仅可以帮助企业实施技术改造升级，从而推进企业家的规模扩张，而且有利于新生企业家获取新兴科技成果，还有利于新生企业家的技术学习，从而能提升新生企业的技术研发能力。比较分析发现，相较于规模扩张，研发转移环境对产品开发的影响更大。这是因为，当今世界正由传统制造时代向科技创新时代转型（郭淑芬和张俊，2018），世界各国正在推进新兴技术的研发和转移，尤其是后发国家正着力强化前沿技术的引进与扩散，以实现技术赶超。由此，技术转移机构较为关注前沿科技成果的转移与扩散，以帮助企业引进新兴技术，开发新动能。例如，中国等发展中国家学习德国工业 4.0，借鉴美国的人工智能规划，积极推进智能制造。

（3）中介服务环境对规模扩张和产品开发均具有显著正向影响，H1c 得到验证。这是因为，中介服务机构具备较为丰富的行业经验和关系网络，能够为新生企业提供跨越现有组织和领域边界的新要素和新资源，从而有助于新生家实施规模扩张或产品开发。比较研究后发现，相较于产品开发，中介服务环境对规模扩张的影响更大。这是因为，很多发展中国家的中介服务环境体系不够健全，所提供的中介服务仍局限于传统服务项目；现代服务业匮乏，在产品技术咨询、产业情报分析等领域的服务能力相对薄弱，未能构建起优化创新资源、培育核心技术的现代化服务体系。

（4）制度支持环境对规模扩张和产品开发均具有显著正向影响，H1d 得到验证。这是因为，制度支持可以降低新生企业创业过程中的政策壁垒，减少新生企业在资金、技术、经营自主权等方面的行政约束，从而有助于新生企业家实施规模扩张或产品开发。深入研究发现，相较于规模扩张，制度支持环境对产品开发的影响更大。这可能是因为，为构建现代产业体系，实现经济高质量发展，世界各国更加注重科技创新激励机制的建设，因而在提供制度支持时会加大对产品开发的倾斜力度，以培育和引领经济发展新动能。例如，上海市政府不仅在汽车采购时优先购买新能源汽车，而且推出《上海市清洁空气行动计划（2018—2022 年）》，该文件指出在 2020 年底将全部公交车更换为新能源汽车，以提高新能源汽车企业产品开发的积极性，并带动相关产业的技术进步和结构升级。

（二）中介效应分析

根据 Baron 和 Kenny（1986）提出的检验中介变量的步骤，检验创业自我效能在创业环境与创业行为之间的中介效应。首先，创业环境对创业行为的影响系数均显著为正，这为中介效应的分析提供了前提。其次，创业环境对中介变量影响显著，且中介变量对因变量的影响系数为正。最后，将自变量和中介变量加入回归分析，验证创业环境和创业自我效能对创业行为的共同作用。若中介变量的作用仍显著，而自变量作用削弱，则部分中介效应存在；若自变量作用消失，则完全中介效应成立。

由表 9.3、表 9.4 可知，在加入中介变量后，社会文化环境和制度支持环境对创业行为的影响仍然正向显著，且系数估计均有下降。由此，创业自我效能在社会文化环境与创业行为的关系中，以及制度支持环境与创业行为的关系中均存在部分中介效应。此外，在加入中介变量后，研发转移环境和中介服务环境的回归系数不再显著。这表明创业自我效能在研发转移环境与创业行为的关系中，以及中介服务环境与创业行为的关系中均存在完全中介效应。由此可知，创业环境可以促进企业家感知创业机会，提高感知技能，增强风险容忍度，扩大关系网络，提高其创业自我效能，进而影响新生企业家创业行为的选择与实施，H2 得到验证。例如，中国香港特别行政区倡导"小政府"的服务理念，依靠开放的市场化机制，以低税率和高效能的服务优势吸引投资者，并且对各类企业提供免费、保密的"投资一站通"服务，从而激发了企业家的创业自我效能。再如，新加坡经济发展局（Economic Development Board，EDB）设立以行业为导向的专业架构，同时建立"服务专员"制度，授予重点客户政策灵活度，并选派服务专员提供全程服务，由此使得新加坡电子信息、生物科技、医疗等重点行业实现高速增长。

表 9.3　创业环境对创业自我效能的影响

变量	ESE	ESE	ESE	ESE	ESE
CSN	0.262^{***} （0.079）				0.134^{**} （0.057）
RDT		0.139^{**} （0.058）			0.068^{*} （0.035）
CPI			0.148^{**} （0.060）		0.071^{**} （0.029）
TB				0.124^{*} （0.070）	0.113^{*} （0.062）
inno	0.182^{***} （0.064）	-0.103 （0.063）	-0.109 （0.067）	0.215^{**} （0.087）	0.197^{**} （0.084）
lnGDP	-0.084 （0.064）	0.161^{*} （0.083）	0.171^{***} （0.056）	0.160^{***} （0.055）	0.169^{*} （0.087）
_cons	2.218^{***} （0.547）	2.341^{***} （0.536）	2.402^{***} （0.556）	2.092^{***} （0.455）	2.281^{***} （0.492）
Year	Yes	Yes	Yes	Yes	Yes
R^2	0.359	0.426	0.386	0.398	0.435
F	78.07^{***}	57.92^{***}	61.45^{***}	59.27^{***}	63.84^{***}
N	447	447	447	447	447

注：（　）内是标准误差

$^{***}p<0.01$，$^{**}p<0.05$，$^{*}p<0.1$

表9.4　创业环境、创业自我效能对新生企业家创业行为的影响

变量	GEEA	NPEA	GEEA	NPEA	GEEA	NPEA	GEEA	NPEA	GEEA	NPEA
CSN			0.139*** (0.036)	0.096*** (0.035)						
RDT					0.048 (0.030)	0.154 (0.095)				
CPI							0.114 (0.070)	0.059 (0.036)		
TB									0.039** (0.016)	0.127** (0.053)
ESE	0.370*** (0.051)	0.467*** (0.048)	0.295*** (0.060)	0.438*** (0.052)	0.340*** (0.057)	0.448*** (0.044)	0.336*** (0.057)	0.463*** (0.047)	0.327*** (0.058)	0.460*** (0.048)
inno	−0.143* (0.080)	0.167** (0.075)	−0.148* (0.079)	0.151** (0.064)	−0.132 (0.084)	0.129** (0.054)	−0.147* (0.077)	0.124** (0.056)	−0.125 (0.081)	0.136** (0.057)
lnGDP	−0.137** (0.055)	0.159*** (0.061)	−0.121 (0.076)	0.118* (0.062)	−0.147** (0.059)	0.124* (0.067)	−0.119 (0.073)	0.132** (0.053)	−0.138* (0.078)	0.151** (0.059)
_cons	1.638*** (0.398)	1.617*** (0.376)	1.328*** (0.366)	1.228*** (0.323)	1.283*** (0.390)	1.154*** (0.362)	1.048*** (0.335)	1.514*** (0.357)	1.247*** (0.376)	1.533*** (0.389)
Year	Yes	Yes	Yes	Yes	Yes	Yes	Yes	Yes	Yes	Yes
R^2	0.316	0.343	0.291	0.305	0.396	0.297	0.281	0.308	0.293	0.306
F	31.54***	66.03***	46.38***	37.65***	22.81***	35.72***	27.24***	37.00***	25.71***	35.81***
N	710	682	447	447	447	447	447	447	447	447

注：（ ）内是标准误差

*** $p<0.01$，** $p<0.05$，* $p<0.1$

二、分样本估计和稳健性检验

经济发展水平不仅能制约创业环境的塑造，而且影响创业环境激发新生企业家创业行为的有效性。因此，将总样本分为了 OECD 国家和非 OECD 国家两个样本，以检验在不同发展阶段的国家，其创业环境对新生企业家创业行为的异质性影响。

由表9.5可知，不论在 OECD 国家，还是在非 OECD 国家，社会文化环境、研发转移环境、中介服务环境和制度支持环境等创业环境对新生企业家创业行为的影响系数均显著为正，H1 的四个假设再次得到验证。整体而言，非 OECD 国家的创业环境对规模扩张和产品开发的影响系数小于 OECD 国家。这是因为，相较于 OECD 国家，非 OECD 国家的创业服务相对滞后，加之其新生企业的创业实力比较薄弱，因此创业环境对企业创业行为的影响整体较弱。例如，尽管爱尔兰的区位禀赋条件对外吸引力有限，但是爱尔兰投资发展局（Investment and Development Agency of Ireland，IDA Ireland）注重产业规划，主动与目标企业保

持长期沟通，时刻了解企业发展动态，高效率地帮助投资者解决创业难题，从而提升了企业家的创业自我效能，激发了企业家的创业动能。爱尔兰 IDA 通过与戴尔的长期合作，成功将戴尔从 12 名员工的制造配套业务，扩展成员工超过 1000人的战略性全球枢纽和卓越中心。相反，老挝、越南等国家由于创业环境相对滞后，不仅难以激发本土企业的创业活力，也难以集聚全球领先企业的创业投资。

表 9.5　　OECD 与非 OECD 国家创业环境对新生企业家创业行为影响的比较

变量		GEEA	NPEA	GEEA	NPEA	GEEA	NPEA	GEEA	NPEA
非OECD	CSN	0.251*** （0.068）	0.135*** （0.043）						
	RDT			0.089** （0.035）	0.195** （0.083）				
	CPI					0.139* （0.083）	0.074* （0.040）		
	TB							0.049** （0.022）	0.167** （0.068）
	R^2	0.358	0.315	0.295	0.385	0.331	0.321	0.337	0.325
	N	273	273	273	273	273	273	273	273
控制变量		控制	控制	控制	控制	控制	控制	控制	控制
OECD	CSN	0.136*** （0.043）	0.187*** （0.062）						
	RDT			0.047** （0.023）	0.220** （0.086）				
	CPI					0.157** （0.068）	0.190** （0.077）		
	TB							0.112** （0.053）	0.181*** （0.065）
	R^2	0.376	0.396	0.347	0.349	0.358	0.355	0.362	0.303
	N	175	175	175	175	175	175	175	175
控制变量		控制	控制	控制	控制	控制	控制	控制	控制

注：由于篇幅有限，控制变量等回归结果不予显示

*** $p<0.01$，** $p<0.05$，* $p<0.1$

　　值得关注的是，非 OECD 国家的社会文化环境和研发转移环境对规模扩张的影响大于 OECD 国家，这是因为，①社会文化环境：一方面，相对而言，非 OECD国家的社会文化环境缺乏人性化的容错机制，加之社会保障体系较为薄弱，新生企业家的风险规避态度较高，因而其开发新产品和抢占新市场和的意愿相对不足；另一方面，非 OECD 国家多处于工业化阶段，其新生企业家的创业理念较为保守，多从事并且会局限于要素驱动型的传统产业，或者聚焦于技术改造升级，因此更倾向于选择规模扩张。②研发转移环境：一方面，非 OECD 国家的基础研发能力

相对薄弱，技术转移体系也不够健全，缺乏技术经纪人，因此为新生企业家提供的技术转移服务有限；另一方面，非 OECD 国家企业的技术吸收和消化能力较弱，其所接受的技术转移更侧重于工艺改进和技术改造，因而更倾向于选择规模扩张。

此外，为保证模型结果的稳健性，通过改变回归方法，重新检验实证结果。运用修正的 Wald 检验发现，回归模型存在异方差，且 Arellano-Bond 检验显示，模型存在序列相关。因此，采用广义最小二乘法（generalized least squares，GLS）进行估计。结果表明，除个别控制变量的显著性发生细微变化外，实证结果总体上与基准回归保持一致，说明回归结果是稳健的。

三、结果讨论与研究启示

（一）结果讨论

创业环境在促进新生企业家追求产品开发的同时，推动其实施规模扩张。相比较而言，研发转移环境、制度支持环境在激励新生企业家实施产品研发方面更显著；而社会文化环境、中介服务环境则在驱动新生企业家寻求规模扩张方面更显著。服务环境有助于新生企业家感知创业机会、提高感知技能、强化风险承担和积极拓展网络，提升其创业自我效能，进而促进其选择并实施创业行为。与 OECD 国家不同，非 OECD 国家的社会文化环境、研发转移环境、中介服务环境、制度支持环境等营商环境相对落后，因此其对产品开发的激励效应也会相应减弱。

（二）研究启示

尽管 2018 年我国的营商环境上升到第 46 位，但是与世界前 20 名经济体相比，还有较大差距，并且世界银行对中国的评价仅选取了上海和北京为样本城市。因此，为促进新旧动能转换，实现经济高质量发展，我国应完善服务环境，提高服务效能，激发创新动能。

（1）社会文化环境。首先，应营造尊重创业人才、崇尚创业精神的创业氛围，积极开展创业教育和创业实践，培养企业家的创业精神和创业能力，为其实施创业战略提供持续动力。例如，新西兰自由、宽松的社会文化催生了企业家精神。其次，应构建包容失败、鼓励创新的社会文化环境，建立创业创新绩效评价和容错、试错机制，激发创新活力，推广创新成果，以培育壮大新动能。最后，应营造交流共享的创业文化氛围，推进产学研合作与协同创新，组织产业跨界合作交流会，提升全产业链的整合优化水平，构建区域产业生态圈。

（2）研发转移环境。首先，下放科技成果的使用、处置和收益权，进一步明确科技成果发明者的权责利，明确技术转移相关主体的利益分配机制。其次，培养技术经纪人，提升技术转移机构的服务质量；构建与转移技术相匹配的产业技术环境，降低技术转移的复杂性。最后，应强化科技成果加速转化应用机制，按照市场规则优化高校和科研机构的科技成果转化流程，促进新兴科技成果的转化。例如，新西兰政府所积极提供的科技支持与技术革新合为一体的政策，促进了科技成果的应用转化，是支持企业成长的核心支柱。

（3）中介服务环境。首先，应加快发展第三方专业化服务，推动中介服务机构利用大数据、物联网等信息技术构建现代化服务体系。其次，应推进知识中介、科技中介等高层次中介服务机构及智库的建设，并且推进科技金融服务体系的建设，提高其服务新兴经济主体的能力。例如，新加坡金管局在限定业务的范围内，在确保投资者权益的前提下，允许机构将各种金融科技创新业务迅速落地，从而为金融科技企业的业务创新提供了宽松的环境。最后，积极引导孵化器、加速器等中介孵化机构的发展，促进新生企业集聚并形成产业链群。

（4）制度支持环境。首先，应强化税收调节的杠杆作用，调整不同产业的生产要素成本，推动产业结构调整，减少企业盲目扩张规模引发的产能过剩或资源浪费等经济问题；应设立创业投资和产业发展引导资金，支持战略性新兴产业及重大科技创新项目。其次，应树立亲商理念，深化行政审批制度改革，放宽新兴经济领域的政策限制，逐步建立支持创业创新的市场化长效运行机制。例如，2018年，新加坡成立了新加坡企业发展局，集聚发展改革、市场监管、商务、中小企业等部门的职能，提供一体化的服务，同时出台一系列营商环境的优化措施。

第三节　本章小结

本章研究了创业环境对企业家创业行为的影响，深入研究了自我效能的中介效应。研究发现：①创业环境不仅能促进新生企业家追求产品开发，还能推动其实施规模扩张。相对而言，研发转移环境、制度支持环境更能激励新生企业家实施产品开发；而社会文化环境、中介服务环境更能驱动新生企业家寻求规模扩张。②创业环境能促进新生企业家感知创业机会、提高感知技能、强化风险承担和积极拓展网络，提升其创业自我效能，进而促进了其选择与实施创业。③相比于OECD 国家，非 OECD 国家的社会文化环境、研发转移环境、中介服务环境、制度支持环境等创业环境较滞后，因而对产品开发的激励效应较弱。

第十章 创业资助、自我效能与企业家的创业行为

由于我国创业资助的供给体系仍不够完善，未能充分考虑新生企业家创业行为的异质性特征，导致创业资助的扶持效果欠佳，创业存活率较低。因此，本章基于 GEM 指标体系，从规模扩张行为和产品研发行为两个维度，解析了创业资助对新生企业家创业行为的影响机制，并借助社会认知论探究了创业自我效能对创业资助影响新生企业家创业行为的中介效应。

第一节 理论分析与研究假设

基于既有研究，依次剖析金融支持、政府项目及税收优惠等创业资助对新生企业家创业行为的影响机制；并借助社会认知理论，探究创业自我效能对创业资助影响新生企业家创业行为的中介效应，进而提出研究假设。

一、创业资助对新生企业家创业行为的影响机制

（一）金融支持对新生企业家创业行为的影响

金融支持是政府引导金融机构扶持经济活动而制定的金融政策（Cumming，2007），能影响新生企业家的融资成本、资产配置结构，以及创业风险的防范与控制，进而影响其创业行为的实施。首先，金融支持不仅能帮助新生企业家减少金融市场的信息不对称、非法委托代理、手续冗余等问题，降低其融资的制度性交易费用（King and Levine，1993）；还能为新生企业家提供低利率贷款、贷款贴息等融资优惠，减少其融资成本；从而有利于缓解其融资过程中的成本压力，调动其实施规模扩张或产

品研发的积极性。其次，金融支持不仅能降低新生企业家融资的政策门槛，还能为新生企业家提供多元化的融资方式，进而有利于其优化创业的资产配置结构，提升资产配置的经济效益（Cumming，2007），从而激励其实施规模扩张或产品研发。例如，2015 年我国颁发《中共中央国务院关于深化体制机制改革加快实施创新驱动发展战略的若干意见》，鼓励商业银行向创业者开展应收账款、存货、专利权等质押融资服务。最后，金融支持不仅能为新生企业家提供信用评级服务，评估其行业、业务等方面的风险（King and Levine，1993；龙静等，2012）；还能为新生企业家提供保险业务，减少其投资的风险损失；进而有利于提高其创业风险的防范意识和控制能力，从而增强其选择规模扩张或产品研发的信念。因此，提出以下假设。

H1a：金融支持对新生企业家创业行为的实施具有正向影响。

（二）政府项目对新生企业家创业行为的影响

政府项目是政府利用财政资金投资公共事务或产业发展的经济治理模式，包括政府采购和服务外包、科技资助计划及产业基础投资等项目（郑世林和周黎安，2015）。首先，政府采购和服务外包项目不仅能缓解新生企业资质、品牌等劣势所引发的产品销售困境，加速企业资金的周转和积累；还能为新生企业家提供展示产品的平台和机会，促进企业品牌的宣传或推广；进而有利于企业新产品的市场化或市场规模的扩张（王苗苗等，2018；Geroski，1990）。例如，专注新能源汽车动力总成研发的新生企业——南京越博动力系统股份有限公司，得益于南京市政府采购项目的扶持，成为 2014 年青年奥林匹克运动会（以下简称青奥会）指定的汽车动力总成配套供应商，赢得了良好的经济效益和社会反响。其次，科技资助计划不仅能使新生企业家获取政府的财政补贴或低成本融资，还能向社会传播其创新能力、成长性等方面的声誉信息，提高其社会资本的吸引力（龙静等，2012；Wallsten，2000）；从而有利于新生企业家实施规模扩张或产品研发。例如，经济日报 2016 年统计分析了深圳证券交易所的 540 家创业板企业，其中承担过科技部火炬计划的企业占比为 40.56%。可见，科技资助计划能有效促进创业企业成长。最后，产业基础投资项目能改善孵化器、科技园等创业载体的服务质量，减少新生企业家创业的初始投资成本（黄永春和朱帅，2018；王苗苗等，2018），缓解其资本约束，进而激发其实施规模扩张或产品研发的动力。因此，提出以下假设。

H1b：政府项目对新生企业家创业行为的实施具有正向影响。

（三）税收优惠对新生企业家创业行为的影响

税收优惠指政府给予特定课税对象税收减免的措施，能影响新生企业的预期收益、全要素生产率及外部融资约束，进而影响新生企业家的创业行为。首先，税收优惠不仅能减少新生企业的所得税费；还能减少新生企业在产品生产和销售环节的流转税费，增强其市场竞争的成本优势；进而增加新生企业家创业的预期收益，激励其实施规模扩张或产品研发（龙静等，2012）。其次，研发费用抵税、加速折旧计税、再投资退税等税收优惠不仅能降低新生企业家研发投入的创业成本，激发其加大产品研发的投入，提高企业新产品的质量；还能降低新生企业家生产性固定资产的投入成本，激励其购买先进生产设备，促进企业升级生产技术；进而激励新生企业家提高企业的全要素生产率（娄贺统和徐恬静，2008；Hall and Jones，1999）。最后，税收优惠能减少新生企业外部投资者所获风险收益的所得税费，调动其投资新生企业的积极性，进而有利于缓解新生企业家的外部融资约束（娄贺统和徐恬静，2008），激励其实施规模扩张或产品研发。例如，我国 2018 年出台了《关于创业投资企业和天使投资个人有关税收政策的通知》，该通知明确提出创业投资企业和天使投资个人按其对初创期科技型企业投资额的 70%抵扣应纳税所得额。因此，提出以下假设。

H1c：税收优惠对新生企业家创业行为的实施具有正向影响。

二、创业自我效能的中介效应

由社会认知理论可知，企业家不仅是制度的被动遵从者，而且是制度的主动诠释者、承载者和执行者（方世建和孙薇，2012）。创业资助作为一种正式的制度（North，1990），能激活企业家的主观能动性，提升其创业自我效能，进而影响其创业行为。因此，从创业自我效能的四个维度，即机会感知、能力感知、关系感知及风险容忍度等方面（Barbosa et al.，2007），分析创业资助对新生企业家创业行为的影响。

首先，创业资助不仅能缓解新生企业家的资本约束，促进其整合技术、人力、财务等资源，发掘新的资源组合方式（项国鹏和黄玮，2016）；还能发挥政策的信号作用，向新生企业家传递国家产业发展和结构调整战略，使其觉察国家重点扶持行业的信息（龙静等，2012），以及市场环境中非均衡的供求信息；进而有助于新生企业家识别市场需求与资源组合间的市场关联性，促进其感知创业机会，从而驱动其实施创业行为，开发或利用创业机会。

其次，创业资助不仅为新生企业家提供个性化、多元化的金融产品或服务，降低配置创业资金的难度；而且利用众创空间、科技园等产业基础投资项目集聚创业团队和科技人才，促进知识溢出和扩散；还以税收抵扣、融资优惠等形式降低新生企业家创业的投融资成本，提高其预期收益，激发其学习动力；进而有助于提升新生企业家的能力感知，促进了其制订创业规划，配置创业资源，实施创业行为（李政和邓丰，2006；Shane and Venkataraman，2000）。

再次，创业资助能增强新生企业家与金融机构、政府机关及外部投资者的联系，进而促进其构建制度社会网络的关系感知，从而有利于其借助制度社会网络，获取实施创业行为所需的生产要素（黄永春等，2014 b）。同时，科技资助计划等创业资助能提高新生企业生产和销售的合法性，有助于其获得优质的供应商和客户网络，进而促进其构建商业社会网络的关系感知（龙静等，2012；黄永春等，2014 a），从而有利于其通过商业社会网络增强企业在产业链的协作效率，推动创业行为的实施。

最后，金融支持等创业资助能为新生企业家开展信用评级和投资保险服务，增强其创业的风险感知，补偿其创业的风险损失；政府采购和服务外包项目等创业资助能减少新生企业家的市场进入壁垒，降低其市场不确定性（黄永春和朱帅，2018；王苗苗等，2018）；税收减免等创业资助能降低新生企业家的创业投入成本，减少其创业失败造成的经济亏损；进而降低新生企业家创业风险恐惧，增强风险容忍度，激发其冒险精神（黄永春和朱帅，2018；Shane and Venkataraman，2000），促进其选择规模扩张或产品研发。由此，提出以下假设。

H2：创业资助能够提升新生企业家的创业自我效能，进而能够促进其选择与实施创业行为。

由上述理论分析可知，创业资助不仅能够直接影响新生企业家的创业行为，而且能够提升新生企业家的创业自我效能，进而影响创业行为的选择与实施。基于此，构建了创业自我效能对创业资助影响新生企业家创业行为的中介效应模型，如图 10.1 所示。

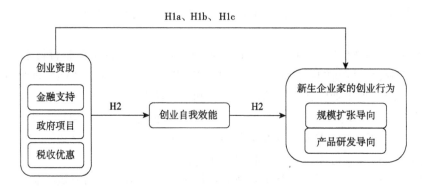

图 10.1　创业自我效能对创业资助影响新生企业家创业行为的中介效应模型

由前文可知，创业资助对新生企业家的规模扩张导向和产品研发导向均有影响；然而上述分析并未深入研讨创业资助对新生企业家选择规模扩张与产品研发的异质性影响机制。当前我国正在推进新旧动能转换，推进经济高质量发展，故而亟须探究创业资助对新生企业家选择规模扩张和产品研发影响的差异性，以提升创业资助政策的精准性，服务我国创业型经济的建设。因此，借助 GEM 数据，进一步实证研究创业资助对新生企业家创业行为的异质性影响机制。

第二节　实证分析

从 APS 和 NES 中匹配了与创业资助、创业自我效能感及新生企业家创业行为有关的指标数据，并进行标准化处理，最终得到 42 个国家（地区）2001~2016 年的非平衡面板数据。同时，还匹配了世界银行数据库，以获得相应国家（地区）是否为创新驱动型经济体和 GDP 的数据。

在具体的变量选取方面，①解释变量：NES 数据库中 financing for entrepreneurs（FE）、governmental programs（GP）能有效反映金融支持、政府项目对新生企业的扶持力度；NES 数据库中的 taxes and bureaucracy（TB）是测度税收和法规对新生企业鼓励程度的重要指标，因此选用 TB 作为税收优惠的代理变量。②被解释变量：APS 数据库中，growth expectation early-stage entrepreneurial activity（GE）是测度企业家所创企业在五年内雇佣至少 20 人的指标，能有效反映新生企业家规模扩张的创业行为；new product early-stage entrepreneurial activity（NP）是测度企业家所创企业早期为消费者提供新产品或服务的指标，能有效反映新生企业家产品研发的创业行为。③中介变量：在 APS 数据库中，perceived opportunities（PO）、perceived capabilities（PC）、know startup entrepreneur rate（KE）能有效反映新生企业家的机会感知、能力感知和关系感知；fear of failure rate 是测度新生企业家失败恐惧的指标，因此用 fear of failure rate 指标的补数作为风险容忍度（TF）的测量值。随后求取 PO、PC、KS 及 TF 的均值作为企业家创业自我效能（ES）的测量值。④控制变量：由于经济体的经济实力、产业结构等因素会影响创业资助的供给和实施效果，故而以经济体类型（inno）与对数化后的经济体 GDP（lnGDP）为控制变量。表 10.1 对各变量进行了描述性统计分析。

表 10.1　变量的描述性统计

变量	定义	观测值	平均值	标准差	最小值	最大值	方差膨胀系数
GE	在早期阶段创业群体中，期望未来 5 年内雇员数量增加到 20 人以上的创业者比例	728	25.97	12.01	0	91.44	

续表

变量	定义	观测值	平均值	标准差	最小值	最大值	方差膨胀系数
NP	在早期阶段创业群体中，认为自己提供的产品或服务对消费者而言是新颖的，并且很少有企业提供同类产品或服务的创业者比例	700	43.60	15.61	1.21	93.70	
FE	中小企业金融资源的可得性	547	2.51	0.42	1.45	3.85	2.30
GP	各级政府直接支持中小企业的项目制定与质量	547	2.60	0.47	1.35	3.75	1.96
TB	税收或法规要么是保持中立的，要么阻碍或鼓励初创企业	547	2.40	0.55	1.34	4.18	1.60
ES	18~64 岁人口中机会感知、能力感知、关系感知风险容忍度的综合	727	48.60	10.50	19.05	83.79	1.55
inno	国家类型（是否为创新驱动经济体，是=1；否=0）	726	0.46	0.50	0	1	1.42
lnGDP	GDP 的对数	713	26.60	1.68	20	31	1.22

注：GE 和 NP 均为被解释变量，无须计算方差膨胀系数（Vif）

一、直接效应分析

用 Hausman 检验所使用的非平衡面板数据，p 值为 0.036，即在 5% 的水平上拒绝随机效应模型。与此同时，固定效应模型的总体拟合度未通过显著性检验，因此，采用 POLS 估计系数。另外，由于控制变量 inno 和 lnGDP 可能创业活动具有共同的不可观察的影响因素，会使回归模型具有内生性，故而 inno 和 lnGDP 均取滞后一期的测量值。实证结果如表 10.2 所示。

表 10.2　创业资助对新生企业家创业行为的影响

变量	模型（1）		模型（2）		模型（3）		模型（4）	
	GE	NP	GE	NP	GE	NP	GE	NP
FE			0.107** (0.049)	0.043* (0.024)				
GP					0.072** (0.030)	0.154** (0.056)		
TB							0.098*** (0.037)	0.141*** (0.053)
inno	0.223*** (0.074)	0.144* (0.080)	0.009 (0.105)	0.195 (0.098)	−0.055 (0.110)	0.096 (0.114)	−0.058 (0.104)	0.074 (0.105)
lnGDP	−0.003 (0.021)	0.062*** (0.023)	0.012 (0.028)	0.065** (0.030)	0.022 (0.029)	0.070** (0.032)	0.036 (0.029)	0.087*** (0.028)
_cons	−0.359 (0.588)	−1.815*** (0.612)	−0.092 (0.743)	−1.792** (0.791)	−0.275 (0.759)	−1.861 (0.778)	−0.665 (0.765)	−2.292*** (0.754)
Year	Yes	Yes	Yes	Yes	Yes	Yes	Yes	Yes
N	711	683	448	448	448	448	448	448

续表

变量	模型（1）		模型（2）		模型（3）		模型（4）	
	GE	NP	GE	NP	GE	NP	GE	NP
R^2	0.044	0.031	0.036	0.038	0.041	0.049	0.054	0.068
F	2.24***	1.83**	1.90**	2.20**	1.92**	2.85***	2.23**	3.94***

注：①（　）内是标准误差；②年份变量的系数估计省略，以下各表同

*** $p<0.01$，** $p<0.05$，* $p<0.1$

（1）金融支持对新生企业家创业行为的影响。表 10.2 的模型（2）结果表明，①金融支持对新生企业家创业行为具有显著的正向影响。这是因为金融支持能帮助新生企业家降低融资成本、配置金融资产结构、防范和控制创业风险，H1a 得到验证。②值得探讨的是，相较于产品研发，金融支持对规模扩张的影响更强且更显著。这是可能是因为，一方面，相比选择产品研发的新生企业家，选择规模扩张新生企业家创业的技术风险较低、资金回笼较快，且较易形成稳定的现金流。故而，金融机构会考虑其资金的安全性，倾向于为选择规模扩张的新生企业家提供金融服务。另一方面，金融支持缺乏事后监督，容易造成金融机构的"权力寻租"（Venard and Hanafi，2008）。部分新生企业家受短期规模效益的诱导和规避产品研发风险的影响，会利用"寻租"手段获取金融政策优惠，进而增加企业产能方面的投资。

（2）政府项目对新生企业家创业行为的影响。表 10.2 的模型（3）结果表明，①政府项目对新生企业家创业行为具有显著的正向影响。这是因为政府项目不仅能为新生企业家提供资金供给，而且能减少新生企业家的市场开拓成本，还能降低新生企业家的初始创业投资成本，H1b 得到验证。②值得关注的是，相较于规模扩张，政府项目对选择产品研发的影响更强，这可能是因为，一方面，科技资助计划、产业基础投资等政府项目可以发挥政府在"政用产学研"协同创新中的引导作用，能加快创新成果的研发与扩散；并且具有声誉机制效应，能帮助新生企业家吸引社会资本和构建技术社会网络，激发其实施产品研发动力（龙静等，2012；项国鹏和黄玮，2016）。另一方面，政府采购和服务外包项目具有严格的企业招标和产品审查过程（Geroski，1990），能驱使新生企业家加大研发力度，提高研发效率和产品质量。

（3）税收优惠对新生企业家创业行为的影响。表 10.2 的模型（4）结果表明，①税收优惠对新生企业家创业行为具有显著的正向影响。这是因为税收优惠不仅能增加新生企业家创业的预期收益，而且有助于新生企业家提升全要素生产率，还能缓解新生企业家的外部融资约束。H1c 得到验证。②值得说明的是，相较于规模扩张，税收优惠对产品研发的影响更强。这可能是因为，一方面，税收优惠属于事后激励，能驱使新生企业家为获取税收优惠而加大新产品研发投入（娄贺统和徐恬静，2008），防范其盲目实施规模扩张；另一方面，税收优惠不仅能增加

新生企业家创业的预期收益，激励其引进与开发人力资源，还能增加员工的可支配收入，提升其创新积极性，从而能增强人力资本的创新贡献效能（娄贺统和徐恬静，2008；黄永春等，2014 a）。

此外，表 10.2 的模型 1 的结果表明，GDP 对产品研发的新生企业家具有显著的正向影响，且加入解释变量后，实证结果依然稳健。这可能是由于随着工业化阶段的提升，国民人均收入不断提高，其对产品质量和功能的要求也会随之逐渐提高，进而间接驱使新生企业家不断提高研究与开发投入，提升企业产品的品质（廖信林等，2013）。

二、中介效应分析

创业资助能增强新生企业家对机会、能力及网络关系的感知度和对风险的容忍度，提升其创业自我效能，进而影响其实施创业行为。因此，验证创业自我效能对创业资助影响新生企业家创业行为的中介效应。第一步，POLS 估计金融支持、政府项目及税收优惠等创业资助对创业自我效能的影响；第二步，POLS 估计上述创业资助、创业自我效能对新生企业家创业行为的影响。实证结果如表 10.3 和表 10.4 所示。

表 10.3　创业资助对创业自我效能的影响

变量	模型（1）	模型（2）	模型（3）	模型（4）
FE	0.156** (0.064)			0.122* (0.071)
GP		0.183** (0.077)		0.081** (0.037)
TB			0.191*** (0.065)	0.064** (0.027)
inno	−0.837*** (0.081)	−0.904*** (0.084)	−0.932*** (0.046)	−0.932*** (0.046)
lnGDP	−0.160*** (0.026)	−0.164*** (0.025)	−0.156*** (0.025)	−0.156*** (0.025)
_cons	5.018*** (0.692)	5.101*** (0.684)	4.902*** (0.684)	4.902*** (0.684)
Year	Yes	Yes	Yes	Yes
N	447	447	447	447
R^2	0.306	0.305	0.311	0.311
F	18.83***	18.80***	19.43***	19.43***

注：（ ）内是 t 值

*** $p<0.01$，** $p<0.05$，* $p<0.1$

表 10.4 创业资助、创业自我效能对新生企业家创业行为的影响

变量	模型（1）		模型（2）		模型（3）		模型（4）	
	GE	NP	GE	NP	GE	NP	GE	NP
FE			0.040* (0.022)	0.008* (0.005)				
GP					0.013* (0.007)	0.056** (0.028)		
TB							0.027** (0.011)	0.091** (0.043)
ES	0.381*** (0.052)	0.456*** (0.047)	0.300*** (0.075)	0.350*** (0.083)	0.301*** (0.075)	0.348*** (0.082)	0.347*** (0.060)	0.383*** (0.049)
inno	−0.354*** (0.069)	−0.432*** (0.058)	−0.288** (0.142)	−0.262** (0.105)	−0.323** (0.164)	−0.319** (0.136)	−0.476*** (0.939)	−0.378*** (0.079)
lnGDP	0.037 (0.023)	0.059*** (0.021)	0.054 (0.063)	−0.015 (0.079)	0.055 (0.060)	0.010* (0.076)	0.042 (0.027)	0.057* (0.029)
_cons	−0.948 (0.631)	−1.513*** (0.576)	−1.468 (1.666)	0.228*** (2.123)	−1.481 (1.590)	0.154** (2.061)	−1.048 (0.735)	−1.610** (0.757)
Year	Yes	Yes	Yes	Yes	Yes	Yes	Yes	Yes
N	710	682	447	447	447	447	447	447
R^2	0.235	0.324	0.213	0.323	0.222	0.321	0.226	0.325
F	9.58***	14.05***	7.97***	12.85***	8.03***	13.09***	8.87***	13.08***

注：（ ）内是 t 值

*** $p<0.01$，** $p<0.05$，* $p<0.1$

首先，由表 10.3 可知，金融支持、政府项目及税收优惠均正向显著作用于创业自我效能。并且由表 10.4 的模型（1）可知，创业自我效能对新生企业家创业行为的影响系数显著为正，这为中介效应分析提供了前提。其次，表 10.4 模型（2）~模型（4）的结果显示，在加入上述创业资助后，创业自我效能对新生企业家创业行为的影响与模型（1）相比，除影响系数略有减小外，显著性水平并无变化。而其中金融支持、政府项目及税收优惠等创业资助对新生企业家创业行为的影响，依次比表 10.2 模型（2）~模型（4）的影响系数与显著性均明显减小。这表明创业自我效能稀释或削弱了金融支持、政府项目及税收优惠等创业资助对新生企业家创业行为的影响，即创业自我效能发挥了中介作用。综上所述，表 10.3 和表 10.4 的实证结果表明创业资助能提升新生企业家的创业自我效能，进而影响新生企业家创业行为的选择与实施，H2 得到验证。

三、分样本估计和稳健性检验

不同经济发展水平的国家，创业政策资助的力度和方式均存在差异性，其资

助效果也存在差异。故而，将总样本分为 OECD 国家和非 OECD 国家样本进行回归分析，旨在探究 OECD 国家和非 OECD 国家创业资助对新生企业家创业行为的异质性影响，实证结果如表 10.5 所示。

表 10.5　OECD 国家和非 OECD 国家创业资助对创业行为影响的 POLS 估计

变量		模型（1）		模型（2）		模型（3）		模型（4）	
		GE	NP	GE	NP	GE	NP	GE	NP
O E C D	FE	0.096** （0.048）	0.073** （0.031）					0.075** （0.038）	0.086*** （0.032）
	GP			0.078* （0.041）	0.312** （0.140）			0.057* （0.033）	0.274** （0.124）
	TB					0.092*** （0.035）	0.163*** （0.057）	0.123** （0.061）	0.173*** （0.064）
	N	175	175	175	175	175	175	175	175
	R^2	0.054	0.068	0.026	0.064	0.033	0.061	0.027	0.057
非 O E C D	FE	0.114** （0.047）	0.024* （0.014）					0.116** （0.056）	0.013* （0.008）
	GP			0.068*** （0.026）	0.053** （0.024）			0.101*** （0.038）	0.077** （0.038）
	TB					0.102*** （0.038）	0.127** （0.045）	0.087** （0.042）	0.066** （0.031）
	N	273	273	273	273	273	273	273	273
	R^2	0.110	0.115	0.059	0.037	0.104	0.076	0.095	0.103
控制变量		控制	控制	控制	控制	控制	控制	控制	控制

注：由于篇幅有限，控制变量（inno、lnGDP、Year 等）回归结果不予显示
*** $p<0.01$，** $p<0.05$，* $p<0.1$

由表 10.5 的模型（1）可知，不论在 OECD 国家，还是在非 OECD 国家，金融支持对新生企业家创业行为的影响系数均显著为正，H1a 再次得到验证。此外，值得关注的是，OECD 国家金融支持对产品研发的影响，较非 OECD 国家金融支持对产品研发的影响更强且显著。这可能是因为，一方面，OECD 国家市场拥有成熟和开放的资本市场，金融支持能有效缓解新生企业家的外部融资压力，从而减轻产品研发的资金约束（King and Levine，1993；Jorgenson，1963）；另一方面，OECD 国家具有更加完整的法律监管体系，不仅能有效减少规模扩张型新生企业家的"寻租"现象，还能督促金融机构为产品研发的新生企业家提供完善的金融服务（Venard and Hanafi，2008）。

由表 10.5 的模型（2）可知，政府项目均显著正向作用于 OECD 国家和非 OECD 国家新生企业家的创业行为，H1b 再次得到验证。此外，值得注意的是，在非 OECD 国家，政府项目对规模扩张的影响较其对产品研发的影响更强且显

著。这可能是因为，首先，OECD 国家拥有健全的工业体系，且市场竞争相对激烈（廖信林等，2013），政府项目更加注重创新经济的发展。而非 OECD 国家工业体系相对滞后，政府项目倾向于扶持新生企业家的规模扩张活动。其次，OECD 国家拥有更高的科研水平和知识产权保护力度，政府项目能资助新生企业家实施产品研发，且能有效防止知识外泄，从而有利于新生企业家培育企业的核心竞争力（郑世林和周黎安，2015；廖信林等，2013）。非 OECD 国家虽然基础科研薄弱、研发资源相对匮乏，但具有比较成本优势，加之政府项目能促进生产要素聚集（郑世林和周黎安，2015），故而政府项目的资助更能诱导新生企业家选择规模扩张。

由表 10.5 的模型（3）可知，在 OECD 国家和非 OECD 国家，税收优惠对新生企业家创业行为的影响系数均显著为正，H1c 再次得到验证。此外，值得探讨的是，OECD 国家税收优惠对产品研发的影响，较非 OECD 国家税收优惠对产品研发的影响更强且显著。这可能是因为，一方面，OECD 国家税收优惠的政策体系更为健全，能有效促进技术的研发或扩散，有利于新生企业家获取创业所需的新技术或知识，促进其实施产品研发（娄贺统和徐恬静，2008）；另一方面，OECD 国家的科技实力更加雄厚，但其生产要素的成本较高，因而税收优惠能有效降低新生企业家的产品研发成（Hall and Jorgenson，1967；Jorgenson，1963），激发其实施产品研发的积极性。

此外，通过改变回归方法，检验了上述直接效应和中介效应结果的稳健性。由于运用修正的 Wald 检验发现，回归模型存在异方差；并且 Arellano-Bond 检验显示，模型存在序列相关。因此，采用 GLS 进行估计。结果表明，所有变量回归系数的符号与基准回归相同，虽然某些变量回归系数的数值、显著性与基准回归略有差异，但结果仍支持 H1a、H1b、H1c 和 H2，可见基准回归的结果总体是稳健的。

四、结果讨论与研究启示

（一）结果讨论

创业资助能促进新生企业家追求产品研发，同时还能推动新生企业家实施规模扩张。相对而言，金融支持对于新生企业实施规模扩张的驱动更显著；政府项目和税收优惠则对于激励新生企业追求产品研发更显著。深入研究还发现，创业资助在新生企业家对创业机会、自身能力及网络关系的感知度和对创业风险的容忍度方面有增强作用，提升其创业自我效能，进而促进其实施规模扩张或追求产品研发。不同类型的国家在创业政策环境方面存在差异性，因此对新生企业家创业行为的影响也不同。分样本检验 OECD 国家和非 OECD 国家的创业数据后发现，与 OECD 国家相比，非 OECD 国家的金融支持、政府项目及税收优惠等创业资助体系还需完善，因此对新生企业家产品研发的激励效应偏弱。

（二）研究启示

为促进新旧动能转换，实现经济高质量发展，我国正在积极推进国民创业。但与发达国家相比，我国创业资助的政策体系仍有待完善。因此，我国应提高创业资助体系的供给质量，引导新生企业家实施合理的创业行为，以推动创业型经济发展，实现新旧动能的转换。

（1）金融支持方面。首先，政府应完善法律监管体系，促使金融机构消除对中小企业的融资歧视，还要加强金融支持的事后监督，减少新生企业家的"寻租"动机。其次，加大金融体制改革力度，培育与新生企业相适应的金融机构，尤其是科技类金融机构；并且引导金融机构精准对接新生企业家的融资需求，创新金融产品或服务。最后，政府应引导金融机构了解科技创新的趋势和特征，增强其风险识别和管理能力，进而提高其服务科技型新生企业家的能力。

（2）政府项目方面。首先，政府应利用科技资助计划，引导新生企业家参与"政产学研用"系统合作，促进新兴科技成果的研发和转化，带动产业技术升级。其次，政府应重视采购和服务外包项目的设计，既要提高采购政策中新创企业产品的比重，给予其更多的公共展示机会；又要制定符合新生企业所处行业的招标标准，激励其实施技术升级或产品研发。最后，政府应积极建设特色的孵化器、科技园等创业载体，引导新生企业集聚，促进其链群发展，进而壮大新兴产业。

（3）税收优惠方面。首先，政府应深化个人所得税改革，专项附加扣除教育、住房等税费，激发国民创新创业的活力，促进人口红利到人才红利的转变，为创业型经济发展营造良好人才环境。其次，政府应优化定向性减税的政策设计，降低技术、通信等高级生产要素成本，激发新生企业家研发投入，提高新产品的供给质量。最后，政府应落实结构性税收优惠政策，调节不同产业生产要素成本，推动产业结构调整，避免盲目规模扩张引发的产能过剩或资源浪费等经济问题。

第三节　本　章　小　结

本章探讨了创业资助对于企业家创业行为的影响，深入研究了企业家自我效能的中介效应。研究表明：创业资助不仅能促进新生企业家追求产品研发，还能推动新生企业家实施规模扩张。相对而言，金融支持更能驱动新生企业实施规模扩张；政府项目和税收优惠更能激励新生企业加强产品研发。深入研究还发现，创业资助能增强新生企业家对创业机会、自身能力及网络关系的感知度和对创业风险的容忍度，提升其创业自我效能，进而促进其实施规模扩张或追求产品研发。不同类型国家的创业政策环境存在差异性，因而对新生企业家创业行为的影响也会有所差异。分样本检验 OECD 国家和非 OECD 国家的创业数据后发现，相比 OECD 国家，非 OECD 国家的金融支持、政府项目及税收优惠等创业资助体系欠完善，因而对新生企业家产品研发的激励效应较弱。

第四篇　匹　配　分　析

　　当前中国经济发展正处于新常态阶段，为开辟经济增长源泉，我国政府力推"双创"的战略举措，旨在充分释放市场活力，保持经济的高质量发展。故而近几年中国涌现出越来越多的创业者，诸如以大学生创业者、企业高管创业者、科技人员创业者、海归创业者为代表的"新四军"。然而，一方面，部分创业者未根据自身的胜任力特征，选择相匹配的创业模式从事创业活动；另一方面，我国创业环境仍不够完善，创业政策的供给未充分结合创业者的异质性胜任特征和差异性政策需求，导致供需匹配失衡，因而我国新兴产业的初创企业存活率和创业成功率较低。基于此，亟须探讨创业胜任特征与创业模式的匹配机制，创业政策供给与创业胜任特征和政策需求的匹配机制，进而帮助新兴产业的创业者有效地开展创业活动，推动我国创新型经济的建设。

　　本篇以匹配理论为指导思想，首先，探究创业胜任力分别与生存推动型、机会拉动型及创新驱动型创业模式匹配，对生存、成长或创新绩效的影响机制；其次，根据创业促进政策理论，借鉴经典的创业 MOS 模型，构建创业政策与创业胜任力匹配对创业绩效影响机制的理论分析框架；在此基础上，借助匹配研究的数理统计方法，实证分析创业政策与创业胜任力匹配对创业绩效的影响机制；最后，针对创业政策要素体系设计调研问卷，进而利用相关数据剖析创业政策供需现状，并通过构建政策的供需匹配模型，从结构性创业政策和异质性创业政策两方面探析我国创业政策的供需匹配度情况，从而为我国制定"供需向相匹配"的创业政策措施提供理论依据。

第十一章 创业胜任力与创业模式匹配对创业绩效的影响机制研究

我国创业活动活跃，呈现主体多元化、模式多样化等特征 。然而，部分创业者未根据自身的胜任力特征，选择相匹配的创业模式，导致新创企业存活比例较低、创新产出较少。基于此，本章首先基于匹配视角，提出创业胜任力与创业模式匹配对创业绩效影响机制的理论分析框架与相应的研究假设；在此基础上，运用聚类分析法和独立样本 t 检验法，实证分析创业胜任力、创业模式的类型，以及创业胜任力与生存推动型、机会拉动型、创新驱动型创业模式匹配对创业绩效的影响，以为我国创业者的能力培养及模式选择提供理论借鉴。

第一节 理论分析与研究假设

本节基于创业胜任力理论，分别探究创业胜任力与生存推动型、机会拉动型及创新驱动型创业模式匹配，进而分析两者匹配对生存、成长或创新绩效的影响机制，并提出研究假设。

一、创业胜任力与生存推动型创业模式匹配对创业绩效的影响机制

生存推动型创业模式是创业者由于生存需要在风险或进入门槛较低领域创业的行为，主要包括搜寻低创新型机会、建设规范性团队、拼凑既有资源等。创业者的风险规避心理、创业学习认知、组织管理职能及亲缘网络运用能力较强，倾向于选择生存推动型创业模式，进而提高新创企业的生存绩效。首先，创业者的风险规避心理与其资源拼凑、机会搜寻等行为匹配，能够降低企业的资源获取成本和机会搜寻成本，并缩短开发周期。具体而言，风险规避心理较强的创业者为控制运营风

险，侧重于拼凑手头资源而非谋求外部资源，从而能够降低企业的资源获取成本；为降低创新风险，侧重于搜寻创新较低的柯兹纳型机会，从而能够降低企业的机会搜寻成本并缩短企业的开发周期（张红和葛宝山，2016）。其次，创业者的创业学习认知与其生存推动型创业行为匹配，有助于提高其搜寻机会、建设团队及拼凑资源的效率，从而能够缩短新创企业的盈利周期。这主要是由于，创业学习能力较高的创业者，不但能够通过先前的同事、客户等渠道搜集机会信息，而且能够通过模仿学习借鉴标杆企业或绩优创业者行为优化资源运用，还能够通过行为学习在项目开发过程中开展团队培训从而提高团队规范。再次，创业者的组织管理职能与其建设团队规范等行为匹配，有助于提高企业的人力资源获取能力及管理效率。新创企业的人力资源水平决定其能否持续经营（Bouncken et al.，2016），组织管理职能较强的创业者不但能够基于业务需求，召集具备相关技能的人员组成创业团队；而且能够制定明确的任务分工及奖惩规则管理团队，从而以较低的成本提高企业的人力资源水平。最后，创业者的亲缘网络运用能力与生存推动型创业模式匹配，有助于稳定企业的经营。生存推动型创业模式中，创业者面临较高的生存压力，容易在遭遇挫折后丧失信心乃至放弃创业。亲缘网络运用能力较高的创业者，能够通过与亲友开展高频率、深层次的创业交流（王朝云，2014），坚定创业信心并充分挖掘机会价值从而推进创业项目的展开。综上所述，创业者的创业胜任力与生存推动型创业模式匹配，有助于降低企业的资源获取成本及机会开发成本、缩短企业的盈利周期、提高企业的人力资源管理水平、推动企业的持续运营，从而提升企业的生存绩效。据此，本节提出 H1。

H1：创业胜任力与生存推动型创业模式匹配能提升新创企业的生存绩效。

二、创业胜任力与机会拉动型创业模式匹配对创业绩效的影响机制

机会拉动型创业模式是创业者利用新兴商业机会攫取利基利润的创业行为，主要包括开发市场机会、建设协同型团队、整合异质性资源等。创业者的风险倾向心理、知识转化认知、战略决策职能及产业网络运用能力较强，倾向于选择机会拉动型创业模式，进而提高新创企业的生存及成长绩效。首先，创业者的风险倾向心理与其机会开发等行为匹配，能够提高企业的成长潜力。风险倾向心理较强的创业者，倾向于承受较高失败风险及资源机会成本开发利基市场（Glavas and Mathews，2014），从而能够提高企业的业务成长潜力。其次，创业者的知识转换认知与其机会开发等行为匹配，能够提高企业的市场满意度及产品利润。这是因为，知识转换认知较高的创业者，一方面，能够根据新兴市场需求改进既有产品的功能或服务；另一方面，能够优化生产及管理流程，

从而在保证质量的基础上降低产品成本（徐娜娜，2016）。再次，创业者的战略决策职能与其机会拉动型创业行为匹配，有助于提高企业的业务选择、资源配置及团队协同效率。具体分析，战略决策职能较强的创业者不但能够依据动态消费需求发掘、评估市场机会，从而选择成长潜力较高的创业项目（王玲等，2017）；而且能够基于机会开发需要，筛选、分类进而组合运用异质性资源，从而实现资源价值最大化；还能够基于团队成员的创业导向及价值需求制定共同目标（岳鹄等，2018），从而提高创业团队的协同性以提高其团队合作效率。最后，创业者的产业网络运用能力与其资源整合等行为匹配，能够提高企业的资源利用及周转效率。这是由于，产业网络运用能力较高的创业者不但能够与政府、科研机构等建立联系，从而利用外部政策、技术等激活企业冗余资源；而且能够与产业下游企业及时交流，从而优化企业的生产计划及库存管理。综上所述，创业者的创业胜任力与机会拉动型创业模式匹配，一方面，能够提高新创企业的团队协同、资源周转效率及产品销售利润，从而提高其生存绩效；另一方面，能够提高新创企业的市场满意度、业务成长潜力及资源周转效率，从而提升其成长绩效。据此，本节提出 H2a 和 H2b。

H2a：创业胜任力与机会拉动型创业模式匹配能提升新创企业的生存绩效。

H2b：创业胜任力与机会拉动型创业模式匹配能提升新创企业的成长绩效。

三、创业胜任力与创新驱动型创业模式匹配对创业绩效的影响机制

创新驱动型创业模式指创业者革新生产技术或商业模式以攫取创新利润的创业行为，主要包括创造市场机会、建设动态团队、突破运用资源等。创业者的自我效能心理、技术转化认知、研发创新职能及网络管理能力较强，倾向于选择创新驱动型创业模式，进而提升新创企业的创新绩效。首先，创业者的自我效能感与其机会创造、资源运用等行为匹配，有助于建立企业的市场及资源优势，从而提升其创新竞争力。具体而言，自我效能较高的创业者，一方面，倾向于利用新技术或商业模式引导消费者需求，从而推动企业形成市场先行优势；另一方面，倾向于拓展资源适用范围或重构资源组合形式，从而促使企业形成资源优势。其次，创业者的技术转化认知和研发创新职能，与其创新驱动型创业行为匹配，能够提高企业的创新效率。技术转化认知及研发创新技能较强的创业者，不但能够基于技术经验发现"技术间断"（Asgari et al.，2017）（即技术交替中新技术的缺失），而且能够通过研发实现技术、产品和工艺创新。最后，创业者的网络管理能力与创新驱动型创业行为匹配，有助于提高企业的创新实用性。一方面，网络管理能力较高的创业者，能够促使创业团队与其他企业高管开展信息共享、资

源合作从而能够提高团队动态能力，进而能够帮助企业及时感知市场变化并采取创新行动（尤成德等，2016）；另一方面，网络管理能力较高的创业者，能够推动企业占据研发网络与市场网络间的结构洞位置，从而帮助企业跨越从科技成果向现实生产力转化的"死亡之谷"。综上所述，创业者的创业胜任力与创新驱动型创业模式的匹配，有助于提高新创企业的创新效率、创新实用性及竞争力，从而提升其创新绩效。据此，本节提出 H3。

H3：创业胜任力与创新驱动型创业模式匹配能提升新创企业的创新绩效。

第二节 研究设计

本节根据前人的研究，设计创业胜任力、创业模式及创新绩效量表；并结合新兴产业创业者的自身特质与所处行业特征，设计研究问卷，进而在南京、苏州和无锡地区的新兴产业的企业收集相关数据，初步分析被试人员的基本特征。

一、变量测量

围绕研究目的，设计创业胜任力、创业模式及创新绩效量表。本节借鉴黄永春和雷砺颖（2017）的研究，围绕心理、认知、职能、社会胜任力维度，设计了包括风险倾向、自我效能、知识转化、创业学习、研发创新、管理决策、网络运用及网络管理因子 8 个测项的创业胜任力量表；借鉴冯海红等（2015）的研究，设计了包括机会搜寻、开发、创造，团队规范性、协同性、动态性建设，资源拼凑、整合、创新 9 个测项的创业模式量表；借鉴 Linton 和 Kask（2017）的研究，围绕生存、成长和创新维度，设计了包括 9 个测项的创业绩效量表，如表 11.1 所示，以上量表均采用利克特 7 点量表度量。

表 11.1 创业胜任力、创业模式及创新绩效的量表汇总

创业胜任力			创业模式			创新绩效	
维度	因子	测项	维度	因子	测项	维度	测项
心理胜任力	风险倾向	容忍创业风险及不确定性的程度	机会选择	机会搜寻	搜寻风险及进入门槛较低的创业机会	生存绩效	员工雇佣合理性
	自我效能	对自身能力及外部创业环境的信心		机会开发	改进商业模式或技术范式以开发利基市场		资源配置效率
认知胜任力	知识转化	转化技术、市场等先验知识的能力		机会创造	创新商业模式或技术范式以创造市场机会		收益稳定程度

续表

创业胜任力			创业模式			创新绩效	
维度	因子	测项	维度	因子	测项	维度	测项
认知胜任力	创业学习	通过实践或模仿优化创业行为的能力	团队建设	规范性建设	召集具备相关技能的成员并规范其行为	成长绩效	业务成长潜力
职能胜任力	研发创新	创新技术范式或商业模式的能力		协同性建设	树立团队共享价值并加强成员间的合作		市场满足程度
	管理决策	开展组织管理或战略决策的能力		动态性建设	促使团队积极感知并应对创业环境变化		资金周转率
社会胜任力	网络运用	运用亲缘、产业等关系网络的能力	资源获取	资源拼凑	拼凑利用手头既有的创业资源	创新绩效	新产品开发效率
				资源整合	获取外部资源并激活内部冗余资源		创新产品实用性
	网络管理	占据结构洞等网络优势位置的能力		资源创新	拓展资源适用范围或重构资源组合形式		创新产品竞争力

二、数据搜集与样本特征

在南京、苏州、无锡三大创业活跃地区开展问卷调研,一方面,深入南京紫金江宁、苏州吴中科技创业园、无锡惠山高新技术创业服务中心等创业孵化中心或创业园区发放纸质问卷(详见附录3);另一方面,通过目前处于以上地区的同学、亲友等关系网络发放电子问卷。共发放问卷550份,回收问卷398份,剔除缺失率较高的问卷,获得有效问卷376份,有效率达68.4%,样本主要特征如表11.2所示。

表 11.2　样本特征

类别	具体类别	样本量/人	样本占比
性别	男	294	78.19%
	女	82	21.81%
年龄/岁	30 以下	77	20.48%
	30~40	203	53.99%
	40 及以上	96	25.53%
企业规模/人	员工数 100 以下	126	33.51%
	员工数 100~200	194	51.60%
	员工数 200 及以上	56	14.89%
企业年龄/年	1 以下	70	18.62%
	1~3	122	32.45%
	3 及以上	184	48.93%

续表

类别	具体类别	样本量/人	样本占比
	新一代信息技术	109	28.99%
	高端装备制造	32	8.51%
	生物医药和医疗器械	64	17.02%
所处行业	新能源汽车	41	10.90%
	新材料	50	13.30%
	智能电网	11	2.93%
	节能与环保	23	6.12%
	其他	46	12.23%

第三节　实 证 分 析

基于创业胜任力与创业模式匹配对创业绩效影响机制的理论分析，本节通过聚类分析方法划分创业胜任力及创业模式的类型，进而运用独立样本 t 检验法探究创业胜任力与创业模式匹配对创业绩效的影响。

一、信度与效度检验

（1）信度检验。对样本数据进行信度分析，创业胜任力、创业模式和创业绩效变量的 CR 组合信度系数和 Cronbach's α 信度系数如表 11.3 所示。结果显示，以上变量两组信度系数皆大于 0.7，说明各变量一致性较好，通过信度检验。

表 11.3　变量的信度系数汇总

变量	维度	CR 组合信度系数	Cronbach's α 系数
	心理胜任力	0.810	0.771
创业胜任力	认知胜任力	0.869	0.884
	职能胜任力	0.819	0.832
	社会胜任力	0.808	0.799
	机会选择行为	0.784	0.775
创业模式	团队建设行为	0.786	0.783
	资源获取行为	0.805	0.795
	生存绩效	0.881	0.890
创业绩效	成长绩效	0.875	0.881
	创新绩效	0.856	0.866

（2）效度检验。首先，量表设计借鉴国内外成熟量表，因此其内容效度较

好。其次，对样本数据进行验证性因子分析，变量的拟合指标如表 11.4 所示。其中，创业胜任力、创业模式和创业绩效变量的 χ^2/df 值皆小于 5，GFI 值、NFI 值、IFI、CFI 值皆大于 0.9，RMSEA 值皆小于 0.1，说明各变量的收敛效度良好。最后，对比变量内部各维度的 AVE 平方根与维度间的相关系数。其中，创业胜任力量表中，心理、认知、职能、社会胜任力维度其 AVE 平方根分别为 0.82、0.84、0.82、0.81，大于任意两维度间的相关系数；创业模式量表中，机会选择、团队建设及资源获取行为维度其 AVE 平方根分别为 0.66、0.66 和 0.69，大于任意两维度间的相关系数；创业绩效量表中，生存、成长和创新绩效维度其 AVE 值的平方根分别为 0.85、0.85 和 0.84，大于任意两维度间的相关系数。由此可见，各变量的判别效度良好。

表 11.4　变量的拟合指标汇总

检验指标	χ^2/df	GFI	NFI	IFI	CFI	RMSEA
创业胜任力	2.371	0.929	0.909	0.941	0.924	0.064
创业模式	3.596	0.954	0.945	0.952	0.975	0.077
创业绩效	2.310	0.918	0.901	0.937	0.924	0.053

二、聚类分析

（1）创业胜任力聚类。对创业胜任力变量进行方差检验，风险倾向、自我效能、知识转化、创业学习、研发创新、管理决策、网络运用及网络管理 8 个因子的 F 值及 p 值（表 11.5）表明，各因子差异显著，能够在集群中得到区分。进而对创业胜任力因子进行聚类分析，形成 3 个集群（表 11.6）。其中，集群 C1 中有样本 175 个，其创业胜任力特征为风险倾向、创业学习、管理决策、网络运用较高。与集群 C2、C3 相比，该集群中创业者的知识转换、研发创新较低，说明其先验知识不足且缺乏技术或商业模式创新能力，因此其机会选择及资源获取行为的先行性及创新性较低。集群 C2 中有样本 165 个，其创业胜任力特征为风险倾向、知识转化、管理决策和网络运用能力较强。与集群 C3 相比，该集群中创业者其自我效能及研发创新能力较低，因此倾向于开发既有机会而非创造市场机会，倾向于开展渐进式创新而非突破式创新。集群 C3 中有样本 36 个，其创业胜任力特征为自我效能、知识转化、研发创新和网络管理能力较强。自我效能较高，创业者对自身机会感知及技术研发能力具有较高自信，因而倾向于成为市场先行者并创新运用资源。知识转换认知及研发创新职能较高，创业者能够基于前沿技术知识识别市场技术间断并创新技术范式，从而创造市场机会。网络管理能力较强，创业者占据结构洞位置，能够获得高质量机会信息和创业资源。

表 11.5　创业胜任力因子的方差检验

因子	F 值	p 值
风险倾向	11.581	0.000
自我效能	15.014	0.000
知识转化	17.351	0.000
创业学习	16.145	0.000
研发创新	21.563	0.000
管理决策	25.719	0.000
网络运用	19.464	0.000
网络管理	32.261	0.002

表 11.6　创业胜任力因子的聚类分析均值

因子	集群 C1	集群 C2	集群 C3
风险倾向	0.665	0.614	0.594
自我效能	0.499	0.575	0.624
知识转化	0.399	0.764	0.834
创业学习	0.684	0.549	0.523
研发创新	0.375	0.425	0.864
管理决策	0.654	0.704	0.511
网络运用	0.419	0.813	0.434
网络管理	0.714	0.574	0.709

（2）创业模式聚类。对创业模式变量进行方差检验，9 个因子的 F 值及 p 值如表 11.7 所示，表明各因子差异显著，能够在集群中得到区分。进而对创业模式进行聚类分析，形成 3 个集群（表 11.8）。其中，集群 M1 中有样本 180 个，其创业行为特征为搜寻包含较少专业信息和创新思维的创业机会，设计团队角色及任务分工以建设规范性团队，拼凑既有的一般性创业资源，因此属于生存推动型创业模式。集群 M2 中有样本 170 个，其创业行为特征为分析市场发展趋势以发现新兴市场机会，设立共同目标以建设协同性团队，筛选、分类进而整合异质性资源，因此属于机会拉动型创业模式。集群 M3 中有样本 26 个，其创业行为特征为通过商业模式或技术范式创新，创造市场机会，建设能够快速感知环境变化并及时做出反应的动态性创业团队，创新运用资源实施技术、产品突破式创新，因此属于驱动型创业模式。

表 11.7　创业模式因子的方差检验汇总

因子	F 值	p 值
机会搜寻	18.639	0.000

续表

因子	F 值	p 值
机会开发	24.274	0.000
机会创造	20.646	0.000
规范性建设	16.534	0.000
认同性建设	15.513	0.000
动态性建设	14.095	0.000
资源拼凑	23.624	0.000
资源整合	11.847	0.000
资源创新	19.405	0.004

表 11.8　创业模式因子的聚类分析均值

因子	集群 M1	集群 M2	集群 M3
机会搜寻	0.710	0.213	0.312
机会开发	0.223	0.794	0.445
机会创造	0.241	0.342	0.690
规范性建设	0.653	0.434	0.474
认同性建设	0.273	0.684	0.544
动态性建设	0.284	0.421	0.653
资源拼凑	0.683	0.500	0.481
资源整合	0.288	0.724	0.523
资源创新	0.175	0.401	0.614

三、模型验证与结论

统计三类创业胜任力因子集群中，创业胜任力与创业模式的匹配情况，进而分别对匹配组和不匹配组进行独立样本 t 检验，结果如表 11.9 所示。

表 11.9　创业胜任力因子集群 C1 与生存推动型创业模式匹配对创业绩效 t 检验

创业绩效	Match C1M1（N=123）	MisMatch C1M1（N=52）	t 值	显著性
生存绩效	6.825	5.672	6.266	0.000**
成长绩效	4.531	4.410	0.501	0.634
创新绩效	0.112	0.109	0.483	0.620

**$p<0.05$

在创业胜任力集群 C1 中，样本的生存绩效普遍较高。这是因为，创业者的风险规避心理较强，能够回避不确定性较高、开发周期较长、财务成本较高的机会开发或资源获取行为，从而提高企业的收益稳定程度；创业者的学习认知及组织管理职能较高，能够通过观察他人行为、"干中学"等，从而提高企业的员工雇佣及资源配置效率；创业者的亲缘网络运用能力较强，能够获取情感、信息及资源支持，克服新创困境进而存续发展。依照是否属于生存推动创业模式划分，其中匹配样本（Match C1M1）为 123 个，占 C1 样本数量的 70.29%；不匹配样本（MisMatch C1M1）为 52 个，占 C1 样本数量的 29.71%，说明创业胜任力集群 C1 与生存推动型创业模式的匹配度较高。进行独立样本 t 检验，结果表明匹配组与不匹配组中生存绩效的平均值存在明显差异（$p < 0.05$），其中匹配组中生存绩效的平均值明显高于其在不匹配组中的对应值（6.825 > 5.672），如表 11.9 所示。因此，创业胜任力与生存推动型创业模式匹配能够提升新创企业的生存绩效，即 H1 得到验证。

在创业胜任力集群 C2 中，样本的生存及成长绩效普遍较高。这是因为，创业者的风险倾向心理较高，能够不断开发具有较高潜力的新兴业务，从而提高企业的业务成长潜力；创业者其战略决策职能较高，能够制定并实施机会资源一体化战略，从而提高企业的员工雇佣及资源配置效率；创业者其产业网络运用能力较强，能够及时与产业下游企业联系，进而优化产品功能、实施精益生产，从而能够提高企业的市场满意度及资金周转效率。依照是否属于机会拉动创业模式划分，其中匹配样本（Match C2M2）为 100 个，占 C2 样本数量的 60.61%；不匹配样本（MisMatch C2M2）为 65 个，占 C2 样本数量的 39.39%，说明创业胜任力集群 C2 与机会拉动型创业模式的匹配度较高。进行独立样本 t 检验，结果表明匹配组与不匹配组中生存绩效及成长绩效的平均值存在明显差异（$p < 0.05$），其中匹配组中生存绩效及成长绩效的平均值明显高于其在不匹配组中的对应值（6.796 > 5.750，6.046 > 4.912），如表 11.10 所示。因此，创业胜任力与机会拉动型创业模式匹配能够提升新创企业的生存及成长绩效，即 H2a、H2b 得到验证。

表 11.10　创业胜任力因子集群 C2 与机会拉动型创业模式匹配对创业绩效 t 检验

创业绩效	Match C2M2（N=100）	MisMatch C2M2（N=65）	t 值	显著性
生存绩效	6.796	5.750	3.498	0.001**
成长绩效	6.046	4.912	5.796	0.000**
创新绩效	3.502	3.408	0.466	0.615

**$p<0.05$

在创业胜任力集群 C3 中，样本的创新绩效普遍较高。这是由于，创业者其自我效能心理较高，倾向于引领市场需求、创新运用资源，从而能够提高企业在市场、资源等方面的比较竞争优势；技术转换认知及研发创新职能较高，能够为企业创新提供理论或技术支持，从而提高企业的产品研发效率；网络管理能力较强，能够占据技术与市场的结构洞位置，从而能够提高创新产品的实用性能。依照是否属于创新驱动创业模式划分集群 C3，其中匹配样本（Match C3M3）为 22 个，占 C1 样本数量的 61.11%；不匹配样本（MisMatch C3M3）为 14 个，占 C1 样本数量的 38.89%，说明创业胜任力集群 C3 与创新驱动型创业模式的匹配度较高。进行独立样本 t 检验，结果表明匹配组与不匹配组中创新绩效的平均值存在明显差异（$p < 0.05$），其中匹配组中创新绩效的平均值明显高于其在不匹配组中的对应值（6.723 > 4.225），如表 11.11 所示。因此，创业胜任力与创新驱动型创业模式匹配能够提升新创企业的创新绩效，即 H3 得到验证。

表 11.11　创业胜任力因子集群 C3 与创新驱动型创业模式匹配对创业绩效 t 检验

创业绩效	Match C3M3（$N=22$）	MisMatch C3M3（$N=14$）	t 值	显著性
生存绩效	5.030	4.896	0.478	0.624
成长绩效	4.596	4.474	0.499	0.628
创新绩效	6.723	4.225	5.628	0.000**

**$p<0.05$

第四节　本章小结

本章基于匹配视角，首先解析创业胜任力与生存推动型、机会拉动型及创新驱动型创业模式匹配对生存、成长及创新绩效的影响机制，进而提出相应的研究假设。在此基础上，运用聚类分析法和独立样本 t 检验法，实证分析了创业胜任力、创业模式的类型，检验了创业胜任力与生存推动型、机会拉动型、创新驱动型创业模式匹配对创业绩效的影响机制。研究结果表明，创业胜任力分别与三类创业模式匹配对生存、成长及创新绩效具有异质性影响。具体而言：①创业者的风险倾向、创业学习、组织管理及网络运用能力较强，更倾向选择生存推动型创业模式，进而提高新创企业的生存绩效。②创业者的风险倾向、知识转化、管理决策及网络运用能力较强，更倾向选择机会拉动型创业模式，进而提升新创企业的生存及成长绩效。③创业者的自我效能、知识转化、研发创新及网络管理能力较强，更倾向选择创新驱动型创业模式，进而能提高新创企业的创新绩效。

第十二章 创业政策与创业胜任力匹配对创业绩效影响的理论分析

鉴于新兴产业异质性创业者的创业胜任力具有异质性特征，因而迫切需要探讨创业政策与创业者创业胜任力的匹配对创业绩效的作用机制。基于此，本章以创业政策和创业胜任力理论分析为基石，界定创业政策的内涵及其结构维度，归纳总结异质性创业者的胜任力特征；在此基础上，借鉴经典的创业 MOS 模型，提出创业政策与创业胜任力匹配对创业绩效影响机制的理论分析框架与相应的研究假设，进而构建实证研究的概念模型。

第一节 创业政策的内涵及其构成分析

本节通过对国内外相关研究的梳理分析，界定创业政策的内涵，并探寻创业政策的结构维度，从而为创业政策与创业胜任力匹配对创业绩效作用机制的影响因素选取提供借鉴。

一、创业政策的内涵界定

1990 年后，创业政策成为国外创业研究的热点，不同学者以覆盖范畴、功能目标等为研究切入点，阐释了创业政策的内涵。例如，Hart（2003）认为创业政策涵盖了对从地方到中央甚至国外多层面创业活动的扶持和促进；Acs 和 Szerb（2007）构建了一个较为广泛、适用于创业型经济的公共政策框架，包含全球、全国、区域和创业者四个层面的创业政策。再如，Collins（2003）等认为创业政策是为了促进更多创业者进行创造和创新，提高初创企业的存活率，故而政府建设良好的创业环境条件，为创业者提供的一系列扶持政策。近年来，GEM 以政策的作用和目标为研究重点，认为创业政策是政府旨在扶持初创企业设计制定的系列政策措施，其作用在于鼓励个体的创造性行为及帮助个体开发创业所需的职能基础。随着学界对创业政策研究的深入，创业政策的含义也愈发综合、全面。创业政策以相互独立的供给形式来激发全社会的创新创业，其目的在于促进创业者开展创业行为，继而推动初创企业创造价值，乃至支撑整个经济系统的长久运作。值得注意的是，Stevenson 和 Lundstrom（2001）对创业政策内涵的见解不仅广泛全面，而且适用于当前主流的创业政策研究。Stevenson 和 Lundstrom（2001）认为创业政策应当以鼓励创业为本质，以激发动机、增加机会和培育技能为维度，以激发个体将创业作为理想职业而开展持续创业行为为目标，为处在意愿期、种子期、发展期等阶段的创业者提供政策扶持措施。

在借鉴经典研究对创业政策内涵阐释的基础上，本节把创业政策的内涵界定为以刺激创业为本质，旨在设计基于创业者动机、机会和技能，能增加新创业者和初创企业数量，帮助初创企业在其生命周期阶段内存活并迅速成长，最终推动经济发展、实现社会价值的一系列扶持政策措施。

二、创业政策的结构解析

国际理论界在创业政策内涵研讨的基础上，深入剖析了创业政策的结构框架。Minniti（2010）提出的创业政策结构框架十分全面，包含壁垒约束、资金缺口、人才匮乏、社保体系不健全、税赋过重、技术创新转移困难、贸易渠道不宽等创业者通常面临的障碍。随着创业者创业活动的活跃度日益提升，政府组织、研究机构也开始着手创业政策理论框架的相关研究。例如，2003 年创业机会协会（Association for Enterprise Opportunity，AEO）提出形成创业小组、创造竞争优势、构建市场网络、强化创业教育、提供资金支持和完善基础设施六维度创业政策框架。再如，2004 年芬兰贸易与产业部（Ministry of Trade and Industries）指出，创业政策框架应涵盖创业存活、发展和国际扩张过程，区域化创业，创业教育，咨询与培训、法律环境、税收优惠五方面内容。虽然国外学者对创业政策结构框架的确立各执己见，但是学者在创业政策的作用目标上基本达成了一致，因此，国际学界普遍认同 Stevenson 和 Lundstrom（2001）提出的创业 MOS 模型。他们重点研究了美国、英国、澳大利亚、芬兰等十个国家的创业政策，由此构建了基于个体创业动机（M）、创业机会（O）和创业技能（S）[1]，涵盖创业教育、创业促进、降低壁垒、商业扶持、金融支持、目标群体政策六个方面的创业政策理论框架。其中，技能培育类创业政策指创业教育政策方面；创业动机激发类创业政

---

① M 表示动机（motivation）；O 表示机会（opportunity）；S 表示技能（skill）。

策指创业促进政策方面；机会增加类创业政策则涵盖降低壁垒、商业扶持、金融支持、目标群体政策等方面。在此基础上，国内学者基于创业 MOS 模型，围绕动机、机会和能力三个关键维度，探讨了创业政策的理论框架。例如，夏清华（2009）基于创业 MOS 模型，结合新企业的初创和成长过程，提出两阶段动态创业政策供给框架。再如，张钢和牛志江（2009）等在创业 MOS 模型基础上，还关注了创业企业的生命周期，提出企业将经历萌芽期、创立期、发展期等创业周期的各个阶段，并构建了涵盖资金供给、商务支持、教育培训、文化氛围及制度保障等方面的创业政策框架。2010 年以来，国内学者聚焦创业政策对创业者的针对性，学者罗向晗（2012）梳理和分析了广东省大学生创业政策文本，据此搭建了包括税收规制、金融支持、载体建设、服务咨询四个层面的创业政策框架。

鉴于 Lundstrom 和 Stevenson（2005）的创业 MOS 模型在创业政策的理论界最具有公信力，因而本节以创业 MOS 模型为基础，探析激发创业动机（M）、增加创业机会（O）、培育创业技能（S）三维度创业政策与创业者创业胜任力匹配，对创业绩效的影响机制，各维度包含的创业政策内容，如表 12.1 所示。

表 12.1　创业 MOS 模型的结构解析表

维度	内容	来源
激发创业动机	有形基础设施、制度环境完善、创业文化培育	Stevenson 和 Lundstrom（2001）、OECD、张钢和彭学兵（2008）、方世建和桂玲（2009）、周劲波和陈丽超（2011）、常荔和向慧颖（2014）
增加创业机会	中资金融支持、初创商业支持、进出障碍减少、科研成果转移	
培育创业技能	初创孵化平台、创业教育体系、技能培训项目	

第二节　异质性创业者创业胜任力的特征分析

当前关于创业胜任力的内涵研究尚未结合创业者类型深入探讨其异质性创业胜任力，因而本节借鉴 GEM 对创业模式的分类，结合中国现阶段"创新驱动"经济，把创业者分为生存推动型、机会拉动型和创新驱动型三种类型。并且，基于胜任力理论，从认知胜任力、职能胜任力、社会胜任力和心理胜任力四个方面深入解析创业者异质性胜任特征。

一、生存推动型创业者的异质性胜任特征解析

"生存型创业"的概念最早来源于 Storey（1994）等学者提出的推动型创业，指个体由于没有其他就业选择或对可供就业选择不满意而从事创业的行为。因此，

本节将生存推动型创业者界定为对就业现状不满而被迫创业的创业者，其创业行为特征如下：①创业被动性。生存推动型创业者由于没有满意的工作岗位而被迫创业，其创业动机具有被动性。②财富追求性。生存推动型创业者一般以消除贫困、减少冲突和提高生活质量为首要目标（Tobias et al.，2013），因而偏向追求物质财富的保障性。③风险规避性。生存推动型创业者倾向于投资回报期较短的创业项目，其失败恐惧感较高，因而偏好风险较低的创业行为。

由以上分析可知，生存推动型创业者注重物质财富带来的安全感，倾向于参与风险较低的创业活动，通常根据自身已具备的知识技能感知创业机会，并开展创业活动。例如，任正非在不惑之年失去国有企业的"铁饭碗"，被迫下海创业，但迅速意识到改革开放后的深圳是孕育高新技术的摇篮地，可以通过自己在大学期间习得的电子计算机、数字技术、自动控制等专业技术开展创业活动，因而创办了华为。可见，生存推动型创业者可以凭借自身知识技能和创业环境感知能力，开展相关创业活动，具有一定的认知胜任力和职能胜任力基础。然而，在创立初期，生存推动型创业者的社会胜任力相对较弱，难以从银行和金融机构获得资金支持。例如，2016 年的 GEM 的报告指出，一方面，84%的生存推动型创业者需要以家庭积蓄作为创业启动资金；另一方面，由于初始创业资源不足、抗风险能力较弱，诸多生存推动型创业者在创业初始阶段的心理胜任力相对较弱，即创业自信心不足，具有较高的不确定感和失败恐惧心理，故而倾向风险较低的创业项目。基于此，生存推动型创业者亟须政府帮助其提升社会胜任力和心理胜任力，继而提高创业行为的成功率。

二、机会拉动型创业者的异质性胜任特征解析

"机会型创业"源于 Amit 等（1995）提出的拉动型创业，指个体因追求商业机会而从事创业活动（Kirzner，1978）。鉴于此，本节认为机会拉动型创业者指善于开发和利用市场中的潜在商机，并主动开展创业活动，取得市场竞争优势的创业者。其创业行为特征如下：①机会警觉性。机会拉动型创业者前瞻意识强，能根据个体偏好和环境条件敏锐识别商机，进而实施创业行为，具有较高的机会警觉意识。②资本积累性。机会拉动型创业者擅于挖掘创业机会，大多经历两次以上创业实践才获得成功，并且能在试错过程中逐渐积累创业资本。例如，万科集团创始人王石擅于开发各种创业机会，创业成功前经营过电器、仪器产品、服装、饮料、印刷等行业，最终通过前期积累的财富，在房地产行业取得显著成就。③社会效益性。机会拉动型创业者在提高资源效率、增加产品供给、改善就业状况、促进经济发展等方面具有较强的社会经济效益（池仁勇和梁靓，2010）。例如，目前中国 64.29%的创业者为机会拉动型创业者，

正带动中国创业资本产生价值增值，促进经济的蓬勃增长。

由上分析可知，机会拉动型创业者善于预见和识别创业机会，具有较高的市场环境洞察力，并能在创业过程中不断积累创业资本和工作经验。例如，巨人网络创始人史玉柱善于因时制宜，预见潜在创业商机，曾涉猎保健品、房地产等行业，并且在屡次失败的实践中积累了宝贵的经验和人脉，最终凭借 18 位故友的支持，成功创办了网络科技公司。由此可见，机会拉动型创业者具有敏锐的机会捕捉意识和良好的社交公关能力，故而其认知胜任力和社会胜任力较强。然而，由创业失败的归因研究结果可知，大部分机会拉动型创业者在创业的试错过程中容易感受到挫败感和无助感，产生沮丧、愤怒等负面情绪（Cardon and Mcgrath，1999），不利于后续创业机会的开发和创业活动的开展，故而仍需进一步提升心理胜任力。此外，由创业机会的"发现观"可知，创业机会是客观属性产物（Kirzner，1997），有待创业者发现并利用。因此，机会拉动型创业者不能被动地等待机会，而需要主动地开发、利用富有盈利的创业机会，因而该类创业者需要不断开发和提升职能胜任力，以胜任初创企业的成长。鉴于此，机会拉动型创业者需要政府帮助其提升心理胜任力和职能胜任力，以提高其创业机会的识别和开发效率。

三、创新驱动型创业者的异质性胜任特征解析

创新驱动型创业者指通过创造性活动，在相关领域提供新产品和新服务，或推动商业模式变革，进而促进产业新质态形成和经济转型升级的创业者，其创业行为特征如下：①知识探索性。为了实现技术变革并解决企业在成长过程中遇到的问题，创新驱动型创业者会侧重知识的学习和探究（Andries and Debackere，2006），故而表现出较强的知识探索能力。②创新变革性。鉴于创新驱动型创业者通常具有丰富的知识储备和较强的知识探索能力，故而其具有较强的创新意识和能力，并具有较强的自主创新动力和积极性，从而能推动技术创新和商业模式的变革。③资源撬动性。凭借新兴技术成果或商业模式的创新，创新驱动型创业者能够吸纳银行借款、风险投资及政府资助等创业资本。例如，滴滴出行科技有限公司（以下简称滴滴）的创始人程维，凭借线上线下相结合的创新"打的"模式，成功获得了天使投资。

由以上分析可知，创新驱动型创业者具有较强的探索和学习能力，对创业前景有较好的预期，并对科技成果的商业化具有较强的把控能力。例如，李彦宏在硅谷工作数年后，怀揣巨大的创业激情和信心返回国内，通过环境考察、信息筛选、资源整合等前期准备，把当时最先进的"超链分析"技术引入中国，最终创立了百度。可见，创新驱动型创业者不仅具有较高的创业自我效能感，而且具备

良好的认知能力和专业的知识技能，其认知胜任力和心理胜任力较强。然而，由于"技术情结"，创新驱动型创业者通常致力于研究开发活动，相对缺乏管理技能，因而仍需培育和提升其职能胜任力。例如，周鸿祎、马化腾、王志东等创业者在创业前均担任高新技术企业的研发骨干，而非企业行政管理人员，因而需要进一步提升管理能力和领导才能。并且，正因为创新驱动创业者通常致力于科技创新和技术攻关，因而该类创业者往往可能会忽视社交能力的培育和社会网络的构建，故而其社会胜任力可能相对较弱。鉴于此，创新驱动型创业者亟须政府帮助其提升职能胜任力和社会胜任力，从而帮助其跨越技术创新的"死亡之谷"。

综上所述，三类创业者的胜任力存在异质性特征，如表12.2所示。其中，生存推动型创业者的创业行为呈现创业被动性、财富追求性和风险规避性等特征，其认知胜任力和职能胜任力较强，但社会胜任力和心理胜任力相对较弱；机会拉动型创业者的创业行为呈现机会警觉性、资本积累性、社会效益性等特征，其认知胜任力和社会胜任力较强，但心理胜任力和职能胜任力相对较弱；创新驱动型创业者的创业行为呈现知识探索性、创新变革性和资源撬动性等特征，其认知胜任力和心理胜任力较强，但职能胜任力和社会胜任力相对较弱。

表12.2 创业者的类型及其异质性胜任特征表

	生存推动型	机会拉动型	创新驱动型
创业行为特征	创业被动性 财富追求性 风险规避性	机会警觉性 资本积累性 社会效益性	知识探索性 创新变革性 资源撬动性
异质性胜任特征	认知胜任力与职能胜任力较强 社会胜任力与心理胜任力相对较弱	认知胜任力与社会胜任力较强 心理胜任力与职能胜任力相对较弱	认知胜任力与心理胜任力较强 职能胜任力与社会胜任力相对较弱

第三节 理论分析、研究假设与概念模型

本节以创业政策和创业胜任力理论分析为基石，借鉴权变理论的匹配思想，提出创业政策与创业胜任力匹配对创业绩效影响机制的理论分析框架与相应的研究假设，进而构建实证研究的概念模型。

一、影响机制的理论分析框架

根据变量间相关性的文献梳理可知，创业者创业胜任力与创业绩效存在着明显

的相关关系；并且，由创业促进政策理论可知，创业政策有助于初创企业创业绩效的提升，乃至创业型经济的发展。由创业 MOS 模型可知，政府通过动机激发、机会增加和技能培育三维度的政策工具，既能激发创业者的创业热情和创业意愿，又能提供更多的创业机会，还可提升创业者的创业能力，有助于初创企业的生存和发展；但是，鉴于异质性创业者的创业胜任特征具有差异性，故而创业政策与异质性创业者创业胜任力的匹配效果有待明晰。鉴于此，本章以供需匹配为指导思想，借助创业 MOS 模型，结合异质性创业者的创业胜任特征，构建创业政策与创业胜任力匹配对创业绩效影响机制的理论分析框架图，如图 12.1 所示。

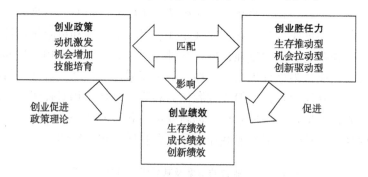

图 12.1　影响机制的理论分析框架图

二、异质性创业者创业胜任力对创业绩效的影响

早期关于胜任力的研究主要聚焦于社会网络能力、战略决策能力等方面，并探讨了其与创业绩效的关系（Chandler and Jansen，1992）；因此，国内学者沿袭并发展了国外学者的研究主题，重点研讨个体胜任特征与工作绩效之间的关系。例如，于斌斌（2012）验证了家族企业接班人的胜任—绩效模型中社会网络、学习创新、资源整合等因子，对于绩效具有更显著的相关性关系。再如，文亮等（2011）运用回归分析和结构方程模型（structural eguation modeling，SEM）法，实证表明中小企业创业者能力与创业绩效影响存在正相关的关系。此外，贾建锋等（2015）通过规范的实证研究过程，指出高管胜任特征是创业导向对企业绩效影响过程的中介变量。鉴于理论界和企业界日益重视创业者的创新行为，因此我国学者验证了技术创业者的创业胜任特征对企业创业绩效的正向促进作用（王红军和陈劲，2007；赫连志巍和袁翠欣，2016）。根据前文分析可知，不同类型创业者具有异质性的创业胜任特征，故而其在识别利用创业机会、整合配置创业资源等创业活动中会产生不同的行为效果，促使初创企业生成差异性的生存绩效、成长绩效和创新绩效。基于此，本章提出主假设。

H1：异质性创业者创业胜任力对创业绩效具有差异性影响作用。

三、不同维度创业政策与异质性创业者匹配对创业绩效的影响

企业绩效不仅受胜任特征的内生因素影响，而且受到政府创业政策的外生因素作用。由创业 MOS 模型可知，政府通过动机激发、机会增加和技能培育三维度政策工具，既能增强创业者的创业自我效能感，又能提供创业者更多的创业资源和发展商机，还可开发创业者的综合职能基础，有利于初创企业的存活与发展（张湖林，2009；湛军和张璐，2010）。鉴于异质性创业者的创业胜任力具有差异性特征，创业政策与不同类型创业者创业胜任力的匹配效果并非完全一致。因此，本章从供需匹配视角出发，探析创业政策与创业胜任力匹配对创业绩效的影响机制，即政府通过动机激发、机会增加、技能培育等政策的实施，与不同类型创业者的认知胜任力、职能胜任力等创业胜任力匹配，能够帮助创业者实施创业机会识别、创业资源整合等创业行为，有助于提升初创企业的生存、成长和创新绩效。据此，提出主假设。

H2：不同维度创业政策供给与异质性创业者创业胜任力匹配对创业绩效具有差异性影响作用。

四、创业政策与生存推动型创业者匹配对创业绩效的影响机制

由生存推动型创业者的异质性胜任特征可知，其认知胜任力与职能胜任力较强，社会胜任力与心理胜任力相对较弱。政府通过激发创业动机、增加创业机会等创业政策措施，能与生存推动型创业者较弱的创业胜任力相匹配，帮助创业者提高创业自我效能感，提升社会关系网络的构建能力，有利于初创企业创业绩效的提升。具体而言，一方面，政府通过创业促进政策、有形基础设施等创业政策（张龙鹏等，2016），能改善创业者的创业环境，提高创业者创业的心理预期，由此提升创业者的心理胜任力；能够提升创业者的创业热情和愿景，推动创业者创业绩效的生成。另一方面，政府通过创业金融支持、创业资金供给等创业政策（周劲波和陈丽超，2011），能帮助生存推动型创业者减弱创业者因资源匮乏引发的心理压力，降低创业者的风险恐惧心理，由此提升创业者的社会胜任力；有助于其机会利用、资源配置等能力的提高，帮助企业提高创业绩效。据此，本章提出以下假设。

H2a：M 维创业政策与生存推动型创业者创业胜任力匹配对创业绩效具有显著的正向作用。

H2b：O 维创业政策与生存推动型创业者创业胜任力匹配对创业绩效具有显著的正向作用。

H2c：S 维创业政策与生存推动型创业者创业胜任力匹配对创业绩效具有显著的正向作用。

五、创业政策与机会拉动型创业者匹配对创业绩效的影响机制

根据机会拉动型创业者的异质性胜任特征可知，其认知胜任力与社会胜任力较强，心理胜任力与职能胜任力较弱。政府通过强化创业动机、培育创业技能等创业政策措施，能与机会拉动型创业者较弱的创业胜任力相匹配，促使其提高创业自信心与创业实战技能，有利于初创企业创业绩效的提高。一方面，政府通过降低行业进出壁垒、改善市场监管体系、创业文化培育等创业政策（周劲波和陈丽超，2011），能促进市场的公平竞争，增强机会拉动型创业者的创业激情和意向，由此帮助创业者提高心理胜任力，推动创业绩效的生成。另一方面，政府通过创业实训机制、创业孵化平台等建设（黄永春和黄晓芸，2018），能帮助机会拉动型创业者提升创业活动所需的专业知识技能，由此提升创业者的职能胜任力；有利于创业资源的有效整合配置，促进初创企业创业绩效的提升。例如，"黑马成长营"项目定期邀请李开复、史玉柱等成功创业者开班授课，为创业者提供了学习、交流、合作、咨询的服务平台。据此，本章提出以下假设。

H2d：M 维创业政策与机会拉动型创业者创业胜任力匹配对创业绩效具有显著的正向作用。

H2e：O 维创业政策与机会拉动型创业者创业胜任力匹配对创业绩效具有显著的正向作用。

H2f：S 维创业政策与机会拉动型创业者创业胜任力匹配对创业绩效具有显著的正向作用。

六、创业政策与创新驱动型创业者匹配对创业绩效的影响机制

根据创新驱动型创业者的异质性胜任特征可知，其认知胜任力与心理胜任力较强，职能胜任力与社会胜任力较弱。政府通过提升创业技能、增加创业机会等创业政策措施，能与创新驱动型创业者较弱的创业胜任力相匹配，促使创业者专业知识技能、行政管理水平与社交网络构建能力的提升，有利于初创企业创业绩效的提高。一方面，政府通过强化创业教育、加强创业实践基地建设等政策措施，促使创新驱动型创业者在创业亲验过程中进一步积累专业技能和管理经验，由此强化创业者的

职能胜任力，有利于创业绩效的生成。另一方面，政府通过鼓励创业合作、推进创业载体建设等政策措施，能鼓励创新驱动型创业者与行业"羚羊"企业合作，拓展创业初期的社会网络资源，由此提升创业者的职能胜任力；帮助初创企业迅速成长，促进初创企业创业绩效的提升。据此，本章提出以下假设。

H2g：M 维创业政策与创新驱动型创业者创业胜任力匹配对创业绩效具有显著的正向作用。

H2h：O 维创业政策与创新驱动型创业者创业胜任力匹配对创业绩效具有显著的正向作用。

H2i：S 维创业政策与创新驱动型创业者创业胜任力匹配对创业绩效具有显著的正向作用。

七、影响机制的概念模型

根据创业政策与生存推动型、机会拉动型和创新驱动型三类异质性创业者创业胜任力匹配的影响机制理论分析与相应的研究假设推演，本章构建创业政策与创业胜任力匹配对创业绩效的影响机制概念模型，如图 12.2 所示。

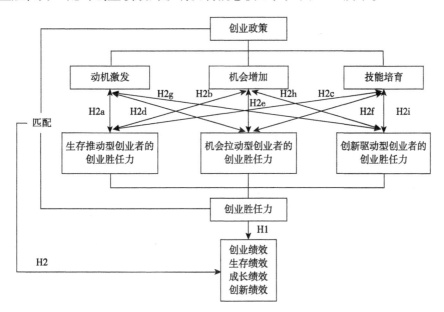

图 12.2 创业政策与创业胜任力匹配对创业绩效的影响机制概念模型图

由图 12.2 可知，政府通过动机激发、机会增加、技能培育三维度创业政策措施，与不同类型创业者的异质性创业胜任力匹配，能不同程度地调动创业者的创业积极性，提高其机会识别能力和资源整合能力，并培育和提升其创业所需的知识技能，进而影响异质性创业者生成差异性的生存绩效、成长绩效和创新绩效。

第四节　本 章 小 结

本章首先以创业政策理论分析为基石，界定了创业政策的内涵及其结构维度；进而借助创业胜任力理论，归纳总结生存推动型创业者、机会拉动型创业者、创新驱动型创业者的创业胜任特征；在此基础上，根据权变理论的匹配思想，借鉴经典的创业 MOS 模型，提出创业政策与创业胜任力匹配对创业绩效影响机制的理论分析框架与相应的研究假设，并构建实证研究的概念模型，进而为实证检验创业政策与创业胜任力匹配对创业绩效的影响机制提供理论基础。理论分析表明，动机激发、机会增加、技能培育三维度创业政策，与异质性创业者的创业胜任力匹配，可以提升新兴产业创业者的创业自信心、组织管理水平与专业知识技能，进而提升初创企业的创业绩效。

第十三章 创业政策与创业胜任力匹配对创业绩效影响的实证分析

创业者是创新创业主体，其创业胜任力具有异质性特征，因此需要深入探讨创业政策与创业胜任力的匹配程度以优化创业政策供给。本章基于创业政策与创业胜任力匹配对创业绩效影响机制的理论分析，以新兴产业的创业者和创业团队成员为研究对象，采用问卷调研法和半结构化访谈法，进而结合 Probit 模型及主成分分析等计量方法，探寻创业者创业胜任力的关键影响因素；在此基础上，通过数理统计分析，实证探讨创业政策与创业胜任力匹配对创业绩效的影响机制。

第一节 研 究 设 计

本节将依据匹配机制的影响维度，结合创业者自身特质与所处行业特征，设计研究问卷和访谈纲要；进而，通过主成分分析及 Probit 模型计量方法，探析创业政策与创业胜任力匹配对创业绩效影响机制的关键因素。

一、变量度量

借鉴现有成熟的创业政策量表，并重点开发创业胜任力量表。量表均采用利克特 5 级量表，题项正向赋值，被试按照个人实际情况进行打分，"1"表示完全不符合，"5"表示完全符合。

（一）创业政策的测量

对于创业政策的测量，主要参考 2003 年 GEM 的报告，Lundstrom 和 Stevenson

（2005），张钢和彭学兵（2008），常荔和向慧颖（2014）的量表，总共 10 个问项，以测定动机激发（M）、机会增加（O）和技能培育（S）三个维度的创业政策，如表 13.1 所示。由于在创业政策从设计制定、宣贯解读到实施落地的过程中，创业者需要一个搜寻、获取、解读和运用的过程；故而，创业政策的供给存在一定的时滞性。鉴于初创企业指企业成立时间在 3~5 年内的新企业，故而本章将创业政策的测量限于最近 3~5 年内。基于此，笔者提示被试按照近 3~5 年内企业的情况进行作答，并在调研问卷抬头标示"最近 3~5 年内"的字样。

表 13.1　创业政策量表

维度	题项（按与描述的相符的实际情况采用 1~5 打分制）		来源
动机激发	P1-1	产品或企业的资质认定	GEM 报告（2003 年）；常荔和向慧颖（2014）；Lundstrom 和 Stevenson（2005）；张钢和彭学兵（2008）
	P1-2	个人或项目的荣誉和奖励	
机会增加	P2-1	人才、知识产权等项目的经费补贴	
	P2-2	政府、资本市场等融资资助	
	P2-3	减免税等税收优惠	
	P3-1	人才生活配套服务的支持	
	P3-2	生产性社会服务平台的扶持	
	P3-3	产学研合作载体的支持	
技能培育	P4-1	创业教育的支持	
	P4-2	创业培训的支持	

（二）创业胜任力的测量

鉴于研究主题和研究目的差异性，当前研究中创业胜任力的研究量表也缺乏一致性。鉴于创业胜任力的测量尚未具备成熟的量表，因此本章拟借鉴现有成果，结合第二章对异质性创业者的胜任特征分析结果，采取自行构建的方式进行创业胜任力量表的开发，步骤如下。

（1）提取通用的创业胜任力要素。以 Spencer L M 和 Spencer S M（1993）、陈建安等（2013）、黄永春和雷砺颖（2017）的研究成果作为参考。具体而言，以任何两个模型或三个模型中均提到的要素为通用创业胜任力要素。这主要是因为：创业胜任力研究的相关学者广泛采取这三个模型进行模型检验，并且过往研究结果表明，三个模型均具有良好的信度与效度。与此同时，三个模型的研究对象涉及农民工、归国人员、大学生等多元化创业群体，模型中均提到的共同要素能够具有较高的代表性和覆盖性。

（2）提取本书需要的创业胜任力要素。第一，从 Spencer L M 和 Spencer S M（1993）的胜任力模型中选取能够表明创业政策影响创业者创业胜任力的相关要素，如创业态度的积极性，这是基于创业政策与创业胜任力的匹配需要。第二，将创业者个体的个人魅力、创业者个体的技术权威性和创业者个体的团队管理能力纳入本书创业胜任力要素中。这是因为市场环境条件会依时间推移不断变换，创业者的职能基础和创业心态等创业胜任特征，会影响组织成员的亲密联结程度和行为配合效果，进而影响创业绩效的水平。第三，创业者社交关系网络中的技术关系网络、商业关系网络、政府关系网络也是本书所需的创业胜任力要素。这是因为，有研究指出，创业者大多经历两次以上创业实践才获得成功，能在多次创业过程中不断积累社交网络资源，并对企业的生存和成长起着至关重要的作用。第四，创业激情的持续性也是本书不可缺乏的创业胜任力要素。由于创业政策从设计制定到贯彻实施落地需要经过周期，在这个过程中创业者往往会因为政策的不确定性和时滞性影响自身创业态度，进而影响创业行为的实施效果。经过以上环节，创业者的创业胜任力量表由 12 项要素构成，如表 13.2 所示。

表 13.2　创业胜任力量表

	Spencer L M 和 Spencer S M（1993）模型	陈建安等（2013）模型	黄永春和雷砺颖（2017）模型
3 个模型均涉及的创业胜任力要素	战略规划、项目开发、资源配置、机会识别、自我激励、冒险倾向、自我教育		
2 个模型涉及的创业胜任力要素	创新风险的承受能力		创新风险的承受能力
	创业能力的自我评价	创业能力的自我评价	
	知识更新与实践学习能力		知识更新与实践学习能力
	市场需求和技术变革趋势的洞察能力	市场需求和技术变革趋势的洞察能力	市场需求和技术变革趋势的洞察能力
本书需要的创业胜任力要素	创业态度的积极性、创业激情的持续性、创业者个体的个人魅力、创业者个体的技术权威性、创业者个体的团队管理力、社交关系网络		
最终获得的创业胜任力要素	创新风险的承受能力、创业态度的积极性、创业激情的持续性、创业能力的自我评价、知识更新与实践学习能力、市场需求和技术变革趋势的洞察能力、创业者个体的个人魅力、创业者个体的技术权威性、创业者个体的团队管理力、技术关系网络、商业关系网络、政府关系网络		

二、调研问卷和访谈研究设计

（一）访谈内容设计

以预先评估概念模型与研究假设的科学性，并进一步完善调研问卷为访谈目标，笔者与创业者、创业团队成员和创业园区管委会政府工作人员等进行面对面访谈，收集创业者对预调查问卷的建议。本章借鉴理论界广泛使用且信效度较高的研究量表，设计出预调查问卷，在访谈过程中邀请访谈者完成预调查问卷，进而收集归纳预调查被试对预调查问卷测量指标、语义阐释等方面的问题与意见，以设计出更为完备的调研问卷。

鉴于此，本章首先确定了访谈对象，根据本书参与课题的政府关系网络资源，选取多家创业园区初创企业中涉及新一代信息技术、生物医药和医疗器械等行业的25位创业者和园区管委会政府工作人员；之后逐一走访，对上述量表设计进行测试的同时，了解创业者的发展历程和经营现状、创业成功的关键因素、创业政策的感知程度，创业者能力所发挥的作用，创业者特质说包含的内容，以及创业绩效的影响因素等，从而获取了本书的一手资料。

（二）调研问卷设计

为开发科学合理的创业胜任力量表，本书基于预调查和访谈结果（详见附录4），进一步完善调研问卷的设计编排并发放给代表性区域的被试。通常，研究者广泛采用问卷调查法获得研究所需的数据和信息，因而控制问卷的设计和编排是整个实证研究的基础环节。基于此，本章在该环节过程中，不仅借鉴了现有文献中信效度较高的量表，而且研析了25位访谈对象对预调查问卷提出的问题与意见，以最大化本章调研问卷的信度和效度，使其更为科学合理有效。

本章的调研问卷（详见附录4）分为以下三部分：①调研问卷的题目和引言。这部分内容的作用在于，一方面，帮助被试理解问卷的整体结构、研究主题和目的；另一方面，阐明本章仅作为学术研究，不披露个人隐私，故而使用不记名调查方式，以促使被试放心参加调研。②被试的基础信息。这部分涵盖被试的性别、年龄、最高学历、被试初创企业所处行业、被试初创企业成立时间等信息；并且结合生存推动型、机会拉动型和创新驱动型创业者的理论研究（黄永春和黄晓芸，2018），设置相应问题，把参与调研的被试分为生存推动型、机会拉动型和创新驱动型三类异质性创业者。③被试的创业胜任力自评和创业政策的供给感知。这部分用于测量创业政策和创业胜任力两个主要变量，包括创业者创业胜任力自评和创业政策供给感知的相关问题和量表。

三、预调查和 EFA

鉴于创业胜任力量表主要借鉴于国外文献，在正式调研之前，为了确保所选量表能够准确地测量变量，并且能够真正地测量出我们想要测量的变量，需要通过预调查，对变量测量的信度和效度进行探讨。另外，EFA 是检验量表内容效度的主要统计方法，CFA 是检验结构效度的主要统计方法。基于此，本章采用 EFA 方法，借助主成分分析法，并选择最大变异法正交旋转，提取特征根大于 1 的因子。所提取因子累计解释方差的百分比必需大于 60%；每一个测项在所属因子上的载荷必须大于 0.6，越接近 1 越好，而在其他因子上的载荷越接近 0 越好。由此，本章对创业胜任力量表进行 EFA，结果如表 13.3 所示。

表 13.3 创业者创业胜任力的 EFA 结果表

因子名称	创业胜任力要素	因子 1	因子 2	因子 3	因子 4
心理胜任力	创新风险的承受能力	0.814			
	创业态度的积极性	0.665			
	创业激情的持续性	0.622			
认知胜任力	创业能力的自我评价		0.824		
	知识更新与实践学习能力		0.819		
	市场需求和技术变革趋势的洞察能力		0.726		
职能胜任力	创业者个体的个人魅力			0.836	
	创业者个体的技术权威性			0.624	
	创业者个体的团队管理力			0.763	
社会胜任力	技术关系网络				0.708
	商业关系网络				0.724
	政府关系网络				0.662
特征值		2.117	2.366	2.158	2.962
累计解释方差		15.946%	26.784%	49.337%	68.542%

预调查调研问卷发放的企业所处行业涵盖了新一代信息技术、高端装备制造、生物医药和医疗器械、新能源汽车、智能电网、新材料、节能与环保七大新兴产业，以及其他非新兴产业，样本具有广泛性。预调查发放问卷总共 200 份，回收 196 份，其中有效问卷 188 份，有效率达 95.92%。问卷回收后，笔者把问卷分为任意两堆，并采取 EFA 法，把因子提取标准设为"特征值>1"，对其中一叠问卷（N=99）进行分析；进而，提取出四个因子，累计解释方差 68.542%；并对各个因子进行命名（表 13.3），其来源为各个因子的创业胜任力要素共同特征。在 EFA 结果的基础上，本章通过 Amos 17.0 对另一叠问卷进行 CFA，结果如表 13.4 所示，尽管 NFI 值尚未达到 0.9，但是已经非常接近，故而可认为基本达到经验值，即创业胜任力量表通过了检验。

表 13.4 创业者创业胜任力量表拟合参数统计表

检验指标	χ^2/df	GFI	NFI	IFI	CFI	RMSEA
经验值	<5	>0.9	>0.9	>0.9	>0.9	<0.1
本模型	2.14	0.922	0.83	0.93	0.94	0.08

第二节　数据回收与样本分析

在开发创业胜任力量表后，本节将设计编排、发放回收调研问卷；并且依托本章所在政府课题项目组的关系网络资源，获取新兴产业的企业 3.5 年内的生存绩效、成长绩效和创新绩效；在此基础上，对问卷中的 3 个变量进行信度和效度检验，并实证检验研究假设。

一、数据回收与样本描述

本章充分利用笔者与课题组的政府关系网络，以上海、南京、苏州、杭州等城市多家新兴产业的初创企业创业者为问卷发放对象，基本覆盖了长三角、珠三角等创业氛围浓厚的区域，因而调研具有较强的代表性和覆盖性。依托 2016 年国家社科基金重点《供需匹配视角下提升我国新兴产业企业家创业胜任力的政策供给研究》、2017 年南京市科学技术委员会项目《南京市初创科技型企业创业政策的适配分析》，赴上述地区发放问卷，与此同时还采用网络问卷等形式完成调研。问卷调研发放问卷总计 772 份，回收 761 份，剔除掉作答不完整、漏填等无效答卷后，有效问卷 616 份，有效率 80.95%，样本情况如表 13.5 所示。

表 13.5　样本基本情况表（*N*=616）

类别	具体类别	样本量	样本占比
性别	男	424	68.83%
	女	192	31.17%
年龄/岁	18~24	50	8.12%
	25~44	494	80.19%
	≥45	72	11.69%
最高学历	博士及以上	77	12.5%
	硕士	197	31.98%
	本科	299	48.54%
	大专及以下	43	6.98%
所处行业	新一代信息技术	155	25.16%
	高端装备制造	31	5.03%
	生物医药和医疗器械	95	15.42%
	新能源汽车	67	10.88%
	智能电网	70	11.36%

续表

类别	具体类别	样本量	样本占比
所处行业	新材料	34	5.52%
	节能与环保	36	5.84%
	其他	128	20.79%
创业者类型	生存推动型	126	20.46%
	机会拉动型	274	44.48%
	创新驱动型	216	35.06%

由表 13.5 可知三类创业者的被试占比情况，其中机会拉动型被试占比最高，接近半数（44.48%），创新驱动型被试占比次之（35.06%），生存推动型被试占比最少（20.46%）。为实证检验创业政策与异质性创业者创业胜任力匹配对创业绩效的影响机制，本章采用熵权法，综合测算生存推动型创业者创业胜任力的评价函数 f_1，机会拉动型创业者创业胜任力的评价函数 f_2 和创新驱动型创业者创业胜任力的评价函数 f_3。

二、信度与效度检验

（一）信度检验

采用 Cronbach's α 系数对异质性创业者的创业胜任力、创业政策创业绩效变量进行信度分析，结果如表 13.6 所示。由表 13.6 可知，异质性创业者的创业胜任力、创业政策、创业绩效变量各维度的 Cronbach's α 系数均超过了 0.7 的标准，故总体来说，各变量内部均表现出良好的一致性，量表结构稳定，通过了信度检验。

表 13.6　三个变量的信度分析表（N=616）

变量	维度	Cronbach's α 系数
异质性创业者的创业胜任力	生存推动型创业者创业胜任力	0.862
	机会拉动型创业者创业胜任力	0.842
	创新驱动型创业者创业胜任力	0.881
创业政策	动机激发	0.769
	机会增加	0.882
	技能培育	0.837
创业绩效	生存绩效	0.896
	成长绩效	0.895
	创新绩效	0.874

（二）效度检验

1. 内容效度

一方面，经过笔者严谨的英中翻译，本章借助国际理论界成熟的研究量表，测量创业政策这一变量；另一方面，为确保创业胜任力量表的内容效度，本章基于 Chandler 和 Hanks（1993）比较成熟的研究量表，进一步完善开发了创业胜任力量表。具体而言，本章在阅读梳理国内外文献的基础上，多次研读与修正各个测量问项；并且通过 EFA 和 CFA 的方法获得研究量表。

2. 收敛效度

在 Amos 17.0 中导入 616 份问卷数据信息，以测算异质性创业者创业胜任力、创业政策和创业绩效变量 CFA 的拟合指标情况，结果如表 13.7 所示。可以看出，尽管创业政策的 NFI 值略低于经验值，但测算数值与经验值差距很小，故而可以认为三个变量均具有良好的收敛效度。

表 13.7　三个变量 CFA 的拟合指标统计结果表（N=616）

检验指标	χ^2/df	GFI	NFI	IFI	CFI	RMSEA
经验值	<5	>0.9	>0.9	>0.9	>0.9	<0.1
异质性创业者创业胜任力	1.466	0.987	0.953	0.992	0.982	0.056
创业政策	2.310	0.926	0.829	0.937	0.919	0.062
创业绩效	3.684	0.953	0.949	0.945	0.978	0.084

3. 判别效度

判别效度基于各变量 AVE 值的平方根与各维度之间相关系数的大小关系检验。经测算，①创业胜任力测量中，生存推动型、机会拉动型和创新驱动型三类创业者创业胜任力 AVE 值的平方根分别为 0.76、0.79 和 0.80，均明显大于任何两个维度之间的相关系数；②创业政策测量中，动机激发、机会增加和技能培育 3 个维度 AVE 值的平方根分别为 0.63、0.65、0.69 和 0.66，均明显大于任何两个维度之间的相关系数；③创业绩效测量中，生存绩效、成长绩效和创新绩效 3 个维度 AVE 值的平方根分别为 0.82 、0.81 和 0.84，明显大于两个维度之间的相关系数。由此，可以认为三个变量具有良好的判别效度。

第三节　实　证　分　析

为检验本章提出的研究假设，本节在匹配检验方法方面采用基于数理统计的实证研究方法，验证理论模型提出的研究假设，并讨论实证研究的结果。

一、异质性创业者创业胜任力对创业绩效的影响作用

本节借鉴 Beal 和 Yasai-Ardekani（2000）及在匹配研究方面的方法，采取以下详细研究步骤：①按照问卷确定的创业者类型，把 616 份有效问卷按照生存推动型、机会拉动型和创新驱动型创业者的类别分为三叠。②运用单因素方差分析方法，分别检验在生存推动型、机会拉动型和创新驱动型创业者三叠问卷中，单维度创业政策与创业胜任力匹配对创业绩效的影响；由此可观测到，在异质性创业胜任力样本中，每个维度创业政策对企业创业绩效的影响，从而揭示两者之间的相关程度。③借助多元层次回归分析方法，进一步检验多维度创业政策与创业胜任力匹配对企业绩效的影响。这是因为创业政策对企业创业绩效的影响不一定是单独作用的，单因素方差分析只能揭示变量之间的相关性及关系的紧密程度。

为了检验异质性创业者创业胜任力对生存绩效、成长绩效和创新绩效的影响是否存在显著性差异，本章基于不同类型创业者生存绩效、成长绩效和创新绩效的数据信息，进行了 t 检验，其结果如表 13.8~表 13.10 所示。

表 13.8　异质性创业者创业胜任力与生存绩效 t 检验结果表

	t 检验		t	df	sig.（双侧）
生存绩效	生存推动型创业者创业胜任力与创新驱动型创业者创业胜任力	假设方差相等	−4.085	340	***
	生存推动型创业者创业胜任力与机会拉动型创业者创业胜任力	假设方差相等	−3.313	398	**
	创新驱动型创业者创业胜任力与机会拉动型创业者创业胜任力	假设方差相等	1.657	488	*

*** $p<0.01$；** $p<0.05$；* $p<0.1$

表 13.9　异质性创业者创业胜任力与成长绩效 t 检验结果表

	t 检验		t	df	sig.（双侧）
成长绩效	生存推动型创业者创业胜任力与创新驱动型创业者创业胜任力	假设方差相等	−3.530	340	***

续表

t 检验			t	df	sig.（双侧）
成长绩效	生存推动型创业者创业胜任力与机会拉动型创业者创业胜任力	假设方差相等	−3.186	398	**
	创新驱动型创业者创业胜任力与机会拉动型创业者创业胜任力	假设方差相等	1.736	488	*

*** $p<0.01$；** $p<0.05$；* $p<0.1$

表 13.10　异质性创业者创业胜任力与创新绩效 t 检验结果表

t 检验			t	df	sig.（双侧）
创新绩效	生存推动型创业者创业胜任力与创新驱动型创业者创业胜任力	假设方差相等	−3.968	340	***
	生存推动型创业者创业胜任力与机会拉动型创业者创业胜任力	假设方差相等	−0.395	398	--
	创新驱动型创业者创业胜任力与机会拉动型创业者创业胜任力	假设方差相等	1.766	488	*

*** $p<0.01$；* $p<0.1$；--代表不显著

二、单维度创业政策与创业胜任力匹配对创业绩效的影响作用

本章的创业政策由动机激发（M）、机会增加（O）和技能培育（S）三个维度构成，在进行匹配研究时，首先利用单因素方差分析探究在异质性创业者创业胜任力样本中，单维度创业政策对企业创业绩效的影响，由此可以明确观测到在不同类型创业者创业胜任力中，各个维度创业政策对创业绩效的影响，从而揭示两者之间的相关程度。

分析单个维度的创业政策与创业胜任力匹配对创业绩效的影响作用。以生存推动型创业者创业胜任力的样本（N=126）为例：第一，通过 K-Means 聚类法，设置类别个数为 2，以分析创业政策的动机激发维政策；进而获得两组结果，一组 M 均值为 3.14，命名为 M_1，反映在生存推动型创业者创业胜任力的样本中，该类创业者对 M 维创业政策具有较低享用程度的群组；另一组均值为 3.94，命名为 M^1，反映在生存推动型创业者创业胜任力的样本中，该类创业者对 M 维创业政策具有较高享用程度的群组。第二，基于 M_1 组与 M^1 组三个维度的绩效数值，对 M_1 组与 M^1 组在生存绩效、成长绩效和创新绩效的影响程度上进行 t 检验。

按照上述方法，分别对生存推动型创业者创业胜任力的样本（N=126）、机会拉动型创业者创业胜任力的样本（N=274）和创新驱动型创业者创业胜任力的样本（N=216）中的创业政策各维度（M、O、S）进行 t 检验，结果如表 13.11

所示。

表 13.11 单维度创业政策与创业胜任力匹配对创业绩效影响的 t 检验结果表

生存推动型创业者 创业胜任力（N=188）			机会拉动型创业者 创业胜任力（N=274）			创新驱动型创业者 创业胜任力（N=216）		
M$_1$组与M^{1}组		均值方程的 t 检验值	M$_2$组与M^{2}组		均值方程的 t 检验值	M$_3$组与M^{3}组		均值方程的 t 检验值
生存绩效	假设方差相等	−2.097**	生存绩效	假设方差相等	−3.289***	生存绩效	假设方差相等	−1.364
成长绩效	假设方差相等	−3.359***	成长绩效	假设方差相等	−1.973**	成长绩效	假设方差相等	−1.891*
创新绩效	假设方差相等	−1.682*	创新绩效	假设方差相等	−2.189**	创新绩效	假设方差相等	−1.669*
O$_1$组与O^{1}组		均值方程的 t 检验值	O$_2$组与O^{2}组		均值方程的 t 检验值	O$_3$组与O^{3}组		均值方程的 t 检验值
生存绩效	假设方差相等	−3.503***	生存绩效	假设方差相等	−1.817*	生存绩效	假设方差相等	−3.643***
成长绩效	假设方差相等	−2.088**	成长绩效	假设方差相等	−0.793	成长绩效	假设方差相等	−1.900*
创新绩效	假设方差相等	−1.746*	创新绩效	假设方差相等	−1.534	创新绩效	假设方差相等	−2.497**
S$_1$组与S^{1}组		均值方程的 t 检验值	S$_2$组与S^{2}组		均值方程的 t 检验值	S$_3$组与S^{3}组		均值方程的 t 检验值
生存绩效	假设方差相等	−0.857	生存绩效	假设方差相等	−1.751*	生存绩效	假设方差相等	−1.822*
成长绩效	假设方差相等	−1.343	成长绩效	假设方差相等	−2.385**	成长绩效	假设方差相等	−2.286**
创新绩效	假设方差相等	−2.468**	创新绩效	假设方差相等	−1.812*	创新绩效	假设方差相等	−2.345**

注：M 表示动机激发维创业政策；O 表示机会增加维创业政策；S 表示技能培育维创业政策；M^{i}表示异质性创业者中享用动机激发维创业政策程度较高的群组，M$_i$表示异质性创业者中享用动机激发维创业政策程度较低的群组；O^{i}表示异质性创业者中享用机会增加维创业政策程度较高的群组，O$_i$表示异质性创业者中享用机会增加维创业政策程度较低的群组；S^{i}表示异质性创业者中享用技能培育维创业政策程度较高的群组，S$_i$表示生存推动型创业者中享用技能培育维创业政策程度较低的群组（i=1，2，3）；

*** p<0.01；** p<0.05；* p<0.1

三、多维度创业政策与创业胜任力匹配对创业绩效的影响作用

为了能够有效判断 1 个或 N 个解释变量对被解释变量的作用效果，为控制和预测提供理论依据，本节聚焦于各个变量间的数量变化规律，借助理论界普遍采用的多元层次回归分析法，运用回归方程进行深入的实证研讨。由

此，本节以单因素方差分析为实证分析的基础，进一步采取回归分析的数理解析方法，研析多维度的创业政策与异质性创业者创业胜任力匹配对创业绩效的影响。

　　基于此，本章在生存推动型创业者创业胜任力、机会拉动型创业者创业胜任力和创新驱动型创业者创业胜任力的三类样本中，借助 SPSS 19.0 进行多元线性逐步回归分析。具体以动机激发、机会增加、技能培育 3 个维度的创业政策为自变量，以创业绩效为因变量，分析多维度创业政策对企业创业绩效的影响。此外，本节将被试的"年龄"、"最高学历"和"所处行业"作为控制变量，原因如下：①不同年龄的被试对创业活动持有不同的创业态度和创业激情，可能影响到企业的创业绩效。②最高学历不同的被试具有差异性的职能胜任力，是可能影响企业创业绩效的原因。例如，通常具有硕士、博士及以上学历的被试具有较强的专业知识技能和组织管理能力去开展创新创业活动，而最高学历为本科、大专及以下的被试往往在职能基础上很难和最高学历为硕士、博士及以上的被试在激烈变动的市场中竞争。③被试所处行业的发展趋势也会对企业绩效产生影响，相较于普通行业产业，近几年新兴产业蓬勃发展的形势，有助于新兴产业的被试生成较高的创业绩效，回归分析的具体结果如表 13.12 所示。

表 13.12　多维度创业政策与创业胜任力匹配对创业绩效的影响结果表

变量	因变量								
创业绩效	生存推动型创业者的创业绩效			机会拉动型创业者的创业绩效			创新驱动型创业者的创业绩效		
	生存绩效	成长绩效	创新绩效	生存绩效	成长绩效	创新绩效	生存绩效	成长绩效	创新绩效
控制变量									
年龄	−0.271	−0.330	−0.162**	−0.110	−0.025	−0.004	0.338	0.556	0.282
最高学历	−0.410	−0.465	−0.381	−0.153	−0.018	0.042	−0.005	0.319	0.113
所处行业	−0.193	−0.172	−0.157	0.159	0.289	0.226	−0.197	0.191	−0.086
自变量									
M 维	−0.133	−0.083	−0.171	−0.008	−0.052	0.022	−0.035	0.063	0.031
O 维	0.558***	0.318**	0.506***	0.249**	0.287**	0.232**	0.506***	0.457***	0.578***
S 维	0.130	0.158	0.052	0.060	−0.031	0.040	0.119	0.109	0.294**
调整 R^2	0.281	0.262	0.242	0.186	0.071	0.174	0.176	0.249	0.292
F 值	19.824***	17.916***	15.546***	14.488***	8.464**	13.091***	13.377***	13.958***	20.792***

***$p < 0.01$；**$p < 0.05$

四、结果讨论与研究启示

（一）结果讨论

我国政府力推"双创"的战略举措，以扶持我国创业者的创业行为。然而，不同类型创业者的创业胜任力具有异质性特征，因此需要深入探讨创业政策与创业胜任力的匹配程度以优化创业政策的供给。基于此，本章检验了异质性创业者的创业胜任力对创业绩效的差异性影响。在此基础上，检验了在异质性创业者创业胜任力样本中，单维度、多维度创业政策对新兴产业企业创业绩效的差异性影响，并得出以下结论。

1. 异质性创业者创业胜任力对创业绩效的影响作用

①关于生存绩效，创新驱动型创业者创业胜任力比机会拉动型创业者创业胜任力更能获得较高的生存绩效；创新驱动型和机会拉动型创业者创业胜任力均比生存推动型创业者创业胜任力更能获得较高的生存绩效，尤其是创新驱动型创业者创业胜任力能获得较高生存绩效的效果更显著。②关于成长绩效，创新驱动型创业者创业胜任力比机会拉动型创业者创业胜任力更能获得较高的成长绩效；创新驱动型和机会拉动型创业者创业胜任力都比生存推动型创业者创业胜任力更能获得较高的成长绩效，特别是创新驱动型创业者创业胜任力能获得较高成长绩效的效果更显著。③关于创新绩效，生存推动型创业者创业胜任力与机会拉动型创业者创业胜任力获得创新绩效的效果之间并无显著差异；但是创新驱动型企业创业胜任力均比其他两者更能获得较高的创新绩效。

综上，生存推动型、机会拉动型和创新驱动型创业者的创业胜任力会对企业绩效产生差异性影响。

2. 单维度创业政策与创业胜任力匹配对创业绩效的影响作用

（1）M 维创业政策（动机激发）与生存推动型和机会拉动型创业者创业胜任力匹配对创业绩效具有显著的正向作用。这说明资质荣誉类等 M 维创业政策能降低生存推动型和机会拉动型创业者由于创业风险或创业失败可能引发的挫败感，提升该类创业者的创业意愿和创业热情等心理胜任力，从而提升企业的生存绩效、成长绩效和创新绩效。与此同时，M 维创业政策与创新驱动型创业者创业胜任力匹配对企业成长绩效和创新绩效具有显著的正向作用。这是因为这类创业者通常在保证生存绩效的前提下，进一步开展科技创新活动。而荣誉资质类创业政策通常门槛较高，能促使满足政策条件的创新驱动型创业者发挥自身创业胜任力，进一步开展经营活动和创新活动，故而产生成长绩效和创新绩效。

（2）O 维创业政策（机会增加）与生存推动型和创新驱动型创业者创业胜任力匹配对创业绩效具有显著的正向作用。这说明资金支持、商业支持等 O 维创业政策，能直接扶持生存推动型和创新驱动型创业者，帮助创业者拓展有限的社会关系网，提高其网络构建能力和社交公关能力等社会胜任力，从而提升企业的生存绩效、成长绩效和创新绩效。并且，O 维创业政策与机会拉动型创业者创业胜任力匹配对企业生存绩效具有显著的正向作用。这是因为资金支持、商业支持等创业政策，能直接弥补机会拉动型创业者的资金缺口，增强这类创业者的社会网络资源，从而生成生存绩效。

（3）S 维创业政策（技能培育）与机会拉动型和创新驱动型创业者创业胜任力匹配对创业绩效具有显著的正向作用。这说明创业教育、技能培训等 S 维创业政策，能增强机会拉动型和创新驱动型创业者的理论储备和实践技能，提升该类创业者的机会开发、资源整合、团队构建和组织管理等职能胜任力，继而提升企业的生存绩效、成长绩效和创新绩效。同时，S 维创业政策与生存推动型创业者创业胜任力匹配对企业创新绩效具有显著的正向作用。这是因为创业教育、技能培训等创业政策对创业者的影响作用是一个深远、持续的长期过程，能帮助生存推动型创业者提升其专业知识技能和组织管理能力，继而在未来促使这类创业者开展新产品的研发活动，生成创新绩效。

综上，单维度创业政策与异质性创业者创业胜任力匹配对企业创业绩效具有差异性影响。

3. 多维度创业政策与创业胜任力匹配对创业绩效的影响作用

（1）在不同类型创业者创业胜任力的样本中，O 维创业政策（机会增加）均以解释变量进入生存绩效、成长绩效和创新绩效的回归方程。可见，O 维创业政策（机会增加）与其他维度创业政策相比，与每一类创业者创业胜任力都具有良好的契合度，创业者对 O 维创业政策（机会增加）的享用程度高低能够影响异质性创业胜任力对企业生存、发展、创新绩效的高低。

（2）在生存推动型创业者创业胜任力样本的回归方程中，被试年龄以控制变量进入回归方程。这大概是因为，年龄不低于 45 岁的被试具有更雄厚的经济实力和较强的抗风险能力，这使得年龄不低于 45 岁的生存推动型创业者更易发挥自身创业胜任力，开展创新创业活动。同时，研究表明，被试年龄对生存推动型创业者的创新绩效略显现负向影响。产生该结果的原因可能是，年龄不低于 45 岁的生存推动型创业者有固定的思维模式和行为准则，相对于年龄小于 45 岁的创业者在难以在短时间内开展创新变革行为，故而创新绩效随年龄增加呈降低趋势。

（3）在创新驱动型创业者创业胜任力的样本中，不仅 O 维创业政策（机会增加）进入回归方程中，而且 S 维创业政策（技能培育）同样进入回归方程。产生这一现象的原因可能是政府通过创业教育、技能培育等创业政策，能够长期性提升创新驱动型创业者的创新变革能力，推动初创企业持续开展创造性行为，故能促进企业创业绩效的提升。研究发现，创业教育培训政策能对企业绩效产生积极的作用，即 S 维创业政策（技能培育）有利于创新驱动型创业者提升其职能胜任力，不断研发新产品、新技术，从而帮助企业生成卓越的创新绩效。

综上，多维度创业政策与异质性创业者创业胜任力匹配对企业创业绩效有差异性影响。

（二）研究启示

异质性创业者创业胜任力对创业绩效具有差异性影响作用这一研究结论，为创业实践带来的启示是：在短期内，被动创业的生存推动型创业者可发挥自身的创业胜任力，开展创业机会识别、创业资源整合、创业项目开发等一般性创业活动，从而获得企业创业绩效。然而，被动的创业态度不利于创初创企业的长远发展。在日趋变化多端的创业环境中，为了实现初创企业的可持续性发展，生存推动型创业者基于维持企业基本生存的创业绩效，还需要愈发侧重企业的成长与创造环节，促使企业获取更高的成长绩效和创新绩效。

不同维度创业政策与异质性创业者创业胜任力匹配对创业绩效影响作用这一研究结论，给管理实践的启示是以下几个方面。

（1）无论在哪种类型创业者的样本中，O 维创业政策（机会增加）的扶持对创业者创业胜任力的影响都极为重要。创业者在创业初期，通常难以从银行和金融机构获得资金支持；并且，创业者通常致力于科技创新和技术攻关，因而往往可能会忽视社交能力的培育和社会网络的构建，故而其社会胜任力可能相对较弱。O 维创业政策（机会增加）可以直接从资金、服务等方面资助创业者，保证初创企业维持基本的运营活动。

（2）在创新驱动型创业者创业胜任力的样本中，S 维创业政策（技能培育）的扶持效果也尤为突出。因此，创新驱动型创业者可借助政府的创业指导、技能培训等项目，不断加强自身的专业知识技能，以及对团队培养与建设的能力，持续开发革新的产品，继而提高初创企业的创业绩效。

（3）政府在制定创业政策供给的工作过程中，借鉴本章的实证分析结果，可为异质性创业者制定相机权变的创业政策供给措施，针对性地培育与提升不同类型创业者的创业胜任力，以帮助创业者在未来的创业活动中更好地突出个体胜任力特征和职能基础。

第四节　本章小结

首先，本章通过问卷调研、半结构化访谈等方法开发创业胜任力量表，设计调研问卷。其次，采用 t 检验法，检验了异质性创业者的创业胜任力对创业绩效的差异性影响。在此基础上，利用单因素方差分析在异质性创业者创业胜任力样本中，单维度创业政策对企业创业绩效的差异性影响。结果表明：M 维创业政策与生存推动型和机会拉动型创业者创业胜任力匹配对创业绩效具有显著的正向作用；O 维创业政策与生存推动型和创新驱动型创业者创业胜任力匹配对创业绩效具有显著的正向作用；S 维创业政策与机会拉动型和创新驱动型创业者创业胜任力匹配对创业绩效具有显著的正向作用。最后，借助多元层次回归分析方法，检验了无论在何种类型创业者的样本中，O 维创业政策的扶持对创业者创业胜任力的影响都极为重要；并且，在创新驱动型创业者创业胜任力的样本中，S 维创业政策的扶持效果更突出。

第十四章　供需匹配视角下我国企业家创业政策的供需现状分析

目前,我国现有的创业政策供给未充分结合异质性创业者差异化的政策需求,导致供需匹配失衡。基于此,本章首先根据创业 MOS 模型,针对创业政策要素体系设计出符合我国现状的调研问卷。其次,在南京、苏州和深圳等地区新兴产业的企业收集相关数据,初步分析被试人员的基本特征,进而从结构性和异质性两个方面剖析创业政策供需现状。

第一节　研究框架

根据现有的研究可知,国内外学者大多通过政策供给和政策需求两方面研究创业政策。然而,现阶段有关创业政策供给与需求的研究当中,国内外学者很少有基于新兴产业企业家视角对政策供给与需求之间的匹配程度进行的分析。此外,在关于企业家创业类型的研究上,Amit 和 Muller(1995)率先提出了推动型创业和拉动型创业。生存型创业和机会型创业的概念是在 2001 年 GEM 报告中被最先提出的。随着新兴技术的变革和推广,全世界日益关注创新创业,愈发重视创新驱动型经济体的建设,因此全世界涌现出诸多注重科技创新或商业模式变革的创业者。鉴于此,黄晓芸(2018)把企业家划分为生存推动型、机会拉动型和创新驱动型三种类型。

本章在供需匹配思想指导下,基于异质性企业家视角,从两方面剖析我国创业政策的供需现状。一方面,将创业政策划分为动机激发类政策、机会增加类政策和技能培育类政策,从而分析我国现阶段创业政策的结构性供需现状;另一方面,将新兴产业企业家分为生存推动型企业家、机会拉动型企业家和创新驱动型企业家,从而分析我国现阶段创业政策的异质性供需现状,如图 14.1 所示。

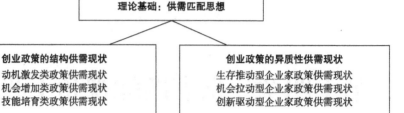

图 14.1　政策供给的理论框架

第二节　研究设计

本节根据前人研究，运用专题调研、半结构化访谈和政策文本分析等方法，构建创业政策量表，进而在南京、杭州、深圳等创业氛围浓厚的城市收集发放问卷、收集数据，初步分析被试人员的基本特征。

一、问卷设计

本章的调研问卷设计共分为两个部分，包括了创业者的基本信息和创业者政策供给与需求情况。首先是创业者的基本信息。这部分主要包括了性别、年龄、企业家类型、学科背景、此前创业经历、所在行业、是否入选人才计划等信息。其中，针对企业家所属类型，问卷通过设计相关问题结果判断。其次是创业政策的供给和需求现况。Lundstrom 和 Stevenson（2005）提出了创业政策框架的 MOS 模型，他们提出创业活动是动机、机会和技能三个要素相互结合的结果。因而，本章认为促进创业的政策可以围绕动机、机会和技能三个要素来设计和考虑。此外，他们通过对 OECD 国家创业政策的考察，总结了所考察国家的相关创业政策测度维度，主要包括创业促进、创业教育、减少进入障碍、启动资金支持、融资支持及目标群体等六个方面。

鉴于此，本章根据前人构建创新创业指标体系原则，同时结合我国创业实情，运用专题调研、半结构化访谈和政策文本分析等方法（详见附录 5），构建了本章的创业政策供给体系，如表 14.1 所示。其中，动机要素包括了产品或企业的资质认定和个人或项目的荣誉和奖励等两个方面；机会要素包括了人才、知识产权等项目的经费补贴，政府、资本市场等融资资助，减免税等税收优惠，人才生活配套服务的支持，生产性社会服务平台的扶持，产学研合作载体的支持等六个方面；技能要素包括了创业教育的支持和创业培训的支持两个方面。

表 14.1 创业政策供给体系

一级政策要素	简记	二级政策要素	简记
动机要素	P1	产品或企业的资质认定	P1-1
		个人或项目的荣誉和奖励	P1-2
机会要素	P2	人才、知识产权等项目的经费补贴	P2-1
		政府、资本市场等融资资助	P2-2
		减免税等税收优惠	P2-3
		人才生活配套服务的支持	P2-4
		生产性社会服务平台的扶持	P2-5
		产学研合作载体的支持	P2-6
技能要素	P3	创业教育的支持	P3-1
		创业培训的支持	P3-2

二、样本描述

为确保样本的代表性与数据的可靠性，本章的样本主要选取以大学创业园、孵化器及其他科技园区为主，并选取新兴产业的代表性企业和创业企业家进行实地调研与访谈。调研样本涵盖不同行业、不同类型的企业，能反映生存推动型、机会拉动型、创新驱动型企业家等异质性企业家的创业政策供给和需求现状，具有代表性。问卷均采用利克特五点量表，1 分表示被调查者获得创业政策支持或需求力度最小，2~4 分表示逐渐增强，5 分代表了被调查者享受创业政策支持或者对创业政策需求最大。

通过电子邮件、现场发放和邮寄等方式共发放问卷 772 份，共回收问卷 759 份。其中，剔除完全未填写或者作答不完整的问卷，回收有效问卷 616 份，问卷有效率为 81.16%。本章从创业企业家性别、年龄、学历、所属行业、入选人才计划情况等方面进行描述性分析。由表 14.2 可知，在所有被调查者中，男女性别占比差距较大。其中，男性（68.22%）占比明显多于女性（31.78%）；创业者年龄分布呈现倒"U"形分布。其中，25~34 岁创业者最多，占比 48.63%；35~44 岁其次，占 31.31%；本科学历的最多，占 48.63%，其次是硕士学历（31.17%）；有超过 50%的被调查者没有过海外生活经历；53.48%的人是初次创业；38.32%的人是从事新一代信息技术行业，其次是生物医疗和医疗器械（15.19%），最少的则是从事新能源汽车与智能电网行业，分别只占 3.04%和2.80%；同少部分入选创业人才计划的企业家相比，有 67.99%的被试没有入选人才计划。

表 14.2 样本基本信息统计分析

统计内容	类别	样本量/人	占比
性别	男	420	68.22%
	女	196	31.78%
年龄/岁	18~24	47	7.71%
	25~34	299	48.60%
	35~44	131	31.31%
	45~54	193	11.22%
	55 及以上	7	1.16%
类型	生存推动型	126	20.45%
	机会拉动型	274	44.48%
	创新驱动型	216	35.07%
最高学历	博士	83	13.42%
	硕士	192	31.17%
	本科	299	48.63%
	大专及以下	42	6.78%
海外生活时间/年	无	478	77.57%
	0~3	89	14.48%
	3~5	15	2.34%
	5~10	18	3.04%
	10 及以上	16	2.57%
此前创业经历/次	无	329	53.48%
	0~1	215	34.84%
	1~3	68	10.98%
	3 及以上	4	0.70%
所在行业	新一代信息技术	236	38.32%
	高端装备制造	50	8.18%
	生物医药和医疗器械	94	15.19%
	新能源汽车	19	3.04%
	智能电网	17	2.80%
	新材料	68	10.98%
	节能与环保	49	7.94%
	其他	83	13.55%
人才计划情况	入选人才计划	197	32.01%
	未入选人才计划	419	67.99%

第三节　供需匹配视角下我国创业政策的结构性供需现状分析

基于调研问卷数据，本节从供需匹配的视角，将创业政策划分为动机激发类政策、机会增加类政策和技能培育类政策，进而分析我国现阶段创业政策的结构性供需现状。

一、动机激发类政策的供需现状分析

（一）动机激发类政策供给感知

根据前文所述，动机激发类政策包括产品或企业的资质认定与个人或项目的荣誉和奖励，具体如图 14.2 所示。可以发现，我国企业家对现行动机激发类创业政策知晓的赋分皆大于 3，表明其基本认同动机激发类创业政策条款的内容。同产品或企业的资质认定相比（赋分为 3.19），个人或项目的荣誉和奖励感知更好（赋分为 3.21）。这表明较产品或企业的资质认定，企业家更加认可个人或项目的荣誉和奖励。

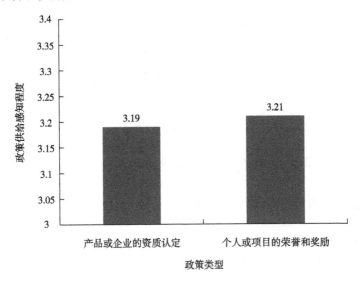

图 14.2　动机激发类政策供给感知

（二）动机激发类政策需求发掘

由图 14.3 可知，企业家对两类动机激发类创业政策需求赋分在 3.22 左右，皆高于 3 分。这意味着企业家对两类动机激发类政策需求较旺，政府亟须出台相关创业政策扶持。同时，这也表明了产品或企业的资质认定及个人或项目的荣誉和奖励政策可以刺激企业家对创业产生想法，进而促进其选择创业。

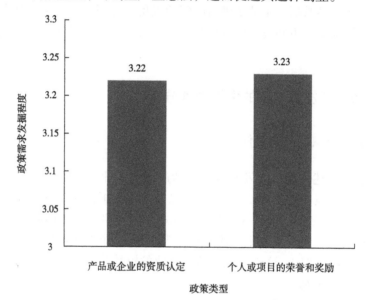

图 14.3　动机激发类政策需求发掘

由上述分析可知，两类政策指标供给与需求得分较为接近，政府在动机激发类政策的供给上已经接近满足创业者的需求。近年来随着"大众创业、万众创新"的持续推进，我国国民的创业热情日渐高涨，动机激发类政策的供给尤为关键。

二、机会增加类政策的供需现状分析

（一）机会增加类政策供给感知

机会增加类政策包括人才、知识产权等项目的经费补贴，政府、资本市场等融资资助，减免税等税收优惠，人才生活配套服务的支持，生产性社会服务平台的扶持及产学研合作载体的支持等六个方面。由图 14.4 可知，首先，人才、知识产权等项目的经费补贴与减免税等税收优惠政策赋分分值皆高于 3 分，表

明我国企业家对这两项政策感较好；其次，政府、资本市场等融资资助与人才
生活配套服务的支持政策赋分在 2.68 分，意味着我国企业家享受到这两项政策
支持力度较弱；最后，生产性社会服务平台的扶持及产学研合作载体的支持政
策赋分在 2.90~3 分，表明我国企业家在创业过程中享受该类政策扶持力度一般，
仍有待提高。

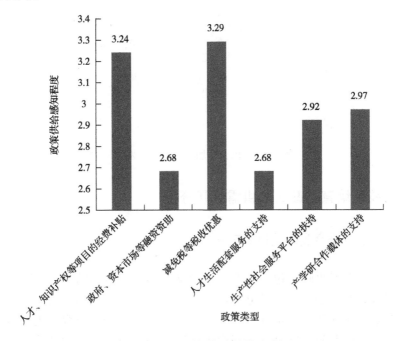

图 14.4　机会增加类政策供给感知

（二）机会增加类政策需求发掘

　　由图 14.5 可知，在六种机会增加类创业政策中，我国企业家对政府、资本市
场等融资资助赋分最高，达到 3.35 分，其次是减免税等税收优惠。赋分分值较低
的是人才生活配套服务的支持与生产性社会服务平台的扶持，处于 3.12~3.16。可
以发现，我国企业家在创业过程中，对机会增加类创业政策需求较旺，这也意味
着机会增加类创业政策可以更有效地推动企业家从事创业活动。
　　由上述分析可知，创业企业家在机会增加类政策上供给与需求有明显差异。
相较于该类政策的供给，企业家对政策的需求皆较大。特别是在政府、资本市场
等融资资助和人才生活配套设施服务的支持上，因此，政府需要特别关注该类政
策的供需差异。

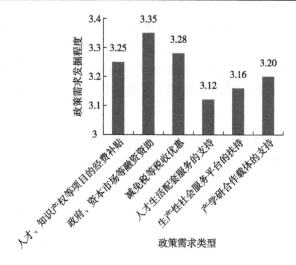

图 14.5　机会增加类政策需求发掘

三、技能培育类政策的供需现状分析

（一）技能培育类政策供给感知

技能培育类创业政策包括创业教育的支持和创业培训的支持两个方面。由图 14.6 可知，两类创业政策赋分分别为 3.09 和 3.17 分，都高于 3 分，这表明企业家获得创业教育和创业培训政策实惠较多。此外，创业教育的支持得分低于创业培训的支持得分，这可能是因为现阶段的创业教育存在功利化、碎片化、与实践脱轨等问题。

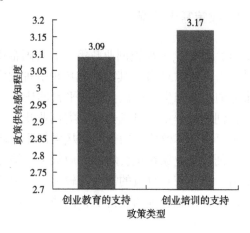

图 14.6　技能培育类政策供给感知

（二）技能培育类政策需求发掘

由图 14.7 可知，创业教育的支持和创业培训的支持两类创业政策赋分分值均大于 3，处于 3.39 分左右。这表明我国企业家在创业的过程中，亟须相关技能培育类政策的扶持。这是因为创业教育和培训不仅可以培育个体创业意识、坚定创业者的创业信念力，还能帮助创业者识别和开发创业机会、提高创业者的创业技能、降低其风险恐惧感，进而能提升其创业意愿。

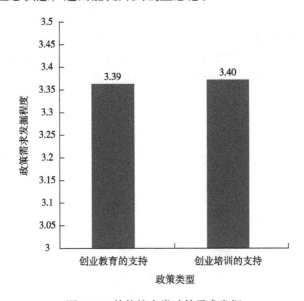

图 14.7　技能培育类政策需求发掘

综上所述，企业家在技能培育类政策上政策需求较旺，赋分明显高于该类政策供给的赋分，特别是创业培训的支持得分差距较大。结合前文动机激发类创业政策和机会增加类创业政策的供需得分来看，企业家在机会增加类政策上供需差距最大，在动机激发类政策上供需差距最小。因此，政府应针对不同政策供需得分的差异性，实施更有效、更有针对性的创业政策供给。

第四节　供需匹配视角下我国创业政策的异质性供需 现状分析

在分析我国新兴产业企业家创业政策结构性供需现状的基础上，结合实地调研和访谈的结果，本节将被调查者分为生存推动型企业家、机会拉动型企业家和创新驱动型企业家，进而剖析三类企业家创业政策的异质性供需现状。

一、生存推动型企业家的创业政策供需现状分析

（一）生存推动型企业家政策供给感知

生存推动型企业家创业政策供给感知情况如图 14.8 所示。对生存推动型企业家来说，机会增加类政策和技能培育类政策赋分皆低于 3 分，仅有动机激发类创业政策赋分值高于 3 分。这意味着对于生存推动型企业家来说，三类创业政策供给感知皆较弱，特别是机会增加类政策，仅 2.79 分。同时也表明，生存推动型企业家从事创业实践行为，很少是由于创业政策的激励，多是迫于生存压力而不得已做出的选择。

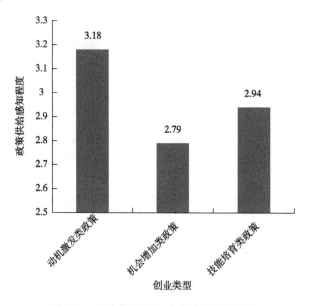

图 14.8　生存推动型企业家政策供给感知

（二）生存推动型企业家政策需求发掘

由图 14.9 可知，生存推动型企业家的三类创业政策需求赋分很高，最高的是机会增加类政策，赋分达到 3.56 分，其次是技能培育类政策赋分的 3.40 分。生存推动型企业家由于其创业的被动性和创业资源相对匮乏，其失败恐惧感较高，会更加倾向于参与风险较低的创业活动，因此在创业过程中亟须各类创业政策的扶持。

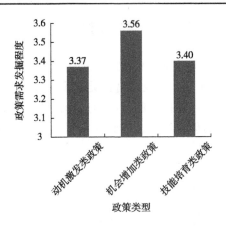

图 14.9　生存推动型企业家政策需求发掘

由上述分析可知，生存推动型企业家政策供给感知赋分较低，特别机会增加类政策上，而该类政策的需求赋分最高。因而生存推动型企业家机会增加类政策需求较旺，但是较难获得。

二、机会拉动型企业家的创业政策供需现状分析

（一）机会拉动型企业家政策供给感知

如图 14.10 所示，三类创业政策中机会增加类政策得分最高，为 3.18 分。紧接着是动机激发类政策和技能培育类政策，赋分分别为 3.15 分和 3.11 分。这表明了对于机会拉动型企业家来说，机会增加类政策更能帮助其减少创业阻碍，增加创业机会，进而有利于创业行为的开展，从而拉动企业家选择创业。

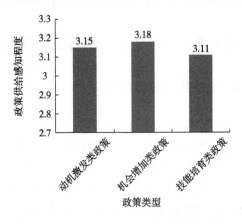

图 14.10　机会拉动型企业家政策供给感知

（二）机会拉动型企业家政策需求发掘

由图 14.11 可知，机会拉动型企业家在机会增加类政策和动机激发类政策上赋分较高，处于 3.30~3.41 分。而技能培育类政策赋分也高于 3 分，达到 3.19 分。机会拉动型企业家是由于创业机会的拉动而选择创业，其更善于开发利用市场中的潜在商机，并主动开展创业活动，因此其在创业过程中也迫切需要诸如机会增加类创业政策的支持。

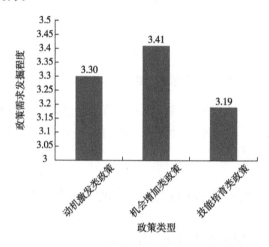

图 14.11　机会拉动型企业家政策需求发掘

由上述分析可知，在机会增加类政策供需赋分上，机会拉动型企业家的供需差距较大，存在明显的政策需求缺口。其次就是动机激发类政策和技能培育类政策的差距，也有较明显的缺口。机会拉动型企业家在我国创业群体中占有较大比重，如何针对其实施具有精准性和连续性的创业政策尤为关键。

三、创新驱动型企业家的创业政策供需现状分析

（一）创新驱动型企业家政策供给感知

创新驱动型企业家的政策供给感知情况如图 14.12 所示。创新驱动型企业家对动机激发政策、机会增加类政策、技能培育类政策的赋分皆高于 3 分，最高的是机会增加类政策的 3.22 分，最低的是动机激发类政策的 3.17 分，技能培育类政策得分为 3.21 分。这可能是因为政府在颁发和实施各类创业政策的过程中，很有可能更加偏向于创新驱动型企业家，促使该类企业家政策供给感知较好，特别是技能培育类政策和动机激发类政策。

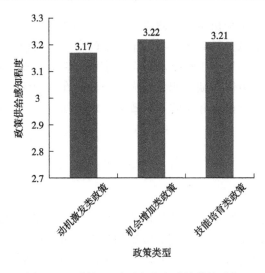

图 14.12　创新驱动型企业家政策供给感知

（二）创新驱动型企业家政策需求发掘

由图 14.13 可知，对于创新驱动型企业家来说，三类创业政策的赋分都稍高于 3 分。其中，最高的是技能培育类政策赋分为 3.31 分，最低的是动机激发类政策赋分为 3.15 分。值得注意的是，创新驱动型企业家动机激发类政策的供给赋分高于其需求赋分。在我国现行的创业环境下，为了提高创新驱动型企业家的创业存活率和创新产品的转化率，亟须实施相匹配的创业政策促进创新型企业家创业，特别是机会增加类政策和技能培育类政策。

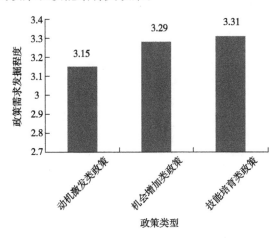

图 14.13　创新驱动型企业家政策需求发掘

　　综上所述，相比于动机激发类政策，创新驱动型企业家的机会增加类政策和技能培育类政策需求赋分较高于该类政策供给的得分，可以发现，这两类政策存在需求缺口。此外，相较于生存推动型企业家和创新驱动型企业家，机会拉动型企业家的各类创业政策供需缺口明显较大，因此，在政府实施扶持企业家创业的过程中，应针对不同特征企业家的不同政策需求实施差异性的政策供给。

第五节　本　章　小　结

　　本章基于调研问卷数据，实证分析了新兴产业企业家创业政策的供需现状。首先，基于创业 MOS 模型，将创业政策划分为动机、机会和技能三个维度。其次，根据前人文献和我国实情，设计出符合我国现况的调研问卷。再次，在南京、苏州和深圳等创业氛围浓厚的地区收集相关数据，初步分析被调查人员的基本特征。最后，从结构性和异质性两个方面剖析创业政策供需现况。研究结果表明：①从创业政策的结构性供需现状来看，企业家在技能培育类政策上政策需求较旺，赋分明显高于该类政策供给的赋分，特别是创业培训的支持得分差距较大；从动机激发类创业政策和机会增加类创业政策的供需得分来看，企业家在机会增加类政策上供需差距最大，在动机激发类政策上供需差距最小。②从创业政策的异质性供需现状来看，相比于动机激发类政策和机会增加类政策，创新驱动型企业家的技能培育类政策需求赋分高于该类政策供给的得分，该类政策存在需求缺口。此外，相较于生存推动型企业家和创新驱动型企业家，机会拉动型企业家的各类创业政策供需缺口明显较大。

第十五章 供需匹配视角下我国企业家创业政策的供需匹配度分析

当前，创业政策的供给跟不上需求，即"供需不匹配"已成为我国经济增长的重要障碍。因此，亟须制定合理的创业政策工具，构建"供需向相匹配"的经济结构体系，以扶持新兴产业企业家的创业实践。基于我国现阶段创业政策的异质性供需现状，本章依据创业 MOS 模型和区位理论，构建了政策供需匹配模型。在此基础上，利用调研问卷的相关数据信息，解析结构性创业政策供需匹配度和异质性创业政策供需匹配度情况。

第一节 创业政策供需匹配模型的构建

本节基于构建的政策供需匹配模型，利用调研问卷（详见附录 5）的相关数据信息，探寻我国现阶段创业扶持政策的供需匹配程度，从而揭示政策供需缺口。

一、供需匹配度

政策供需匹配度 λ_{ij}，是指企业家在创业过程中，所享用到的创业政策支持力度与实际创业政策需求之间的匹配情况。计算公式如下：

$$\lambda_{ij} = \cos(\theta_{ij} - 45°)，其中 \theta_{ij} \in \left[0°，90°\right]$$

$$\cos\theta_{ij} = \frac{x_{ij}^d}{\sqrt{(x_{ij}^d)^2 + \left(x_{ij}^s\right)^2}}$$

$$\lambda_i = \frac{1}{N_i} \sum_{j \in J} \lambda_{ij}$$

其中，x_{ij}^d、x_{ij}^s 分别表示样本 j（属于样本集 J）第 i 项政策的需求与供给。N_i 表示第 i 项政策的有效样本数。可以发现，政策匹配度取值在 $\left[\dfrac{\sqrt{2}}{2}, 1\right]$ 之间。

二、匹配环境

匹配环境 φ_{ij}，用 1、−1 表示。当企业家所享用到的政策供给小于或等于企业家的实际政策需求时，匹配环境变量记为 1，此时政府应加大此政策的支持力度；当企业家所享用到的政策供给大于企业家的实际政策需求时，匹配环境变量 φ_{ij} 记为−1，此时政府应削弱此政策的支持力度。具体公式如下：

$$\varphi_{ij} = \begin{cases} 1, & \theta \leqslant 45° \\ -1, & \theta > 45° \end{cases}$$

$$\varphi_i = \begin{cases} 1, & \dfrac{1}{N_i} \sum_{j \in J} \varphi_{ij} \geqslant 0 \\ -1, & \dfrac{1}{N_i} \sum_{j \in J} \varphi_{ij} < 0 \end{cases}$$

三、政策供需匹配

政策供需匹配 $\left(\lambda_{ij}, \varphi_{ij}\right)$，表示指企业家在创业过程中享用到政策的支持力度与实际政策需求之间的差异情况，用政策供需匹配度与匹配环境的二维向量表示。

第二节　我国企业家创业政策的供需匹配度分析

基于上文构建的政策供需匹配模型，本节首先对问卷进行信效度检验，进而从结构性创业政策供需匹配度和异质性创业政策供需匹配度两方面分析新兴产业企业家创业政策的供需匹配度。

一、量表信度与效度检验

（一）信度检验

对于量表效度的检验，参照多数学者的研究，量表信度用 Cronbach's α 值测量。由表 15.1 可知，三类一级政策要素的量表 Cronbach's α 值分别为 0.815、0.728 和 0.839，均大于 0.7，这表明此量表具有较好的信度，同时意味着变量之间内部是具有稳健性和可靠性的。

表 15.1　信度检验

变量	题项	Cronbach's α 值
动机激发类政策	2	0.815
机会增加类政策	6	0.728
技能培育类政策	2	0.839

（二）效度检验

效度检验一般包括内容效度和结构效度。在大量文献研究的基础上，参照 MOS 模型的划分标准，本章将创业政策类型划分为动机激发类政策、机会增加类政策和技能培育类政策；此外，量表中具体的政策指标虽然是自行设计的，但是从设计之初到最终定稿，经过了初步完成到企业家们调研访谈到小范围发放再到专家教授仔细修改完善等步骤，最终完成，因此可以认为具有良好的内容效度。

结构效度的检验如表 15.2 所示，一级政策要素和二级政策要素大部分都通过了显著性检验，这说明政策指标各维度具有较好的结构效度。通过信度和效度分析可知，调研问卷的信度和效度较好，可以做进一步分析。

表 15.2　结构效度检验

政策供给	系数值	政策供给	系数值	政策需求	系数值	政策需求	系数值
P1	0.314**	P1-1	0.247*	P1	0.353**	P1-1	0.160
		P1-2	0.260**			P1-2	0.285**
P2	0.454**	P2-1	0.407**	P2	0.502**	P2-1	0.424**
		P2-2	0.310**			P2-2	0.417**
		P2-3	0.321**			P2-3	0.338**
		P2-4	0.294**			P2-4	0.342**
		P2-5	0.319**			P2-5	0.351**
		P2-6	0.272**			P2-6	0.299**

政策供给	系数值	政策供给	系数值	政策需求	系数值	政策需求	系数值
P3	0.350**	P3-1	0.361**	P3	0.454**	P3-1	0.382**
		P3-2	0.290*			P3-2	0.394**

** $p<0.01$，* $p<0.05$

二、政策供需匹配度分析

（一）结构性创业政策供需匹配度分析

运用政策供需匹配模型分析企业家对各级政策的供需匹配程度，如表15.3所示。样本总体对各一级政策的供需匹配度均在0.80以上，政策供需匹配度均较好。其中，动机激发类政策的匹配度最高，达到0.8515。技能培育类与机会增加类政策紧随其后，匹配度分别为0.8152、0.8090。这主要是因为，一方面，政府在各类创业扶持政策中，资金补贴、税收优惠等机会增加类政策较多，而创业教育与培训仍然滞后；另一方面，企业家在创业过程中，更加需要资助补贴及各种贷款等直接资金扶持，对个人或者企业资质认定热情不高。例如，2016年《中国青年创业现状报告》显示，64.2%的受访者认为缺乏足够的资金是创业过程中遇到的主要问题之一。

表15.3　结构性创业政策供需匹配度

变量	动机激发类政策	机会增加类政策	技能培育类政策
总体样本	（0.8515，1）	（0.8090，1）	（0.8152，1）
初次创业	（0.8508，1）	（0.8119，1）	（0.8033，1）
二次创业	（0.8359，1）	（0.8077，1）	（0.8273，1）
入选人才计划	（0.8549，1）	（0.8550，1）	（0.8308，1）
未入选人才计划	（0.8457，1）	（0.7997，1）	（0.8045，1）
生存推动型企业家	（0.8257，1）	（0.7828，1）	（0.8053，1）
机会拉动型企业家	（0.8235，1）	（0.8127，1）	（0.8382，1）
创新驱动型企业家	（0.8583，1）	（0.8380，1）	（0.8100，1）

注：表中数据表示匹配度与环境变量的二维向量；其中，创新驱动型企业家动机激发类政策供给大于需求

接下来，运用政策供需匹配模型分析不同分类下企业家对三个一级政策的匹配度，旨在分析不同类型的企业家政策匹配度现况和差异。

（1）和初次创业者相比，二次创业者的动机激发类政策和机会增加类政策匹配度较低，特别是机会增加类政策，仅为0.8077；而技能培育类政策为0.8273，

稍高于初次创业者的 0.8033。这可能是因为政府缺乏针对二次创业者实施匹配的扶持政策，使得二次创业者更加不满意现行的创业政策，匹配度较低。

（2）和未入选人才计划的创业者相比，入选创业人才计划的创业者在机会增加类政策和技能培育类政策上匹配度更高。其中，入选创业人才计划的创业者在机会增加类政策匹配度达到 0.8550。这说明入选人才计划的创业者和现行的创业政策更加匹配，也意味着其可以获得更多的创业扶持政策。两类创业者在技能培育类政策上匹配度较为接近，都在 0.80 左右。

（3）对于生存推动型企业家来说，三个一级政策匹配度都在 0.83 以下，动机激发类政策和技能培育类政策匹配度分别为 0.8257、0.8053，而机会增加类政策仅为 0.7828。这可能是因为生存推动型创业者之所以选择创业，是因为没有其他就业选择，属于非自愿而选择的创业。这就导致了三类创业政策与其选择从事创业活动的关系不大，因而匹配度不高；与此同时，政府的创业政策通常具有一定的要求和门槛，生存推动型企业家较难满足这些要求。对于机会拉动型企业家来说，技能培育类创业政策匹配度最高，达到 0.8382，动机激发类政策和机会增加类政策匹配度依次为 0.8235、0.8127。机会拉动型企业家是为了追求商业机会而从事创业活动，通常具有良好的创业素质和能力，其在创业过程中可以较好地利用相关的创业政策，因而三类政策匹配度较高；对于创新驱动型企业家来说，三个一级政策匹配度都在 0.80~0.86，匹配度较好。这类企业家选择创业的原因往往是因为追求独立性和创新性，其开发的产品较为先进，企业也都具有一定的竞争能力，可以受惠诸多创业政策。

（二）异质性创业政策供需匹配度分析

运用政策供需匹配模型分析异质性企业家对十个二级政策的供需匹配程度，如表 15.4 和图 15.1 所示。综合对比样本整体和异质性企业家匹配程度，呈现以下特点。

表 15.4　异质性创业政策供需匹配度

变量	整体	生存推动型企业家	机会拉动型企业家	创新驱动型企业家
P1-1	0.8262	0.8257	0.8165	0.8345
P1-2	0.8208	0.8239	0.8173	0.8411
P2-1	0.8186	0.7823	0.8119	0.8717
P2-2	0.8177	0.7720	0.8093	0.8631
P2-3	0.8055	0.7947	0.8203	0.8716
P2-4	0.8009	0.7721	0.8161	0.8646

变量	整体	生存推动型企业家	机会拉动型企业家	创新驱动型企业家
P2-5	0.8115	0.7622	0.8213	0.8669
P2-6	0.8168	0.8043	0.8174	0.8827
P3-1	0.8157	0.8111	0.8226	0.8194
P3-2	0.8107	0.8006	0.8272	0.8138

注：创新驱动型企业家一级动机激发类政策供给大于需求

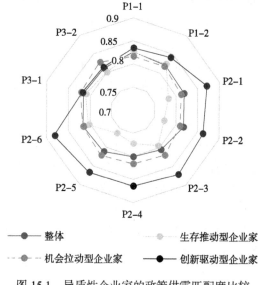

图15.1　异质性企业家的政策供需匹配度比较

（1）我国支持创业各级政策对各类企业家的匹配度均在0.75以上，大部分政策匹配需求大于供给。在二级政策整体匹配中，所有二级政策匹配度都高于0.80。这说明各类企业家所享受到的二级创新创业政策支持基本满足自身的政策需求。动机激发类中的个人或项目的荣誉和奖励及机会增加类政策中政府、资本市场等融资资助、人才生活配套服务的支持匹配度较低。这表明，政府在所有二级政策中，这几类政策匹配度较低，仍有待完善。

（2）从三类政策供给结构来看，动机激发类政策及其二级政策匹配度较高，而机会增加类政策中的政府、资本市场等融资资助较低。在所有动机培育类政策中，所有二级政策匹配度都高于0.80。这说明同企业家对各类动机激发类政策需求相比，该类政策供给已较能满足企业家的需求。相反，机会增加类政策中的政府、资本市场等融资资助较低。特别是对于生存推动型企业家来说，该类政策匹配度仅为0.7720。这意味着政府、资本市场等融资资助政策远远不能满足企业家的需求，亟须调整。

（3）从异质性企业家政策需求来看，生存推动型企业家各二级政策匹配度较低，创新驱动型企业家各二级政策匹配度较高。对于生存推动型企业家来说，仅P1-1（产品或企业的资质认定）、P1-2（个人或项目的荣誉和奖励）和P3-1（创业教育）匹配度稍高于 0.81，其他二级政策匹配度皆低于 0.81。这表明三类创业政策供给还远不能满足生存推动型企业家的需求，存在较大的创业政策供需缺口；对于机会拉动型企业家来说，P3-2（创业培训）和 P3-1（创业教育）匹配度较高，分别为 0.8272、0.8226，其他二级政策匹配度也高于 0.80；对于创新驱动企业家来说，除去技能培育类两个二级政策匹配度低于 0.82，其他二级政策供需匹配度都高于 0.83。这说明创新驱动型企业家的异质性创业政策供需匹配度较好。需要说明的是，创新驱动型企业家的一级动机激发类，即政策供给大于需求。

第三节　本章小结

本章基于创业 MOS 模型和区位理论，构建政策供需匹配模型。并在此基础上，利用调研问卷的相关数据信息，解析结构性创业政策供需匹配度和异质性创业政策供需匹配度情况。研究结果表明：①在结构性创业政策的供需匹配度研究中，政策的供需匹配度均较好，其中动机激发类创业政策的匹配度最高。在此基础上，具体分析了不同分类的企业家政策匹配度的差异性。②在异质性创业政策的供需匹配度研究中，我国支持创业各级政策对各类的匹配度较高，大部分政策需求大于供给。具体而言，技能培育类政策的匹配度较高，而机会增加类政策中的政府、资本市场等融资资助较低；从三类创业企业家政策匹配度来看，创新驱动型企业家政策匹配度最好，其次是机会拉动型和生存推动型企业家政策。

第五篇 政 策 供 给

　　创业政策能改善创业环境条件，激发创新创业主体活力，推动各行各业加速成长。然而，我国目前的创业政策依然不够体系化、精准化，存在"供需不匹配"的问题，已成为我国由"管理型经济"向"创业型经济"转变的重要阻碍。同时，由于新兴企业家的创业模式不同，其类型、特征、能力等也不同。因此，为避免我国新兴企业家坠入创业困境，亟须因地制宜的探讨创业政策与我国新兴企业家创业胜任力的匹配问题。这也是优化我国创业政策供给，提升新兴企业家创业胜任力的重要选择。

　　本篇首先对南京市创业政策供需匹配度进行了调研分析，深度解析我国新兴企业家创业和创业政策供给现状；其次，通过对典型案例的进一步分析，比较生存推动型、机会拉动型、创新驱动型三类企业家的创业经历，甄别其基本心理需要和创业能力特征，为我国针对不同类型的新兴企业家制定相匹配的创业政策提供借鉴；最后，探讨我国现行创业政策供需缺口的形成原因，并从结构性和异质性两方面提出创业政策供给工具，以构建扶持我国新兴企业家创业政策的工具框架，为政府提供备选良策。

第十六章　创业政策供需的典型城市分析

本章以南京市作为调研对象，通过对南京市现有创业政策文本的解读、创业政策供给的评价及对创业需求的辨识三方面进行研究，深度解析南京市创业政策供给与新兴企业家创业需求现状，为进一步提升我国新兴企业家创业胜任力与创业政策的供给提供借鉴。

第一节　南京市创业政策文本的解读

自"十二五"国家"双创"战略纲要实施以来，南京市创业政策密集出台，在全国创业政策创新领域位居领先地位。本节借助纸质文本查阅、电子文本检索等渠道，获取了"十二五"至 2017 年 5 月南京市创业政策文本的一手资料，经与南京市科学技术委员会编制的"政策文本手册"校核（剔除增发、补发的同类政策文本，以及已废除的政策文本），汇总南京市创业政策文本共 75 份。

一、创业政策文本分析的思路

本节以政策阶段特征—政策文本类型—政策发布部门等为分析思路，解析了南京市现有创业政策文本的架构，具体梳理如下几个方面。

（1）创业政策发布的时间维度及文本份数。"十二五"期间南京市发布的创业政策文本为 31 份，"十三五"期间的前一年半（2016 年 1 月~2017 年 5 月）南京市发布的创业政策文本为 27 份。

（2）创业政策发布的部门类别。75 份创业政策文本的发布部门有多部门联合与单一部门独立发文之分，在此两者的占比分别为 33.33%、66.67%。

（3）创业政策文本的内容结构。75 份创业政策文本涉及战略规划、创业资源、创业要素等内容，其中，有关战略规划层面的综合型政策文本有 21份，有关服务、人才、科技金融、资金、资质荣誉、知识产权等专题型政策文本为 54 份，聚焦于科技金融、服务和资金三项主题的创业政策文本各达10 份以上。

二、创业政策文本解析的启示与见解

本节以政策取向—政策层面—政策配套—政策评价为解析脉络，深层次比对南京市"十二五""十三五"期间 75 份创业政策文本的供给条款，具体如下。

1. "十二五"期间南京市创业政策供给的先进性位居全国领先地位

通过解析"十二五"期间南京市发布的 48 份创业政策文本可知，南京市以"四个第一"（坚持人才第一资源、教育第一基础、科技第一生产力、创新第一驱动力）为统领，先后发布了《南京市国民经济和社会发展第十二个五年规划纲要》《南京市中长期人才发展规划纲要（2011—2020 年）》等战略纲领，颁布了创业创新"1+8"政策体系、"科技九条""南京 36 条"等综合型创业政策文本，匹配了"创业七策""南京 321 计划"等专题型政策措施，对海内外人才来宁创业产生强烈反响。

2. 创业政策供给配置呈现"点—线式"结构布局

为把脉南京市创业政策文本的匹配作用关系，本书将独立性强的战略规划类创业政策文本称之为"点式"政策文本，其常以综合型政策文本形式展现；将配有措施细则类战略规划创业政策文本（含综合型+专题型）称之为"线式"政策文本；将跨部门联合发布的配有措施细则类战略规划创业政策文本（与产业政策规划相适配的综合型+专题型）称之为"链式"政策文本。据此，测得南京市 75 份创业政策供给结构的配置如下几方面。

1）"十二五"以来综合型与专题型政策文本的配比约为 3：7

2011.1~2017.5，南京市综合型与专题型政策文本的结构占比为 29.33%和70.67%，如图 16.1 所示；2011.1~2015.12，南京市综合型与专题型政策文本的结构占比 29.17%和 70.83%；2016.1~2017.5，南京市综合型与专题型政策文本的结构占比 29.63%和 70.37%，如图 16.2、图 16.3 所示。

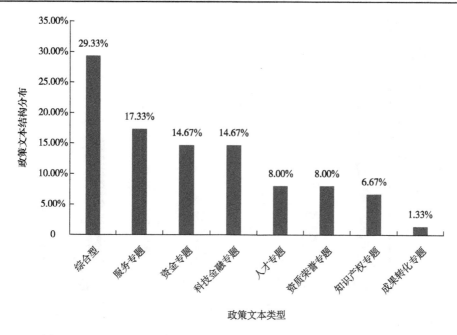

图 16.1 2011.1~2017.5 南京市综合型与专题型政策文本的结构占比分布图

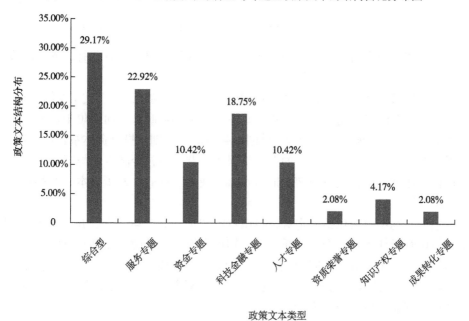

图 16.2 2011.1~2015.12 南京市综合型与专题型政策文本的结构占比分布图

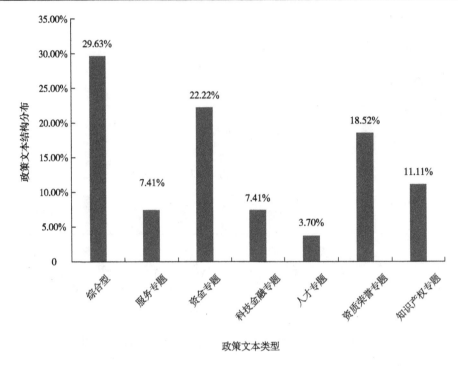

图 16.3　2016.1~2017.5 综合型与专题型政策文本的结构分布图

从整体看南京市"点式"与"线式"创业政策的供给配置兼有，创业政策的制定及执行落实的措施工具相适。

2）以"科创服务+科技金融+资金扶持"为主题的"线式"文本举措凸显

2011.1~2017.5，南京市"线式"政策文本中创业政策取向聚焦于双创主体扶持资金投入、公共服务平台建设、科创服务的供给和创业投融资体系建设等环节，体现在专题型政策中居前三位的专题是服务专题、科技金融专题与资金专题，其各自权重达到 17.33%、14.67%和 14.67%，成为"线式"政策文本中专题型政策的重点政策。

根据专题型政策供给的走势，将南京市"十二五"与"十三五"前期的专题型政策比对后获悉：资金、资质荣誉、知识产权专题的政策比重有所增加，这表明南京市在"十三五"期间的创业政策措施加强了扶持资金、资质荣誉、知识产权专题的"线式"政策供给，意在结合产业发展周期的异同性诉求，引导"双创"主体提升创业的质量与效率。

3. 由"引入—留住"人才"链式"创业政策供给的文本适配

通过梳理"十二五"以来南京市的 75 份创业政策文本发现，占 1/3 权重的多部门联合发文中，多见搭建创业孵化器载体、导入普通型服务机构的"线式"政策文本；鲜有围绕NTE创业者个性化专业服务需求、联动产业发展政策规划的"链式"生态创业政策文本（集产业链、技术链、创新链融于一体）；尤其是鲜见集聚创业人才的"引入—留住"组合式政策文本，表明南京市现行创业政策供给存在欠精准、欠协同和欠连续性等不足。

第二节　创业政策供需匹配度的调研分析

为有效把脉南京市创业政策落实的现状，在南京市科委及其信息研究所的指导和协助下，以南京市紫金地区的NTE（指入驻3~5年内的在孵企业）为问卷的发放对象，以创业政策的知晓、受惠程度、获取渠道和不满意度等为调查问卷的询问维度，统计地区NTE创业者对政策供给的感知赋分，测量南京市地区NTE创业者对现行创业政策供给的满意度，如图16.4所示。

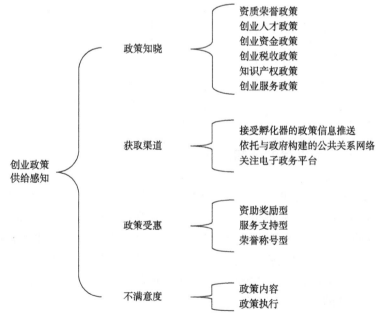

图 16.4　创业政策供给感知的框架图

在南京市科委的帮助下，运用专题调研、半结构化访谈和政策文本分析等方法，设计了以创业政策知晓、获取渠道、政策受惠及不满意度为维度的调查问卷（图16.4）；并与南京市科技信息研究所携手以紫金高新、紫金江宁等15个地区

NTE 创业者为问卷发放对象，共发放 572 份问卷，回收了 571 份答卷；剔除作答不完整或漏填的答卷后，实收有效答卷为 428 份，有效率为 74.96%。其中，有 8 个地区的答卷回收量均在 29 份及以上，其总和占比达 83.18%，另有 7 个地区的答卷回收量皆在 15 份及以下，如表 16.1 所示。

表 16.1　地区 NTE 创业者感知创业政策供给的答卷回收分布表

序号	地区名称	答卷回收量/份	占比	地区代码
1	高新区和研创园	64	14.95%	GX
2	紫金雨花	52	12.15%	YH
3	化工园地区	48	11.21%	HG
4	紫金仙林	45	10.51%	XL
5	紫金下关	43	10.05%	XG
6	紫金江宁	39	9.11%	JN
7	紫金白下	36	8.41%	BX
8	紫金六合中山	29	6.78%	LH
9	紫金溧水	15	3.5%	LS
10	紫金方山	14	3.27%	FS
11	紫金吉山	11	2.57%	JS
12	紫金高淳	9	2.1%	GC
13	紫金鼓楼	9	2.1%	GL
14	紫金模范	8	1.87%	MF
15	紫金麒麟	6	1.4%	QL

一、创业政策供给的感知测评

以地区 NTE 创业者提交的 428 份回收答卷为分析对象，以地区 NTE 创业者对创业政策的知晓—获取渠道—政策受惠—不满意度及其所赋予分值为解析思路，讨论和归纳了地区 NTE 创业者的反馈意见，尝试以创业个体或创业团队、初次创业或二次创业、"草根族"或入选创业人才计划的创业者等为结点，从横截面观测地区 NTE 创业者的个性特质对创业政策供给的评价，有关地区 NTE 创业者对创业政策感知的反馈信息如下。

（一）创业政策供给的整体评价

地区 NTE 创业者对南京市现行创业政策供给总体较为满意，对人才、资金、服务等政策安排有较高的认知度；能接受以政策推送方式为主导的多元渠道获取创业政策信息，享受了服务支持和荣誉称号类利好政策的实惠。但地区 NTE 创业者对现行创业政策条款仍存有歧义、欠连续性、宣贯不到位等问题。

（1）创业政策知晓度较高（观测地区 NTE 创业者对南京市创业政策供给的感知赋分）。如图 16.5 所示，地区 NTE 创业者对南京现行创业政策知晓的赋分皆大于 3.2，表明创业者基本认知创业政策条款的内容，且对创业人才、创业资金、知识产权和创业服务政策的认知度较高（赋分为 3.34~3.40）；但对资质荣誉政策认知度略低（赋分为 3.22）。

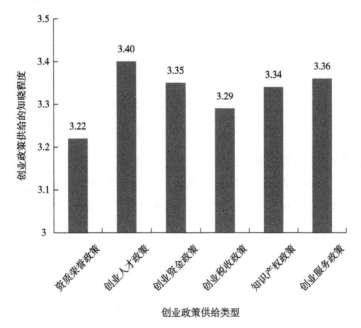

图 16.5　创业政策供给的知晓度结构分布图

（2）创业政策信息获取渠道呈多元性（观测创业者获取创业政策信息的途径）。从创业政策的宣贯扩散走向、创业者获取政策信息的主动与被动性看，地区 NTE 创业者获取政策信息的渠道方式主要有三个：接受孵化器的政策信息推送、依托与政府部门构建的公共关系网络、关注电子政务平台等方式；地区 NTE 创业者获取政策信息的渠道具有多元化特点，其所赋予分值皆高于 3，如图 16.6 所示。与自主获取政策信息等其他方式相比，NTE 创业者以接受孵化器的政策推送方式为主导，给出的赋分为 3.48；与主动利用电子政务平台获取政策信息方式相比，NTE 创业者更倾向于依托与政府构建的公共关系网络获取政策信息（赋分为 3.28），略高于关注电子政务平台获取政策信息的方式（赋分为 3.24）。

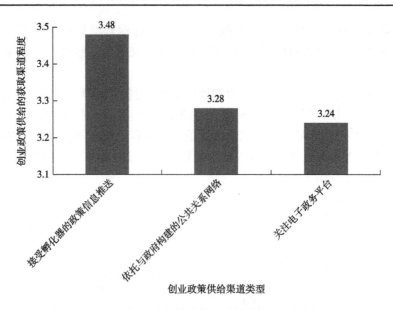

图 16.6　创业政策供给的获取渠道结构分析图

（3）享用创业政策获利性较高（观测创业者享受利好政策获得实惠的程度）。如图 16.7 所示，地区 NTE 创业者感知及享用服务支持型和荣誉称号型等利好政策所赋予的分值大于 3，享用资助奖励型政策获得的实惠赋分略低（2.93）。

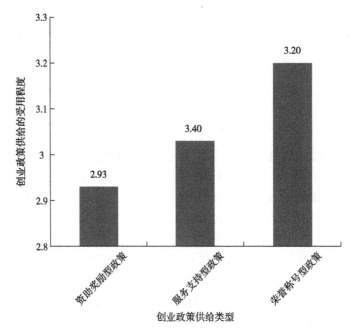

图 16.7　创业政策供给的受用程度结构分布图

（4）创业政策不满意度略低（观测创业者对现行创业政策制定及落实的不满意情节）。如图 16.8 所示，地区 NTE 创业者对南京市现行创业政策的不满意类型可分为：针对创业政策内容层面（政策设计缺乏针对性、政策条款欠操作性、程序复杂且门槛高、政策条款存在歧视性等）和政策执行层面（政策宣传不到位、政策审批不及时、政策延续性不够等）两类。由图 16.8 可知，一是地区 NTE 创业者对南京市现行创业政策落实总体较为满意（因为其对"不满意"所赋分值均低于 3）；二是 NTE 创业者对政策制定层面的程序复杂且门槛高（所赋分值为 2.85）、政策条款欠操作性赋分 2.78，与对政策执行层面的政策审批不及时赋分为 2.70，均处于 2.70~2.90 阈值内，表明地区 NTE 创业者对这三项政策措施供给的满意度偏低。

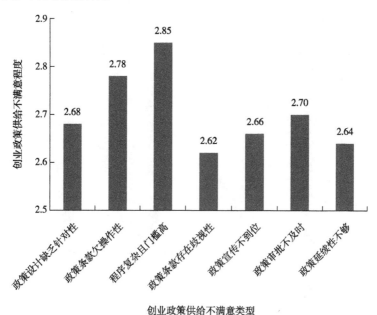

图 16.8　创业政策供给的不满意结构分布图

（二）创业政策供给的测点评价

鉴于地区 NTE 创业者感知创业政策存在个体差异性，本节从横截面选取了是不是创业个体或创业团队、有无二次创业经历、是否入选人才计划（"领军型科技创业人才引进计划"和"科技创业家培养计划"）等为观测点，试图发现在南京地区具有不同特征的 NTE 创业者对创业政策知晓—获取渠道—政策受惠—不满意度等维度有无显著的差异性。经深层次探究得出主要观点：

一是与创业个体比对，创业团队受惠于创业政策利好及感知创业政策不满意所赋的分值均较高；与初次创业者相比，二次创业者感知未能获得更佳的政策利好实惠；与"草根族"创业者相比，入选人才计划的创业者感知受惠到更多的政策利好，且对现行创业政策措施供给较为满意，有关具体分析内容如下。

（1）以创业的个体与团体为观测点发现，创业个体及创业团队对创业政策知晓的赋分接近（约为 3.30）；与创业个体创业政策受惠赋分（2.90）相比，创业团队创业政策受惠所赋分值（3.03）略高；但创业团队对创业政策不满意度（或因其对创业政策供给期望更高的缘故）所赋的分值（2.73）高于创业个体的赋分（2.56），见图 16.9。

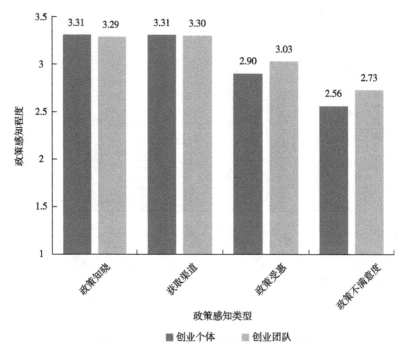

图 16.9　创业个体与团队对政策知晓—获取渠道—政策受惠—不满意度赋分图

（2）以有无创业经历为观测点发现，初次创业或二次创业者对创业政策知晓—获取渠道—政策受惠—不满意度存在显著的差异性。初次创业与二次创业的 NTE 创业者对创业政策知晓、获取渠道的赋分（3.33）较高，且极为接近；就创业政策受惠与创业政策不满意度的赋分而言，两类创业者赋出的分值略有差异，二次创业者对创业政策受惠利好的赋分低于 3，而对创业政策供给的不满意赋分与初次创业者的赋分相似，约为 2.70，见图 16.10。

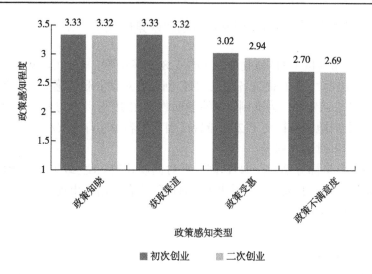

图 16.10　初次创业与二次创业的创业者对政策知晓—获取渠道—政策受惠—不满意度赋分图

（3）以入选人才计划与否为观测点发现，"草根族"与入选人才计划的创业者对创业政策知晓—获取渠道—政策受惠—不满意度存有显著的差异性，即与入选人才计划创业者赋分（3.58、3.10）相比，"草根族"创业者对创业政策知晓、政策受惠赋分（3.33、3.01）均低于前者，且分值有较显著差距；相应地"草根族"创业者对现行创业政策不满意度赋分（2.69）也远高于入选人才计划创业者的赋分（2.49），表明南京现行创业政策的利好更倾向于入选人才计划的 NTE 创业者，见图 16.11。

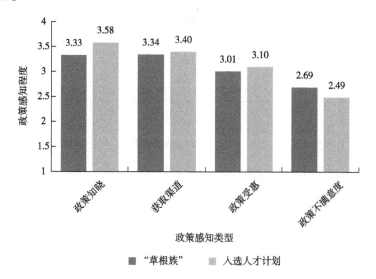

图 16.11　"草根族"与入选人才计划创业者对政策知晓—获取渠道—政策受惠—不满意度赋分图

（三）代表性地区 NTE 创业者对创业政策的反馈

由于南京市地区 NTE 创业者提交的 428 份答卷源自 15 个地区，各地区答卷回收率差异性较大，不宜提炼各地区 NTE 创业者对创业政策感知的主要观点。因此，本节以"二八定律"为准则，将答卷回收量在 30 份以上的地区作为研析对象（紫金六合中山地区虽提交了 29 份问卷，因其答卷填写存有欠科学性及真实性的疑问，故未纳入讨论之列）。

若以横、纵坐标分别标注 NTE 创业者对创业政策知晓、政策受惠所赋的分值，可绘制出图 16.12，其展示了 7 个地区 NTE 创业者对南京市现行创业政策感知的个性化评价及其位势。

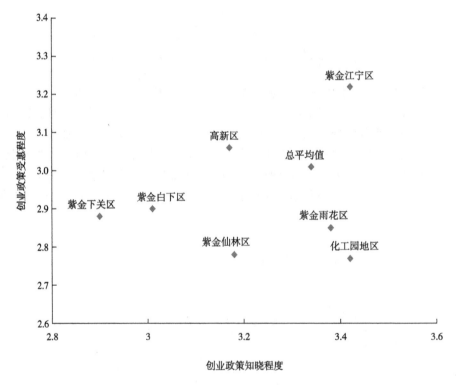

图 16.12　代表性地区创业者对创业政策知晓—政策受惠—不满意度赋分位势图

运用波士顿矩阵模型，以政策知晓为横坐标，现行创业政策受惠为纵横标，可发掘 7 个代表性地区 NTE 创业者政策感知的四种不同类型及特征，见图 16.13。

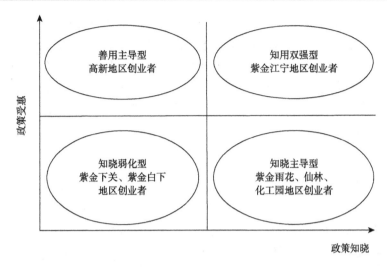

图 16.13　代表性地区 NTE 创业者对政策供给感知的波士顿矩阵图

（1）"知用双强型"地区创业者，是指对创业政策知晓与受惠赋分均较高的一类地区 NTE 创业者。与其他地区的 NTE 创业者相比，紫金江宁的 NTE 创业者对创业政策知晓、政策受惠赋分最高，其分别为 3.42、3.23，均高于 428 份有效答卷样本平均赋分值（均分为 3.33、3.02）。

（2）"知晓主导型"地区创业者，是指对创业政策知晓赋分较高的一类地区 NTE 创业者。与其他地区的 NTE 创业者相比，紫金雨花、仙林和化工园的 NTE 创业者对创业政策知晓赋分较高（约为 3.19~3.41），而对创业政策受惠赋分均低于 3（约为 2.73~2.85）。

（3）"善用主导型"地区创业者，是指对创业政策受惠赋分较高的一类地区 NTE 创业者。与其他地区 NTE 创业者相比，高新区的 NTE 创业者对政策受惠的赋分较高（3.07），仅次于紫金江宁地区 NTE 创业者的赋分（3.23）；但高新地区 NTE 创业者对政策知晓赋分（3.18）略低于紫金雨花地区 NTE 创业者的赋分（3.19）。

（4）"知晓弱化型"地区创业者，是指对创业政策知晓赋分较低的一类地区 NTE 创业者。与其他地区 NTE 创业者相比，紫金下关、紫金白下的 NTE 创业者对创业政策知晓赋分较低（2.91~2.96），处于 7 个代表性地区最后两位，而对政策受惠赋分皆为 2.93，仅低于紫金江宁和高新区创业者赋分。

二、创业政策需求的辨识

结合前文专访 NTE 部分创业者对创业政策需求的反馈信息，设计了扩宽政策发布渠道、关注企业成长需求、覆盖行业更全和强化市场导向等答题，经统计探析地区 NTE 创业者对创业政策创新的需求，发觉其对立足企业成长发展诉求、强化市场导向和拓宽创业政策发布渠道（因地区 NTE 创业者获取政策信息的主要路径是接受孵化器的信息推送）等政策需求较旺；并有 34.58% 的创业者提出现行南京市创业政策存在行业歧视，企盼创业政策覆盖的行业更全面，见图 16.14。

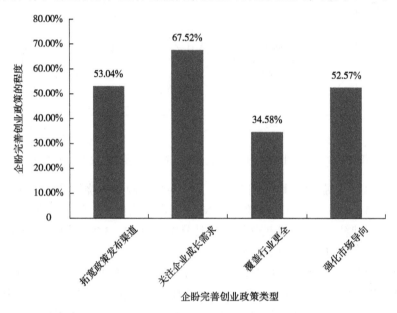

图 16.14　地区 NTE 创业者企盼完善创业政策供给的示意图

为深层发掘地区 NTE 创业者个体差异对创业政策需求的异质性，本节又以创业个体或创业团队、初次创业或二次创业、"草根族"或入选创业人才计划的创业者等横截面观测点加以测评，得知：与创业个体相比，创业团队更关注创业政策覆盖行业率的提高；与初次创业者相比，二次创业者更关注政策信息发布渠道的拓展；与"草根族"创业者相比，入选创业人才计划的创业者对创业政策立足企业成长需求和市场导向的关注度更高，具体解析如下。

（一）以关注企业成长需求为观测点

主张现行创业政策关注企业成长需求的地区 NTE 创业者达到 67.52%；与创业团队（64.32%）相比，创业个体对创业政策关注企业成长需求的呼声更高（74.07%）；同理，与 NTE 的二次创业者（64.34%）相比，70.33% 初次创业者提出创业政策要关注创业企业成长需求；而"草根族"与入选创业人才计划的创业者对企业成长需求的关注度分别为 66.19%、69.32%，见图 16.15。

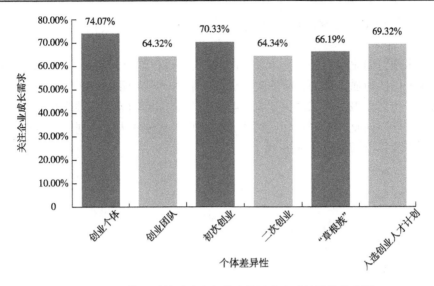

图 16.15 个体差异性对关注企业成长需求企盼的结构分布图

（二）以政策发布渠道为观测点

赞同拓宽政策发布渠道的地区 NTE 创业者达 53.04%；与创业团队（46.48%）相比，赞同拓宽政策发布渠道的创业个体达 57.41%；同理，二次创业者（58.91%）较初次创业者（47.97%）主张拓宽政策发布渠道的需求更强；入选创业人才计划的创业者（52.27%）也较"草根族"创业者（48.56%）呼吁更高，见图 16.16。

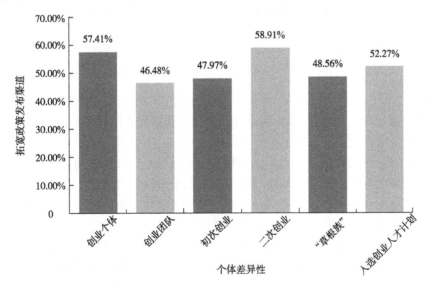

图 16.16 个体差异性对拓宽政策发布渠道企盼的结构分布图

（三）以强化市场导向为观测点

主张现行创业政策应强化市场导向的地区 NTE 创业者达到 52.57%；53.09% 的创业个体认为强化市场导向的政策创新，略高于创业团队（49.77%）。同理，初次创业者（55.28%）较二次创业者（45.74%）更强调创业政策须强化市场导向。与"草根族"创业者（47.84%）相比，67.05% 入选创业人才计划创业者提出创业政策更应强化市场导向，见图 16.17。

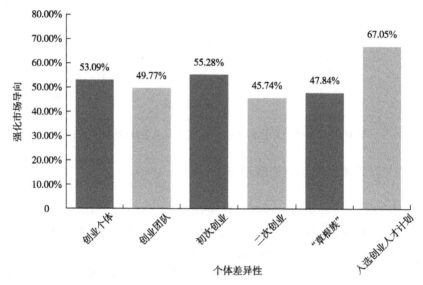

图 16.17　个体差异性对强化市场导向企盼的结构分布图

第三节　创业政策供需分析的主要结论

本节通过对上文地区 NTE 创业者感知创业政策问卷的科学分析，从创业政策层面及企业家层面得出以下主要研究结论。

（1）地区 NTE 创业者对南京市现行创业政策总体评价较为满意，对人才、资金和服务类专题创业政策知晓与政策受惠赋分较高，且对立足企业成长需要、强化市场导向和拓宽创业政策信息发布渠道等政策需求响应度极高；但对南京市现行创业政策条款仍存在歧义性、欠连续性、宣贯不到位等问题；

（2）以创业个体或创业团队、有无二次创业经历、是否入选人才计划等为横截面的观测点，发掘创业团队受惠于创业政策的利好、感知创业政策的不满意度赋分均高于创业个体，且创业团队较个体的创业者更关注创业政策覆盖行业率的提高；二次创业者对政策的利好赋分低于初次创业者的赋分，且二次创业者更关注政策信息发布渠道的拓展；入选人才计划的创业者对政策的利好赋分远高于"草根族"创业者的评价，且其更在乎创业政策应强化立足企业成长的需求与市场导向。

（3）以"二八定律"为准则，以地区 NTE 创业者赋予政策的知晓、受惠分值为横、纵坐标，遴选出 7 个有代表性的地区构建了波士顿矩阵图，依据地区对创业政策知晓及政策受惠赋分的异同性，明确了知用双强型、知晓弱化型、知晓主导型及善用主导型的四类创业者，其将为代表性地区精准 NTE 创业政策供给措施提供支持。

第四节　本　章　小　结

本章首先通过对南京市现有创业政策文本的梳理，以"政策取向—政策层面—政策配套—政策评价"为解析脉络，深层次对比南京市"十二五""十三五"期间创业政策文本的供给条款；其次，通过向地区 NTE 发放调查问卷，对创业政策的感知测评及对创业需求的辨识进行了研究；最后，得出"创业者对南京市现行创业政策总体评价较为满意""创业政策应强化关注企业成长需求与市场导向"等主要研究结论，为进一步研究提升我国新兴企业家创业胜任力与创业政策的供给提供借鉴。

第十七章　创业政策供需的典型案例分析

本章采用跨案例研究方法，选取三种不同类型的新兴企业家作为研究对象进行比较分析，深入研究我国新兴企业家创业胜任力与创业政策供给的匹配问题。在此基础上，针对不同类型的新兴产业企业家给出合理的创业政策供给建议，为国家制定相关创业政策提供现实依据。

第一节　案例分析思路与方法

本章通过广泛查阅资料，以新兴企业家的行为特征为基础，选取生存推动型、机会拉动型、创新驱动型三种创业模式作为典型代表对象，深入剖析三类创业模式的形成机制。同时，通过比较三种不同模式的企业家，寻找他们之间的差异性，并进一步分析他们的政策需求。

本章选取中国央视频道节目《致富经》中讲述的"不知火"柑橘品牌创建推广者卢婷为生存推动型创业模式代表、携程计算机技术（上海）有限公司（以下简称携程）创始人季琦为机会拉动型创业模式代表、滴滴出行创始人程维为创新驱动型创业模式代表；研究创业模式的演化进程，另外选取华为创始人任正非为创业模式演化的代表。本章以三种创业模式生成机制为基础，首先，解析各类型企业家的创业经历，提炼关键要素；其次，横向比较三类创业模式企业家的基本心理需要结构及创业能力特征，分析三类创业模式的共性及差异性；再次，纵向分析新兴产业企业家不同阶段的创业模式特征，探讨创业模式的演化轨迹；最后，根据不同类型企业家之间的差异性，进一步分析他们的政策需求。具体分析框架如图 17.1 所示。

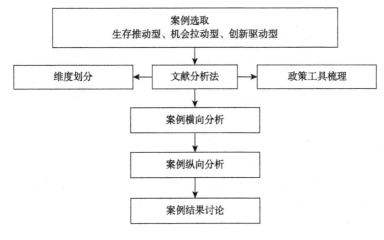

图 17.1　案例分析框架图

第二节　案例分析的横向比较

本节选取卢婷、季琦和程维三位新兴企业家作为案例分析的研究对象。横向比较三位新兴企业家的创业经历、基本心理需要特征、创业政策需求，为研究如何提升我国新兴企业家创业胜任力与创业政策的供给提供了现实依据。

一、卢婷——生存推动型企业家分析

2013 年，年仅 23 岁的卢婷在离异且负债 10 万元的困境下，仅创业两年，就将家乡的柑橘"不知火"推广到全国，带动了十几年都不曾崛起的产业，并创立了丹棱县橘橙协会。①创业经历。卢婷返乡后连续 7 个月都未找到合适的工作，面临着失业的危险；且其父母家近 20 亩（1 亩≈666.67 平方米）的"不知火"柑橘种植近 15 年，却面临着种植成本增加、价格变化不显著的窘境。为避免失业，且同时改善父母柑橘生意经营不佳的状态，卢婷决定扩大"不知火"品牌的知名度，以带动柑橘行业的发展。为了解柑橘批发市场，卢婷来到北京以地推的模式先后与水果摊位老板、货车司机及经销商等普及宣传"不知火"品牌。在她的不懈努力下，卢婷于新发地市场结识了北京水果经销商巨头马国水，并邀请经销商前往丹棱考察，最终成功签订了 500 万元订单。同时，卢婷与 20 家种植户合作，后为提升自身品牌的竞争力，卢婷抓住机会与前来丹棱考察的李梁丰合作，借用其公司的电商、微商等信息平台，从细节出发，坚守品控，最终发展为第一家选

果、包装、运输整体服务的供货公司,并成功签订北京、湖北、湖南等地的电商客户。此外,为了方便管理,卢婷选择创建丹棱县橘橙协会,最终吸纳 16 家企业入驻,并在政府帮助下于每年 3 月举办"不知火节",以起到品牌推广的作用。②基本心理需要特征。卢婷负债累累,生活窘迫,具有较强的经济自主需要;由于大学毕业后就结婚生子,无任何工作经验,亟待投身工作,但因缺乏经验而屡次被拒,具有一定的工作自主需要。在创业中期,卢婷主动联系电商平台,打破了传统的销售渠道,开拓产品的电商渠道,并在当地政府资源的帮助下,成立协会,撬动了当地农业的经济发展,获得了当地农户的感谢尊重,具有建立合作关系网络和获得认可的需要。卢婷在无任何工作经验的情况下,在创业期间,数次咨询农户有关采果的专业知识,同时学习电商销售模式,具有较高的能力需要特征。③创业政策需求。生存型推动型企业家是受生活所迫,不得不从事创业活动的企业家。卢婷早期面临着高成本、低销量的经营困境,以及缺乏资金流、物流、销售网络等资源困境。所从事的创业活动通常是科技水平含量较低且风险较小的行业。因此,对于生存驱动型企业家,亟须政府构建"以动机激发和机会增加为主、技能培育为辅"的政策供给框架,帮助生存型企业家培养其创业技能及提供资金扶持从而提高其创业的成功率。

二、季琦——机会拉动型企业家分析

1999 年,在上海交通大学校友会上,梁建章、季琦、沈南鹏、范敏相识,携手踏足互联网行业,仅创业四年,就将携程塑造为国内第一家上市的在线旅游公司。①创业经历。出身农民家庭的季琦大学期间已有初次创业的经历,并初步成立 IT 服务公司"协成",后由于公司业务结识在甲骨文软件系统有限公司工作多年的梁建章,基于两人对旅游行业的兴趣,共同成立携程旅游网站。因缺乏公司发展资金,季琦积极搜索关系网络,并成功让德意志银行的董事校友沈南鹏出资60 万元加入携程的团队。由于对旅游行业不甚熟悉,三人在屡次挖掘旅游行业高管失败的情况下,再次以校友身份打动了上海大陆饭店总经理范敏。自此携程四君子团队成立,季琦主要负责市场开辟,梁建章负责技术开发,沈南鹏负责资本运作,范敏负责产品运营。在四君子的努力下,携程在前期即获得 500 万美元的资金,更是在 2001 年的互联网泡沫时代实现盈利,最终于 2003 年上市。②基本心理需要特征。季琦的少年时期虽生活贫困,但大学期间的创业经历让其充满了创业激情,他认为与其平淡地度过一生,不如努力追求,获得认可;在创业前期,季琦积极寻求创业关系网络,并组建了技能互补型创业团队,具有较强的社会认可需要和关系网络需要。公司运营早期,由于拥有其他三人缺乏的创业经验,因而季琦担任了全职创业者的角色。因此，在创业市场上必须谨慎摸索，不断提升自身的经营管理能力，以维持企业的生存成长，具有较强的能力提升需要；2001年季琦离开携程后，利用其资源，独自成立如家酒店，并拿下了 20%的高利润，具有较强的自我实现需要。③创业政策需求。与迫于生计的生存型企业家不同，机会型拉动型企业家善于主动发现创业机会而实施创业的行为。季琦在创业初期，缺乏运作资本和创业经验，屡遭失败，但是他本人具有坚持不懈的创业热情及较强的关系网络。因此，对于机会拉动型企业家，亟须政府构建"以动机强化和技能培育为主、机会增加为辅"的政策供给框架。通过创业补贴、税收减免等创业资助政策降低该类企业家的创业成本。同时，通过树立创业典型、奖励创业榜样，营造出一个尊重创业、允许失败的创业氛围，以降低创业者的创业失败率感，进一步激发机会型创业者的创业潜能。

三、程维——创新驱动型企业家分析

程维历经 8 年职场、5 年创业，专注于开发智能打车软件，成功创办滴滴出行公司，并带领其成为互联网新三巨头。①创业经历。大学毕业第一年，程维未找到满意工作，先后经历了卖保险、足疗等七、八种职业。之后程维进入了阿里巴巴公司担任销售职务，并花费 7 年成为支付宝 B2C 事业部的副经理，但他的理想是创建能够改变世界的互联网公司。由此，程维意识到打车软件市场存在空白，于 2012 年从阿里巴巴离职，带领同事王刚共同创立小桔科技，并设置了两个月时间上线滴滴软件的目标。由于程维的资源主要来源于线下，欠缺技术知识，因此引进曾任百度研发经理的张博作为技术合伙人，共同研发滴滴出行。随后在移动支付兴起的环境下，滴滴相继上线专车、快车、顺风车等服务项目，并于 2014 年完成三轮融资，短短 5年的发展时间，就带领公司成为网约车行业的巨头，现今已与今日头条、美团并称互联网新的三巨头。②基本心理需要特征。程维在阿里巴巴工作数年已取得较高的职位，但仍辞掉工作，迈入互联网创业领域，励志改变世界，说明其具有较高的社会认可需要和价值实现需要，但经济自主需要较弱。创业前期在无技术资源的前提下，程维仍能坚持不懈，寻找技术合伙人，创业中期更是说服柳青加盟，组建了完善的创业团队，表明程维能够挖掘并善用关系网络，带动企业的发展。③创业政策需求。与前两类企业家不同，创新驱动型企业家通常拥有一定的创业资源，并具备一定的创业能力和经验。程维在创业初期，缺乏创业知识和技术能力，但他敢于辞掉高薪工作，投入新兴产业，说明自我实现和社会认可是他创业的内在驱动力。因此，对于创新驱动型企业家，亟须政府构建"以技能提升和机会增加为主、动机强化为辅"的政策供给框架，搭建众创空间等服务支撑平台，为企业家和初创企业提

供完善的服务体系。同时，由于创新型企业风险较高，因此，需要政府完善创业风险补偿机制，降低该类企业家的创业风险损失，提高其对创业成功的预期，从而推动创新型企业的不断发展。

综上所述，本节对三类企业家进行了横向对比，如表 17.1 所示。深入对比分析可知，三类创业模式创业者的基本心理需要结构具有显著差异，且创业政策需求也具有差异性。生存推动型创业模式创业者的自主需要和归属需要均较强，虽然其创业能力不足，但能在创业过程中逐步提升其创业技能，突破资源的限制，积极识别商机，从而形成从生存推动型向机会拉动型创业模式的转化过程；机会拉动型创业模式创业者注重归属需要和自主需要，由于已具备了相对丰富的创业能力，因此在创业实践中会集聚优势资源，形成关系优势以弥补自身不足，最终呈现典型的机会拉动型创业模式，并有可能向创新驱动型创业模式转化；创新驱动型创业模式创业者极其关注能力需要和归属需要，而对自主需要的诉求较低，因此会试图利用其前期的技术或经验积累开发创新产品，并构建创新资源网络，加强自身实力，形成创新驱动型创业模式。通过对上述案例的横向分析，为下文因地制宜地研究提升我国新兴产业企业家创业胜任力的政策供给提供了依据。

表 17.1　异质性创业者案例分析的横向比较分析

案例对象	基本心理需要结构差异			创业能力	创业模式	政策需求
	自主需要	归属需要	能力需要			
"不知火"品牌推广者卢婷	资金缺乏、负债累累：经济自主需要较强；经验缺乏、求职无路：工作自主需要较强	积极开拓、善于合作：关系网络需要较强；突破限制，撬动当地果业发展：社会认可需要较强	初期无任何工作经历，受歧视，能力较弱；创业过程中逐步追寻能力提升	创业前期能力较弱，中期善于把握商机，突破自身能力限制	前期：生存推动型；后期：机会拉动型	"动机激发和机会增加为主、技能培育为辅"的政策需求
携程创始人季琦	少年生活困苦，但具有创业经历，资金来源较为稳定：经济自主需要较弱	主动搜寻资源，拉拢合作：关系网络需要较强；立志于互联网创业成就大业：社会认可需要较强	全职创业者、团队成员职能互补：能力提升需要较强；创办多家企业：自我实现需要较强	创业经历丰富，熟悉市场规则，善于挖掘关系网络，弥补自身不足	机会拉动型	"动机强化和技能培育为主、机会增加为辅"的政策需求
滴滴出行创始人程维	创业前任职支付宝副经理，具有一定资金储备：经济自主需要较弱	前期拉动技术合伙人与同事、中期引进企业高管：关系网络需要较强	从销售到运营到创业，能力较强；试图利用改变生活方式：能力提升需要、价值实现需要较强	阿里巴巴工作经历成就给予其管理能力，善于挖掘市场机会，引进人才组建团队	创新驱动型	"技能提升和机会增加为主、动机强化为辅"的政策需求

第三节　案例分析的纵向比较

本节以任正非为案例研究对象，对华为从创建到发展所经历的创业模式的演化过程进行了纵向分析，为进一步为研究我国新兴企业家创业胜任力和创业政策供给提供依据。

（1）创业经历。任正非从小家境贫寒，自重庆建筑工程学院毕业后，因军方匮乏人才而入伍。经历 1982 年的军队调整，任正非无奈退伍，以团副身份下海任职南海集团旗下公司副总经理。由于失误，致使公司损失 200 万元，至此任正非被迫失业，为养家糊口，改善家庭的经济状况，年近不惑的任正非只能选择下海创业。1987 年，任正非与朋友合作，以 21 000 元注册成立华为，主营 HAX-100 交换机。在此期间，任正非凭借精准的市场洞察力识别到了中国电信业的需求，同时意识到国内通信设备缺乏自有品牌，国内市场存在空白，因此，他租下了深圳安县蚝业村工业大厦，组建团队，鼓励技术创新，研发程控交换机。由于任正非的军事化管理，公司发展迅猛，于 1992 年，自主研制的 BH-03 交换机正式涌入市场，获得了近千万元的利润。1994 年，华为推出 C&C08 机，再一次向世界通信行业进军，以农村包围城市的战略打破本土市场国际巨头的垄断；在国际市场上，华为将 10GSDH 光网络产品进军德国，逐渐占领欧洲市场。2009 年，华为凭借其自主研发实力，成为全球电信设备市场的第二大设备商。

（2）基本心理需要特征。任正非曾表示："从人生的高位跌到谷底，我自己要生存，还要养活父母、老婆、孩子，找不到地方用我，我也不甘心，就只有走向创业。"这意味着，任正非在创业前期面临较大的生活压力，且职业生涯突遭滑铁卢，具有较强的经济自主和工作自主需要，其创业早期表现为生存推动型创业模式。创业初期，任正非发现了国内市场的通信设备大部分依靠进口，市场缺乏国有品牌，因而开始组建研发团队，自主研发设备。此阶段，任正非已具备了一定的市场意识，公司经济已能实现年入千万元的利润，因此自主需要较弱；但其打破国外品牌垄断，实现国有品牌崛起的理想较为强烈，故而任正非组建了近百人的创新团队，致力于研发国有品牌，因而其关系网络需要和社会认可需要较强，创业模式表现为机会拉动型创业模式。华为正式运营后，任正非始终坚持以创新为首要任务，认为技术是企业之本，并不断加大技术创新的力度，甚至每年在研发投入上达百亿元。此阶段，创业模式已表现为创新驱动型。

综上所述，创业模式会根据企业家的心理需求的变化而产生演化，企业家创业模式可以从生存推动型创业模式演变为机会拉动型创业模式，再演变为创新驱动型创业模式。因此，我国在制定创业政策时，需要整体的、系统的考虑企业家不同阶段对创业政策的不同需求，为企业发展的每一步提供支持。

第四节　案例结果讨论

本节深入分析了生存推动型、机会拉动型、创新驱动型三种类型的新兴企业家，因地制宜地提出三种政策工具。为我国针对不同类型新兴企业家制定相匹配的创业政策提供借鉴。

一、生存推动型企业家的政策工具

通过对卢婷"不知火"柑橘案例的分析可知，生存推动型创业指因为没有更好的工作，迫于生存问题不得已而选择创业的行为。然而，对于生存推动型企业家来说，初始的创业资金和创业资源都相对匮乏，且能获得的各类创业扶持政策较少，因此所从事的创业行为通常来说科技水平含量较低且风险较小。基于此，生存推动型创业者亟须政府帮助其培育创业技能和提供资金扶持，继而提高企业的成功率。首先，机会增加类政策。通常来说，生存推动型企业家创业的过程中容易面临资金匮乏等困境。政府应针对生存推动型企业家创业现状，更加侧重于给予其资金方面的扶持。例如，各种资金补贴、项目资助和减免税收等。其次，技能培育类政策。尽管我国创业者创业激情较高，创业活动较多，然而部分创业者缺少必要的创业技能。为此，政府应引进创业导师，定期对该类创业者提供各类教育培训，以提升该类创业者的创业技能，减少其在创业过程中遇到的各种问题。最后，动机激发类政策。政府应通过诸如电视媒体、报纸期刊及各种宣传手册等方式宣传现有的创业政策内容，为各类创业企业家或者潜在的创业者们普及现有的政府扶持内容，以营造一个良好的创业环境氛围。

二、机会拉动型企业家的政策工具

通过对季琦"携程网"的案例分析可知，机会拉动型创业指因发现创业机会而实施创业的行为，或者是创业者为了寻求独立、增加收入而开发创业机会的创业行为。基于上文分析可知，对于机会拉动型企业家来说，在三类创业政策中，动机激发类政策的匹配度最高，其次是技能培育类政策，最低的则是机会增加类政策。鉴于此，机会拉动型创业者最需要政府帮助提供资金政策扶持，另外提供一定的教育和技能培育，以适应企业的发展需要。首先，机会增加类政策。创业补贴、税收减免等创业资助政策可以显著降低该类企业家的创业成本，从而降低该类创业者的机会成本。因此，政府应加大诸如融资资助和税收减免的力度，以推动该类企业家的创业实践。其次，动机激发类政策。政府应通过树立创业典型，奖励创业榜样，营造出一个尊重创业、允许失败的创业氛围，以降低创业者的创业失败率感，激发创业者的创业动机。最后，技能培育类政策。创业教育不仅可以培育个体创业意识、坚定创业者的创业信念、激发创业者的创造力，还能帮助创业者识别和开发创业机会、提高创业者的创业技能、降低其风险恐惧感。为此，政府可以通过直接开展培训讲座等方式，或者通过引入第三方培训机构对创业者实施创业教育和培训。

三、创新驱动型企业家的政策工具

通过对程维"滴滴打车"的案例分析可知，创新驱动型企业家通常具有一定的创业资源，同时知识储备较多，探索能力较强。然而，他们更多可能是聚焦于技术的研发和产品的转化，相比之下，有关创业的知识和技能相对不足。因此，针对创新驱动型企业家的创业现况，应结合其实际需求，实施具有针对性的政策供给。首先，技能培育类政策。政府应推进众创空间等服务支撑平台的建设，以为创业者和新企业提供完善的服务体系。例如，完善孵化器、加速器和众创空间的建设，在为企业家提供行政办公等基础服务的同时，还可提供诸如技术培训、投融资对接、大数据资源等增值服务。其次，机会增加类政策。政府可以通过财政补贴或者项目资助给予直接的资金扶持，也可通过优惠的税收政策间接对初创企业进行资金扶持。与此同时，应落实孵化器、众创空间等创业支撑平台的优惠资金政策，使得符合条件的新创企业享受到各类资金扶持政策。最后，动机激发类政策。相对生存推动企业家和机会拉动型企业家来说，创新驱动型企业家的创业机会成本更高，创业风险更大。因此，政府应完善创业风险补偿机制。比如，成立创业失败基金或者创业保险公司等，降低该类企业家的创业风险损失，提高其对创业成功的预期，从而提升其创业意愿。

第五节 本 章 小 结

本章通过案例分析研究方法，选取生存推动型、机会拉动型、创新驱动型三类新兴企业家作为典型案例，横向对比分析了三类创业模式的形成差异，并纵向分析了创业模式的演变过程。研究结果表明，不同类型的新兴企业家的基本心理需要、创业政策需求是不同的，创业模式的生成也存在差异性。因此，国家在制定创业政策时应针对不同类型的新兴企业家制定相适配的创业政策。例如，对生存推动型创业者亟须政府帮助其培育创业技能和提供资金扶持；对机会拉动型创业者除政府提供资金政策扶持之外，还需提供创业教育与技能培训；对创新驱动型企业家的创业现况，应结合企业实际需求，实施具有针对性的政策供给。

第十八章　创业政策工具的供给设计

基于前文的理论研究，实证分析及个案讨论得出，不同新兴企业家的创业模式不同，其类型、特征、能力也存在差异性。同时，由于我国目前创业政策存在"供需不匹配"的问题，并且已成为我国经济发展的重要阻碍，因此，亟须因地制宜地探讨创业政策与我国新兴企业家创业胜任力的匹配问题。鉴于此，本章深入研究我国创业政策供需错配缺口的形成原因，并从结构性和异质性两方面提出创业政策供给工具，为政府制定提升新兴企业家创业胜任力的创业政策提供借鉴。

第一节　结构性创业政策工具的供给设计

本节通过对我国新兴企业家创业政策供给感知和政策需求的发掘，从动机激发类缺口、机会增加类缺口及技能培育类缺口三个方面，深入挖掘创业政策供给的结构性缺口，并提出结构性创业政策工具的供给设计建议。

一、创业政策供给的结构性缺口分析

（1）动机激发类政策供给的缺口。依据创业 MOS 模型将动机要素分为产品或企业的资质认定及个人或项目的荣誉和奖励政策。2016 年《安利全球创业报告》显示，我国有 86% 的公众对创业抱有积极态度，更有 51% 的人有创业意愿。在这份针对全球 45 个国家所做的创业态度的调查研究报告中，我国的创业潜力明显高于国际平均水平。然而，根据前文政策供需匹配度的研究，机会激发维度的匹配度仅在 0.81~0.82，仍然偏低。其中，较低的匹配度主要集中在二次创业者和机会拉动型企业家。这就要求政府针对这两类创业者实施更加精准化的政策措施。一方面，创业实践中有着"二次创业的成功率远高于初次创业者"实绩，使得二次创业者对政府尽快出台精准化的二次创业专项政策措施的呼声增强。另一方面，

由于生存推动型企业家自身初始创业资源不足、抗风险能力较弱，亟须政府帮助其提供创业成功率。

（2）机会增加类政策供给的缺口。依据 MOS 模型，本文将机会增加类政策划分为人才、知识产权等项目的经费补贴，政府、资本市场等融资资助，减免税等税收优惠，人才生活配套服务的支持，生产性社会服务平台的扶持及产学研合作载体的支持等六个方面。经上文供需匹配度分析可知，总体上看，入选人才计划和创新驱动型企业家的机会增加类政策匹配度较高，其他类型创业者则普遍较低。2014年创业邦的《创业者报告》显示，88.65%的创业者创业的第一桶金来自个人积蓄和亲友投资，仅有 3.93%来自政府补助。这意味着在我国创业者的创业实践中，仍然需要资金政策扶持。一方面，政府应全面落实鼓励创业的税收优惠、小额贷款、资金补贴、场地安排等扶持政策；另一方面，也应加强众创空间、孵化器和加速器等创业支撑平台的组建，为创业者们提供更为全面的创业服务和资源。

（3）技能培育类政策供给的缺口。本节的技能培育类政策包括了创业教育的支持和创业培训的支持，各类创业者的该类创业政策匹配度在 0.82 左右。这说明各类创业者与技能培育类政策匹配度并不高，仍需改善。虽然我国众创空间及孵化器等创业平台的建设如火如荼，但是仍缺乏合理的评价体系，且孵化器功能结构趋同。这就导致了孵化器等创业支撑平台在提供服务的时候，无法精准地满足企业的需求，且服务出现浪费与冗余现象。值得注意的是，2015 年 GEM 的报告显示，我国创业教育政策指标得分为 2.92 分。其中，在中小学创业教育政策供给指标上，我国在 62 个经济体中仅排在第 43 位。这就要求政府应制定层级化创业教育目标体系，推动大、中、小学创业教育的衔接，尤其应培育中、小学学生的创业意识，关注中、小学学生创新实践能力的培养。

二、结构性创业政策工具的供给设计工具研究

本节根据创业 MOS 模型的政策分类，从创业动机激发、创业机会增加和创业技能培育三个维度提出完善我国创业政策的供给工具。

（1）创业动机激发维度的创业政策供给工具。在 MOS 模型划分的政策类别中，动机要素包括了创业文化等。本节基于创业 MOS 模型，把创业动机激发维度政策分为了产品或企业的资质认定与个人或项目的荣誉和奖励。从上文创业政策供需现状和匹配度分析来看，企业家对动机激发类政策的需求大于政策的供给，需求还没有得到满足。此外，二次创业者动机激发类政策的匹配度明显低于初次创业者，同时未入选人才计划的创业者的政策匹配度也稍低于入选了创业人才计划的创业者。因此，面对现有政策需求大于供给、二次创业者及未入选人才计划的创业者匹配度

较低等问题，政府应实施具有针对性的创业政策供给工具。一方面，提高创业政策的宣传力度，增加创业群体的政策知晓度。除了运用诸如政府公告、指导手册及人员宣传等传统的宣传手段之外，还可以利用诸如手机公众号、运营 App 等新媒体等进行宣传。另一方面，应完善孵化器、加速器和众创空间的建设，在为企业提供行政办公等基础服务的同时，还可提供诸如技术培训、投融资对接、大数据资源等增值服务。还应加快构建覆盖从高技术到低技术全行业的创业服务网络系统，针对种子期、初创期和成长期创业企业的不同需求提供差异性服务。另外，还应营造尊重创业人才、允许创业失败的氛围，从而为创业者提供文化支撑。

（2）创业机会增加维度的创业政策供给工具。在 MOS 模型划分的政策类别中，机会要素包括了进入障碍、资金支持和融资支持。本节基于创业 MOS 模型，把创业机会增加维度政策分为了人才、知识产权等项目的经费补贴，政府、资本市场等融资资助，减免税等税收优惠，人才生活配套服务的支持，生产性社会服务平台的扶持，产学研合作载体的支持等六个方面等。从上文创业政策供需现状和匹配度分析来看，企业家对机会增加类政策的需求大于政策的供给，需求还没有得到满足。特别是在政府、资本市场等融资资助和人才生活配套服务的支持等方面，匹配度较低，需求缺口较大。与我国创业者创业现状不匹配的是，我国创业者初始资金很少有来自银行贷款、政策支持或者基金支持的，多数是来自现有积蓄或者亲朋好友借款。同时各类政策在实施的过程中，通常伴随着一定的歧视和准入门槛，这使得部分创业者很难申请或享用到。鉴于此，政府可以通过财政补贴或者项目资助给予直接的资金扶持，也可通过优惠的税收政策间接对初创企业进行资金扶持。与此同时，应落实孵化器、众创空间等创业支撑平台的优惠资金政策，使得符合条件的新创企业享受到各类资金扶持政策。同时应完善为创业提供融资服务的资本市场体系和科技金融体系，以帮扶初创企业的成长。此外，应完善基础设施、教育、医疗卫生等生活配套措施，解决创业者的后顾之忧。

（3）创业技能培育维度的创业政策供给工具。在 MOS 模型划分的政策类别中，技能要素包括了创业教育等。本节基于创业 MOS 模型，把创业技能培育维度政策分为了创业教育的支持和创业文化的支持。从上文创业政策供需现状和匹配度分析来看，企业家对技能培育类政策的需求大于政策的供给，需求还没有得到满足。此外，与二次创业者的政策匹配度相比，初次创业者政策匹配度较低；与入选人才计划的创业者相比，未入选人才计划的创业者政策匹配度明显较低。这表明了现行创业政策供给未能关注企业成长阶段性的政策需求，即创业技能培育类政策供给措施配置的针对性不强。很明显的是，创业教育和培训可以培养个体的创业意识、创业思维和创业技能等综合素质，为其开展创业活动提供持续动力。因此，政府应引入拥有创业背景和实践经历的创业导师来开展创业教育培训，同时应和高校、企业相互协调，采用多种措施鼓励利益相关者参与到创业教育中，形成良性发展的创业教育支持体系。还应完善高校内创业课程设计和教学内容，使其更加贴近创业者创业现状。同时，还应制定系统化的创业教育目标体系，推动高校创业教育与企业创业活动的衔接，培养学生们的创业意识，关注其创新实践能力的成长。

第二节　异质性创业政策工具的供给设计

本节从生存推动型、机会拉动型和创新驱动型三方面探寻新兴企业家创业胜任力与创业政策的异质性匹配缺口，进而提出异质性创业政策工具的供给设计建议。

一、创业政策需求的异质性缺口分析

由前文结论可知，三类创业者的创业胜任力结构具有异质性，故而不同维度创业政策对异质性创业者的创业胜任特征具有差异性的影响效果。因此，本节基于质性研究法，综合本节前面对异质性创业者创业胜任力的特征分析与实证研究结果，探析创业政策与创业者创业胜任力的匹配缺口。

（1）生存推动型创业者创业政策的供需匹配缺口。理论研究表明，生存推动型创业者对于创业失败的恐惧感远高于其他类型创业者，故而其期望较低的创业风险，心理承受能力较弱，亟须政府提高生存推动型创业者的心理胜任力；并且，由 2016 年 GEM 的报告可知生存推动型创业者面对资金筹集的困难，具有较高的生存瓶颈，其社会胜任力较弱。与此同时，根据本节的实证结论可知，M 维创业政策和 O 维创业政策与生存推动型创业者创业胜任力的匹配对创业绩效具有显著的正向作用。鉴于此，创业政策与生存推动型创业者创业胜任力的匹配缺口，即生存推动型创业者的社会胜任力与心理胜任力相对偏弱，需要政府注重 M 维和 O 维创业政策的扶持；点燃创业者的创业激情，提升生存推动型创业者的创业自我效能感和社会影响力，并且为创业者提供更多的创业资源，进而推动该类创业者创业绩效的生成。

（2）机会拉动型创业者创业政策的供需匹配缺口。根据理论分析，机会拉动型创业者通常创业经验丰富，在屡败屡战的过程中易产生挫折感，产生负面情绪，故而其心理胜任力有待提升；并且，机会拉动型创业者在持续开发不同类型创业机会的过程中，需要主动培育其职能胜任力，以胜任不同行业所需的知识技能。同时，根据实证结论可知，M 维创业政策与 S 维创业政策与机会拉动型创业者创业胜任力的匹配对创业绩效具有显著的正向作用。鉴于此，本节探析创业政策与

生存推动型创业者创业胜任力的匹配缺口，即机会拉动型创业者的心理胜任力与职能胜任力有待提升，需要政府增强对 M 维和 S 维创业政策的扶持；提高该类创业者的创业期望，提升其创业毅力和信心，培育这类创业者的专业知识、实践技能和机会开发能力，从而提升其创业成功率。

（3）创新驱动型创业者创业政策的供需匹配缺口。理论研究指出，创新驱动型创业者的创新创业活动是一个持续性行为，因而创新驱动型创业者需要不断扩充自己的专业知识技能，其职能胜任力有待不断强化；而且，新兴技术的推广往往需要大量资金的扶持，创新驱动型创业者需要增加自身的社会网络资源，提高社会胜任力。与此同时，根据实证结论可知，M 维创业政策和 S 维创业政策与创新驱动型创业者创业胜任力的匹配对创业绩效具有显著的正向作用。基于此，本节探析创业政策与生存推动型创业者创业胜任力的匹配缺口，即创新驱动型创业者的职能胜任力与社会胜任力需强化，需要政府重点关注对 S 维和 O 维创业政策的支持；提升创新驱动型创业者的管理才能和社交能力，提高该类创业者的职能基础，进而提升该类创业者的创业绩效。

二、异质性创业政策工具的供给设计工具研究

本节基于创业政策与创业胜任力的匹配缺口分析结果，以供需匹配思想为指导，以培育和提升企业家的创业胜任力为着力点，并结合创业者的异质性创业政策需求，构建"功能—导向"结构性平衡的创业政策供给框架（图 18.1），进而提出生存推动型、机会拉动型和创新驱动型创业者的创业政策供给建议。

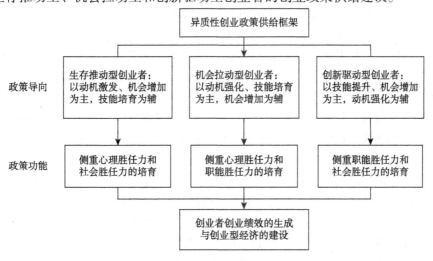

图 18.1　异质性创业政策供给框架图

（1）生存推动型创业者的创业政策供给工具。由图 18.1 可知，政府应构建"以动机激发、机会增加为主，技能培育为辅"的政策供给框架。一方面，政府需要提升生存推动型创业者的心理胜任力，激发其创业激情和创业动机，引导该类创业者将创业视为良好的职业选择。具体而言，政府可通过公开表彰杰出创业者、奖励优秀创业项目等创业促进政策，培育良好的创业文化氛围，由此激发生存推动型创业者的创业意愿，进而提高该类创业者的心理预期。并且，政府应形成良好的创业氛围，鼓励生存推动型创业者坚定创业目标；并强化创业道德规范的宣传，引导该类创业者重视长远利益，避免套利型创业行为发生。此外，政府应加强有形基础设施建设，为生存推动型创业者夯实创业基础资源，提高其创业积极性和创业期望。

另一方面，政府需提升生存推动型创业者的社会胜任力，推动"野蛮创业"到"协同创业"的转变，帮助该类创业者拓展有限的社会关系网，提高其网络构建能力和社交公关能力。具体而言，政府亟须落实创业金融支持的相关政策，扩充生存型创业者的社会关系网络，鼓励大型企业通过"以大带小"等形式与中小型初创企业进行商业项目合作，从而改善其融资困境。并且，政府应制定更精细化的创业资金供给政策，以降低该类创业者的创业成本。例如，政府应提高农民工创业政策供给的针对性和操作性，制定精准化的创业资金资助、小额担保贷款和农民工授信评级等精细化政策条例，拓展农民工的融资渠道。此外，政府应简化生存型创业者的创业审批程序，以提高该类创业者的创业积极性，降低该类创业者的创业准入门槛。

（2）机会拉动型创业者的创业政策供给工具。由图 18.1 可知，政府应当构建"以动机强化、技能培育为主，机会增加为辅"的政策供给框架。一方面，政府应提升机会拉动型创业者的心理胜任力，降低其由于创业风险或创业失败可能引发的挫败感，提升该类创业者的创业意愿和创业热情。具体而言，政府可降低行业进出壁垒、改革市场监管体系，并推进市场的公平竞争，以增强机会拉动型创业者的创业意向。并且，政府应落实创业促进政策，给予成功创业榜样以物质奖励和荣誉称号，从而提升机会拉动型创业者的创业自信。此外，政府还应完善创业教育和创业培训体系，为创业失败的机会拉动型创业者分析原因、总结经验，从而强化该类创业者的成就动机，提升其创业毅力。

另一方面，政府应培育机会拉动型创业者的职能胜任力，增强其理论储备和实践技能，提升该类创业者的机会开发、资源整合和团队构建等能力。具体而言，政府可推进创业实训基地的建设，通过实训机制提升机会拉动型创业者的实践技能。例如，政府应在青年创业创新实践项目中发挥连接校园与社会的桥梁纽带作用，培养青年创业者的创新创业思维，并为具有市场价值的创新成果提供"企业化管理，项目化运作"的创业实践服务。并且，政府应推进创业孵化平台的建设，引导同行成功创业者定期开展经验传授，为机会拉动型创业者提供经验交流平台，从而惠及我国现阶段基数较大的机会拉动型创业者。例如，"黑马成长营"项目定期邀请王石、李开复、史玉柱等著名的创业导师开班授课，为众多创业者提供了学习、交流、融资、推广、合作、咨询的创业服务平台。

（3）创新驱动型创业者的创业政策供给工具。由图18.1可知，政府应构建"以技能提升、机会增加为主，动机强化为辅"的政策供给框架。一方面，政府应提升创新驱动型创业者的职能胜任力，侧重培育该类创业者的管理能力。具体而言，政府应强化创新创业教育，培育创新驱动型创业者的战略决策能力和领导管理才能。例如，政府应鼓励教育机构和培训机构开设交叉学科课程，着重提升该类创业者的经营管理能力，以培养其创新创业必备的复合思维方式和问题解决能力。并且，政府应加强创业技能培育和创业实践平台建设等政策措施，促使该类创业者在创业亲验过程中积累战略管理经验，提升其职能胜任力。

另一方面，政府应提升创新驱动型创业者的社会胜任力，提供创业补贴和创业融资服务，以改善该类创业者创业资源不足、社会网络有限、品牌影响力薄弱等新颖性劣势。具体而言，政府可鼓励大中型国有企业、行业龙头企业或跨国企业与种子初创企业合作，拓展创新驱动型创业者的社会网络资源，促进其实现"压枝裂变式"创业，即创业者依靠优势企业的支撑实现创业。并且，各地政府应推进创业孵化平台的建设，推动本地形成"精英网络"，即鼓励创新驱动型创业者共享资源、协同创新，创建创新创业园区。例如，近年来北京市政府出台了一系列针对"留学人员来京创业人员""京籍应届毕业生"的创业优惠政策，旨在营造有利于创新创业的生态环境，降低初创企业的成长周期和创业成本，调动新生创业者的创业积极性。

第三节 本 章 小 结

本章基于创业政策供需现状和供需匹配度的研究，从完善创业政策供给体系和异质性企业家政策供给两方面提出政策工具。一方面，结合创业政策与异质性企业家创业胜任力匹配缺口的诊断结果，构建了"功能—导向"结构性平衡的异质性创业政策供给框架，即对于生存推动型企业家，政府应"以动机激发、机会增加为主，技能培育为辅"为指导思想，侧重提升生存推动型创业者的心理胜任力和社会胜任力；对于机会拉动型企业家，应"以动机强化、技能培育为主，机会增加为辅"为指导思想，着重提升机会拉动型企业家的心理胜任力和职能胜任力；对于创新驱动型企业家，应"以技能提升、机会增加为主，动机强化为辅"

为指导思想，重点提升创新驱动型创业者的职能胜任力和社会胜任力。另一方面，针对上述三类企业家，从创业动机激发、创业机会增加和创业技能培育三个维度完善创业政策供给体系。例如，通过提供适量贷款及创业补助可以减少该类创业者的资金压力，降低企业家的创业成本；通过创业政策普及、技能培训等可以强化其创业意识、提升其创业能力、优化其创业行为等，以丰富我国提升新兴产业企业家创业胜任力与创业政策供给研究。

第六篇 研 究 结 论

  如何提升我国新兴产业企业家创业胜任力这一命题是在"供给侧改革"和"大众创业、万众创新"背景下被提出的。针对我国新创企业存活率和创新产品的转化率较低的问题，本书基于我国新兴产业企业发展实情，结合胜任力理论，从供需匹配的视角，首先探究了我国新兴产业企业家的创业驱动机理、创业决策机理、创业胜任力结构，以及创业模式的生成机理；其次研究了新兴产业企业家胜任力特征、创业政策环境与创业行为的关系机制；再次借助匹配理论，揭示了新兴产业企业家创业政策供需错配的缺口形成机制和供需匹配的绩效生成机制；最后给出了提升新兴产业企业家创业胜任力的创业政策供给建议。因而，本书的主要研究结论参照前文，划分为理论基础篇、机制分析篇、匹配分析篇和政策供给篇等四个篇幅。

第十九章　理论基础篇研究结论

该篇通过文献研究、理论解析、模型构建、仿真分析及实证研究，探讨了新兴产业企业家的创业驱动机理、创业决策机理、创业胜任力结构，以及创业模式的生成机理，得出以下结论。

（一）新兴产业企业家创业驱动机理

基于自我决定理论，从企业家内在需求角度出发，从自主需要、归属需要、能力需要维度探究创业行为驱动因素，进而解析企业家创业行为驱动机制。具体而言，自主需要包括经济自主需要、工作自主需要；归属需要包括关系网络需要、社会认可需要；能力需要包括能力提升需要、价值实现需要。实证结果表明：企业家的创业行为受自主需要、归属需要、能力需要的驱动作用，即经济自主需要、工作自主需要、社会认可需要、能力提升需要和价值实现需要可以激发个体的创业信心，提升其创业动机，是个体实施创业行为的主要驱动因素。在此基础上，分析了自主需要、归属需要、能力需要的结构层次关系，构建了企业家创业驱动机制的金字塔模型。其中，个体自主需要的满足有助于企业家保障基本生活，进而引发企业家寻求稳定的社会关系，从而产生更高层次的归属需要。归属需要的满足有助于企业家形成创业资源链，激发创业自我效能，进而诱发其对能力需要的追求，形成以能力需要为主导驱动因素的创业行为。能力需要的满足有助于提升企业家的创业胜任力，实现自身能力价值，是企业家实施创业行为的高层次目标。

（二）新兴产业企业家创业决策机理

基于能力理论，以效用最大化为视角，通过对创业收入、工作自主性、创业机会、工作付出程度和创业风险等效用因素的分析，构建了行为主体效用最大化的职业选择模型；进而解析了随时间演化，行为主体创业与否的决策机制。基于此，将行为主体的创业选择行为分为终身就业、天生创业、就业转创业、创业转就业及间歇性创业。在此基础上，进行了仿真分析和实证分析，结果表明：创业能力的提升、创业收入的追求、创业机会的感知能够激发个体的创业动力，而且能促使个体较早地选择创业。然而，创业的付出程度和风险恐惧不仅会抑制个体的创业动机，而且会滞缓个体的创业时机。另外，工作自主性与行为主体的实际创业行为负相关，这是因为新创企业面临初创劣势，创业者在创业阶段需要身兼多职，并且会因沉没成本、创业风险及置身于技术开发、创业融资、市场开拓工作中而难以自主。此外，新生企业家的比例与个体的年龄分布呈现倒"U"形关系，即随着年龄的增加，新生企业家的比例呈现先增加后减少的趋势。

（三）新兴产业企业家创业胜任力结构模型

基于创业机会论，构建了新兴产业企业家创业胜任力的概念框架，即新兴产业企业家的创业胜任力包括社会胜任力、职能胜任力、认知胜任力和心理胜任力；继而根据四类胜任力要素的外显性特征和层次结构关系，构建了新兴产业企业家创业胜任力的金字塔模型，即新兴产业企业家的社会胜任力、职能胜任力、认知胜任力、心理胜任力外显性程度依次减弱，对其他胜任力要素的影响程度依次增强。新兴产业企业家的社会胜任力体现为企业家构建关系网络及社会交流互动的能力，主要包括网络构建和交流沟通能力；新兴产业企业家的职能胜任力体现为企业家的创业资源调配能力，主要包括组织管理、战略领导及文化构建能力；新兴产业企业家的认知胜任力体现为企业家的认知结构和认知模式，主要包括先验知识、概念能力、创新思维模式及学习运用能力；新兴产业企业家的心理胜任力体现为企业家的心理特征，主要包括风险倾向和创业情绪。

（四）新兴产业企业家创业模式的生成机理

基于效果逻辑论，从创业者的创业胜任力出发，揭示了生存推动型、机会拉动型和创新驱动型三种创业模式的生成机理。

1. 生存推动型创业模式

当创业胜任力较低，尤其心理胜任力、认知胜任力或社会胜任力较低时，创业者识别新兴机会、实施技术或商业模式创新的能力有限，因而其倾向于选择生存推动型创业模式。选择生存推动型创业模式的创业者，不但以取得短期财务绩效从而尽快提升生活质量为创业导向，而且倾向于搜寻资本性开支较小的创业机会，还侧重于利用个人社会网络以降低团队建设及资源获取等创业行为的交易成本，因此普遍能够创造较高的财务绩效。但是，由于开展生存推动型创业的创业者倾向于选择风险及技术壁垒较低的创业机会，因此可能放弃潜在市场机会、控制产品研发，故而创业者的成长绩效和创新绩效较低。

2. 机会拉动型创业模式

当心理、认知或社会胜任力较高，尤其自我效能及成就需求较高、行业经验丰富且应用性学习能力较强、网络构建能力较强时，创业者擅长识别新兴机会进而开发利基市场，因而倾向于选择机会拉动型创业模式。选择机会拉动型创业模式时，创业者不但倾向于选择具有较高潜力利润的市场机会，而且侧重于通过产品生产、商品销售等经营活动开发市场机会，故而创造的市场价值及现金流较高。同时，创业者在建设创业团队时，注重提升成员的认同性，内部满意度较高，故而通常能够产生较高的成长绩效。

3. 创新驱动型创业模式

当心理、认知或职能胜任力较高，尤其自我效能及内控性较高、职能经验丰富且探索式学习能力较强、技术或商业模式创新能力较强时，创业者能够创造市场机会从而获取创新利润，因而倾向于选择创新驱动型创业模式。选择创新驱动型创业模式时，创业者通常以攫取创新利润为导向，侧重于运用专家团队及新兴技术资源，推动技术创新及转化，因而专利申请量较多且产品更新速度较快，故而生成的创新绩效普遍较高。

（五）新兴产业企业家创业模式的演化机制

创业模式的演化遵循"柠檬原则"，即绩效生成和创业经历会改变创业者的能力结构及水平，从而推动创业模式的演化。鉴于此，本章从创业过程视角出发研讨了创业模式的演化机制。

1. 生存推动型创业模式的演化

创业者心理、认知及社会胜任力的提升，能够推动生存推动型创业模式向机会拉动型或创新驱动型演化。首先，通过生存推动型创业实践，创业者能够创造一定的财务绩效以满足生存需要，从而提升自我效能、成就需求等心理胜任能力，因而创业者的创业动机可能由满足基本生存转变为获取利基利润或攫取创新利润。其次，通过"干中学"，创业者能够积累创业知识、提高创业学习等认知胜任力，从而开发利基市场或创造全新市场。最后，在与上下游企业及相关部门的交流中，创业者能够提升社会胜任力从而扩展行业、技术及政府等关系网络。

2. 机会拉动型创业模式的演化

创业者心理、认知及职能胜任力的提升，能够推动机会拉动型创业模式向创新驱动型演化。通过机会拉动型创业实践，创业者能够产生较高成长绩效从而增强内控性心理。同时，创业者能够积累市场及技术经验，从而能提升商业模式创新及新兴技术创新的认知胜任力，从而由基于机会导向开发新兴市场演变为基于创新导向创造全新市场。此外，通过市场开发及创新实践，创业者能够提高职能胜任力从而能集聚技术专家，扩大融资渠道和商业化途径。

3. 创新驱动型创业模式的演化

创业者认知及社会胜任力的转变，能够推动创新驱动型创业模式向机会拉动型演化。首先，创造出全新市场后，创业者为充分攫取创新利润，其创业导向可能由创造市场转为开发市场。其次，通过技术运营，创业者能够提高技术转化运用等认知胜任力，从而倾向于运用新兴技术开发市场机会。最后，基于商业实践，创业者能够扩张创业网络，从而吸引财务、市场等各类专家加入创业团队并提升团队的认同性。

第二十章 机制分析篇研究结论

该篇通过理论分析、数理解析、仿真分析及实证研究，探讨了新兴产业企业家创业胜任力特征与创业行为、风险投资之间，以及创业政策环境与创业行为之间的关系机制，得出以下结论。

（一）人力资本、社会资本与企业家的创业行为

首先，基于社会资本理论，探讨了新兴产业企业家创业胜任力特征对其创业行为的影响，指出企业家人力资本将影响企业创新机会的把握和资源配置效率，具有良好教育背景和丰富创业实践的企业家能优化配置创新要素，提升其技术势力和市场势力，进而推动企业家的创业行为。其次，指出企业家作为企业与社会网络的关键结点，若能借助社会网络汲取技术社会资本、商业社会资本和制度社会资本，并配置于企业的技术创新，将促进其高质量的创业。最后，将新兴产业与传统产业进行比较研究，指出当企业面临的市场不确定性和技术复杂程度较高时，企业家在创业过程中撬动社会资本的需求强度较大，反之则较低；政府和银行等社会网络的资本和信息帮助，能降低创新主体的风险和成本。因此，与传统产业相比，新兴产业企业家更注重从社会网络获得创新信息和资源，以使企业多渠道地获取资源和信息，降低技术创新成本和风险。

（二）创业期望、风险恐惧与企业家的创业行为

基于调节聚焦理论，深入探讨了创业期望对新生企业家创业行为的影响机制，研究了新生企业家应如何制定合理的创业期望，并探究了风险恐惧对新生企业家创业行为的影响机制。研究结果表明：首先，过低的创业期望会制约新生企业家的创业行为，而过高的创业期望也会驱使企业家萌发消极创业情绪。因此，新生企业家应基于创业胜任力特征制定合理创业期望，以激发其创业行为的产生。其次，新生企业家制定的合理创业期望越高，其创业倾向和创业积极性也就越高，

并且会采取积极的创业投资行为。最后，风险恐惧会降低新生企业家的创业倾向，但是一旦个体选择了创业实践，风险恐惧对新生企业家创业行为的影响则取决于其创业期望水平。如果新生企业家的创业期望水平较高，风险恐惧的增加会驱动新生企业家萌发实现自我的需要而形成促进聚焦调节机制，由此新生企业家会实施积极导向的创业投资行为。如果新生企业家的创业期望水平较低，风险恐惧的增加则会催生新生企业家产生归责自我的需求而形成预防聚焦调节机制，由此新生企业家将减少创业投资。

（三）创业胜任力特征与风险投资

基于高阶理论，构建了高管特征对风投机构投资策略影响的理论模型；在此基础上，探究了创业企业高管团队特征对风投机构投资策略的影响机制，以及制度环境与风投行业专长的调节作用，得出以下结论：首先，平均年龄较低、平均受教育水平较高、政治背景较强及社会关系较强的高管团队，有可能进行具有较大风险的创新活动，风险投资机构倾向于采取分阶段投资与联合投资策略，"集众家之所长"，优化对创业企业的增值服务，为企业的发展争取更多可能性。其次，完善的制度环境可以缓解创业企业的融资约束，激励创业企业的研发创新；能够畅通风险投资机构的筹资渠道、降低风投机构的代理成本与套牢风险、优化风投机构的价值服务质量、激发风投机构的投资热情，因而可以弱化风投机构分阶段投资与联合投资偏好。最后，较高的行业专长有助于强化风投机构的监督机制、丰富风投机构的资源网络，吸收其他机构的知识经验，融合其他机构的行业专长，发挥协同效应，因而能够降低其分阶段投资与联合投资倾向。

（四）服务环境、创业自我效能与企业家的创业行为

基于 GEM 数据库，解析了服务环境对新生企业家创业导向选择的影响机制，并借助社会认知论探究了创业自我效能对服务环境影响新生企业家创业导向的中介作用。研究发现：服务环境不仅能促进新生企业家追求产品开发，还能推动其实施规模扩张。相对而言，研发转移环境、制度支持环境更能激励新生企业家实施产品研发；而社会文化环境、中介服务环境更能驱动新生企业家寻求规模扩张。深入研究还发现，服务环境能促进新生企业家感知创业机会、提高感知技能、强化风险承担和积极拓展网络，提升其创业自我效能，进而促进其选择与实施创业导向。不同类型国家的服务环境建设存在差异性，因而对新生企业家创业导向的影响也会有所差异。分样本检验 OECD 国家和非 OECD 国家的创业数据后发现，相比 OECD 国家，非 OECD 国家的社会文化环境、研发转移环境、中介服务环境、

制度支持环境等服务环境比较滞后，因而对产品开发的激励效应相对较弱。

（五）创业资助、创业自我效能与企业家的创业行为

基于 GEM 数据库，研究了金融支持、政府项目和税收优惠等创业资助对新生企业家创业导向的影响机制，以及创业自我效能对创业资助影响新生企业家创业导向的中介作用。研究发现：创业资助不仅能促进新生企业家追求产品研发，还能推动新生企业家实施规模扩张。相对而言，金融支持更能驱动新生企业实施规模扩张；政府项目和税收优惠更能激励新生企业追求产品研发。深入研究还发现，创业资助能增强新生企业家对创业机会、自身能力及网络关系的感知度和对创业风险的容忍度，提升其创业自我效能，进而促进其实施规模扩张或追求产品研发。不同类型国家的创业政策环境存在差异性，因而对新生企业家创业导向的影响也会有所差异。分样本检验 OECD 国家和非 OECD 国家的创业数据后发现，相比 OECD 国家，非 OECD 国家的金融支持、政府项目及税收优惠等创业资助体系欠完善，因而对新生企业家产品研发的激励效应较弱。

第二十一章 匹配分析篇研究结论

该篇通过理论分析、模型构建及实证研究，构建了创业胜任力与创业模式匹配、创业政策与创业胜任力匹配对创业绩效影响机制的理论分析框架，进行了实证分析；从政策体系本身和异质性创业企业家两个角度剖析了我国创业政策供需现状，探析了创业政策的供需匹配度情况，得出以下结论。

（一）创业胜任力与创业模式匹配对创业绩效的影响

基于匹配视角，实证分析了创业胜任力与生存推动型、机会拉动型及创新驱动型创业模式匹配对创业绩效的影响。研究结果表明：创业胜任力分别与三类创业模式的匹配对生存、成长及创新绩效具有异质性影响。进一步研究发现，风险规避且创业学习、组织管理、网络运用能力较强的创业者，更倾向于选择生存推动型创业模式，进而提升提高新创企业的生存绩效。风险倾向且知识转化、战略决策、网络运用能力较强的创业者，更倾向于选择机会拉动型创业模式，进而提升新创企业的生存及成长绩效。自我效能较高且技术转化、研发创新、网络管理能力较强的创业者，更倾向于选择创新驱动型创业模式，进而能够提高新创企业的创新绩效。鉴于此，创业者不仅应通过优化能力结构提高企业绩效，而且应通过提高创业能力与其行为模式的匹配程度助推新创企业的成长。

（二）创业政策与创业胜任力匹配对创业绩效的影响

通过问卷调研、半结构化访谈等方法开发了创业胜任力量表，实证研究了异质性创业政策与三类创业模式匹配对创业绩效的影响机制。研究结果表明：动机激发、机会增加和技能培育型创业政策对生存推动型、机会拉动型和创新驱动型三类创业者的创业绩效具有异质性影响。动机激发和机会增加政策有助于提升生存推动型创业者的自我效能感，为其提供更多的创业资源和创业机会。动机激发和技能培育政策有助于增强机会拉动型创业者的创业自信心，提升其专业知识和实践技能。机会增加和技能培育政策有助于扩展创新驱动型创业者的社会关系网络，提升其组织管理能力。鉴于此，政府应采取异质性的创业政策供给，即关注生存推动型创业者的动机激发和机会增加，加强机会拉动型创业者的动机强化和技能培育，侧重创新驱动型创业者的技能提升和机会增加，由此提升我国新生企业的创业绩效。

（三）供需匹配视角下我国企业家创业政策的供需现状

基于创业 MOS 模型进行实证分析，研究结果表明异质性企业家政策供给感知和政策需求存在差异。具体而言，在政策供给感知方面，我国企业家基本认同动机激发类政策条款的内容，在人才和知识产权等项目的经费补贴与减免税等税收优惠政策上赋分较高，在政府和资本市场等融资资助与人才生活配套服务政策上赋分较低。在三类创业政策中，机会增加类政策赋分最高，紧接着是动机激发类政策和技能培育类政策。在政策需求方面，生存推动型企业家的三类创业政策需求赋分很高，最高的是机会增加类政策，其次是技能培育类政策。机会拉动型企业家在机会增加类政策和动机激发类政策上赋分值较高，而创新驱动型企业家三类创业政策的赋分较为接近。因此，亟须针对企业家的异质性政策需求实施差异性的政策供给工具。

（四）供需匹配视角下我国企业家创业政策的供需匹配度

基于创业 MOS 模型，在拓展区位理论基础上，构建了政策供需匹配模型。研究显示：首先是技能培育类政策的匹配度较高，机会增加类政策中的政府、资本市场等融资资助较低。而从三类创业企业家政策匹配度来看，创新驱动型企业家政策匹配度最好，其次是机会拉动型和生存推动型企业家。此外，从政策供给体系本身和异质性企业家政策需求两方面探析了我国创业政策供需缺口。对于生存推动型企业家和机会拉动型企业家来说，都是机会增加类政策供需匹配度最低。不同的是，生存推动型企业家技能培育类政策较动机激发类政策匹配度较低，而机会拉动型企业家相反。对于创新驱动型企业家来说，相较于动机激发和机会增加类政策匹配度，技能培育类政策匹配度较低。

第二十二章 政策供给篇研究结论

该篇通过案例分析，总结出针对生存推动型企业家、机会拉动型企业家和创新驱动型企业家的不同政策工具，结合我国创业政策的供需缺口分析，提出了结构性和异质性的创业政策工具供给。具体而言，得出以下结论。

（一）创业政策供需匹配的城市个案研究结论

对南京市紫金地区创业者创业政策的调研分析得出如下结论：首先，地区创业者对南京市现行创业政策总体评价较为满意，对人才、资金和服务类专题创业政策知晓与受惠赋分更高，且对立足企业成长需要、强化市场导向和拓宽创业政策信息发布渠道等政策需求响应度较高；但也认为南京市现行创业政策条款尚存歧视性、欠连续性、宣传贯彻不到位等问题。其次，创业团队对创业政策不满意度的赋分均高于创业个体，且创业团队较个体的创业者更关注创业政策覆盖行业率的提高；入选人才计划的创业者对创业政策的赋分远高于"草根族"创业者的赋分，且其更在乎创业政策应强化立足企业成长的需求与市场导向。最后，以"二八定律"为准则，以地区创业者赋予创业政策知晓程度、创业政策受惠程度为横、纵坐标，遴选出 7 个有代表性的地区，依据地区对创业政策知晓及受惠赋分的异同性，构建了包含"知用双强型"地区创业者、"知晓主导型"地区创业者、"善用主导型"地区创业者和"知晓弱化型"地区创业者在内的波士顿矩阵图。

（二）创业政策供需匹配的企业家案例研究结论

选取生存推动型、机会拉动型、创新驱动型创业模式的典型案例，横向对比分析三类创业模式的形成差异，并纵向分析创业模式的演变过程。案例研究结果表明：不同创业模式的生成具有差异性。生存推动型创业模式的创业者自主需要较强，同时也受归属需要的影响，因此，应构建"以动机激发、机会增加为主，技能培育为辅"的政策供给框架。机会拉动型创业模式的创业者归属需要较强，同时也受自主需要与能力需要的影响，因此，应构建"以动机强化、技能培育为主，机会增加为辅"的政策供给框架。创新驱动型创业模式的创业者能力需要与归属需要较强，同时受自主需要的影响较弱，因此，应构建"以技能提升、机会增加为主，动机强化为辅"的政策供给框架。此外，探讨了异质性创业模式的演化机理，企业家异质性创业模式演化轨迹遵循"金字塔—陀螺—倒梯形"规律演化，即伴随创业过程的推进，创业者能力会不断积累，自主需要较强的生存推动型创业模式会跃迁到归属需要主导的机会拉动型创业模式。并且随着创业者能力的转变，其心理需要的结构也发生变化，从而促使机会拉动型创业模式转变为能力需要主导的创新驱动型创业模式。

（三）结构性创业政策工具的供给设计

根据创业 MOS 模型的政策分类，从创业动机激发、创业机会增加和创业技能培育三个维度完善我国的创业政策供给工具。

1. 创业动机激发维度的政策供给工具

面对现有政策需求大于供给、需求和供给的匹配度较低等问题，政府应实施具有针对性的创业政策供给工具。一方面，提高创业政策的宣传力度，增加创业群体的政策知晓度。另一方面，应完善孵化器、加速器和众创空间的建设，在为企业提供行政办公等基础服务的同时，还可提供诸如技术培训、投融资对接、大数据资源等增值服务。还应加快构建覆盖从高技术到低技术全行业的创业服务网络系统，针对种子期、初创期和成长期创业企业的不同需要提供差异性服务。另外，还应营造尊重创业人才、允许创业失败的氛围，从而为创业者提供文化支撑。

2. 创业机会增加维度的政策供给工具

企业家对机会增加类政策的需求大于政策的供给，需求还没有得到满足。特别是在政府、资本市场等融资资助和人才生活配套服务的支持等方面，匹配度较低，需求缺口较大。政府可以通过财政补贴或者项目资助给予直接的资金扶持，也可通过优惠的税收政策间接对初创企业进行资金扶持。与此同时，应落实孵化器、众创空间等创业支撑平台的优惠资金政策，使得符合条件的新创企业享受到各类资金扶持政策。同时应完善为创业提供融资服务的资本市场体系和科技金融体系，以帮扶初创企业的成长。此外，应完善基础设施、教育、医疗卫生等生活配套措施，解决创业者的后顾之忧。

3. 创业技能培育维度的政策供给工具

现行创业政策供给未能关注企业成长阶段性的政策需求，即创业技能培育类政策供给措施配置的针对性不强。政府应引入拥有创业背景和实践经历的创业导师来开展创业教育培训，同时应和高校、企业相互协调，采用多种措施鼓励利益相关者参与到创业教育中，形成良性发展的创业教育支持体系。还应完善高校内创业课程设计和教学内容，使其更加贴近创业者创业现状。同时，还应制定系统化的创业教育目标体系，培养学生的创业意识，关注其创新实践能力的成长。

（四）异质性创业政策工具的供给设计

基于异质性创业企业家的政策需求，分析生存推动型企业家、机会拉动型企业家和创新驱动型企业家的异质性政策供给工具。

1. 生存推动型创业者的政策供给工具

鉴于生存推动型创业者的胜任特征与政策需求，政府应构建"以动机激发、机会增加为主，技能培育为辅"的政策供给体系。一方面，政府可以通过放宽准入限制、提供税收优惠、实行税费减免等措施，降低创业成本，提升生存推动型创业者的心理胜任力，激发其创业激情和创业动机，引导该类创业者将创业视为良好的职业选择。与此同时，政府应通过创业文化宣传等创业促进政策，培育良好的创业氛围，形成示范效应，以鼓励该类创业者坚定创业目标。另一方面，政府需提升生存推动型创业者的社会胜任力，推动"野蛮创业"到"协同创业"的转变，鼓励大型企业通过"以大带小"等形式与中小型初创企业进行项目合作，鼓励初创企业通过中小企业创业协会形式联合在一起，以帮助创业者拓展有限的社会关系网，提高其网络构建能力和社交公关能力。

2. 机会拉动型创业者的政策供给工具

鉴于机会拉动型创业者的胜任特征与政策需求，政府应构建"以动机强化、技能培育为主，机会增加为辅"的政策供给体系。一方面，政府可通过降低行业进出壁垒、改革市场监管体制等措施，营造公平、合理的市场竞争环境，降低其由于创业风险或创业失败引发的挫败感，并给予成功创业的榜样以物质奖励和荣誉称号，提升该类创业者的创业意愿和创业热情。另一方面，政府应推进创业实训基地的建设，通过创业实训机制增强其理论储备和实践技能，提升该类创业者的机会开发、资源整合和团队构建等能力。与此同时，政府应推进创业园区、孵化基地、众创空间等创业服务平台建设，定期组织创业者开展创业经验的总结分享，从而为其提供更多的创业平台和创业服务。

3. 创新驱动型创业者的政策供给工具

鉴于创新驱动型创业者的胜任特征与政策需求，政府应构建"以技能提升、机会增加为主，动机强化为辅"的政策供给体系。一方面，政府应通过强化创业技能培育、建设创业实践平台等政策措施，培养创业者的创业思维、创业技能等综合素质，使其在创业体验过程中积累管理经验，侧重培育其管理能力和组织能力。另一方面，政府应提供创业资金补贴、创业融资服务等政策支持，完善科技金融体系，拓宽该类创业者的融资渠道，推动创新资源向其集聚。与此同时，政府应积极创建创业园区和创业载体，以实现创业资源和创业信息的共享；并引导大中型国有企业、标杆企业通过项目合作的形式助推初创企业的成长，以克服该类创业者创业资源不足、社会网络有限、品牌影响力薄弱等新生劣势。

参 考 文 献

边燕杰, 丘海雄. 2000. 企业的社会资本及其功效[J]. 中国社会科学. (2): 87-99, 207.

卜华白, 卜时珍, 刘磊. 2013. 新创战略性新兴企业 "X 低效率" 的影响因素及其实证研究——以湘南新创战略性新兴智能物流价值网络企业为例[J].科研管理, 34 (S1): 4-10.

蔡莉, 黄贤凤. 2016. 西方创业行为研究前沿回顾及对我国众创的展望[J]. 科学学与科学技术管理, 37 (8): 34-46.

蔡卫星, 胡志颖. 何枫. 2013. 政治关系、风险投资与IPO机会——基于创业板申请上市公司的经验分析[J]. 财经研究, 39 (5): 51-61.

常荔, 向慧颖. 2014. 创业政策对科技型中小企业创业活动影响的实证研究[J]. 经济与管理研究, 35 (11): 108-114.

陈傲, 柳卸林, 高广宇. 2012. 新兴产业高被引专利的形成特征——以燃料电池为例[J]. 科研管理, 33 (11): 9-15, 23.

陈洪天, 沈维涛. 2018. 风险投资是新三板市场 "积极的投资者" 吗[J]. 财贸经济, 39(6): 73-87.

陈建安, 金晶. 法何. 2013. 创业胜任力研究前沿探析与未来展望[J]. 外国经济与管理, 35 (9): 2-14, 24.

陈文艳. 2014. 高技术企业融资渠道选择研究[D]. 杭州: 杭州电子科技大学.

陈骁楠. 2015. 高管团队社会资本对创业企业成长绩效的影响研究[D]. 哈尔滨: 哈尔滨工程大学.

陈燕妮, 王重鸣. 2015. 创业行动学习过程研究——基于新兴产业的多案例分析[J].科学学研究, 33 (3): 419-431.

程聪. 2015. 创业者心理资本与创业绩效: 混合模型的检验[J]. 科研管理, 36 (10): 85-93.

程大中. 2004. 论服务业在国民经济中的 "黏合剂" 作用[J]. 财贸经济, (2): 68-73, 97.

池仁勇, 梁靓. 2010. 生存型与机会型创业者的行业选择研究[J]. 科技进步与对策, 27 (5): 149-153.

池仁勇. 2002. 美日创业环境比较研究[J]. 外国经济与管理, 24 (9): 13-19, 49.

德鲁克 P. 1999. 知识管理[M].杨开峰译. 北京: 中国人民大学出版社.

董保宝. 2014. 风险需要平衡吗: 新企业风险承担与绩效——倒U型关系及创业能力的中介作用[J]. 管理世界, (1): 120-131.

董金秋, 贾志科. 2012. 大学生选择创业模式的影响因素——基于全国30所高校2827名在校大学生的实证研究[J].河北大学学报 (哲学社会科学版), 37 (6): 129-136.

董静, 孟德敏. 2016. 高管团队人力资本特征对企业风险投资引进策略的影响[J]. 科研管理,

37（11）：89-97.

董静，汪江平，翟海燕，等.2017. 服务还是监控：风险投资机构对创业企业的管理——行业专长与不确定性的视角[J]. 管理世界，（6）：82-103，187-188.

杜勇，谢瑾，陈建英.2019. CEO金融背景与实体企业金融化[J]. 中国工业经济，（5）：136-154.

段利民，杜跃平.2012. 创业环境对大学生创业意愿的影响：兼对GEM模型的再检验[J]. 技术经济，31（10）：64-70，97.

樊传浩，王济干.2013. 创业团队异质性与团队效能的关系研究[J]. 科研管理，34（8）：35-41.

樊纲，王小鲁，朱恒鹏.2007. 中国市场化指数：各地区市场化相对进程2006年报告[M]. 北京：经济科学出版社.

方世建，桂玲.2009. 创业、创业政策和经济增长——影响途径和政策启示[J]. 科学学与科学技术管理，30（8）：121-125.

方世建，孙薇.2012. 制度创业：经典模型回顾、理论综合与研究展望[J]. 外国经济与管理，34（8）：1-10.

冯海红，曲婉，孙启新.2015. 企业家先验知识、治理模式与创新策略选择[J]. 科研管理，36（10）：66-76.

冯米，路江涌，林道谧.2012. 战略与结构匹配的影响因素——以我国台湾地区企业集团为例[J]. 管理世界，（2）：73-81，147，188.

傅传锐，杨涵，潘静珍，等.2018. 高管背景特征、产品市场竞争与智力资本信息披露——来自我国A股高科技行业的经验证据[J]. 财经理论与实践，39（5）：80-87.

傅晋华.2015. 农民工创业政策：回顾、评价与展望[J]. 中国科技论坛，（9）：133-137.

高日光，孙健敏，周备.2009. 中国大学生创业动机的模型建构与测量研究[J].中国人口科学，（1）：68-75，112.

桂玲.2009. 创业与经济增长关系视角下的创业政策研究[D]. 合肥：中国科学技术大学.

郭淑芬，张俊.2018. 中国31个省市科技创新效率及投入冗余比较[J]. 科研管理，39（4）：55-63.

郝春东，孙烨，朱楠.2013. 金融专业大学生创业胜任力模型研究[J]. 黑龙江社会科学，（2）：154-156.

何良兴，张玉利，宋正刚.2017. 创业情绪与创业行为倾向关系研究[J]. 研究与发展管理，29（3）：13-20.

何晓斌，蒋君洁，杨治，等.2013. 新创企业家应做"外交家"吗？——新创企业家的社交活动对企业绩效的影响[J]. 管理世界，（6）：128-137，152.

赫连志巍，袁翠欣.2016. 高端装备制造业创新团队胜任特征与企业绩效关系研究[J].科学学与科学技术管理，37（2）：99-112.

胡广勤，钱海东.2014. 个人—环境匹配理论研究的进展与启示[J]. 经营与管理，（7）：130-132.

胡健，昝会芳，孙金花.2016. 基于模糊案例推理的浅隐性知识供需匹配研究[J]. 情报理论与实践，39（4）：84-88.

胡玲玉，吴剑琳，古继宝.2014. 创业环境和创业自我效能对个体创业意向的影响[J]. 管理学报，11（10）：1484-1490.

黄安颖.2016. 高管社会资本对农业企业债务融资影响研究：嵌入制度环境的分析视角——来自中国主板农业类上市公司的经验证据[D]. 雅安：四川农业大学.

黄继承，盛明泉. 2013. 高管背景特征具有信息含量吗？[J]. 管理世界，（9）：144-153，171.

黄静，王新刚，张司飞，等. 2010. 企业家违情与违法行为对品牌形象的影响[J]. 管理世界，（5）：96-107，188.

黄迈，徐雪高，王宏，等. 2016. 农民工等人员返乡创业的政策匹配[J]. 改革，（10）：73-83.

黄南. 2008. 世界新兴产业发展的一般规律分析[J]. 科技与经济，21（5）：31-34.

黄晓芸. 2018. 对创业绩效的影响机制研究[D]. 南京：河海大学.

黄永春，黄晓芸. 2018. 创业者异质性胜任特征与创业政策供给——基于胜任力理论[J]. 科技进步与对策，35（11）：117-123.

黄永春，雷砺颖. 2016. 新兴产业创业企业家的胜任力结构解析——基于跨案例分析法[J]. 科学学与科学技术管理，37（10）：130-141.

黄永春，雷砺颖. 2017. 新兴产业企业家创业胜任力的构成体系研究——基于创业机会理论的探索性分析[J]. 南京社会科学，（2）：47-53.

黄永春，王祖丽，郑江淮. 2014a. 新兴产业企业家的人力资本、社会资本与企业的技术赶超——以江苏省昆山市为例[J]. 江苏社会科学，（5）：70-78.

黄永春，郑江淮，张二震. 2014b. 依托于 NVC 的新兴产业开放互补式技术突破路径——来自昆山新兴产业与传统产业的比较分析[J]. 科学学研究，32（4）：519-530.

黄永春，朱帅. 2018. 创业政策供给对企业家创业行为的影响机制研究——基于 GEM 报告面板数据的实证分析[J]. 科学学与科学技术管理，39（4）：100-110.

贾建锋，唐贵瑶，李俊鹏，等. 2015. 高管胜任特征与战略导向的匹配对企业绩效的影响[J]. 管理世界，（2）：120-132.

江小涓. 2011. 服务业增长：真实含义、多重影响和发展趋势[J]. 经济研究，46（4）：4-14，79.

姜国俊，曾琳. 2013. "机会论"视角下创业政策理论的比较研究[J]. 深圳大学学报（人文社会科学版），30（4）：92-99.

姜卫韬. 2012. 中小企业自主创新能力提升策略研究——基于企业家社会资本的视角[J]. 中国工业经济，（6）：107-119.

李端生，周虹. 2017. 高管团队特征、垂直对特征差异与内部控制质量[J]. 审计与经济研究，32（2）：24-34.

李洪波，陆剑斌. 2015. 创业动机对大学生创业模式选择的影响——基于江苏省高校学生的实证研究[J]. 江苏大学学报（社会科学版），17（3）：79-84.

李华晶，张玉利，王秀峰，等. 2012. 基于 CPSED 的创业活动影响因素实证研究[J]. 科学学研究，30（3）：417-424.

李慧. 2015. 配载型物流信息服务平台的车货供需匹配研究[D]. 北京：北京交通大学.

李建军，李丹蒙. 2015. 创业团队人力资本特征与高新技术企业研发投入——基于我国创业板公司的实证研究[J]. 软科学，29（3）：79-83.

李涛，朱俊兵，伏霖. 2017. 聪明人更愿意创业吗？——来自中国的经验发现[J]. 经济研究，52（3）：91-105.

李文婷，曹琳琳，陈叙伊，等. 2008. 基于 GEM 模型的杭州城市创业环境研究[J]. 科研管理，29（S2）：29-39.

李政，邓丰. 2006. 面向创业型经济的创业政策模式与结构研究[J]. 外国经济与管理，28（6）：

26-33.

廖信林，顾炜宇，王立勇. 2013. 政府 R&D 资助效果、影响因素与资助对象选择——基于促进企业 R&D 投入的视角[J].中国工业经济，（11）：148-160.

廖中举，程华. 2014. 企业技术创新激励措施的影响因素及绩效研究[J]. 科研管理，35（7）：60-66.

林海芬. 2008. 社会资本与认知视角下对创业者行为的影响模式[J].中国集体经济，（6）：28-29.

林南，张磊. 2005. 社会资本：关于社会结构与行动的理论[M]. 上海：上海人民出版社.

林嵩，姜彦福，张帏. 2005. 创业机会识别：概念、过程、影响因素和分析架构[J]. 科学学与科学技术管理，26（6）：128-132.

林嵩. 2007. 创业资源的获取与整合——创业过程的一个解读视角[J]. 经济问题探索，（6）：166-169.

林泽炎，刘理晖. 2007. 转型时期中国企业家胜任特征的探索性研究[J]. 管理世界，（1）：98-104.

刘刚，王泽宇，程熙鎔. 2016. "朋友圈"优势、内群体条件与互联网创业——基于整合社会认同与嵌入理论的新视角[J]. 中国工业经济，（8）：110-126.

刘洪昌，武博. 2010. 战略性新兴产业的选择原则及培育政策取向[J].现代经济探讨，（10）：56-59.

刘美玉. 2013a. 创业动机、创业资源与创业模式：基于新生代农民工创业的实证研究[J]. 宏观经济研究，（5）：62-70.

刘美玉. 2013b. 基于扎根理论的新生代农民工创业机理研究[J]. 农业经济问题，34（3）：63-68，111.

刘伟，雍旻，邓睿. 2018. 从生存型创业到机会型创业的跃迁——基于农民创业到农业创业的多案例研究[J]. 中国软科学，（6）：105-118.

刘小禹，周爱钦，刘军. 2018. 魅力领导的两面性——公权与私权领导对下属创造力的影响[J]. 管理世界，34（2）：112-122，188.

刘学方，王重鸣，唐宁玉，等. 2006. 家族企业接班人胜任力建模——一个实证研究[J]. 管理世界，（5）：96-106.

刘烨，孙凡云，惠士友，等. 2013. 企业家资源、动态能力和企业创业期的绩效——兼与台湾高科技企业的对比研究[J]. 科学学研究，31（11）：1680-1686.

刘子安，陈建勋. 2009. 魅力型领导行为对自主技术创新的影响——机制与情境因素研究[J].中国工业经济，（4）：137-146.

龙静，黄勋敬，余志杨. 2012. 政府支持行为对中小企业创新绩效的影响——服务性中介机构的作用[J]. 科学学研究，30（5）：782-788，790-792.

娄贺统，徐恬静. 2008. 税收激励对企业技术创新的影响机理研究[J]. 研究与发展管理，20（6）：88-94.

卢馨，张乐乐，李慧敏，等. 2017. 高管团队背景特征与投资效率——基于高管激励的调节效应研究[J]. 审计与经济研究，32（2）：66-77.

卢忠东. 2012. 基于 CRM 和供需智能匹配的移动物流信息服务平台[J]. 江苏商论，（5）：63-66.

罗富碧，刘露. 2017. 国企高管政治晋升、研发投资与企业绩效[J]. 科技进步与对策，34（16）：91-97.

罗思平，于永达. 2012. 技术转移、"海归"与企业技术创新——基于中国光伏产业的实证研究[J]. 管理世界，（11）：124-132.

罗向晗. 2012. 广东大学生创业政策环境研究[J]. 创新与创业教育，3（1）：51-54.

罗序斌. 2019."互联网+"背景下中国传统制造业转型升级研究[J]. 金融教育研究，32（1）：18-29.

吕一博, 韩少杰, 苏敬勤. 2018. 企业孵化器战略模式与资源获取方式的适配演化研究[J]. 管理评论, 30 (1): 256-272.

马君, 郭敏, 张昊民. 2012. 大学生创业模式及其动态演化路径[J]. 教育发展研究, 32 (3): 59-64.

马蓝. 2019. 资源拼凑、双元创新能力与企业商业模式创新的关系研究[J]. 科技管理研究, 39 (16): 18-26.

马衍明. 2009. 自主性: 一个概念的哲学考察[J]. 长沙理工大学学报 (社会科学版), 24 (2): 84-88.

马占杰. 2010. 国外创业意向研究前沿探析[J]. 外国经济与管理, 32 (4): 9-15, 24.

聂茂原. 2017. 风险投资对制造业创新活动的作用研究——以电子信息制造业为例[D]. 北京: 北京交通大学.

宁德鹏, 葛宝山, 金志峰. 2017. 我国创业政策执行中的问题与对策研究[J]. 中国行政管理, (4): 93-96.

潘建林. 2013. 中小企业创业胜任力的素质与能力双维度冰山模型[J]. 统计与决策, (9): 186-188.

裴旭东, 黄聿舟. 2016. 创业支持政策对科技型小微企业孵化的影响——资源整合的中介作用[J]. 科技进步与对策, 33 (12): 109-114.

彭学兵, 王乐, 刘玥伶, 等. 2017. 创业网络、效果推理型创业资源整合与新创企业绩效关系研究[J]. 科学学与科学技术管理, 38 (6): 157-170.

戚湧, 王静. 2017. 江苏省大众创新创业政策评估[J]. 科技管理研究, 37 (1): 75-81.

齐绍洲, 张倩, 王班班. 2017. 新能源企业创新的市场化激励——基于风险投资和企业专利数据的研究[J]. 中国工业经济, (12): 95-112.

钱永红. 2007. 个人特质对男女创业意向影响的比较研究[J]. 技术经济, 26 (7): 8-13, 124.

秦雪征, 尹志锋, 周建波, 等. 2012. 国家科技计划与中小型企业创新: 基于匹配模型的分析[J]. 管理世界, (4): 70-81.

师玉朋, 马海涛. 2015. 县域公共服务供需结构匹配度评价——基于云南省的个案分析[J]. 财经研究, 41 (11): 34-43.

施丽芳, 廖飞. 2014. 不确定承受、创业家人力资本与企业成长期望——基于美国 PSED Ⅱ 的实证研究 [J]. 经济管理, 36 (7): 188-199.

斯晓夫, 王颂, 傅颖. 2016. 创业机会从何而来: 发现, 构建还是发现 + 构建?——创业机会的理论前沿研究[J]. 管理世界, 270 (3): 115-127.

宋玉禄, 陈欣, 施文韵. 2018. 经济政策不确定性冲击下企业研发的"风险"与"机遇"——基于传统产业与先进制造业对比[J]. 企业经济, 37 (10): 35-43.

宋正刚. 2012. 论期望落差与新生创业者放弃创业之关系——基于 CPSED 项目随机抽样调查分析[J]. 现代财经 (天津财经大学学报), 32 (2): 65-73.

孙红霞, 郭霜飞, 陈浩义. 2013. 创业自我效能感、创业资源与农民创业动机[J]. 科学学研究, 31 (12): 1879-1888.

孙红霞, 马鸿佳. 2016. 机会开发、资源拼凑与团队融合——基于 Timmons 模型[J]. 科研管理, 37 (7): 97-106

孙俊, 黄永春, 杨晨, 等. 2019. 兼职型创业者的生成机制研究——基于资源与能力理论视角[J]. 软科学, 33 (11): 6-10.

单标安, 蔡莉, 鲁喜凤, 等.2014. 创业学习的内涵、维度及其测量[J]. 科学学研究, 32（12）: 1867-1875.

单标安, 陈海涛, 鲁喜凤, 等.2015. 创业知识的理论来源、内涵界定及其获取模型构建[J]. 外国经济与管理, 37（9）: 17-28.

泰勒 R. 2016. "错误"的行为[M]. 王晋译. 北京: 中信出版社.

谭远发.2010. 机会型和生存型创业的影响因素及绩效比较研究——基于 GEM 数据的实证分析[D]. 成都: 西南财经大学.

田毕飞, 丁巧.2017. 中国新创企业国际创业自我效能、模式与绩效[J].科学学研究, 35（3）: 407-418.

王朝云.2014. 创业过程与创业网络的共生演进关系研究[J]. 科学学与科学技术管理, 35（8）: 104-114.

王凤彬, 王骁鹏, 张驰.2019. 超模块平台组织结构与客制化创业支持——基于海尔向平台组织转型的嵌入式案例研究[J]. 管理世界, 35（2）: 121-150, 199-200.

王红军, 陈劲.2007. 科技企业家创业胜任力及其与绩效关系研究[J]. 科学学研究, 25（S1）: 147-153.

王俊峰, 程天云.2012. 技术创新对品牌价值影响的实证研究[J]. 软科学, 26（9）: 10-14.

王玲, 蔡莉, 彭秀青, 等.2017. 机会——资源一体化创业行为的理论模型构建——基于国企背景的新能源汽车新企业的案例研究[J]. 科学学研究, 35（12）: 1854-1863.

王龙伟, 李垣, 刘益.2006. 信息交流、组织能力与产品创新的关系研究[J]. 研究与发展管理, 18（4）: 8-14.

王苗苗, 李华, 王方.2018. 大众创新创业政策发展评估——基于政策工具、创新创业周期、政策层级[J]. 中国科技论坛, （8）: 25-33, 57.

王淑英, 张水娟.2017. 高管团队异质性、所有权性质与银行创新能力——基于中国 16 家上市银行实证研究（2006—2015 年）[J]. 金融理论与实践, （4）: 39-45.

王希泉. 2017. 高管团队特征、激励机制和企业社会绩效的关系——基于电子制造上市公司的 probit 面板数据的分析[J]. 中国商论, （15）: 172-173.

王霄, 胡军.2005. 社会资本结构与中小企业创新———项基于结构方程模型的实证研究[J]. 管理世界, （7）: 116-122, 171.

王秀峰. 2016. 创业者行为研究文献综述——连接创业者个体因素与创业过程及结果[J]. 科学学与科学技术管理, 37（8）: 3-19.

王玉帅, 黄娟, 尹继东.2009. 创业政策理论框架构建及其完善措施——创业过程的视角[J]. 科技进步与对策, 26（19）: 112-115.

王重鸣, 陈民科.2002. 管理胜任力特征分析: 结构方程模型检验[J]. 心理科学, 25(5): 513-516, 637.

王重鸣, 田茂利.2006. 技术创业企业知识创造过程及其影响因素[J]. 科研管理, 27（6）: 28-31, 79.

魏凤, 闫芃燕.2012. 西部返乡农民工创业模式选择及其影响因素分析——以西部五省 998 个返乡农民工创业者为例[J]. 农业技术经济, （9）: 66-74.

魏钧, 张德.2007. 商业银行风险经理胜任力模型与层级结构研究[J]. 管理世界, （6）: 86-93.

温军, 冯根福. 2018. 风险投资与企业创新: "增值"与"攫取"的权衡视角[J]. 经济研究, 53

（2）：185-199.

文亮,刘炼春,何善. 2011. 创业政策与创业绩效关系的实证研究[J]. 学术论坛,34（12）：128-131,
　　168.

翁清雄,卜泽娟. 2015. 组织职业生涯管理与员工职业成长：基于匹配理论的研究[J]. 外国经济
　　与管理，37（8）：30-42, 64.

吴超鹏,吴世农,程静雅,等. 2012. 风险投资对上市公司投融资行为影响的实证研究[J]. 经济
　　研究，47（1）：105-119, 160.

吴成颂,邵许生,徐慧,等. 2017. 高管的年龄异质性、过度自信与企业成长性——基于 A 股
　　制造业上市企业的经验数据[J]. 科学决策，（5）：1-18.

吴隽,张建琦,刘衡,等. 2016. 新颖型商业模式创新与企业绩效——效果推理与因果推理的调
　　节作用[J]. 科学学与科学技术管理，37（37）：59-69.

吴小立,于伟. 2016. 环境特性、个体特质与农民创业行为研究[J]. 外国经济与管理，38（3）：19-29.

吴雅琴,王梅. 2018. 高管个人特征对会计信息披露质量的影响——基于信息技术业上市公司的
　　实证研究[J]. 会计之友，（11）：63-67.

夏立军,方轶强. 2005. 政府控制、治理环境与公司价值——来自中国证券市场的经验证据[J].
　　经济研究，40（5）：40-51.

夏清华,易朝辉. 2009. 不确定环境下中国创业支持政策研究[J]. 中国软科学，（1）：66-72, 111.

向薇. 2019. 企业家异质性创业模式生成机制的研究[D]. 南京：河海大学.

项国鹏,黄玮. 2016. 创业扶持方式与新创企业绩效的关系研究[J]. 科学学研究，34（10）：
　　1561-1568.

肖潇,汪涛. 2015. 国家自主创新示范区大学生创业政策评价研究[J]. 科学学研究，33（10）：
　　1511-1519.

谢洪明,程聪. 2012. 企业创业导向促进创业绩效提升了吗?——一项 Meta 分析的检验[J]. 科学
　　学研究，30（7）：1082-1091.

谢胜强. 2008. 创业企业技术创新风险和技术创新能力培育方法研究[J].科学学研究，26（S1）：
　　230-233.

谢小青,黄晶晶. 2017. 基于 PSR 模型的城市创业环境评价分析——以武汉市为例[J]. 中国软科
　　学，（2）：172-182.

解学梅. 2010. 中小企业协同创新网络与创新绩效的实证研究[J]. 管理科学学报，13（8）：51-64.

徐德英,韩伯棠. 2015. 政策供需匹配模型构建及实证研究——以北京市创新创业政策为例[J].
　　科学学研究，33（12）：1787-1796, 1893.

徐娜娜. 2016. 民办高校大学生创新创业激励机制存在的问题及对策分析[J]. 人才资源开发，
　　（16）：93-94.

徐茜. 2010. 基于环境匹配的人才流动研究[J]. 中国人口·资源与环境，20（1）：167-170.

徐占东,陈文娟. 2017. 大学生创业特质、创业动机及新创企业成长关系研究[J]. 科技进步与对
　　策，34（2）：51-57.

许欣欣. 2000. 从职业评价与择业取向看中国社会结构变迁[J].社会学研究，15（3）：67-85.

薛静,陈敏灵.2019. 风险投资机构社会资本始终促进创业企业的绩效吗? [J].经济经纬，36（3）：
　　88-94.

闫华飞. 2015. 创业行为、创业知识溢出与产业集群发展绩效[J]. 科学学研究, 33 (1): 98-105, 153.

杨俊, 张玉利. 2004. 基于企业家资源禀赋的创业行为过程分析[J]. 外国经济与管理, 26 (2): 2-6.

杨鹏鹏, 万迪昉, 王廷丽. 2005. 企业家社会资本及其与企业绩效的关系——研究综述与理论分析框架[J]. 当代经济科学, 27 (4): 85-91, 112.

杨其静, 程商政, 朱玉. 2015. VC真在努力甄选和培育优质创业型企业吗?——基于深圳创业板上市公司的研究[J]. 金融研究, (4): 192-206.

姚冰湜, 马琳, 王雪莉, 等. 2015. 高管团队职能异质性对企业绩效的影响: CEO权力的调节作用[J]. 中国软科学, (2): 117-126.

叶伟巍, 高树昱, 王飞绒. 2012. 创业领导力与技术创业绩效关系研究——基于浙江省的实证[J]. 科研管理, 33 (8): 9-15.

尤成德, 刘衡, 张建琦. 2016. 关系网络、创业精神与动态能力构建[J]. 科学学与科学技术管理, 37 (7): 135-147.

游家兴, 徐盼盼, 陈淑敏. 2010. 政治关联、职位壕沟与高管变更——来自中国财务困境上市公司的经验证据[J]. 金融研究, (4): 128-143.

游静. 2010. 基于ERG理论的异构信息系统知识创新激励机制研究[J]. 科学学与科学技术管理, 31 (2): 86-93.

于斌斌. 2012. 家族企业接班人的胜任—绩效建模——基于越商代际传承的实证分析[J]. 南开管理评论, 15 (3): 61-71.

于东平, 段万春. 2012. 区域软环境、企业家能力与中小企业绩效[J]. 科研管理, 33 (12): 68-77.

于永慧. 2010. 集群升级的理论与例证[J]. 广东科技, 19 (19): 39-43.

余琰, 罗炜, 李怡宗, 等. 2014. 国有风险投资的投资行为和投资成效[J]. 经济研究, 49 (2): 32-46.

袁天昂. 2010. 资本市场支持我国战略性新兴产业发展研究[J]. 西南金融, (3): 68-71.

岳鹄, 朱怀念, 张光宇, 等. 2018. 网络关系、合作伙伴差异性对开放式创新绩效的交互影响研究[J]. 管理学报, 15 (7): 1018-1024.

湛军, 张璐. 2010. 后金融危机时期全球创业教育与中国创业发展——基于全球创业观察最新数据分析的结论[J]. 上海金融学院学报, (2): 70-75.

曾照英, 王重鸣. 2009. 关于我国创业者创业动机的调查分析[J]. 科技管理研究, 29 (9): 285-287.

张爱丽, 张瑛. 2018. 特质性调节定向、感知机会创新性与创业意图[J]. 科学学研究, 36 (12): 2233-2241, 2291.

张宝建, 孙国强, 裴梦丹, 等. 2015. 网络能力、网络结构与创业绩效——基于中国孵化产业的实证研究[J]. 南开管理评论, 18 (2): 39-50.

张春雨, 郭韬, 刘洪德. 2018. 网络嵌入对技术创业企业商业模式创新的影响[J]. 科学学研究, 36 (1): 167-175.

张钢, 牛志江. 2009. 基于生命周期视角的创业政策关键要素探究[J]. 科学学与科学技术管理, 30 (5): 68-72.

张钢, 彭学兵. 2008. 创业政策对技术创业影响的实证研究[J]. 科研管理, 29 (3): 60-67, 88.

张钢，许庆瑞. 1995. 组织学习与企业技术创新[J]. 科学学与科学技术管理，16（10）：16-18.

张晗，徐二明. 2008. 社会资本对中国企业创新知识转化的影响研究[J]. 清华大学学报（哲学社会科学版），23（S2）：90-97.

张红，葛宝山. 2014. 创业机会识别研究现状述评及整合模型构建[J]. 外国经济与管理，36（4）：15-24，46.

张红，葛宝山. 2016. 创业学习、机会识别与商业模式——基于珠海众能的纵向案例研究[J]. 科学学与科学技术管理，37（6）：123-136.

张湖林. 2009. 全民创业与企业家精神[J]. 学习与实践.（9）：165-168.

张怀英，刘琦，向武胜. 2018. 民族地方性高校学生创业模式的影响因素研究[J]. 教育现代化，5（32）：37-41.

张慧. 2014. 社会资本、正式制度与上市民营企业经营绩效——来自2004年至2009年的实证[D]. 成都：西南财经大学.

张亮亮. 2014. 政治关联、高管变更与资本结构优化调整——基于管理防御视角[D]. 徐州：中国矿业大学.

张龙鹏，蒋为，周立群. 2016. 行政审批对创业的影响研究——基于企业家才能的视角[J]. 中国工业经济，（4）：57-74.

张鹏，邓然，张立琨. 2015. 企业家社会资本与创业绩效关系研究[J]. 科研管理，36（8）：120-128.

张骁，李嘉. 2012. 初次创业和再创业关键影响因素和作用机制差异研究：机会、资源与能力的匹配[J]. 研究与发展管理，24（6）：116-125.

张霄明. 2016. 基于异质性需求的合肥市公共设施供需匹配评价研究[D]. 昆明：云南大学.

张秀娥，祁伟宏，李泽卉. 2017. 创业者经验对创业机会识别的影响机制研究[J]. 科学学研究，35（3）：419-427.

张秀娥，赵敏慧. 2017. 创业学习、创业能力与创业成功间关系研究回顾与展望[J]. 经济管理，39（6）：194-208.

张延林，肖静华，谢康. 2014. 信息系统与业务战略匹配研究述评[J]. 管理评论，26（4）：154-165.

张颖颖，胡海青. 2016. 二元技术能力、制度环境与创业绩效——来自孵化产业的实证研究[J]. 科技进步与对策，33（18）：113-120.

张玉利，闫丽平，胡望斌. 2010. 新企业生成中创业者成长期望研究——基于CPSED首轮调查数据分析[J]. 管理学报，7（10）：1448-1454，1471.

张玉利，杨俊，任兵. 2008. 社会资本、先前经验与创业机会——一个交互效应模型及其启示[J]. 管理世界，（7）：91-102.

张玉利，杨俊. 2003. 企业家创业行为调查[J].经济理论与经济管理，（9）：61-66.

张玉利. 2010. 创业研究现状探析及其在成果应用过程中的提升[J].外国经济与管理，32（1）：1-7.

张再生，李鑫涛. 2016. 基于DEA模型的创新创业政策绩效评价研究——以天津市企业孵化器为分析对象[J]. 天津大学学报（社会科学版），18（5）：385-391.

赵春霞. 2017. 创业团队资源禀赋与企业吸引风险投资的关系研究——基于创业板的实证研究[D]. 北京：对外经济贸易大学.

赵都敏，李剑力. 2011. 创业政策与创业活动关系研究述评[J]. 外国经济与管理，33（3）：19-26.

赵卫红，崔勋，曹霞. 2016. 过度胜任感对员工绩效的影响机制——有中介的调节模型[J]. 科学学与科学技术管理，37（6）：169-180.

郑世林，周黎安. 2015. 政府专项项目体制与中国企业自主创新[J]. 数量经济技术经济研究，32
　　（12）：73-89.

郑馨，周先波，张麟. 2017. 社会规范与创业——基于62个国家创业数据的分析[J]. 经济研究，
　　52（11）：59-73.

钟卫东，孙大海，施立华. 2007. 创业自我效能感、外部环境支持与初创科技企业绩效的关系——
　　基于孵化器在孵企业的实证研究[J]. 南开管理评论，10（5）：68-74，88.

仲伟仁，芦春荣. 2014. 环境动态性对创业机会识别可行性的影响路径研究——基于创业者个人
　　特质[J].预测，33（3）：27-33.

周键. 2016. 创业激情对创业成长的影响及作用机制研究[J]. 科学学与科学技术管理，37（12）：
　　82-91.

周劲波，陈丽超. 2011. 我国创业政策类型及作用机制研究[J]. 经济体制改革，（1）：41-44.

周新生. 2000. 产业兴衰与产业经济[J].贵州财经学院学报，（4）：2-5.

朱贺玲，郑若玲. 2011. 大学生创业动机特征实证研究——以厦门大学为例[J]. 集美大学学报
　　（教育科学版），12（1）：53-57.

朱明琪，张甫香. 2018. 高管团队、企业创新与企业绩效——基于企业创新中介作用的实证研究[J].
　　会计之友，（22）：64-71.

朱仁宏. 2004. 创业研究前沿理论探讨——定义、概念框架与研究边界[J]. 管理科学，17（4）：
　　71-77.

朱永华，许霞，孙文浩，等. 2010. 大学生创业模式调查分析[J]. 武汉工程大学学报，32（6）：
　　45-49.

Acquaah M. 2007. Managerial social capital，strategic orientation and organizational performance in
　　an emerging economy[J]. Strategic Management Journal，28（12）：1235-1255.

Acs Z J，Audretsch D B，Alvarez S A. 2012. Handbook of Entrepreneurship Research[M]. New York：
　　Springer.

Acs Z J，Szerb L. 2007. Entrepreneurship，economic growth and public policy[J]. Small Business
　　Economics，28（2/3）：109-122.

Agarwal M N. 2004. Type of entrepreneur，new venture strategy and the performance of software
　　startups [D]. Calcutta：Indian Institute of Management.

Alvarez S A，Barney J B. 2004. Organizing rent generation and appropriation：toward a theory of the
　　entrepreneurial firm[J]. Journal of Business Venturing，19（5）：621-635.

Amit R，Muller E，Cockburn I. 1995. Opportunity costs and entrepreneurial activity[J]. Journal of
　　Business Venturing，10（2）：95-106.

Amit R，Muller E. 1995. "Push" and "pull" entrepreneurship [J]. Journal of Small Business &
　　Entrepreneurship，12（4）：64-80.

Andries P，Debackere K. 2006. Adaptation in new technology-based ventures：Insights at the
　　company level[J]. International Journal of Management Reviews，8（2）：91-112.

Ardichvili A，Cardozo R，Ray S. 2003. A theory of entrepreneurial opportunity identification and
　　development[J]. Journal of Business Venturing，18（1）：105-123.

Asgari N, Singh K, Mitchell W. 2017. Alliance portfolio reconfiguration following a technological discontinuity[J]. Strategic Management Journal, 38（5）: 1062-1081.

Bandura A. 1986. Social Foundations of Thought and Action[M]. Detroit: Prentice Hall.

Bantel K A, Jackson S E. 1989. Top management and innovations in banking: does the composition of the top team make a difference? [J]. Strategic Management Journal, 10（S1）: 107-124.

Barbosa S D, Gerhardt M W, Kickul J R. 2007. The role of cognitive style and risk preference on entrepreneurial self-efficacy and entrepreneurial intentions[J]. Journal of Leadership and Organizational Studies, 13（4）: 86-104.

Baron R M, Kenny D A. 1986. The moderator-mediator variable distinction in social psychological research: conceptual, strategic and statistical considerations[J]. Journal of Personality and Social Psychology, 51（6）: 1173-1182.

Beal R M, Yasai-Ardekani M. 2000. Performance implications of aligning CEO functional experiences with competitive strategies[J]. Journal of Management, 26（4）: 733-762.

Bergmann H, Sternberg R. 2007. The changing face of entrepreneurship in Germany[J]. Small Business Economics, 28（2/3）: 205-221.

Bhuian S N, Menguc B, Bell S J. 2005. Just entrepreneurial enough: the moderating effect of entrepreneurship on the relationship between market orientation and performance[J]. Journal of Business Research, 58（1）: 9-17.

Birkinshaw J, Hamel G, Mol M J. 2008. Management innovation[J]. Academy of Management Review, 33: 825-845.

Borjas G J. 1987. Self-selection and the earnings of immigrants[J]. The American Economic Review, 77（4）: 531-553.

Bouncken R B, Plüeschke B D, Pesch R, et al. 2016. Entrepreneurial orientation in vertical alliances: joint product innovation and learning from allies[J]. Review of Managerial Science, 10（2）: 381-409.

Boyatzis R E. 1982. The Competent Manager: A Model for Effective Performance[M]. New York: Wiley.

Bruyat C, Julien P A. 2001. Defining the field of research in entrepreneurship [J]. Journal of Business Venturing, 16（2）: 165-180.

Byham W C, Moyer R P. 1996. Using Competencies to Build A Successful Organization [M]. Shang hai: Development Dimensions International Inc.

Cable D M, DeRue D S. 2002. The convergent and discriminant validity of subjective fit perceptions [J]. Journal of Applied Psychology, 87（5）: 875-884.

Campbell D E. 1992. Equity, Efficiency, and Social Choice[M]. New York: Oxford University Press.

Campion M A. 1988. Interdisciplinary approaches to job design: a constructive replication with extensions [J]. Journal of Applied Psychology, 73（3）: 467-481.

Cardon M S, Mcgrath R G. 1999. When the going gets tough … toward a psychology of entrepreneurial failure and re-motivation[C]. New York: Frontiers of Entrepreneurship Research Conference.

Caselli S, Gatti S, Perrini F. 2009. Are venture capitalists a catalyst for innovation? [J]. European

Financial Management, 15 (1): 92-111.

Catts S V, O'Toole B I, Carr V J, et al. 2010. Appraising evidence for intervention effectiveness in early psychosis: conceptual framework and review of evaluation approaches[J]. Australian and New Zealand Journal of Psychiatry, 44 (3): 195-219.

Chakravarty S, Scott J S. 1999. Relationships and rationing in consumer loans[J]. The Journal of Business, 72 (4): 523-544.

Chandler G N, Hanks S H. 1993. Measuring the performance of emerging businesses: a validation study[J]. Journal of Business Venturing, 8 (5): 391-408.

Chandler G N, Jansen E. 1992. The founder's self-assessed competence and venture performance[J]. Journal of Business Venturing, 7 (3): 223-236.

Charron C, Vignon P, Prat G, et al. 2013. Number of supervised studies required to reach competence in advanced critical care transesophageal echocardiography[J]. Intensive Care Medicine, 39(6): 1019-1024.

Cheetham G, Chivers G.1996. Towards a holistic model of professional competence[J]. Journal of European Industrial Training, 20 (5): 20-30.

Chell E. 2013. Review of skill and the entrepreneurial process [J]. International Journal of Entrepreneurial Behavior & Research, 19 (1): 6-31.

Collins C J, Hanges P J, Locke E A. 2004. The relationship of achievement motivation to entrepreneurial behavior: a meta-analysis[J]. Human Performance, 17 (1): 95-117.

Collins J. 2003. Cultural diversity and entrepreneurship: policy responses to immigrant entrepreneurs in Australia[J]. Entrepreneurship & Regional Development, 15 (2): 137-149.

Cumming D. 2007. Government policy towards entrepreneurial finance: innovation investment funds [J]. Journal of Business Venturing, 22 (2): 193-235.

Deci E L, Ryan R M. 2004. Intrinsic motivation and self-determination in human behavior[J]. Encyclopedia of Applied Psychology, 3 (2): 437-448.

Deshpandé R, Grinstein A, Kim S H, et al. 2013. Achievement motivation, strategic orientations and business performance in entrepreneurial firms[J]. International Marketing Review, 30 (3): 231-252.

Diochon M ,Menzies T V ,Gasse Y . 2005. Canadian nascent entrepreneurs' start-up efforts: outcomes and individual influences on sustainability[J]. Journal of Small Business & Entrepreneurship, 18 (1): 53-74.

Dreher A, Gassebner M. 2013. Greasing the wheels? The impact of regulations and corruption on firm entry[J]. Public Choice, 155 (3/4): 413-432.

Duchesneau D A, Gartner W B. 1990. A profile of new venture success and failure in an emerging industry[J]. Journal of Business Venturing, 5 (5): 297-312.

Eckhardt J T, Shane S A. 2003. Opportunities and entrepreneurship[J]. Journal of Management, 29 (3): 333-349.

Eisenhauer J G. 1995. The entrepreneurial decision: economic theory and empirical evidence[J]. Entrepreneurship Theory and Practice, 19 (4): 67-79.

Evans D S, Leighton L S. 1989. Some empirical aspects of entrepreneurship[J]. The American Economic Review, 79 (3): 519-535.

Fayolle A, Liñán F, Moriano J A. 2014. Beyond entrepreneurial intentions: values and motivations in entrepreneurship[J]. International Entrepreneurship and Management Journal, 10 (4): 679-689.

Fischer E, Reuber A R. 2011. Social interaction via new social media: (How) can interactions on Twitter affect effectual thinking and behavior?[J]. Journal of Business Venturing, 26 (1): 1-18.

Fuchs V R. 1982. Self-employment and labor force participation of older males[J].The Journal of Human Resources, 17 (3): 339-357.

Gartner W B. 2001. Is there an elephant in entrepreneurship? Blind assumptions in theory development [J]. Entrepreneurship Theory and Practice, 25 (4): 27-39.

Gartner W B. 2007. Is there an elephant in entrepreneurship? Blind assumptions in theory development [J]. Entrepreneurship Theory and Practice, 25 (4): 27-39.

Geroski P A. 1990. Procurement policy as a tool of industrial policy[J]. International Review of Applied Economics, 4 (2): 182-198.

Glavas C, Mathews S. 2014. How international entrepreneurship characteristics influence Internet capabilities for the international business processes of the firm[J]. International Business Review, 23 (1): 228-245.

Gnyawali D R, Fogel D S. 1994. Environments for entrepreneurship development: key dimensions and research implications[J]. Entrepreneurship Theory and Practice, 18 (4): 43-62.

Hackman J R, Oldham G R. 1974. The job diagnostic survey: an instrument for the diagnosis of jobs and the evaluation of job redesign projects[J]. Affective Behavior, (4): 87.

Hall R E, Jones C I. 1999. Why do some countries produce so much more output per worker than others? [J]. The Quarterly Journal of Economics, 114 (1): 83-116.

Hall R E, Jorgenson D W. 1967.Tax policy and investment behavior[J]. American Economic Review, (3): 391-414.

Hart D M. 2003. The Emergence of Entrepreneurship Policy: Governance Startups and Growth in the US Knowledge Economy[M]. Cambridge: Cambridge University Press.

Hayes J, Allinson C W. 1998. Cognitive style and the theory and practice of individual and collective learning in organizations[J]. Human Relations, 51 (7): 847-871.

Hellmann T, Puri M J. 2002. Venture capital and the professionalization of start-up firms: empirical evidence[J]. The Journal of Finance, 57 (1): 169-197.

Higgins E T. 1997. Beyond pleasure and pain [J]. The American Psychologist, 52 (12): 1280-1300.

Hu A G Z, Jefferson G H, Qian J C. 2005. R & D and technology transfer: firm-level evidence from Chinese industry[J]. Review of Economics and Statistics, 87 (4): 780-786.

Huang Y C, Swamidass P, Raju D A. 2016. The nature of innovation in emerging industries in China: an exploratory study[J]. The Journal of Technology Transfer, 41 (3): 451-468.

Janssen M, Verbraeck A. 2008. Comparing the strengths and weaknesses of internet-based matching mechanisms for the transport market[J]. Transportation Research Part E, 44 (3): 475-490.

Jorgenson D W. 1963. Capital theory and investment behavior[J]. American Economic Review, 53

（2）：247-259.

Khelil N. 2016. The many faces of entrepreneurial failure: Insights from an empirical taxonomy[J]. Journal of Business Venturing, 31（1）:72-94.

King R G, Levine R. 1993. Finance, entrepreneurship and growth: the oryand evidence[J]. Journal of Monetary Economics, 32（3）: 513-542.

Kirzner I M. 1978. Competition and Entrepreneurship[M]. Chicago: University of Chicago Press.

Kirzner I M. 1997. Entrepreneurial discovery and the competitive market process: an austrian approach[J]. Journal of Economics Literature, 35（1）: 60-85.

Kristof A L. 1996. Person-organization fit: an integrative review of its conceptualizations, measurement and implications[J]. Personnel Psychology, 49（1）: 1-49.

Kuratko D F, Hornsby J S, Naffziger D W. 1997. An examination of owner's goals in sustaining entrepreneurship [J]. Journal of Small Business Management, 35（1）: 24-24.

Landry R, Amara N, Lamari M. 2002. Does social capital determine innovation? To what extent? [J]. Technological Forecasting and Social Change, 69（7）: 681-701.

Lazear E P. 2005. Entrepreneurship[J]. Journal of Labor Economics, 23（4）: 649-680.

Lewin K. 1952. Field Theory in Social Science: Selected Theoretical Papers[M]. London: Tavistock.

Li H, Atuahene-Gima K. 2001. Product innovation strategy and the performance of new technology ventures in China[J]. Academy of Management Journal, 44（6）: 1123-1134.

Liao J W, Welsch H. 2005. Roles of social capital in venture creation: key dimensions and research implications[J]. Journal of Small Business Management, 43（4）: 345-362.

Lin H T. 2009. A job placement intervention using fuzzy approach for two-way choice[J]. Expert Systems with Applications, 36（2）: 2543-2553.

Liñán F, Santos F J. 2007. Does social capital affect entrepreneurial intentions? [J]. International Advances in Economic Research, 13（4）: 443-453.

Linton G, Kask J. 2017. Configurations of entrepreneurial orientation and competitive strategy for high performance[J]. Journal of Business Research, 70（1）: 168-176.

Loué C, Baronet J. 2010. Entrepreneurial skills: qualitative and quantitative confirmation of a model of entrepreneurial competence（summary）[J]. Frontiers of Entrepreneurship Research, 30（5）: 1-2.

Lundstrom A, Stevenson L A. 2005. Entrepreneurship Policy: Theory and Pracitice[M]. New York: Springer Science and Business Media.

Manolova T S, Carter N M, Manev I M, et al. 2007. The differential effect of men and women entrepreneurs human capital and networking on growth expectancies in bulgaria[J]. Entrepreneurship Theory and Practice, 31（3）: 407-426.

Markóczy L, Sun S L, Peng M W, et al. 2013. Social network contingency, symbolic management, and boundary stretching[J]. Strategic Management Journal, 34（11）: 1367-1387.

McClelland D C, Boyatzis R E. 1982. Leadership motive pattern and long-term success in management[J]. Journal of Applied Psychology, 67（6）: 737-743.

McClelland D C, Burnham D H. 2003. Power is the great motivator[J]. Harvard Business Review, 81（1）: 117-26.

McClelland D C. 1962. Business drive and national achievement[J]. Harvard Business Review, 40 (4): 99-112.

McClelland D C. 1965. N achievement and entrepreneurship: a longitudinal study [J]. Journal of Personality and Social Psychology, 1 (4): 389-392.

McClelland D C. 1973. Testing for competence rather than for "intelligence" [J]. The American Psychologist, 28 (1): 1-14.

Miller R A. 1984. Job matching and occupational choice[J]. Journal of Political Economy, 92 (6): 1086-1120.

Minniti M. 2010. The role of government policy on entrepreneurial activity: productive, unproductive, or destructive? [J]. Entrepreneurship Theory and Practice, 32 (5): 779-790.

Moliterno T P, Mahony D M. 2011. Network theory of organization: a multilevel approach[J]. Journal of Management, 37 (2): 443-467.

Morgan R M, Hunt S D. 1994. The commitment-trust theory of relationship marketing[J]. Journal of Marketing, 58 (3), 20-38.

Muchinsky P M, Monahan C J. 1987. What is person-environment congruence? Supplementary versus complementary models of fit[J]. Journal of Vocational Behavior, 31 (3): 268-277.

Nabi G, Holden R, Walmsley A. 2010. From student to entrepreneur: towards a model of graduate entrepreneurial career-making[J]. Journal of Education and Work, 23 (5): 389-415.

North D C. 1990. Institutions, Institutional Change and Economic Performance[M]. Cambridge: Cambridge University Press.

Obschonka M, Hakkarainen K, Lonka K, et al. 2016. Entrepreneurship as a twenty-first century skill: entrepreneurial alertness and intention in the transition to adulthood[J]. Small Business Economics, 48 (3): 487-501.

Obschonka M, Silbereisen R K, Schmitt-Rodermund E. 2011. Successful entrepreneurship as developmental outcome: a path model from a lifespan perspective of Human development[J]. European Psychologist, 16 (3): 174-186.

Oldham G R, Cummings A. 1996. Employee creativity: personal and contextual factors at work [J]. Academy of Management Journal, 39 (3): 607-634.

Omrane A, Fayolle A. 2011. Entrepreneurial competencies and entrepreneurial process: a dynamic approach[J]. International Journal of Business and Globalisation, 6 (2): 136-153.

Pålsson A M. 1996. Does the degree of relative risk aversion vary with household characteristics? [J]. Journal of Economic Psychology, 17 (6): 771-787.

Phan P H, Wong P K, Wang C K. 2002. Antecedents to entrepreneurship among university students in Singapore: beliefs, attitudes and background[J]. Journal of Enterprising Culture, 10(2): 151-174.

Quinn J F. 1980. Labor-force participation patterns of older self-employed workers[J]. Social Security Bulletin, 43 (4): 17-28.

Rabin M. 2000. Risk aversion and expected-utility theory: a calibration theorem[J]. Econometrica, 68 (5): 1281-1292.

Ragatz G L, Handfield R B, Scannell T V. 1997. Success factors for integrating suppliers into new product development[J]. Journal of Product Innovation Management, 14 (3): 190-202.

Reynolds P, Bosma N, Autio E, et al. 2005. Global entrepreneurship monitor: data collection design and implementation: 1998-2003[J]. Small Business Economics, 24（3）: 205-231.

Rietz A D, Henrekson M. 2000. Testing the female underperformance hypothesis[J]. Small Business Economics, 14（1）: 1-10.

Rodriguez R Y, Sicilia M, López M. 2019. Altruism and internal locus of control as determinants of the intention to participate in crowdfunding: the mediating role of trust[J]. Journal of Theoretical and Applied Electronic Commerce Research, 14（3）: 1-16.

Ryan R M, Deci E L. 2000. Intrinsic and extrinsic motivations: classic definitions and new directions[J]. Contemporary Educational Psychology, 25（1）: 54-67.

Sahlman W A. 1990. The structure and governance of venture-capital organizations[J]. Journal of Financial Economics, 27（2）: 473-521.

Sarason Y, Dean T, Dillard J F. 2006. Entrepreneurship as the nexus of individual and opportunity: a structuration view[J]. Journal of Business Venturing, 21（3）: 286-305.

Schumpeter J A. 1934. The Theory of Economic Development[M]. Cambridge: Harvard University Press.

Shane S, Venkataraman S. 2000. The promise of entrepreneurship as a field of research[J]. Academy of Management Review, 25（1）: 217-226.

Shane S, Venkataraman S. 2007. The Promise of Entrepreneurship as a Field of Study[M]. Berlin: Heidelberg.

Spencer L M, Spencer S M. 1993. Competence at Work: Models for Superior Performance[M]. New York: John Wiley and Sons Inc.

Stevenson H H, Jarillo J C. 1990. A paradigm of entrepreneurship: entrepreneurial management[J]. Social Science Electronic Publishing, 11（1）: 155-170.

Stevenson L, Lundstrom A. 2001. Patterns and trends in entrepreneurship/SME policy and practice in ten economies[R]. Stockholm: Swedish Foundation for Small Business Research,

Storey D J. 1994. Understanding the Small Business Sector[M]. Beijing: Social Science Electronic Publishing.

Stuetzer M, Obschonka M, Schmitt-Rodermund E. 2013. Balanced Skills among Nascent Entrepreneurs, Small Business Economics, 41（1）: 93-114.

Suddaby R, Bruton G D, Si S X. 2015. Entrepreneurship through a qualitative lens: Insights on the construction and/or discovery of entrepreneurial opportunity[J]. Journal of Business Venturing, 30（1）: 1-10.

Szeto E. 2000. Innovation capacity: working towards a. mechanism for improving innovation within an inter-organizational network[J]. The TQM Magazine, 12（2）: 149-158.

Tang Z, Kreiser P M, Marino L, et al. 2010. Exploring proactiveness as a moderator in the process of perceiving industrial munificence: a field study of SMEs in four countries[J]. Journal of Small Business Management, 48（2）: 97-115.

Tasset C, Bernoux M, Jauneau A, et al. 2010. Autoacetylation of the ralstonia solanacearum effector PopP2 targets a lysine residue essential for RRS1-R-mediated immunity in arabidopsis[J]. Plos Pathogens, 6（11）: e1001202.

Tate W L, Bals L. 2018. Achieving shared triple bottom line (TBL) value creation: toward a social resource-based view (SRBV) of the firm[J]. Journal of Business Ethics, 152 (3): 803-826.

Teece D J. 2007. Explicating dynamic capabilities: the nature and microfoundations of (sustainable) enterprise performance[J]. Strategic Management Journal, 28 (13): 1319-1350.

Thomas L, Herrisier R L. 1991. Managerial Competencies for Effective Performance at Senior Levels in Government[M]. Hong Kong: Senior Staff Course.

Timmons J. 1990. A New Venture Creation: Entrepreneurship in the 1990s[M]. Irwin: Homewood, IL.

Tobias J M, Mair J, Barbosa-Leiker C. 2013. Toward a theory of transformative entrepreneuring: Poverty reduction and conflict resolution in Rwanda's entrepreneurial coffee sector[J]. Journal of Business Venturing, 28 (6): 728-742.

Townsend D M, Busenitz L W, Arthurs J D. 2010. To start or not to start: outcome and ability expectations in the decision to start a new venture[J]. Journal of Business Venturing, 25 (2): 192-202.

Venard B, Hanafi M. 2008. Organizational isomorphism and corruption in financial institutions: empirical research in emerging countries[J]. Journal of Business Ethics, 81 (2): 481-498.

Villasalero M. 2017. A resource-based analysis of realized knowledge relatedness in diversified firms[J]. Journal of Business Research, 71: 114-124.

Wallsten S J. 2000. The effects of government-industry R&D programs on private R&D: the case of the small business innovation research program[J]. The RAND Journal of Economics, 31 (1): 82.

Wally S, Baum J R. 1994. Personal and structural determinants of the pace of strategic decision making[J]. Academy of Management Journal, 37 (4): 932-956.

Wernerfelt B. 1984. A resource-based view of the firm[J]. Strategic Management Journal, 5 (2): 171-180.

Wiklund J , Shepherd D. 2003. Aspiring for, and achieving growth: the moderating role of resources and opportunities[J]. Journal of Management Studies, 40 (8): 1919-1941.

Wymbs C. 2000. How e-commerce is transforming and internationalizing service industries[J]. Journal of Services Marketing, 14 (6): 463-477.

Wyrwich M, Stuetzer M, Sternberg R. 2016. Entrepreneurial role models, fear of failure, and institutional approval of entrepreneurship: a tale of two regions[J]. Small Business Economics, 46 (3): 467-492.

Xin K K, Pearce J L. 1996. Guanxi: connections as substitutes for formal institutional support[J]. Academy of Management Journal, 39 (6): 1641-1658.

Yang D L, Li J P, Wu R. 2019. Impact of the core founder's functional experience diversity on new venture performance and moderating effects of environmental dynamism[J]. Emerging Markets Finance and Trade, 55 (4): 809-826.

Zhao H, Seibert S E, Lumpkin G T. 2010. The relationship of personality to entrepreneurial intentions and performance: a meta-analytic review[J]. Journal of Management, 36 (2): 381-404.

附 录 1

调 研 访 谈

为提高调研问卷的准确性,课题组对南京市紫金雨花、仙林、紫金江宁地区三个创业区园区管理人员及创业者进行了实地访谈,具体内容如下所示。

1. 紫金雨花软件谷(软件信息服务业占 80%)

管委会管理人员:①地区主要采用两个管理者、三个运营公司平台(合资:政府与社会资本)的管理模式(小政府、大服务),协调层面统筹,六大层面服务。另外也会与第三方公司合作(省创中心、北大平台),借助一些社会资源为初创企业提供一些资金支持,并协助企业申报各类项目、招聘人才等。园区特色服务:软件谷科技创业加油站活动(10 场/年)、CEO 午餐会活动,通过聚焦运营较好、所属行业类似的企业来增进企业间合作的机会。②地区一般通过衡量上一年度公司的财务指标(营收能力、税收能力)来确定入驻公司是否可以毕业,其他指标主要是技术层面和市场层面。③创业企业为何孵化失败,能实现自我平衡的 20%的企业较少?原因总结:很多创业者盲目跟风创业,目标不太明确;市场竞争恶劣,企业老板技术能力突出,但对市场环境的把控较弱,无法掌控市场;企业老板管理能力较弱,社交能力较差(80%的创业者不愿意与政府及管委会打交道,创业者应该转换对政府的看法)。

创业者甲:在北京的广告行业打拼多年,已积累大量的关系资源,创业的想法主要来自客户建议。由于接触的客户经常提出希望广告公司提供微信公众号的运营服务,因而针对这一契机,甲于 2014 年创业,主要经营新广告、新媒体、新网络。公司主要客户:政府、公司。

(1)创业动因:金钱需求+自主驱动+认可需求。就业束缚大,创业收益高且自由空间广阔;已具备一定能力,希望开创新的市场,获得亲友和客户的认可。

(2)创业成功的要素:快速学习能力,在创业初期团队人员较少的情况下,很多岗位都需要创业者快速上手;公共关系建设能力,初始帮助政府运营微信公众号，与园区领导已建立业务关系，因而对园区政策的知晓度和受惠度较高。

（3）创业绩效：客户较为稳定，企业已步入正轨，能保证企业盈利。

创业者乙：创业仅3个月，一人创业，主要从事外贸型跨境电商。

（1）动因：金钱需求+关系驱动。亲友之前从事跨境电商创业，经验丰富，出于赚钱需求和亲友激励而选择创业。

（2）创业成功的要素：先验知识，创业需具备较为成熟的经验，对所创企业有明确的定位；关系网络，前期需要稳定的客户资源，能够维持企业初创期的生存。

2. 紫金仙林—江苏生命科技创新园（生物医药占97%）

管委会管理人员：①地区定位为服务机构，以企业需求为导向，推进"店小二"式服务。地区将政策汇编为册（包括资质荣誉、创业人才、创业资金、创业税收、知识产权、创业服务六大类），便于企业阅读。主要为企业提供包括项目申报、税务、环保测评等服务，并定期走访重点企业或问题较大的企业，有针对性地送政策，送服务上门，确保企业能够了解政策、用足并用好政策；同时制定个性化服务举措，通过收集企业发展过程中的个性化需求（人事招聘、医药改革的一次性评价），发挥园区的资源优势，推进产学研合作进程。举办创新创业论坛、融资对接活动、主题沙龙交流活动，助力企业对接投资机构或个人，促进企业与企业、园区间、风投等社会化机构的深度交流。②地区对在孵企业的创业绩效评价：税收、营业收入等19项指标。

创业者丙：创业前从事国内外医药贸易销售，从中识别新的市场需求，但发现国内缺乏某类药物的生产厂家，因此出于国内产品空缺而萌生创意。创业前期主要经营新药品研发和销售，但由于产品研发周期较长而增加业务：新材料（电子方面），以维持企业的生存。企业现已申请公开专利10多项，其中有2项属于授权专利。

（1）创业动因：社会认可+价值实现。期望中国企业具有自主创新意识，而不再依赖进口日本材料；希望所创企业能够自主开发材料以替代进口材料；也希望自己能够成为领域专家，突破技术限制，为产业贡献绵薄之力。给其他创业者的建议：创业具有高风险性，大学生创业需谨慎，若未曾在阿里巴巴、网易等企业获取过实际工作的经验，不建议大学生直接创业，尤其是高科技创业。

（2）创业成功的要素：社会关系构建能力，生物医药业创业者需要有强劲的技术合作关系、客户关系、政府关系等作为支撑，企业才能得以快速发展。管理能力，创业者需掌握较强的企业及人才管理能力，明确企业发展目标，注重专业人才的招聘和考核机制。另外，创业者丙表示希望企业与大型企业合作，等待收购，通过突破核心技术点以求共赢。

（3）对政策及园区的建议："3·21 计划"停留在申请人背景上，扶持政策更加侧重有成果的企业，偏向大型企业，对中小企业的力度较弱，对初创企业更无实际推动作用；政策突发频率高、转变快、延续性低。园区政策对企业具有较大帮助，但未能跟进企业阶段性需求给予扶持；园区基础设施较完善，但缺乏生产服务和测试服务等。

3. 紫金江宁—未来网络小镇、悠谷（未来网络占 42%、智能制造占 32%）

管委会管理人员：①园区主要包括公共技术平台、科技中介平台、综合服务平台三大模块，以科技创业金融扶持模式为主，同时探索政府"持股孵化"模式，通过减免租金和增值服务等费用，转化为政府持有的创业企业的股份，减轻企业资金压力，同时增加政府收益，实现双赢。特色服务：八大服务平台对接社会、政府、省创中心等资源，通过分配平台定期走访企业，为企业提供招商、政策服务、知识产权、企业财务税务、投融资对接等服务。同时提供创业辅导、导师培训等创业辅导课程，针对企业不同时期的需求实行服务档次对接。②创业企业为何孵化失败？创业者对自身企业的盈利模式不清晰，市场定位不合理；创业者的战略眼光较弱，难以实施准确的企业发展战略；创业团队的整体素质不高。

创业者丁：创业前为大学教授，在与企业合作的项目中查探到商机，由此萌生创业想法，团队技术支持由博士生海归朋友提供。公司主要从事 PM 2.5 检测仪器的研发、生产、销售。

（1）创业动因：能力驱动+自我实现。在高校任职期间已集聚丰富的技术资源和客户资源，具有多年的项目经验，因此对行业市场的了解较为深入；加之不安于稳定的学院生活，希望通过创业来证明其实践能力，为环境测评仪的市场增添新动力。

（2）创业成功要素：关系资源丰富，能够快速组建创业技术团队，实现技术的市场化；坚持不懈的毅力，能承受多次失败的打击，并不断钻研创新技术。

创业者戊：2010 年在上海首次创业，失败后辗转于北京互联网行业，并在南京途牛等公司担任技术人员及管理人员。多年的互联网从业经验和技术优势促使其于 2015 年二次创业。公司主要专注于互联网技术开发、投资、运营的 C2B 互联网公司，现已与苏宁、中南地产等上市公司达成稳定的合作关系，公司正处于稳步上升阶段。

（1）创业动因：能力驱动+关系基础+价值实现。创业者具有 10 多年在各大互联网公司工作的经验，已成为领域资深技术专家，受第一次创业的打击，期望通过二次创业实现技术与市场的无缝对接。公司核心技术团队均来自创始人在途牛、苏宁等公司工作时结识的同事，都是南京互联网公司的架构师和高级技术经理，具有超强的执行力和敏锐的洞察力。

（2）创业成功要素：资源整合能力强，能够集结技术团队（同事+客户）和商业关系网；具有较雄厚的资金支持，公司凭借专利技术已获得 A 轮天使投资。

附 录 2

创业动因及创业模式类型调查问卷

尊敬的女士/先生:

您好! 我们是国家社会科学基金重点项目"供需匹配视角下提升我国新兴产业企业家创业胜任力的政策供给研究"课题组的研究成员,正在进行关于创业者的调查研究。本次调查旨在了解您的创业动因及创业模式类型等情况,烦请你抽出宝贵的时间填写此问卷,您的答案对我们的研究非常重要。问卷主要设置为两个部分:创业者的基本信息和创业者的驱动因素。问卷采用不记名形式,请您仔细阅读并如实填写,答案无对错之分。您所填写的所有信息仅用作学术研究的内部材料,绝不用于任何商业目的,我们承诺将做好保密工作。衷心感谢您的真诚合作!

一、基本信息

以下问题请您根据自身情况,在合适的选项前打"√"。

1、您的性别:

A. 男□　　B. 女□

2、您的部门和职务:＿＿＿＿＿＿

3、您的年龄:

A. 18~24 岁□　　B. 25~34 岁□　　C. 35~44 岁□　　D. 45~54 岁□

E. 55 岁及以上

4、您的身份:

A. 创业者□　　B. 创业者团队成员□　　C. 都不是□

5、您的学科背景:

A. 理学□　　B. 工学□　　C. 农学□　　D. 医学□　　E. 文学□

F. 史学□　　　G. 哲学□　　　H. 法学□　　　I. 经济学□　　　J. 管理学□

K. 教育学□　　　L. 军事□

6、您的最高学历：

A. 博士□　　　B. 硕士□　　　C. 本科□　　　D. 大专及以下□

7、您在海外生活了多长时间？

A. 无□　　　B. 0~3 年□　　　C. 3~5 年□　　　D. 5~10 年□　　　E. 10 年及以上□

8、您此次创业前共有几次创业经历？

A. 无□　　　B. 0~1 次□　　　C. 1~3 次□　　　D. 3 次及以上□

9、您所在的行业是？

A. 新一代信息技术□　　　B. 高端装备制造□　　　C. 生物医药和医疗器械□

D. 新能源汽车□　　　E. 智能电网□　　　F. 新材料□　　　G. 节能与环保□

H. 其他_____（请补充）

10、最符合您选择创业的原因是：

A. 我认为我对现在的就业选择不满意或暂时没有其他就业选择。□

B. 我认为我在创业前期就已经察觉到了市场中的潜在商机。□

C. 我认为我/我的创业团队具有一定创新能力，能够依靠技术成果为市场提供新产品和服务或创新商业模式。□

二、创业驱动因素表

请您仔细阅读以下描述，并结合实际情况给以下题项的强弱程度打分，在相应的数字上画"√"。其中，1 表示"程度最弱"，3 表示"中等程度"，5 表示"程度最强"，数值越小表示程度越弱，数值越大表示程度越强。若某一描述无法完全代表您的观点，请在最接近您观点的选项上打勾。

维度	题项	弱		中等		强
经济自主需要	我认为创业能够积累更多的财富	1	2	3	4	5
	我认为创业能让我实现自由支配财富的愿望	1	2	3	4	5
	我认为创业者比就业者受到的经济约束更低	1	2	3	4	5
工作自主需要	我认为创业可以让我自由分配工作时间	1	2	3	4	5
	我认为创业能够让我自由支配工作资源	1	2	3	4	5
	我认为创业能够给予我更多的决策话语权	1	2	3	4	5
关系网络需要	我认为创业可以让我积累更多的人脉关系	1	2	3	4	5
	我认为创业能够让我掌控更多的信息资源	1	2	3	4	5

续表

维度	题项	弱		中等		强
关系网络需要	我认为创业能够增强我与团队或客户等关系网的联系	1	2	3	4	5
社会认可需要	我认为创业能够让我感知到创业者的身份获得认同	1	2	3	4	5
	我认为创业能够让我获得社会公众的尊重	1	2	3	4	5
	我认为创业可以带给我社会关注度,甚至获得影响力	1	2	3	4	5
能力提升需要	我认为创业能够让我挑战自我	1	2	3	4	5
	我期望通过创业获得成长	1	2	3	4	5
	我认为创业能够提升我的技能	1	2	3	4	5
价值实现需要	我认为创业能够发挥我的专长	1	2	3	4	5
	我认为创业能让我证明自己的能力	1	2	3	4	5
	我认为创业能够帮助我实现个人价值	1	2	3	4	5

再次感谢你的合作!

附 录 3

新兴产业企业家创业胜任力的政策供给研究

尊敬的女士/先生：

您好！我们是国家社会科学基金重点项目"供需匹配视角下提升我国新兴产业企业家创业胜任力的政策供给研究"课题组的研究成员。请您结合实际情况在相应的选项上画"√"。

问卷采用不记名形式，请您仔细阅读并如实填写，答案没有对与错，请根据企业实际状况填写，您的答案对我们的研究结论非常重要。本问卷纯属学术研究，内容不涉及贵公司的商业机密，所获信息也不会用于任何商业目的，请您放心并客观填写，非常感谢您的热情帮助。

基本信息

1、您的性别：
A. 男□ B. 女□
2、您的部门和职务：_____
3、您的年龄：
A. 18~24 岁□ B. 25~34 岁□ C. 35~44 岁□ D. 45~54 岁□
E. 55 岁及以上□
4、您是：A. 创业者□ B. 创业者团队成员□
5、您所处公司的企业规模：
A. 员工数 100 人以下□ B. 员工数 100~200 人□
C. 员工数 200 人及以上□
6、您所在公司的企业年龄：
A. 1 年以下□ B. 1~3 年□ C. 3 年及以上□

7、您所在的行业：

A. 新一代信息技术□　　B. 高端装备制造□　　C. 生物医药和医疗器械□

D. 新能源汽车□　　E. 智能电网□　　F. 新材料□　　G. 节能与环保□

H. 其他_____（请补充）

附 录 4

访谈录音转录稿（节选）

1. 创业者

A：访谈对象——南京市紫金（雨花）软件谷在孵企业机会拉动型创业者（新媒体、创业三年）

B：访谈对象——南京市紫金（雨花）软件谷在孵企业生存推动型创业者（跨境电商、创业不足一年）

C：访谈对象——南京市紫金（雨花）软件谷创业服务人员

Q：访谈者

访谈时间：2017.5.12

Q1：您的创意是怎么形成的，您认为选择创业的动因（如获得更高的自主性、家人朋友鼓励创业、挑战自我提升自我能力、提高个人社会认可及地位等）主要是什么？

A：我之前做的工作主要是广告设计，在给客户做广告的时候，客户有时候会提出"微信公众号"的需求，由于客户提出的这些需求，再加上我也蛮喜欢这个行业，自己也有能力，因此我选择了创业。我是从 2014 年开始创业的，创业主要是为了赚钱，当然，在工作的时候受到的牵制比较多，创业灵活性和收益也会比之前高很多，所以也是为了获得自主性吧。

B：创业嘛，首先都是为了钱，其次主要是因为朋友的鼓励，因为朋友之前也创业，做得比较成功，我能从他那里获得比较多的经验。因为跨境电商这个模式已经比较成熟，也特别简单，所以我选择了跨境电商来创业。我是今年 4 月份才来这边的，由于我是一个人自己创业，所以自主性相对来说也较多。

Q2：进入孵化器后，在创业过程中，您认为创业的关键要素是什么？（如创业者胜任力、创业团队组成等）

注：社会胜任力即创业者与创业环境互动的能力，表现为社会关系的构建、

沟通交流能力等；职能胜任力是创业者整合配置创业资源的技能。例如，创业团队的协同管理、新兴技术的研发管理等；认知胜任力为创业者搜寻处理创业信息的能力，包括创业者的认知结构和决策模式等；心理胜任力指影响创业者创业倾向、风险偏好等心理因素。例如，主动性人格、冒险精神、创业热情。

A：对于创业前掌握一定资源的创业者，创业之前具有的项目、客户资源很重要。对于从零起步的创业者，第一，需要勤奋，要"拼"。勤奋的人不一定成功，但成功的人一定勤奋。第二，要有学习能力。成功的创业者能够钻研新东西并从中发现商机。第三，要有应对、把握商机的能力。对于业务驱动型的创业，起于顾客提供的业务机会。因此，要能够把握创业机会。第四，能够创新商业模式。开始时由于业务驱动，开始做新媒体平台；之后发现只做平台，很难营利，就开始做平台运营；再之后，开始结合新的媒体，提出新的商业模式。

首先，公共关系处理能力比较重要。经常与政府沟通时，能够及时了解政府信息，获得更多的支持。通过与政府的业务往来，和一些政府及政府领导建立了关系。但不习惯去维护与政府，特别是政府领导的私人关系。其次，创业氛围比较重要。好的创业氛围能够提升创业者的创业效率。一方面，同期的创业团队在一起工作，相互交流；另一方面，创业投资会定期问询创业进度，从而形成了良好的创业氛围，能够监督创业者和创业团队的行为，提升他们对创业计划的执行。因此，以天使湾、YC 为代表的创业投资，会要求不同创业团队在一起座谈，相互提出批评意见；抑或要求所有创业团队吃住行在一起。最后，创业者对创业项目的认知很重要。一些学术型的创业者，创业一技术而非市场为导向；更重视技术的高、精、端，很少关注项目的市场前景。

B：创业导师等的指导，对具体创业活动的指导有限，需要的更多的是创业氛围。对于模式改进而非创新型的创业项目，主要需要创业者的社会网络和创业前的工作经验。特别对于跨境电商，由于模式比较简单，创新性不高，因此初创期不需要固定的创业团队。在创业初期只需要兼职团队。兼职团队主要由亲友组成，信任度比较高，团队联系比较灵活主要通过电话联系。

Q3：您对现在孵化器的管理和服务满意度如何？您对孵化器创业绩效的评价制度认同度如何？请结合自身经历详细说明。

A：目前，基础设施的私密性不够。目前，软件谷中办公场所的设计比较开放，而且办公地点相邻企业的业务又比较接近，所以需要进行涉及商业秘密的会谈时，只能去客户公司会谈。

B：创业绩效评价标准比较简单。一方面在技术层面，考核例如是否属于"3·21人才计划"等，另一方面在市场层面，考核营业收入。目前，以市场绩效为主。例如，初创企业是否孵化成功，以营业收入为唯一标准。

Q4: 您对南京市创业政策的感知度如何？从何种渠道获取南京市相关创业政策，对政策的解读、运用效果如何？请具体说明。

A: 南京市的创业政策其实大家基本都知道。我们做的主要偏向互联网，其实在政府人员眼里，政策更多的还是偏向传统，针对我们这种"草根族"的政策比较少，政府的（科技）政策倾斜度比较大。再加上政策的门槛多，从你知道到你提交申报材料，材料太多，程序比较烦琐。到你拿到申请资金的时候比较少，所以一般比较少申请这个，大多数都是和银行去贷款，拿到的是差不多的数额。

B: 我了解不太深入，我是自己来这边询问这些政策的，但政策的确比较偏向于传统，针对我们跨境电商这种类型的比较少，政策都比较少，大多数政策比较注重前期的研发，市场的扶持力度较弱。

Q5: 您选择雨花区进行孵化的原因是什么？请具体谈谈雨花区的优势在哪里？

A: 关于政策方面的差异，其实各个区都大同小异，但这边交通比较方便，靠近地铁，其他的硬件设施，软件服务（有咖啡提供）比较好。缺点就是这边以前是没有格子间的，现在隔了起来，但是私密性还是比较低，有时候和客户交流还是希望有独立空间的，我们现在不重要的事情会邀请客户来这边交流，但比较重要的内容，我们会去客户那边交流，保留一下商业秘密。

B: 选择这边主要是因为离我家比较近（交通），这边环境还是比较好的。

2. 地区管委会政府工作人员

A: 访谈对象——南京市紫金（雨花）软件谷管委会人员

Q: 访谈者

访谈时间：2017.5.12

Q1: 目前地区的硬件建设相对成熟，您认为地区采取什么管理模式（如"小政府、大服务"），主要聚焦于在哪些管理工作？在软件建设方面遇到什么困难和问题？是否可以借鉴第三方服务平台的管理模式？请具体谈谈。

A: 确实，目前紫金雨花（地区）的硬件比较成熟。我们在企业的办公区方面有将近 100 万（平方米）的载体面积。管理模式我们确实采取"小政府、大服务"的形式，具体而言，载体分为三大块，每一块我们会成立载体公司，这些公司基本上是合资公司，就是政府资本和社会资本的结合，总共有三个公司来运营这三大块。然后，我和我的同事两个人到协调层面去把三个公司管理好，指标统筹好；并且我们会开展一些服务。比如，我们从基本的法务、工商、投融资等方面为企业搭建公共服务平台，都是企业在孵化器和众创空间里面能够接触到的大的服务。其实我们起到一个组织者的作用，主要还是借助社会的资源来做，向我们徐总这边的资源会丰富一点。小政府嘛，我们是组织者，把社会上第三方的服务机构组织到省里去做一些服务。而我们紫金雨花（地区）的一个亮点，专门针对科创区的企业，有一条政策——"创业9条"。据我所知，这个政策在全市是唯一且首例，每年我们兑现的资金在1000万（元）左右，给初创型企业。因为初创型企业是不怎么赚钱的，盈利能力不强。在这种情况下，政府愿意拿出1000万（元）的资金去协助他们做各种资质申报，包括招聘人才、营收奖励等多个方面。说白了，我们就两个管理者，所以是"小政府"，而"大服务"是利用三个运营公司的平台来提供服务。另外，我们自己也是组织第三方机构去一些服务平台来做服务，应该说这是我理解中的"小政府、大服务"。管理工作嘛，对上是对科委的协调、沟通，平时对三大运营平台的走访、管理和指标的分配，以及政策的发布、兑现等。在软件建设方面我们说实话人手比较少、平时认为集体的默契度比较高，所以在管理机制方面没有做什么文章，因此没有考虑到有什么困难和问题，至少现在是没有的。目前还是以传统的管理模式为主，这方面暂时忽略吧。我不知道我们这种管理模式是不是已经在走第三方的一条路了，因为成立合资公司这样的模式应该也是有人已经在做了。我们对三个运营公司的管理中，每一个运营公司其实都有我们的同事。我们现在分为两拨，我是企业服务的，专门做对上协调、平级协调、政策管理、政策实施等，而运营公司的董事长、副总几乎都是我们的同事。我们的同事和第三方是一起融合起来做事的，我们所合作的第三方一定是有资源的。比如，我们和省创中心合作、省高新技术创业服务中心合作，他们有省里科技创业方面的政策和资源。我们在合资公司中不一定是大股东。例如，我们和明发地产合作，他控股，然后我们和教科院、深港产学园成立一个公司。因此，我们合作的对象，要么有招商能力、要么有资本能力、要么有政府资源能力，总之是几个方面的资源要素，发挥各自的优势。一方面我们派去的人员，方便公司与我们的沟通，这样协调起来比较顺畅。比如，和地区办公室协调招商指标问题、政策兑现问题、申报孵化器等。另一方面，他们就相当于一个润滑剂的作用，角色定位来说，他们既帮助所在公司争取了利益，又能辅助政府顺利完成工作指标，也为政策的落地提供了一种渠道。

　　Q2：在地区现有的要素资源基础上，您认为哪些要素较为欠缺（如管理人才、管理机制等）？地区从哪些方面或者哪些角度进行在孵企业的创业绩效评价？

　　A：管理方面就不说了，因为我们正在摸索管理机制方面的事情。现在我们两个管理者在地区办的办公室，下面主要的运营公司就交给公司或者第三方服务机构去管理，但我自己还创了一个服务——中国南京软件谷"科技加油站"活动。我们每年会把企业的CEO聚集起来，开一个午餐会，一年12场，一场叫"CEO午餐会"，另一场叫"CEO下午餐"。活动主要是把十佳企业聚集起来，以促进企业的合作交流和高层的头脑风暴。这些企业的行业背景类似。比如，都是做法院大数据的、做公安单子、银行单子的、人工智能的等，总之他们之间具有行业的黏性。这是我创立的服务，所以是我自己在做，也比较受企业的欢迎，以后做成品牌活动后希望可以商业化运营，转为盈利模式，让创业者主动参与。其他的一些服务基本上都是交给第三方机构的，这些第三方机构有可能是我们主动找的，也可能是对方主动找到我们的。比如，做项目申报的、资质包装的、高技术企业申报的、人才招聘的等，所以分层次管理下的第三方服务机构还是比较多的。关于创业绩效的评价，我们平时确实没有怎么做，创业企业的成功率也相对比较低。很多创业者在前三年都是以养活自己为主，更不要说赚钱了。其实我们这边能成功，或者说实现资金自我平衡的毕业企业在 130 多家，还是有个门槛的。这个门槛通常是去年的财务状况，以前我们也有其他的标准，但是经过 5 年的摸索，我们发现营收能力才是最关键的毕业标准。其实，绩效评价我们平时也有带着做，在政策兑现的过程中，有一些变相的绩效评价。比如，企业能兑现的钱越多，说明这个企业的绩效越好，或者说在研发方面是出色的。所以说，这些都是在做绩效评价的。核心指标除了盈利情况，也会注重企业在技术层面的优势。比如，"3·21人才"的产值也许不高，但是他们的技术背景却是很好的，能够通过政府计划的层层筛选获得奖励资金，因此可以说他们在技术方面是没有太大问题的，只不过他们在技术和市场的对接上还是一个摸索的过程。这种企业在毕业时我们基本上也是会考虑的。所以，其实就是两方面，要么有技术含量，要么有市场含金量。

Q3：目前地区累计孵化毕业企业的比重仅为 14.63%，您认为科技型企业孵化失败的原因是什么？在孵企业与孵化毕业企业相比，两者所需的创业服务有什么差异？未来应该如何提高累计孵化毕业企业的数量？请结合地区创业服务具体说明。

A：孵化失败的原因来说，其实创业本身就带有不确定性，而且很多人创业也具有一个盲目性，或者叫一头热。第一个，国家现在在推"大众创业、万众创新"，很多人在目标不明确的情况下，还是会想去赶个时髦，有很多这样的人。所以，创业者目标不明确，意味着他失败的概率也会大一点。第二个，确实企业现在的生存环境是比较恶劣的，包括养人的负担、税收的负担，我觉得这也是个原因之一吧。第三个，我觉得企业的老总，尤其是"技术男"，他缺乏企业管理的基础能力。他只懂技术没有用，还要懂市场、懂管理。我觉得是这个社交能力还是十分重要的。所以，相对来说，综合素质也是影响他创业成败的原因之一。我在接触企业的过程当中可以说是阅人无数，懂为人处事、公共关系建设方面的人才还是缺乏。

孵化毕业企业，有继续留在园区发展的，也有毕业之后我会建议他换个地方发展。因为载体的资源地理位置比较偏，不利于企业招聘人才、待人接客等。因为到了一定阶段，企业是需要树立形象、有门面的；不能在犄角旮旯的地方，给人一种没有钱、没有发展前景的感觉。我觉得在孵企业和孵化毕业企业所需的服务是大同小异的，无非需要我们去做一些他们不方便去做的事情。比如，小企业想"傍大款"，大企业也希望有人来"傍"。我们也没有针对这两种企业去提供差异性的服务。因为政府的服务不是点对点的，从来都是在一个面上的。我们的对象按理来讲都是一视同仁的。

　　未来在提高孵化毕业企业的数量上，第一，我们会把好入门关。例如，基础禀性比较好的企业，这可能是有管理的、有技术的或者有过成功创业经验的人，他的成长会好一些，创业也会少走弯路，所以从源头方面先抓入孵企业的质量。第二，我觉得是政策的刺激。比如，有政策刺激和没有政策刺激，对企业来说效果是不一样的。有政策的话，可以吸收更多创业企业入孵园区，而且可以通过政策促进企业研发、市场销售等方面的活动。第三，我觉得是企业自身的造血功能。外部的刺激更多是第三方的一种作用，更多的还是靠自己。政府的服务只能为企业提供一些合作的资源，或引导企业从技术和管理上进行提升。首先企业或创业者要有一种提升自我的需要。

　　Q4：对于地区创业服务，您认为地区管理办与软件谷发展公司之间、创业服务平台之间的协同与沟通效率如何？请通过具体事例加以说明。

　　A：这个我觉得我们沟通管理还是比较顺畅的。首先，我们和发展公司本身是一家，我们参股也派人过去，所以沟通协调挺好的。我们和创业服务平台之间的关系也比较好。因为我们掌握这些企业的技术，基本上有什么需求，服务平台都会愿意提供服务，不管是收钱还是不收钱。就算不收钱，从长远来讲也是有利可图的。所以，我们三方之间的沟通方面还是不错的。例如，我们要组织一场活动，三方的相应都比较热烈，一场活动很容易就能办起来，效率还是很高的。其次，创业服务平台有综合性的大平台，也有融资服务、招聘人才的专业性平台，所以企业要办事的时候是很方便的（不存在扯皮现象）。

　　Q5：目前地区的建设和发展是否有开发其他社会资源和力量的支持？请具体说明。

　　A：我们是有撬动其他社会资本的。例如，政府前期是要投资的，一味地靠贷款，有可能解决不了资金的需求。所以说，明发占我们科创园51%的股份，出了50亿元。再如，创业创新城本身是明发的，我们（政府）出了20亿元，买了40%多的股份过来，其实是明发控股的，但是我们把现有的社会资本力量吸引过来。或者说，我们拿出土地资源，邀请第三方机构和社会力量过来和我们一起开发。因为，我们建那么多办公楼、人才公寓，前期都是要靠别人的力量。政府不仅花钱建载体，它也要修路、建桥，这就是一种公私合作（public-private partnership，PPP）模式，只不过人家是硬件基础设施，我们是一种服务。目前，政府出资、导入社会资本、设立一个专门性的公司，但是尚未建立一体系化的治理机制。所以今年在写规划的时候有两个建设目标：一是建立科学系统的运营管理机制；二是打造比肩中关村的全国一流科创孵化基地。但是还没有参照物，只是一个想法和规划，并且我们六个人在做一些尝试了。

Q6：如何切实降低创业者的创业成本，请具体说明。

A：整个社会的创业成本我就不去评论了。相对而言，我们这边的创业成本还是比较低的，因为我们地区政策是给创业者3年房租免费的优惠，以前是两年，而且进去之后，桌子椅子都准备好了，创业者去了以后，带着电脑和人脑就可以办公了。所以说，基础设施我们都配好了，创业者要负担的成本就是 3 元/（m²/月）的物业管理费；而且我们还有配套的人才公寓，起码低于社会老百姓的住房成本；此外，还有研发费用、申请高企等费用都是可以报销的。我认为，在我们地区来说创业成本主要是人力资源成本，还有做市场的成本。其实，创业投入的资金如果可以营收，都是消费者在承担，所以关键还是看这个企业的前景，从我们政府角度来说，我们是很有热情的，提供资金和服务等工作都事无巨细。

其实，说句实在话，这么多的政策，就干部知道，企业不知道。能让创业者感兴趣的政策还是比较少的，很多政策创业者一看像看天书一样，看不见摸不到都是假的。两方面要结合起来，一方面，政府政策很多是围绕指标来撰的，按照目标来布局的，协助自己完成指标这是没有错的，但另外一方面，我觉得要像你们这样做一个基层的调研，看看企业需要什么东西，尽量往中间去凑。很多政策不接地气的话，效率低，做不出影响力。做政策要跳出小圈子，不能下不到民间。

新兴产业企业家创业胜任力的政策供给研究调研问卷 B

尊敬的女士/先生：

您好！我们是国家社会科学基金重点项目"供需匹配视角下提升我国新兴产业企业家创业胜任力的政策供给研究"课题组的研究成员。本书将把脉创业者的创业胜任力自评和创业政策供给感知（最近3.5年内），以优化创业者的创业政策供给。本问卷设置了三个部分：创业者的基本信息，创业者的创业胜任力自评和创业政策供给现状感知。请您结合实际情况给以下指标的强弱程度打分，在相应的数字上画"√"。其中，1 表示"程度最弱"，3 表示"中等程度"，5 表示"程度最强"，数值越小表示程度越弱，数值越大表示程度越强。请在您认为最恰当的选项上打勾。

问卷采用不记名形式，请您仔细阅读并如实填写，答案没有对与错，请根据企业实际状况填写，您的答案对我们的研究结论非常重要。本问卷纯属学术研究，内容不涉及贵公司的商业机密，所获信息也不会用于任何商业目的，请您放心并客观填写，非常感谢您的热情帮助。

一、基本信息

1、您的性别：

A. 男□ B. 女□

2、您的部门和职务：_____

3、您的年龄：

A. 18~24 岁□ B. 25~34 岁□ C. 35~44 岁□ D. 45~54 岁□

E. 55 岁及以上□

4、您的身份：

A. 创业者□ B. 创业者团队成员□

5、您的学科背景：

A. 理学□ B. 工学□ C. 农学□ D. 医学□ E. 文学□

F. 史学□ G. 哲学□ H. 法学□ I. 经济学□ J. 管理学□

K. 教育学□ L. 军事学□

6、您的最高学历：

A. 博士□ B. 硕士□ C. 本科□ D. 大专及以下□

7、您在海外生活时间：

A. 无□ B. 0~3 年□ C. 3~5 年□ D. 5~10 年□

E. 10 年及以上□

8、您此次创业前的创业经历：

A. 无□ B. 0~1 次□ C. 1~3 次□ D. 3 次及以上□

9、您所在的行业：

A. 新一代信息技术□ B. 高端装备制造□ C. 生物医药和医疗器械□

D. 新能源汽车□ E. 智能电网□ F. 新材料□ G. 节能与环保□

H. 其他_____（请补充）

10、促使您创业的原因：

A. 没有其他就业选择或对可供就业选择不满意□

B. 创业前期已经察觉到市场中的潜在商机□

C. 具有一定创新能力，依靠技术成果提供新产品和服务或创新商业模式□

11、从企业角度出发，您认为目前创业政策还有哪些方面需要改进和完善？

（多选）

A. 拓宽政策发布渠道□ B. 关注企业的需求□ C. 覆盖行业更全□

D. 强化市场导向□ E. 其他_____（请补充）

二、创业者创业胜任力自评表

创业胜任力维度	创业胜任力指标	弱		中等		强
心理胜任力	创新风险的承受能力	1	2	3	4	5
	创业态度的积极性	1	2	3	4	5
	创业激情的持续性	1	2	3	4	5
认知胜任力	创业能力的自我评价	1	2	3	4	5
	知识更新与实践学习能力	1	2	3	4	5
	市场需求和技术变革趋势的洞察能力	1	2	3	4	5
职能胜任力	创业者个体的个人魅力	1	2	3	4	5
	创业者个体的技术权威性	1	2	3	4	5
	创业者个体的团队管理力	1	2	3	4	5
社会胜任力	技术关系网络	1	2	3	4	5
	商业关系网络	1	2	3	4	5
	政府关系网络	1	2	3	4	5

三、创业者创业政策供给现状表

维度		题项	弱		中等		强
政策知晓		资质荣誉类政策	1	2	3	4	5
		创业人才政策	1	2	3	4	5
		创业资金政策	1	2	3	4	5
		创业税收政策	1	2	3	4	5
		知识产权政策	1	2	3	4	5
		创业服务政策	1	2	3	4	5
获取渠道		接受孵化器的政策信息推送	1	2	3	4	5
		依托与政府构建的公共关系网络	1	2	3	4	5
		关注电子政务平台	1	2	3	4	5
政策受惠	资助奖励型	"人才计划"的资助支持	1	2	3	4	5
		科技与知识产权等项目的经费支持	1	2	3	4	5
		"苏微贷""苏科贷"等融资资助	1	2	3	4	5
		资本市场的融资补贴	1	2	3	4	5
		减免税等税收优惠	1	2	3	4	5
	服务支持型	人才生活配套服务的支持	1	2	3	4	5
		生产性社会服务平台的扶持	1	2	3	4	5
		科技金融的支持	1	2	3	4	5

续表

维度		题项	弱		中等		强
政策受惠	服务支持型	产学研合作载体的支持	1	2	3	4	5
		创业教育与技能培训的支持	1	2	3	4	5
	荣誉称号型	产品或企业的资质认定	1	2	3	4	5
		个人或项目的荣誉和奖励	1	2	3	4	5
政策不满意度	政策内容	政策设计缺乏针对性	1	2	3	4	5
		政策条款欠操作性	1	2	3	4	5
		程序复杂且门槛高	1	2	3	4	5
		政策条款存在歧视性	1	2	3	4	5
	政策执行	政策宣贯不到位	1	2	3	4	5
		政策审批不及时	1	2	3	4	5
		政策延续性不够	1	2	3	4	5

附　录　5

调研访谈汇总

为准确把脉南京市创业政策实施现状和创业者创业现状，同时提高调研问卷的准确性和针对性，以最终改进和完善南京市新创企业的创业政策。在分发调研问卷之前，课题组在南京市江北新区研创园、高新区生物医药谷等地实地调研，主要调研内容包括园区、孵化器和创业者等三个方面。

1. 园区

课题组对包括雨花区、江宁区及江北新区等在内的园区进行了实地调研，主要围绕园区的主要特点、提供的服务内容及存在的问题等进行了访谈，具体总结如下。

（1）江北新区研创园。主要产业方向：①芯片设计。②智能制造。③互联网+。主要提供服务：①"硬服务"。主要提供硬件载体，"孵鹰大厦、扬子科创中心等"。②"软服务"。免房租为主、帮助申请人才计划等、专业孵化器团队、创新券。园区主要特点：①政策分类管理，推送式和定向式。②针对企业不同阶段提供不同服务。初创期，拎包直接办公、成长期，加速器支持；成熟期，提供塔楼支。③作为第四方，引进阿里巴巴、清华大学深圳研究所、猪八戒等第三方孵化器，提供专业化服务。④拥有软件测试服务平台，提供生产性测试服务。出现主要问题：①侧重龙头企业招商。②园区以企业纳税份额为准，很多企业初创期难以达标。③政府对园区每年指标过于标准化，不根据园区实际情况来设定。

（2）高新兴生物医药谷。主要特点：①生物医药领域，化药特殊性，短期难以见效，周期长。②创业导师团队，大企业带动小企业。③"EHS 管理"①，安保、消防等，目的是改进工作场所安全性，保护环境。④产学研合作，与高校、教授、

---

① EHS 管理（environment、health、safety），是环境管理、职业健康管理和安全管理的整合。

医院合作。主要问题：①自己提供的服务居多，缺少专业化服务团队。②园区人手紧张，每个人身兼数职。③"专利合作条约"（patent cooperation treaty，PCT）事后奖励，企业缺少动力。主要启示：①应发挥国家级高新区子园区优势。②需完善政策供给的系统性与整体性。③园区种子企业成长需要依托第三方服务，打造公共服务平台。

2. 孵化器

课题组在江北新区研创园孵鹰大厦中走访了猪八戒、阿里巴巴创新中心及力和星空等专业孵化器，对孵化器的主要负责人进行了专访，主要围绕孵化器的构成要素、提供服务及存在的问题等方面，具体总结如下。

（1）猪八戒。目前政府孵化器问题：①本身创业者对政策不感兴趣。②类似于政策宣讲会等，企业达不到政策标准。③创业大咖与自身企业相差太远。市场上孵化器三种类型：①We walk、SOHO3Q 为代表，共享工位。创业初期可以租工位，拥有现成的会议室、办公软件等，降低成本。②优酷工场、洪泰为代表，当企业达到 2~3 人，或者工作室可以注册成企业时，提供财税、法务、人事等服务，收费主要有服务费和会费。③百度联盟，阿里云等，垂直产业链。进入的企业需符合平台产业链，可以免费使用平台资源，平台利用投资的方式拥有企业股权。猪八戒模式。涉足了文化创意产业（为主）、软件开发、物联网、工业制造、影视动漫、建筑设计等领域。运营模式：①线上（聚焦孵化）。其提供的服务可以被复制，但是订单不能被复制（政府信任）。线上企业是服务商，当客户有需求，在网上发布信息，服务商可以接单。主要可以分为三种：一是做兼职接单，二是几个人组成工作室接单，三是成为小微企业接单。企业能够接单数量与之前做过的接单量有关。10 年间共服务超过 100 万家以上小微企业（80%~90%），但是，最核心问题客户体验感没有解决服务延伸。因此，2016之后开始发展线下业务。②线下（产品迭代、服务延伸）。提供服务内容：①财务管理，管理所有账目；②空间管理，最多给企业 100 平方米。③成立服务商联盟，分成 8 类。整体接到一个案子，划分给不同小组共同来做。典型代表：三只松鼠（品牌文化）、江小白白酒（设计、营销）等。

（2）阿里巴巴创新中心。组织结构：阿里云创客+基地尚未建立正式的组织结构，其该工作人员主要分为运营人员、培训人员、技术团队。其中，运营人员负责招商宣传及税务申报、工商注册等服务；培训人员负责平台培训课程的安排及讲授；技术团队分为不同的技术种类，负责向创业者提供技术支持。提供内容：①园区会向平台提供基础设施。园区对平台提供入住优惠，会定期了解平台的经营情况。②平台会帮助园区招商。平台通过品牌运营，吸引优质企业入驻园区，从而提高园区的人气，提升园区的档次。存在的问题为孵化期内的科技型创业者存在的问题主要是缺乏市场调研。部分初创型创业者尤其是大学生创业者，仅具有创意儿缺乏创业经验及对目标市场的理解和考察。

3. 创业者

课题组在调研园区的同时，对不同行业的创业者也进行了专访，主要是咨询创业者基本信息、已享受的创业政策和对创业政策的建议等方面，具体总结如下。

1）创业者 A（从事机器人检测、整合，创建半年）

驱动因素：兴趣尝试，实现想法。企业特点：①创始人南京人，拥有 10 年行业从业经。②把握住了市场机遇（工业 4.0，中国制造 2025），产品拥有未来前景。③智能研究所拥有企业 10%股份，演变成了投资关系+合作关系。对创业政策供给的想法：①创业企业以经营公司为主，没精力研究创业政策。②对初创企业一方面实行资格审查；另一方面加大支持力度。③企业不同类型，不同服务重点。例如，智能制造（解决场地）。④企业政策需求与政策供给要对接，政策落实到位更重要。⑤需要合作平台与高校合作，拓宽眼界。⑥项目资助供给应结合企业自身，而不是偏向以高校挂名牵头的那些企业。⑦园区对企业考核人性化、差异化。例如，时限上 3 或者 5 年计划考评，标准上不应仅是税收，应综合性考核，研发企业可以请专家考核其研发水平进展等。

2）创业者 B（从事生物医药，成立 7 年）

简介：从事肥料（为主）、产品添加剂、日化产品等，生产基地在建。已享受到的创业政策：场地免租、人才公寓、相关培训、"3·21 人才计划"等。认为政策供给的缺陷：①贷款优惠只有在初创 3 年内才有。②评审标准以企业销售额为准，忽略企业净利润和产品附加值。③不能确认自己是农业行业，没有政策倾斜。④创业团队申请标准，要求限制创始人社保关系不能在学校。启示：①政策提供的程序复杂烦琐，门槛高。②政策提供应合理、系统化，针对小企业、大企业需要不同的侧重。③发展和改革委员会（以下简称发改委）、经济和信息化委员会（以下简称经信委）、科学技术局（以下简称科技局）政策应协同，而且设定的企业标准应综合化，不仅是销售额。

新兴产业企业家创业胜任力的政策供给研究调研问卷 C

尊敬的女士/先生：

您好！我们是国家社会科学基金重点项目"供需匹配视角下提升我国新兴产业企业家创业胜任力的政策供给研究"课题组的研究成员。本书将把脉创业者的创业政策的供给感知和实际需求现状，以优化创业者的创业政策供给。本问卷设置了两个部分：创业者的基本信息和创业政策的供需现状。请您结合实际情况给以下指标的强弱程度打分，在相应的数字上画"√"。其中，1 表示"程度最弱"，3 表示"中等程度"，5 表示"程度最强"，数值越小表示程度越弱，数值越大表示程度越强。请在您认为最恰当的选项上打勾。

问卷采用不记名形式，请您仔细阅读并如实填写，答案没有对与错，请根据企业实际状况填写，您的答案对我们的研究结论非常重要。本问卷纯属学术研究，内容不涉及贵公司的商业机密，所获信息也不会用于任何商业目的，请您放心并客观填写，非常感谢您的热情帮助。

一、基本信息

1、您的性别：

A. 男□　　B. 女□

2、您的部门和职务：＿＿＿＿＿＿＿＿＿

3、您的年龄：

A. 18~24 岁□　　B. 25~34 岁□　　C. 35~44 岁□　　D. 45~54 岁□

E. 55 岁以上□

4、您的身份：

A. 创业者□　　B. 创业者团队成员□

5、您的最高学历：

A. 博士□　　B. 硕士□　　C. 本科□　　D. 大专及以下□

6、您在海外生活时间：

A. 无□　　B. 0~3 年□　　C. 3~5 年□　　D. 5~10 年□

E. 10 年及以上□

7、您此次创业前的创业经历：

A. 无□　　B. 0~1 次□　　C. 1~3 次□　　D. 3 次及以上□

8、您所在的行业：

A. 新一代信息技术□　　B. 高端装备制造□　　C. 生物医药和医疗器械□

D. 新能源汽车□　　E. 智能电网□　　F. 新材料□　　G. 节能与环保□

H. 其他＿＿＿＿（请补充）

9、您入选过哪类人才计划：（多选）

A. 领军型科技创业人才引进计划□　　B. 科技创业家培养计划□

C. 省外专百人计划□　　D. 省留学回国人员创新创业计划□

E. 省"双创博士"项目□　　F. 省"双创人才"项目□

G. 省"双创团队"项目□　　H."创业南京"人才计划□

I. 高层次创业人才引进计划□　　J. 科技顶尖专家集聚计划□

K. 无□

10、促使您创业的原因：

A. 没有其他就业选择或对可供就业选择不满意□

B. 创业前期已经察觉到市场中的潜在商机□

C. 具有一定创新能力，依靠技术成果提供新产品和服务或创新商业模式□

11、从企业角度出发，您认为目前创业政策还有哪些方面需要改进和完善？（多选）

A. 拓宽政策发布渠道□　　B. 关注企业的需求□　　C. 覆盖行业更全□

D. 强化市场导向□　　E. 其他_____（请补充）

二、创业者的创业政策现状表

维度	题项	弱　　　　中等　　　　强				
动机要素	产品或企业的资质认定	1	2	3	4	5
		1	2	3	4	5
	个人或项目的荣誉和奖励	1	2	3	4	5
		1	2	3	4	5
机会要素	人才、知识产权等项目的经费补贴	1	2	3	4	5
		1	2	3	4	5
	政府、资本市场等融资资助	1	2	3	4	5
		1	2	3	4	5
	减免税等税收优惠	1	2	3	4	5
		1	2	3	4	5
	人才生活配套服务的支持	1	2	3	4	5
	生产性社会服务平台的扶持	1	2	3	4	5
		1	2	3	4	5
	产学研合作载体的支持	1	2	3	4	5
		1	2	3	4	5

续表

维度	题项	弱　　　　　中等　　　　　强				
技能要素	创业教育的支持	1	2	3	4	5
		1	2	3	4	5
	创业培训的支持	1	2	3	4	5
		1	2	3	4	5

发文机构	创业政策文件名称	创业政策实际需求	创业政策供给感知
市政府 2017/2/7 （综合型）	《南京市"十三五"科技创新规划》	①创新型经济发展水平明显提升；②科技创新引领产业转型升级更加强劲；③开放型区域创新体系更加完善；④创新创业生态环境更加优化	①企业成为技术创新主体；②科技创新服务体系；③科技创新基础设施建设（科技创新园区和载体）；④创新人才高地；⑤创新创业投融资体系；⑥知识产权强市战略；⑦科技体制改革、科技创新政策完善；⑧营造双创氛围
市政府 2017/2/7 （知识产权专题型）	《南京市"十三五"知识产权发展规划》	加快从知识产权大市走向知识产权强市：①知识产权创造质量明显提高；②知识产权运用能力大幅增强；③知识产权服务业加快发展；④知识产权人才队伍不断壮大	①知识产权密集型产业培育工程；②知识产权强企工程，获取高价值知识产权；③"互联网+知识产权"工程；④知识产权保护强化工程；⑤知识产权服务能力提升工程；⑥知识产权人才培养工程；⑦知识产权国际合作工程
市经信委 2017/1/26 （资质荣誉类）	《南京市首台（套）重大装备及关键部件认定项目》	促进全市高端装备创新发展，增强我市重大装备自主设计研制和推广应用能力	重大装备及关键部件认定项目申报条件、申报材料、申报方式和要求、申报时间等
市经信委 2016/11/21 （资质荣誉类）	《南京市工业设计中心认定项目》	加快推进我市工业设计发展，实现"南京制造"向"南京创造"的跃升，推动工业经济转型升级	工业设计中心认定项目的申报时间、申报对象、申报条件、必备材料等
市经信委 2016/11/10 （资金专题型）	《南京市中小企业信息化服务券项目》	①减少中小微企业应用信息化的成本支出；②为中小微企业提供实用、安全、价廉和信誉好的信息化服务产品	①中小企业信息化服务券及基本服务内容；②中小企业信息化服务券的发放和使用细则
市经信委 2016/9/23 （资金专题型）	《南京市企业互联网化提升项目补助专项资金项目》	加快企业深化互联网融合创新，提升网络制造和智能服务水平，使互联网化成为新常态下推动我市经济转型升级的强劲动力	专项资金项目的申报条件、申报资料、申报程序及要求、申请表格等
市金融办、市发改委、市财政局 2016/9/7 （资金专题型）	《南京市企业利用资本市场融资补贴和奖励资金项目》（以下简称《项目》）	建立完善多层次资本市场融资服务体系，鼓励和推动企业借力资本市场，不断做优做大做强	补贴符合《项目》要求的境内外挂牌、上市公司、实现本地投资的上市公司及符合条件的企业债发行企业的申报资格范围、材料、时间、补贴奖励的种类及标准

续表

发文机构	创业政策文件名称	创业政策实际需求	创业政策供给感知
市政府 2016/9/2 （综合型）	《南京市争当江苏省产业科技创新中心排头兵和建设国家创新型城市若干政策措施》（"36条政策"）	着力实施创新驱动发展战略，积极争当江苏省产业科技创新中心排头兵，加快推进国家创新型城市建设	①江北新区创新创业高地建设；②企业自主 创新能力建设；③"放、管、服"体制机制改革；④科技成果转移转化新机制；⑤高素质创新人才队伍；⑥创新创业载体建设；⑦科技金融支持
市委宣传部 2016/8/30 （综合型—文创产业）	《南京市文化企业30强培育计划项目》	推动创意文化产业发展，促进文化创意和设计服务与相关产业融合发展的"1+1+1"文件要求	通过"创意南京"文化产业融合公共服务平台体系各子平台，根据企业需求，给予文化金融、智库指导、市场拓展、大型展会参展等服务资源支持
市政府 2016/8/26 （科技金融专题）	《促进南京市股权投资业发展实施细则》（补充）	完善我市股权投资相关政策，提高财政资金使用效率和针对性，适应当前政策环境要求	原资金补贴、投资奖励、风险补偿、财税补助条款范围的补充细则

附 录 6

初创型科技型企业创业者的行业分布表

行业	样本数量/人	占比
新一代信息技术	164	38.32%
生物医药和医疗器械	65	15.19%
新材料	50	11.68%
高端装备制造	35	8.18%
节能与环保	34	7.94%
智能电网	12	2.80%
新能源汽车	10	2.34%
其他	58	13.55%

南京市紫金地区的产业布局表

序号	地区名称	产业布局
1	紫金高新和研创园	新一代信息技术 63%
2	紫金雨花	软件信息服务业 80%
3	化工园地区	新材料 39%、生物与新医药 19%、节能环保 16%
4	紫金仙林	南京紫东国际创意园：文化创意产业 51%、科技类 28%、金融类 16%
		江苏生命科技创新园：生物医药 97%
5	紫金下关	新一代信息技术 53%、商务服务 15%
6	紫金江宁	未来网络 42%、智能制造 32%、科技服务 22%
7	紫金白下	云计算 33%、智能交通 37%、电子商务 18%
8	紫金六合中山	节能环保 38%、生物医药 25%、电子信息 22%
9	紫金溧水	新能源汽车 24%、航空航天 16%
10	紫金方山	生命科技 82%
11	紫金吉山	移动互联 50%、智慧应用 36%

续表

序号	地区名称	产业布局
12	紫金高淳	新材料 26%、软件与信息服务业 26%、大健康产业 20%、高端装备制造业 17%
13	紫金鼓楼	尚无明确主导产业规划
14	紫金模范	新一代电子信息 66%
15	紫金麒麟	智能装备 41%、信息大数据节能环保 25%、科技服务 17%、节能环保 17%

代表性地区创业政策供给感知的三维赋分表

地区名称	知晓的分值	享用的分值	不满意的分值
紫金雨花	3.38	2.85	2.41
紫金仙林	3.19	2.73	2.45
化工园地区	3.41	2.79	2.41
紫金下关	2.91	2.93	3.01
白下	2.96	2.93	2.86
高新区	3.18	3.07	2.80
江宁	3.42	3.23	3.06
总平均值（428 份）	3.33	3.02	2.70

附　录　7

初创科技型企业创业者的创业政策供给赋分表

维度		题项	弱		中等		强
政策知晓		资质荣誉类政策	1	2	3	4	5
		创业人才政策	1	2	3	4	5
		创业资金政策	1	2	3	4	5
		创业税收政策	1	2	3	4	5
		知识产权政策	1	2	3	4	5
		创业服务政策	1	2	3	4	5
获取渠道		接受孵化器的政策信息推送	1	2	3	4	5
		依托与政府构建的公共关系网络	1	2	3	4	5
		关注电子政务平台	1	2	3	4	5
政策受惠	资助奖励型	"人才计划"的资助支持	1	2	3	4	5
		科技与知识产权等项目的经费支持	1	2	3	4	5
		"苏微贷""苏科贷"等融资资助	1	2	3	4	5
		资本市场的融资补贴	1	2	3	4	5
		减免税等税收优惠	1	2	3	4	5
	服务支持型	人才生活配套服务的支持	1	2	3	4	5
		生产性社会服务平台的扶持	1	2	3	4	5
		科技金融的支持	1	2	3	4	5
		产学研合作载体的支持	1	2	3	4	5
		创业教育与技能培训的支持	1	2	3	4	5
	荣誉称号型	产品或企业的资质认定	1	2	3	4	5
		个人或项目的荣誉和奖励	1	2	3	4	5
政策不满意度	政策内容	政策设计缺乏针对性	1	2	3	4	5
		政策条款欠操作性	1	2	3	4	5
		程序复杂且门槛高	1	2	3	4	5
		政策条款存在歧视性	1	2	3	4	5

续表

维度	题项		弱		中等		强
政策 不满 意度	政策执行	政策宣贯不到位	1	2	3	4	5
		政策审批不及时	1	2	3	4	5
		政策延续性不够	1	2	3	4	5